中国体面劳动
——水平测量、评价及影响因素分析

吕 红　李盛基　金喜在　著

本书得到国家社会科学基金"中国农民工市民化的路径选择与对策研究"（项目编号：11BJY039）的资助

科学出版社

北　京

内 容 简 介

体面劳动问题是一个意义深远的研究领域，更是在经济自由化、全球化背景下的发展趋势和未来走向。本书以探索构建促进体面劳动实现的政策体系为核心，在体面劳动理论与实践的基础上，探讨了我国弱势群体的劳动力市场排斥与体面劳动实现状况，采用国际劳工组织颁布新的体面劳动衡量指标，测量我国阶段内的体面劳动水平，探讨其原因及变动趋势，并从技术进步、劳动力市场分割、市场化、城镇化、社会公正五个方面，分析了我国体面劳动水平的影响因素。

本书适合从事劳动经济学、社会保障等专业的研究人员、政府相关管理决策部门的工作人员、高等院校经济学、管理学、社会学专业的教师和研究生阅读。

图书在版编目（CIP）数据

中国体面劳动：水平测量、评价及影响因素分析/吕红，李盛基，金喜在著. —北京：科学出版社，2017.2
ISBN 978-7-03-051194-2

Ⅰ.①中… Ⅱ.①吕… ②李… ③金… Ⅲ.①劳动关系—研究—中国
Ⅳ.①F249.26

中国版本图书馆 CIP 数据核字（2016）第 321939 号

责任编辑：方小丽 李 莉 陶 璇 / 责任校对：何艳萍
责任印制：徐晓晨 / 封面设计：无极书装

科 学 出 版 社 出版
北京东黄城根北街 16 号
邮政编码：100717
http://www.sciencep.com

北京京华虎彩印刷有限公司 印刷
科学出版社发行 各地新华书店经销

*

2017 年 2 月第 一 版 开本：720×1000 B5
2017 年 2 月第一次印刷 印张：19 1/2
字数：390 000
定价：98.00 元
（如有印装质量问题，我社负责调换）

作 者 简 介

吕红，女，汉族，1980年3月31日生于吉林省舒兰市，2008年毕业于东北师范大学，同时取得法学博士学位、应用经济学博士后，现为长春工业大学人文学院公共管理系主任、副教授，主要从事就业与社会保障、劳动经济学、社会主义市场经济理论的研究，公开发表学术论文40余篇，其中CSSCI检索论文10余篇，出版著作4部。

李盛基，男，朝鲜族，1986年6月生，吉林省永吉县人。2013年获经济学博士学位，现为长春工业大学人文学院公共管理系副主任、讲师。从事劳动与社会保障理论与实践研究工作。主持全国教育科学规划基金项目1项、吉林省教育教学规划重点项目1项、吉林省教育厅"十三五"规划项目1项。在国内外刊物公开发表文章10余篇，其中CSSCI检索论文8篇，出版著作2部。

金喜在，男，朝鲜族，1954年1月1日生于吉林省永吉县，1984年毕业于东北师范大学，获得经济学硕士学位，毕业后留校从事教学、研究工作。1986年晋升为讲师，1988年破格晋升为经济学副教授，1992年破格晋升为教授，并开始享受政府特殊津贴，1998年被评为博士研究生导师。曾任东北师范大学经济研究所所长、东北师范大学国际工商管理学院院长、商学院院长、学术委员会主任，人力资源管理中心主任、二级教授。参加工作以来，主持并完成16项国家社会科学基金、教育部社会科学规划项目、吉林省社会科学规划项目及横向课题的研究任务；发表经济学学术论文100多篇、8部专著和5部教材；有6项科研成果获得了吉林省政府的奖励。

序

　　20 世纪末，国际劳工组织刚刚提出体面劳动的时候，笔者意识到体面劳动问题必将是一个值得深入探讨的领域，并与进入应用经济学流动站从事研究工作的吕红博士商讨将其作为她的选题方向。经过 6 年的研究与探讨，笔者与吕红博士合作的这本书终于面世了。

　　"体面劳动"是国际社会倡导多年的理念，从"体面"的角度讨论劳动就业，将其作为劳动的重要属性专门提出，在当前的情况下确实很有必要。实现体面劳动，意味着劳动者不仅要有一份养家糊口的"活计"，而且要有稳定的就业机会、安全的工作条件、充分的社会保障以及工作中更为广泛的权利，意味着要尊重劳动，尊重劳动者的尊严和权利，落实劳动者主人翁地位，使每个劳动者通过体面的、有尊严的劳动来主宰自己的命运。与以往的劳动形式不同，体面劳动是健康的劳动，是安全的劳动，是有权利保障的劳动，是有人格尊严的劳动，是自我实现的劳动。

　　随着全球化的影响逐步扩大、我国经济体制改革的不断深入开展以及劳动制度改革的全面推进，企业类型多样化、就业市场化、劳动关系复杂化的格局已经形成。"体面劳动"理念逐渐进入人们的视野。面对我国当前在劳动领域出现的诸多问题，"体面劳动"的提出更具有理论和现实意义，所以，我国政府积极支持和响应国际劳工组织提出的体面劳动的口号，并且把体面劳动定为继在就业数量上提出"充分就业"目标之后，就就业质量目标而提出的一个新的目标理念，积极把体面劳动的实施当成建设和谐劳动关系的主要途径。

　　本书梳理体面劳动的理论与实践发展，侧重分析中国实现体面劳动的意义、进展及中国劳动力市场的就业弱势群体体面劳动的缺失状况，根据国际劳工组织的经验重点研究体面劳动衡量指标的选择以及中国体面劳动水平的测量、评价、变动趋势及影响因素，最后有针对性地、多层面地提出促进中国体面劳动实现的政策体系。

　　体面劳动不能仅仅停留在概念、理念上，本书研究的最终目的就是要让体面劳动变成实际的社会行动和结果。近年来，我国相继颁布《中华人民共和国劳动

合同法》、《中华人民共和国就业促进法》、《中华人民共和国劳动争议调解仲裁法》
及《中华人民共和国社会保险法》，这些法律均是从保障劳动者权益的角度出发，
在一定程度上有助于体面劳动的实现，但是这些法律还没有完全落到实处。我们
应该认识到，仅仅在法律上确定一个目标，在实践中可能意义不大，必须把目标
分解细化并加以法律的强制性保证实施，减少漏洞的出现，才有可能实现目标。
这一系列理论问题的研究必将对我国经济社会的可持续发展、缓解劳资关系的矛
盾及维护劳动者的权益产生重大的应用价值和实践意义。

金喜在

2015 年 8 月

前　言

　　"体面劳动"（decent work）是国际社会倡导多年的理念，这一概念是由国际劳工组织于 1999 年 6 月在第 87 届国际劳工大会上提出的。"体面劳动"的提出与全球化背景下的社会公正相关，实现体面劳动的目的在于保证社会成员享受公平的待遇和相对公平的收入分配。如今，体面劳动已经成为世界性的概念。

　　现阶段，体面劳动已经得到了世界各国的普遍认同，被认为是人类文明进步的又一标志。体面劳动的提出使人们从以往对劳动的目的性关注，转为对劳动的对象性关注，即更多地关注劳动的效用和价值，着重从劳动与社会进步之间关系的视角去考察，突出劳动的神圣与崇高，着眼于从劳动与个体发展之间的关系视角去揭示劳动的伦理价值。

一、国内外研究现状

　　（1）国内外学者主要是从自由、公平、安全、生产性工作这几个角度来理解体面劳动的。其中，自由主要是指人们可以自由选择工作，而不是被迫从事某种或某一类工作，同时劳动者可以自由加入工会（Anker et al.，2003）。对公平的理解，主要是从工作性质和工作机会两个方面展开的：从工作性质上来说，公平是体面劳动的核心内容，包括一致性公平和实质性公平（Hepple，2001）；从工作机会看，公平就是指所有需要工作的人都能找到工作，劳动者在工作机会面前应享受平等的待遇（Anker et al.，2003）。安全是确保劳动者的生命和健康得到保护，福利得到满足，经济状况得到改善（Anker et al.，2003）。生产性工作不仅可以为劳动者及其家庭提供良好的生活条件，还可以增强企业的市场竞争力，促进经济的持续发展（Anker et al.，2003）。

　　Bonnet 等（2003）认为，应该从宏观（macro-level）、中观（meso-level）、微观（micro-level）三个层面来理解体面劳动的内涵。

　　总而言之，实现体面劳动就是要求政府、企业和工会联合起来，为劳动者提供公平的就业机会、良好的就业环境和安全的社会保障（Bonnet et al.，2003）。

（2）在 21 世纪初，国外学者就开始关注体面劳动的测量问题，并提出了多种测量指标。Egger（2002）最先提出了社会应关注体面劳动测量的观点，并指出应该从国际和国内两个层面确定测量指标。2002 年，Anker 等（2002）学者对体面劳动的测量进行了研究。他们将体面劳动的测量指标分为 11 类，分别是就业机会、不可接受的工作、适当的收入和生产性工作、体面劳动时间、工作稳定性和安全性、工作和生活的结合、公平的工作待遇、安全的工作条件、社会保障、社会对话和工作场所关系、体面劳动的经济和社会背景。按照这一方法，Anker 等（2002）最终设定了 11 类 63 个体面劳动测量指标。2003 年，Anker 等（2003）又对部分指标进行了扩展和预测；Bescond 等（2003）在 Anker 等（2002）的研究基础上，对体面劳动测量指标进行了更加深入的探索。他们所提出的指标事实上就是"体面劳动赤字"（decent work deficit），也就是权利、就业平等、社会保障、社会对话等方面理想与现实存在的差距。Bonnet 等（2003）在国际劳工组织的官方杂志《国际劳工评论》（*International Labor Review*）上撰文，对体面劳动的测量指标进行了详细阐述，并提出了"体面劳动指数=（真实值–最小值）/（最大值–最小值）"的测量模型，以及劳动力市场安全指数、就业安全指数、工作安全指数、劳动安全指数、收入安全指数、话语权安全指数七个体面劳动测量指标；Ghai（2003a）从权利、就业平等、社会保障和社会对话四个方面出发，对体面劳动的测量指标进行了阐述，并对各个方面所涉及的测量指标进行了细分。其计算体面劳动指数的方法是对各个细分指标进行排序，然后对四个方面的排序求平均数。

国内学者还没有提出明确的"体面劳动"测量指标，但就与其密切相关的就业质量指标体系做了如下一系列研究：在如何评价就业质量问题上，李金林等（2005）指出，就业质量应包括就业层次（客观性指标）和主体指标（如满意程度等）两大方面的内容；周平（2005）指出，就业质量应从三个方面的指标加以体现，即就业人员的质量、就业岗位的质量和就业工作的质量；秦建国（2007）提出，就业质量指标体系的建构应当从四个角度入手，即就业前的主客观前提指标、就业岗位质量指标、就业满意度指标、就业宏观表现指标；刘素华（2005）提出了建立我国就业质量量化评价体系的步骤与方法，并给出了企业层面的就业质量评价标准；柯羽（2007）详细阐述了就业质量评价指标的权重确定方法——层次分析法；张桂宁（2007）设计了对各劳动群体具有一定普适性的就业质量评价指标体系。他们在评价要素的选择和各指标的权重分配上大同小异，共同的特点是涵盖了影响劳动者个体就业状况的主要要素，同时赋予劳动报酬以相对较大权重。

从上述研究成果可以看出，国内外学者对体面劳动的测量指标有很多种不同的看法，侧重点也有所不同。目前学者们所提出的指标大体上可以从社会维度、组织维度及个体维度三个方面划分，各维度内部还可以划分不同的层次（卿涛和闫燕，2008）。

　　（3）关于体面劳动的实证研究。体面劳动的实证研究开始于 2001 年，学者关注的首先是亚洲国家，然后向美洲、非洲国家扩展。2001 年，国际劳工组织的官方杂志《国际劳工评论》对第 13 届亚洲地区会议上总理事的会议报告进行了总结，报告的主题是"体面劳动在亚洲"；2002 年，第 15 届美洲地区会议在日内瓦召开，会议报告的主题是"全球化与美洲的体面劳动"，《国际劳工评论》对该报告进行了综述；Egger 等（2003）出版了《丹麦的体面劳动：就业、社会效率和经济安全》(*Decent Work in Denmark*：*Employment*，*Social Efficiency and Economic Security*) 的研究报告，其在报告中指出，许多国家目前面临的挑战就是在全球范围内维持竞争力并实现较高的劳工标准和社会保障水平；Papadakis（2006）出版了《文明社会、政府参与和体面劳动目标：南非的案例》(*Civil Society*，*Participatory Governance and Decent Work Objectives*：*the Case of South Africa*) 一书，该书主要阐述了 2002~2005 年作者对国际劳动力机构的研究结果，其目的在于揭示文明社会团体（civil society group）是如何同政府参与相结合的；Gil 等（2007）对巴西东南部城市圣安德雷的体面劳动实施情况进行了实证研究，该研究是"在建筑业和相关服务业推进体面劳动——当地政府的重要作用"项目的子项目之一，主要研究目的是论证当地政府对推进体面劳动的重要作用。

　　除此之外，学者还利用体面劳动测量指标对不同国家的体面劳动水平进行了测量和比较研究。例如，Bescond 等（2003）对世界各国的体面劳动指数进行了比较，发现发展中国家的体面劳动指数低于发达国家；Bonnet 等（2003）对 84 个国家的体面劳动指数进行了测量，发现体面劳动指数与国内生产总值（GDP）和联合国发展计划中人类发展指数（United Nations development program human development index）存在较强的正相关关系，而与基尼系数存在负相关关系。在这 84 个国家中，欧盟国家的体面劳动指数最高，非洲和部分亚洲国家体面劳动指数偏低。

　　中国学者对体面劳动的关注与研究起步要晚一些。佘云霞和傅麟（2002）从社会正义的角度和全球化高度来分析，在追求体面劳动目标的同时该如何保护发展中国家及其工人的利益；李秀梅（2005）、朱廷珺（2004）从经济全球化的角度来分析体面劳动；杨燕绥（2004）则论述了实现体面劳动与非正规就业的关系；梁高峰（2007）把从雇佣劳动到体面劳动的发展看做一个过程，并在此过程中实现了劳动力产权与资本产权的平等；常凯（2005）从人力资源和劳资关系管理的角度来探讨体面劳动。2002 年 5 月中国劳动和社会保障部与国际劳工局在上海共同召开了体面劳动衡量标准研讨会。2007 年 4 月，中国三方——国家劳动和社会保障部、中国企业联合会、中华全国总工会与国际劳工组织北京局签署了《体面劳动与中国国别计划》，该计划以中国"十一五"规划为参照依据，制定了优先行动的领域，即促进下岗工人和农民工的就业和就业能力提高、促进和谐的劳动关系和有效的劳动力市场制度，扩大和完善社会保护，提高工人权利等。

学者在全社会范围内广泛开展的与体面劳动相关的实证研究表明，发展中国家的体面劳动水平偏低，而发达国家的体面劳动水平比较高，这说明体面劳动和经济发展水平密切相关。

（4）关于实现体面劳动措施的研究。第一，全球化与体面劳动研究。全球化与体面劳动之间存在着矛盾，全球化导致竞争加剧、就业困难以及劳动者权利受损，并且全球范围内缺少统一的劳动者权利标准（Egger，2002），这些都与体面劳动的基本要求相悖。全球化与体面劳动之间的矛盾在大多数国家都非常普遍。Servais（2004）从立法的角度考察了全球化与体面劳动政策制定之间的关系。国际劳工标准（international labor standards）和现实情况之间存在巨大的差距，这对体面劳动政策的制定构成了巨大挑战。

第二，工作机会和工作条件方面的研究。2001 年，第 89 届国际劳工大会提出了一项名为《削减体面劳动赤字：一项全球性挑战》（*Reducing the Decent Work Deficit：a Global Challenge*）的议案。体面劳动赤字是指所要求达到的体面劳动水平与现实情况之间的差距。该议案认为减少体面劳动赤字是国际劳工组织的首要目标，实现体面劳动面临四个方面的挑战：①体面劳动水平应该与经济和社会发展水平相适应；②体面劳动应该惠及全民；③体面劳动的各个方面应该互相支撑，构成一个体系；④全球化经济应该推进体面劳动的实现。

第三，国内学者对实现体面劳动的措施也做了一些研究。张左已（2001）认为，实现体面劳动的关键是改变那些处于不利地位的劳动者群体的就业环境和劳动条件；还有很多学者注重充分发挥工会的作用来促进我国体面劳动的实现（周正言（2008）；佘云霞（2008a）、秦建国（2008a）、中国劳动关系学院课题组（2008）；也有从充分履行企业社会责任的角度来探讨保护职工基本权益的（郭振清和单恒伟，2008）；另外，就是从政府的角度，来营造促使体面劳动实现的社会氛围，促进社会保障制度的逐步完善，并积极推进三方成员共同参与的集体谈判和对话机制（王兰芳和徐光华，2008）。

二、结构框架图

本书的研究结构框架图如图 1 所示。

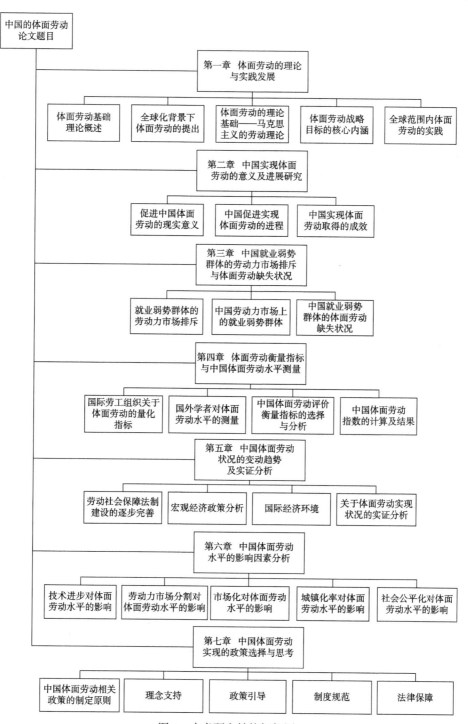

图 1　本书研究结构框架图

三、研究方法

本书研究的学科涉及面很广，主要包括社会学、经济学、统计学等。所以在研究方法的选取上也体现了多学科结合的特点。本书的研究以理论分析为主，实证分析为辅，在研究中注重统计分析和计量分析方法的运用，并借助社会经济学、制度经济学、发展经济学等交叉学科的理论根基，力图全方位、多层次深入探讨全球化背景下中国的体面劳动问题。

（1）分析综合研究。对国内外能掌握的文献资料进行全面分析整理，归纳研究。关于体面劳动的相关报告大多是国际劳动组织发布的，而最先对体面劳动展开研究的也大多为外国学者，为此，笔者去国家图书馆的"外文文献馆"、"国外政府和国际组织出版物馆"及"电子文献馆"里查询了大量的相关资料，使研究内容获得大量资料支撑，更加充实，结论更加贴近事实，如第一章——体面劳动的理论与实践发展。

（2）应用研究为主线，理论与实践的结合。理论研究最终是为了服务于实践的，本书研究的最终目的是实现中国的体面劳动，保护劳动者的合法权益，促进和谐社会的构建。本书研究的最后一个部分笔者运用大量的笔墨从理念支持、政策引导、制度规范及法律保障四个方面详细论述了在中国到底应该怎样实现体面劳动，或者说怎样能够让体面劳动水平有一个明显的提升。

（3）规范分析和实证分析相结合。本书研究对近十年的中国体面劳动水平进行了测量，为了保证的结果的客观性和准确性，所有指标数据均是根据国际劳工组织修订后的统计指标，在原有指标的基础上增加了体面劳动的经济社会背景维度的指标等，本书研究的全部数据均来自于中国官方的权威统计，包括《中国统计年鉴》《中国劳动统计年鉴》《人力资源和社会保障事业发展统计年报》及《中国劳动与社会保障统计年鉴》等，在此基础之上又做了中国体面劳动实现状况的实证分析，见本书的第四章——体面劳动衡量指标与中国体面劳动水平测量，以及第五章——中国体面劳动状况的变动趋势及实证分析。

（4）定性研究与定量研究的结合。本书的研究力图做到有大量数据支撑的定性研究。在体面劳动各维度指标权重及最终结果的确定过程中，运用了 SPSS、EXCEL 等软件对数据进行整理和计算；在体面劳动影响因素分析中运用了曲线拟合及 MATLAB 编程的方法。根据大量数据分析得出相关结论，最后提出实现体面劳动的建议，从而避免了先入为主、妄加判断。

（5）比较分析法。本书研究主要运用的是纵向比较，通过对近十年来对中国体面劳动水平的测量来分析中国体面劳动的发展趋势和变动方向，从而找出体面劳动水平提升的限制性短板。本书的研究并没有进行国家与国家之间体面劳动的纵向比较，这是因为笔者认为，虽然国际劳动组织发布了体面劳动的衡量指标，但是国家根据自己的情况均做了调整和替换，所以体面劳动水平的测量不具有统一性，而且各国之间有不同的社会经济背景、人文道德理念以及对体面劳动含义的不同理解，对它们之间的比较缺少实践意义。

（6）抽象和具体研究相结合。体面劳动是一个全球性的问题，各个国家都在实施相关的计划和政策。但是中国在实现体面劳动的过程中不能一概而论地直接把其他国家的经验照抄过来，因为各个国家的基本国情不同，采用抽象分析法，把体面劳动的一般规律抽取出来，然后针对中国特有的国情加以具体应用，不但有助于更加深入地探讨问题，而且可以达到抽象和具体结合研究的统一。

四、研究意义

体面劳动不能仅仅停留在概念、理念上，本书选题的最终目的就是要让体面劳动变成实际的社会行动和结果。2008 年我国相继颁布《中华人民共和国劳动合同法》、《中华人民共和国就业促进法》及《中华人民共和国劳动争议调解仲裁法》，本书的选题就是以体面劳动在中国实现机制逐步优化、合理化为目标，结合我国转型期的具体国情，明确体面劳动的内涵及外延，通过实地调查研究统一中国体面劳动的衡量指标，建立体面劳动的测量分析模型，对体面劳动在中国的实现情况进行综合评价，利用实证结果分析体面劳动的实现和经济社会发展的其他指标之间的相关性，最后找出影响体面劳动实现的制度、体制等各方面的因素，为政府制定相关政策提供指导性的参考依据。纵观当前国内的研究，很少有涉及这几个方面的，而要落实体面劳动相关政策，这些都是必须要解决的问题。这一系列理论问题的研究必将对我国经济社会的可持续发展、缓解劳资关系的矛盾及维护劳动者的权益产生重大的应用价值和实践意义。

五、创新之处

无论从理论上还是实践上来讲，"体面劳动"都是一个新课题，本书课题从内容、视角、体系等方面均有所创新。

第一，本书研究梳理中国体面劳动理念的形成与发展，从体面劳动传入中国、社会各界关注体面劳动再到达成体面劳动的共识，试图建立一个关于体面劳动研究的理论框架，在前人研究的基础之上形成清晰的研究脉络。

第二，本书研究重构我国体面劳动水平的衡量指标和测量体系。根据国际劳工组织 2008 年重新修订后的体面劳动指标,结合我国具体国情及数据统计情况,对七个维度内的指标做出相应的替换和处理,并计算出各维度内指标的相应权重,最后得出相对比较客观的结果。

第三,深化对转型期中国"体面劳动"实现差异规律的认识。首先,对我国在"体面劳动"方面的发展情况做出综合评价;其次,做出影响体面劳动水平的影响因素分析,包括技术进步、劳动力市场分割、市场化程度、城镇化率及社会公平程度;最后,得出相关结论。

第四,促使"体面劳动"实现机制合理化和优化。本书研究立足于我国基本国情,考虑文化背景、政策导向、公有制和非公有制等因素,为政府制定相关政策提供参考性依据,分别从理念支持、政策引导、制度规范、法律保障方面论述如何实现体面劳动。

目　　录

第一章　体面劳动的理论与实践发展

国际劳工组织在 20 世纪末提出体面劳动，目的是要消解由经济全球化所带来的对劳动者的消极影响。在经济全球化的时代，跨国公司扮演着越来越重要的角色，其在促进世界经济发展的同时，也导致国际竞争的加剧和国际垄断资本剥削的全球扩张，加剧资本对劳动的压制和剥削。"全世界资产者联合起来"的状况致使世界劳资关系发生了严重不利于劳动者的变化。许多国家削减了社会福利，资方压低劳工价格，有些国家童工劳动和强迫劳动现象突出，劳动过程中的安全保障不足。在一些国家工人的团结权不能得到保障，知情权、民主参与权、与资方进行集体谈判的力量被相对削弱，劳动者不能公正分享全球化和经济发展带来的红利，国际劳工组织力图通过推动体面劳动，解决在全球化过程中劳资关系方面的社会公平和争议问题，这是值得肯定的。本章主要是对世界范围内的体面劳动理论和实践发展做出梳理（林燕玲，2012）。

第一节　体面劳动基础理论概述

国际劳工组织自成立之初，便以追求社会公正为核心理念。1944 年通过的《费城宣言》阐述了国际劳工组织的目标和宗旨："在社会正义的基础上实现持久的和平，从而使全人类不分种族、信仰和性别，都有权在自由和尊严、经济保障和机会均等的条件下谋求物质福利和精神发展。"长久以来，国际劳工组织始终致力于保持和发展一套国际劳工标准系统，以助于实现社会公正。20 世纪 80 年代以来，经济全球化打破了劳资之间的均衡态势，对劳动世界构成了严峻挑战，围绕核心劳工标准的争论也越来越激烈。作为回应，国际劳工组织于 1998 年第 86 届国际劳工大会通过了《国际劳工组织关于工作中的基本原则和权利宣言及其后续措施》，明确规定了工人的四个基本权利及相关的八个核心国际劳工公约。

在 1999 年 6 月第 87 届国际劳工大会上，国际劳工局新任局长胡安·索玛维亚向大会提交了《体面劳动》的报告，提出了"体面劳动"的新观念，将基本的劳工标准及恰当的报酬、工作条件和社会保障融入其中，作为检验"全球化的试金石"。该报告认为，在经济全球化的背景下，国际社会要求给经济以"人道的面孔"，因此"国际劳工组织当今的首要目标是促进男女在自由、公正、安全和具备人格尊严的条件下，获得体面的、生产性的工作机会"（International Labour Office，1999）。胡安·索玛维亚的报告，为国际劳工组织在全球处于转轨之时提出一个首要目标，即确保世界各地的男女有体面的劳动。

要理解体面劳动的原本含义，就必须要理解"decent work"在英语国家里所表达的基本意义。"decent"一词其基本意思是"体面的、适当的、可接受的"，通常不会翻译成"good"也就是"好"的意思。例如，说某人有一个体面的工作、体面的收入，是一种积极的表达，即工作和收入还不错，也说明工作与个人自身的预期和对社会的预期相匹配，并不具有夸张的意思。"work"一词的基本意思是"工作、劳动"，所以"decent work"翻译成中文就出现了不同的版本，有体面工作、体面劳动，甚至还有的翻译成体面就业，本书称为"体面劳动"。

国际劳工组织认为，"体面劳动"意味着劳动者的权利应得到保护，有足够的收入和充分的社会保护，也就意味着有足够的工作岗位（国际劳工大会第87届会议报告，1999）。其并认为，"体面劳动"这个战略目标只有通过对"促进工作中的权利"、"就业"、"社会保护"（重点是社会保障、职业安全与卫生、保护移民工人）及"社会对话"这样四个目标，在整体上予以平衡和统一推进，才能够实现。

在生活中，工作或劳动既是一个经济目标，也是一个社会目标。一方面，工作或劳动是关于生产和收入的；另一方面，工作或劳动也是关于社会整合及个人的尊严和身份的。当然并不是每一份工作都是好的工作，在世界上大约有14亿人仍生活在虽然劳动但日均生活支出2美元以下，他们没有工作或者工作条件不稳定。而体面劳动的理念反映了各国和国际社会在社会、经济和政治议程中的一些工作重点，包括公平的全球化、减少贫困、社会保障、社会融合、尊严和多样性等。它为人们提供了一个综合分析发展的社会目标和经济目标的框架，缩小了过去国际劳工组织各成员国之间的分歧，使国际劳工组织的工作目标进一步具体化，不仅符合了劳动领域的现实需要，也使国际劳工组织逐步从过去过分强调劳工人权斗争、对立和制裁，向政策务实、对话和合作转变。

一、体面劳动的内涵

如今，体面劳动已经成为世界性的概念。从"体面"的角度讨论劳动和就业，将其作为劳动的重要属性专门提出，在当前形势下确实很有必要。现阶段，发展中国家在"不公正全球化"背景下，正在经历着快速变化，即城市化进程加快，家庭联系松散，劳动力的职业和地理流动性不断增大，经济和社会变革的步伐在加速，这些都是国际市场的激烈竞争所造成的，也必将导致工作模式的根本性改变，继而改变工人及其家庭的生活方式（金喜在和吕红，2008）。正当的职业、体面的劳动、积极的价值、有尊严的生活，这是全世界劳动者共同的理想与追求。

体面劳动是对劳动就业量与质的统一要求。所谓"量"，即社会为具有劳动能力、寻求就业的人们提供一定数量的可供选择的就业机会。在社会就业机会短缺、存在大量失业者的情况下，体面劳动的实现无从谈起。所谓"质"，即社会为寻求就业者提供可让人接受的、安全的、体现人格尊严的就业岗位。劳动环境恶劣、劳动力成本低廉等低质量的就业岗位，无法实现体面劳动。体面劳动不仅要使劳动者有"业"可以就，而且还要让劳动者有比较高的从业环境。

就"体面劳动"内容本身来说，其理念并不是全新内容。纵观世界工会运动发展历史，工会组织从产生那一天起，就旗帜鲜明地提出为职工谋福利，争取和维护工人、会员的切身利益，保障他们的劳动权益不受侵害，以及实现劳动过程中人的尊严等目标。因此，"体面劳动"，一方面，可以看做工会组织自产生之日起就致力追求的奋斗目标的现代表述，这也是一个包含着时代意义的历史命题。另一方面，"体面劳动"又是一个动态的发展过程，具有特定的历史文化背景要求，在不同国家和不同历史发展时期，其内容也有所不同。因此，实现"体面劳动"的具体做法与侧重点也应有所不同。

体面劳动中的工作不仅只限于正规就业，而且还包括家庭就业、社区就业、街道就业等发生在非正规经济领域的灵活就业。就个人而言，体面劳动的就业得到的收入能够与劳动者及他对社会的预期相匹配，也就是收入能够维持基本所需之外，还能有一定的余额以满足个人的发展；就一个国家而言，体面劳动的就业得到的收入最起码超过一个国家规定的维持劳动者及其家人的最低的收入。

为了更好地理解体面劳动，可以从以下几个角度去理解体面劳动的内涵。

首先，体面劳动涉及劳动过程方面的"体面"。对于劳动者而言，劳动应该是一种自由的过程，劳动本身不能是奴役或强迫的；对于雇主而言，应该在共同遵守的劳动规则与纪律条件下，监督劳动者的劳动，不能强迫劳动者劳动，在劳动者完成既定的生产目标后，给予相应的经济补偿，而且劳动的时间、报酬等严格遵守国家的规定；对于国家而言，劳动过程中的体面要求国家对企业的劳动规则与纪律进行审查、监督与检查，保证双方在一个符合法律和社会道德的规则下运行。

其次，体面劳动涉及劳动关系运行机制的"体面"，其最大的特点是劳动双方的平等性。虽然从劳动的属性来讲，劳动者依附于资本才能进行劳动，但劳动者本身不是资本的附属，劳动与资本具有同等的地位，劳动关系双方是平等的主体。因此，劳动关系运行机制中的体面就要求劳动关系双方以平等的地位确定劳动规则与纪律、劳动付出与报酬、劳动条件、劳动关系的协商机制等，而国家则应该为保证这种平等性提供政治和法律方面的保障。

最后，体面劳动涉及劳动保障方面的"体面"。对于劳动者而言，劳动者应该有适当的劳动条件标准和社会保障标准，劳动者应该有培训的机会，这种培训能保证劳动者有持续的就业能力；对于雇主而言，雇主不仅要为劳动者提供与企业情况及时代相适应的劳动保护条件与社会保障，而且要为劳动的持续就业能力提供适当的培训机会；对于国家而言，国家应该建立起普遍的培训标准、劳动保护标准和社会保障制度，并在一定程度上为劳动者培训提供各种政策上的优惠，鼓励企业对劳动者培训或鼓励一切形式的在职和脱产培训，并将全社会培训计划纳入社会发展政策中。

但是，需要关注的是，不能依据工作的形式来区分是否实现了体面劳动。只要有足够的收入维持劳动者本人及其家人的基本生存，保证劳动者的简单再生产，并拥有社会公认的最基本权利，就可以认为他实现了最基本的体面劳动，如家庭工作、街道工作、社区工作、非正规经济条件下的工作等。从国际范畴来看，由于各个国家不同的历史文化背景、经济条件、发展阶段、政治体制及发展模式，这就决定了一个国家在理解和看待体面劳动的标准上也是不尽相同。从这个意义上来讲，国际劳工组织的体面劳动的概念是具体和抽象的结合。从体面劳动的战略实现方式看，各国应该联系本国的实际情况，采取不同的步骤和战略模式。从发展的观点看，体面劳动是一个静态和动态相互螺旋式的发展过程：①静态的过程是指在一个国家的某个时期，为了推行体面劳动战略而制定的体面劳动衡量标准，这个标准必须不仅要与这个国家的具体国情相符，还要与全人类的进步相协调一致。②动态的过程则具有两种含义，一方面，在同一发展阶段，体面劳动不宜设置一个在全球范围内的固定标准，同一时期的不同国家应该允许有不同的标准；另一方面，一国的体面劳动标准随着时代进步、文明发展或者是经济结构的转型、政治体制的变革等情况应发生相应的改变，这些都是不断发展变化的动态过程。

二、体面劳动的内容

国际劳工组织认为，所谓"体面劳动"，旨在促进男女在自由、公正、安全和具备人格尊严的条件下，获得生产性体面工作机会，其核心内容是促进工作中的权利、就业、社会保护和社会对话。这一概念包括以下六个维度。

（1）工作机会，是指每个人（男人和女人）都有参加工作的需要，工作包括各种形式的经济活动、正规和非正规部门中的自谋职业、家庭从业和有薪就业。

（2）自由，是指每个人可以自由地选择职业，而不是被迫接受不可以接受的工作，像奴役劳动和童工等。

（3）生产性工作，是指工人获得的工作可以养家糊口，还可以为企业和国家提高竞争力和可持续发展作贡献。

（4）公平，是指工人在找工作和工作中不受歧视并享有平等待遇，有能力处理好工作与家庭生活的关系。

（5）安定，是指工人需要在健康生活和就业方面得到保护，退休领到养老金。

（6）尊重人格，是指工人在工作中受到尊重，能够参与企业决策，自由参加对自己有利的组织。

体面劳动的内容应当根据各个国家不同的国情和经济发展水平决定，这一范畴涵盖了所有国家实现体面劳动要考虑的各种因素，综合国际劳工组织所提出的各种劳工标准来看，体面劳动的内容应该包含着以下几个方面的内容。

第一，从促进和实现基本的核心公约来看，追求体面劳动就是要求一国根据自身的特点和本国现有法律，建立与完善体现国际核心公约精神的保护工人基本权利和利益的各项公约。不能够完全实施国际核心公约的国家也应该为日后逐步批准这些公约做准备。将已批准的公约尽快通过国内立法上升为国家意志，以法律的形式体现公约的精神，将公约的实施融合于劳动的立法、执法过程中，最大限度地提升劳动者的基本权利，改善劳动者的地位，做到保持社会的稳定和提升国家竞争力，保持经济和社会可持续的协调发展。

第二，从就业渠道来看，体面劳动希望为寻求就业的人提供就业机会，这种就业应该是自愿的，而不是强迫或强制就业、债务或奴役劳动，包括全日制或非全日制的工作。政府在制定经济政策时，已经把就业和经济增长放在同等重要的战略地位，应采取积极的就业政策，为各种劳动形式提供支持，鼓励有保障的非正规就业，并为中小企业的发展提供支持。

第三，从就业的公正与平等待遇来看，体面劳动所追求的是性别、民族、种族、年龄方面的平等，如应该获得体面的报酬、应该同工同酬、劳动强度的核定应避免导致超负荷工作或散漫工作等，相关方面的歧视行为应该被禁止。

第四，从就业的量和质来看，实现体面劳动的目标在于就业数量与就业质量的结合。就业数量就是就业岗位的多少，就业的质量包括工作方式、工作条件，以及价值观和满足感等方面的内容。

第五，从安全的工作环境看，应避免极端恶劣的条件，保证一种安全的工作条件，防止工伤事故、伤害和职业病。体面劳动在这方面的任务就是要建立一套与时代发展相适应的、基本完善的、社会能够承受的职业防护标准和制度以及职业伤害检查与鉴定制度。

第六，从保障制度来看，应该扩大社会保障覆盖面，应当为所有劳动者做出安排，使他们在遇到健康问题、工伤事故、生病、丧失就业能力以及需要养老和需要获得救济金时能够得到帮助。

第七，在就业与培训机会方面，体面劳动追求在劳动者的工作生涯中应有培训或提高工作技能的机会，以及得到晋升和提拔的机会。国家应制定和实施职业指导与职业培训的政策及计划，以经济和政治手段鼓励企业参与人才的培训与开发，并鼓励带薪在职学习。

第八，在企业参与方面，体面劳动追求工人应有机会参与那些直接对他们产生影响的决策，如工作规则和工厂制度等有关决定；应该有机会和途径去表达不满和质疑，并由代表工人权益的组织提供帮助并解决。

第九，在保护特殊劳动群体方面，特殊群体包括妇女、儿童和未成年人、移民工人、家庭工人等。特殊人群中大部分属于社会中的弱势群体，体面劳动应追求保护这部分弱势群体的基本权益。

第十，就加强三方协商机制和社会对话而言，主要是加强社会对话重点计划，旨在提高社会对话的益处，化解社会和经济发展的矛盾。从政府制定各项政策来讲，要对经济增长和社会发展给予同等的关于，并且给予工人的基本权利和利益以特别的保护。企业应该尊重经济全球化背景下跨国公司的核心行动守则，遵守东道国国内有关劳动和公司制度等方面的法律法规，以保证履行它们的社会责任。工会应该确保工人的价值和尊严方面得到保护，工会的功能是应该使工会能够成为工人权益的真正代表。

三、体面劳动的特点

1. 国际性

国际劳工组织的使命是改善人在劳动世界的状况，体面劳动原则是劳工组织为应对全球化带来的社会层面的挑战而制定的。体面劳动及其标准和建议由国际劳工组织提出，充分体现了体面劳动的国际性。

体面劳动涵盖了就业与社会进步的相关内容，涉及提高权利、就业、安全、社会对话及支持投资与经济增长。它不仅仅是一个国家政策的议题，更是深入国际和全球的经济贸易、投资、跨国的产品生产体系。实现体面劳动也就意味着改变全球经济运行的方式，以此涉及更多的受益群体。体面劳动不仅是一个在国家层面上的发展目标，也是全球经济的发展目标，衡量全球化经济最基本的指标是看它能否为所有人提供体面的工作。

体面劳动的国际性还体现在实施体面劳动战略需要众多国际组织机构的通力合作。国际劳工组织认为，追求体面劳动这一目标必须通过实现国际劳工组织当前的四个战略目标，即促进工作中的权利、就业、社会保护和社会对话，而体面劳动是所有这四个战略目标的共同核心。就专指就业这一战略目标而言，不仅国际劳工组织应发挥主导作用，而且其他的国际金融机构与联合国机构也应当发挥基础作用，否则体面劳动也难以较大范围实现。

2. 国家性

体面劳动的理念一经提出，立即引起世界各国政府、工会、非政府组织和雇主组织的关注，很多国家依照国际标准制定了本国的体面劳动标准，一方面是为了响应国际劳工组织的倡导，保护本国劳工的权益；另一方面也是为了在有关体面劳动标准方面得到优先的发言权，来应对就体面劳动标准对本国劳工状况的检验，还包括体面劳动标准可能带来的对本国的劳动竞争力的挑战。

体面劳动的国家性还体现在体面劳动标准的实现有赖于各国自身的努力，而且在体面劳动标准的制定上都有自己独特的体系与衡量标准，在实现体面劳动的过程中都有与本国实际相结合的短期与长期的目标和实现途径；此外，国家性还体现在体面劳动的具体实施方面，众多相关国家可以通过联合宣言的方式共同实现。在全球范围内，已经有一些地区和国家联合起来共同实施促进体面劳动的政策措施。

3. 历史继承性

国际劳工组织提出的体面劳动标准并没有一个统一的量化指标。这种非量化的标准特征是因为各会员国的经济、社会、文化和发展模式等的不同，统一量化标准不科学。但是，如果某个具体国家在某个特定阶段要实行体面劳动战略，就应该有一个衡量工作进度的标尺。另外，体面劳动战略的实施必然涉及一个国家的劳动法律、法规、制度及各项劳工标准的制定，从这种意义上来讲，体面劳动应该有一定的量化衡量标准。国际劳工组织提出的衡量体面劳动的部分指标在一些会员国已经有了详细的规定和运用，满足了现实的经济和社会对体面劳动战略的需要。在制定衡量指标的过程中，既要考虑到各国的具体国情，即不能脱离各项既定的保护劳工方面的标准，还要遵守和签订一系列和体面劳动相关的国际公约，这种不断修订的过程本身就是一种继承性。

体面劳动标准的历史性要求新的体面劳动标准应建立在已有的标准之上，不能抛弃已有的标准。这种继承性就是要在已有的标准基础之上制定新的标准，保持新旧标准的结合和延续性。继承是从原有的量上的增长，而发展性就是要求新的标准要从质上有所突破，体现在范围的扩张和全方面的包容。

4. 指导性

国际劳工局局长胡安·索玛维亚认为体面劳动的指导意义在于：第一，体面劳动是一项目标，这个目标反映了全体人民的共同愿望。它既是针对个体的个人目标，也是针对国家的发展目标。第二，体面劳动提供了一个政策框架。主要是针对国际劳工组织提出的四项战略目标，并为不同目标的实现采取一致途径提出了可能性。第三，体面劳动是组织计划和活动的一种方法。围绕体面劳动的议程国际劳工局可以制定各项目标并组织各项活动。第四，体面劳动为外部对话和伙伴关系提供了一个讲坛。体面劳动标准本身只是一个指导性的标准，并没有强制性。如果体面劳动标准具有强制性，那么它将会造成与社会条款争论一样导致国际劳工组织分裂的后果，不利于在全球范围内展开体面劳动的合作，也就不能实现体面劳动的战略目标，更不能体现国际劳工组织的宗旨。

四、体面劳动者的权利

根据体面劳动的定义，体面劳动包括劳动者的权利得到保护、有足够的收入、充分的社会保障和足够的工作岗位。这就要求各国政府统筹协调各方面的利益关系，赋予广大劳动者相应的权利，如更切实的知情权、参与权、表达权和监督权，更充分的就业选择权，更公平的分配制度以及更人性化的休息休假、安全保护权等。根据相关资料的整理，现将劳动者应享有的体面劳动权利概括如下（杨以雄，2013）。

1. 政治民主权

劳动者应得到国家和全社会的尊重，有选举权和被选举权（依照法律被剥夺政治权利的除外），有宗教信仰自由、人格尊严不受侵犯，以及《中华人民共和国宪法》等法律法规规定的各项政治权利。同时，劳动者在企业也应具有表达权和对经营情况的知情权。

2. 劳动报酬权

劳动者付出劳动应得到相应的报酬，数额应不低于本国家、本地区、本行业的最低工资标准，企业应做到不拖不欠定期发放报酬，并且随着效益的提高而增加劳动者报酬。

3. 劳动保障权

在中国，不论国有、民营或外资企业，都要按照《中华人民共和国劳动法》及《中华人民共和国劳动合同法》的有关规定与劳动者签订劳动合同，为劳动者缴纳养老、医疗、工伤、生育、失业等社会保险金。

4. 知情参与权

劳动者对用人单位的性质、生产经营状况、发展状况、重大事项特别是涉及劳动者切身利益的重大事项等应有知情权。用人单位要定期向劳动者公开通报，并就涉及劳动者利益的决策、制度等重大事项的出台先征求工会或劳动者的意见。

5. 事业发展权

对劳动者的技能、素质及个人的成长进步，用人单位应提供必要的条件、合理的经费和相应的设施，为劳动者提供成长发展平台，让劳动者实现自己的人生价值。

6. 休息休假权

劳动的工作时间要严格按照《中华人民共和国劳动法》的规定，不得超时，国家法定的节假日应得到休息，确实需要加班应征得劳动者统一，并按规定发放加班工资或加班后调休。

7. 劳动安全保护权

企事业用人单位应给劳动者提供安全的工作设施、劳动工具和工作环境，劳动者有对自己的劳动环境和工作条件提出合理要求和权利。

8. 就业择业权

政府和企业要创造更多体面的工作岗位，保障劳动者的就业权，充分尊重劳动者意愿，对劳动者提出调整工作岗位应协商满足。

9. 精神文化权

企业应为劳动者创造幸福快乐的工作和生活环境，经常组织劳动者开展丰富多彩的文化体育活动，提升员工的幸福指数，树立快乐工作观。

10. 成果共享权

实现体面劳动必须强调全员性，惠及广大劳动者，在企业获得盈利或得到改善时，应在工资收入和奖金福利方面注意向一线劳动者倾斜，保证他们的利益，使员工真正像主人翁一样共享发展成果。

第二节　全球化背景下体面劳动的提出

体面劳动的提出，从根本上来说是以发展中国家和发达国家都能接受的方式，应对经济全球化社会层面问题的产物。20世纪80年代，国际劳工组织提出"体面劳动"不是偶然的，全球化在促进技术进步，给人们带来多样化生活选择的同时，也给劳动世界带来了深刻的负面影响，并引起了全球社会的广泛关注。发达国家解决问题的一个主要办法是将国际劳工标准与贸易相挂钩，对未能遵守劳工标准的国家实行贸易制裁。这自然引起发展中国家的强烈反对。胡安·索玛维亚指出，我们必须以发达国家和发展中国家都能接受的方式，继续追寻将社会最低标准置入全球经济的目标，也就是说寻求解决全球化层面问题的办法和途径，必须要有全球化的角度。这正是体面劳动提出的思想及测量基础。

近半个世纪以来，全球化已成为最为流行的词汇之一，普遍出现于世界的各个主流媒体。对于全球化，Gray（1998）认为它是"由没有约束的资本流动和没有障碍的自由贸易所催生的全球性工业生产和科技的扩散"（郑功成和郑宇硕，2002），此定义非常恰当地描述了20世纪70~80年代以来世界资本主义发展的现实。在国际劳工组织百科全书中，"全球化"被解释为：国家和社会之间连接和相互联络的多样性，而这种相互联系构成了当今的世界体系。全球化就是这样的一个过程，即区域经济、社会及文化通过信息、交通和贸易的全球网络而互相整合，个人、群体和国家之间变得越来越相互依赖。国际劳工局局长胡安·索玛维亚是这样描述的，随着1990年冷战的结束，一个新的时代开始了，"全球化"这一术语开始被用于描绘在政治集团瓦解之后，贸易和金融市场向国际竞争和国际投资开放、急剧的技术变革迅速传播如何在国家之内和国家之间戏剧性地改变社会和经济的关系，并迅速"走红"世界（国际劳工局，2007）。

全球化有时单指"经济全球化"。跨国公司、全球金融市场和电子的一体化、规模庞大的全球资本流动，让人们再无法孤立于全球体系之外。国际贸易自由化、外国直接投资的扩张以及大规模金融跨境流动的涌现，成为全球化的关键经济特征。如果说贸易自由化是全球化的先导，资本国际化是经济全球化的催化剂和驱动力，那么跨国公司就是经济全球化的主要承载着和推动者。全球化的经济特征主要表现为国际贸易的迅速扩张、国际资本的高度集中以及金融市场的迅速一体化。

全球化发展到目前的阶段，可以看做经济自由主义的胜利，而世界贸易组织的出现，对推动全球范围内"市场经济、自由贸易"的实现更是具有无可否认的积极意义。然而这种推动是以资本的扩张为目的和手段的，资本扩张的直接要求是对劳动的压制和剥夺。事实上，自20世纪90年代以来，在经济全球化的背景下，世界劳资关系和工人运动的形势及力量对比已经发生了重大的变化。

一、全球化对劳动世界的消极影响

全球化是一把双刃剑，它在带来经济增长、生产体系变革以及市场经济发展的同时，也付出了沉重的社会成本，对劳动世界带来了很大的消极影响。1999年，国际劳工组织发表了一份题为《关于全球化社会影响的国别调查》的报告，指出根据理论和经验，全球化可以提高人民的福利。从长远看，对外贸易和外国直接投资的增加，伴随着高经济成长率和高劳动生产率，从总体上促进了经济的发展。然而，潜在的收益并不会自动成为现实，战略选择和政策调整是必不可少的（刘旭，2003）。但是全球化这把双刃剑，对发展中国家和劳动力市场中的相对脆弱群体带来了诸多压力和挑战。

全球化社会层面的问题，是指全球化对各国劳动者就业、工作条件、收入和社会保障带来的负面影响。国家劳工组织认为，全球化对劳动世界有三个方面的影响。

1. 全球化加剧了社会不平等

全球化加剧了发展中国家社会群体之间的不平等。由于发展中国家需要国际资本创造就业机会，因而以牺牲劳工利益和环境保护为代价竞相向国际资本提供优厚的投资条件，出现"向下竞争"或"寻底竞争"（race to bottom）的局面。其结果是各种不利于劳工利益的灵活雇佣方式被引入发展中国家和地区。

首先，非熟练工人处于了更加不利的地位。他们与熟练工人的工资差距在拉大，其主要原因如下：第一，为了应对国际竞争的压力，必须引进新技术，因此对技术工人的需求增加，对非技术工人的需求减少；第二，随着自然资源的变化，具有较强适应性和流动性的熟练工人比相对缺乏流动性的非熟练工人更加具有优势。

其次，女工成为易受负面影响的群体。一项关于亚洲出口加工地区女工状况的调查表明，在印度尼西亚、菲律宾、泰国、韩国等国家，普遍存在的问题是工作时间过长、工资低、强迫加班、性别歧视、工作条件恶劣、缺乏职业健康保护、歧视或禁止工人加入工会等。

最后，由于资本的流动性增加，一个国家工人的工作岗位很容易被另一个国家的工人所取代，因此他们在与雇主进行集体谈判时的地位被削弱了，为了保住饭碗，工人不得不接受较低的工资待遇。

2. 全球化使工作无保障程度增加

有竞争力进口产品的涌入、节省劳动力的新技术的引进及外国直接投资的增加，均成为传统部门工作岗位减少的原因。那些缺乏技术和受教育程度较低的工人首当其冲。如果他们不能适应这种情况，就有可能被长期排挤出劳动力市场，成为长期失业者。根据国际劳工组织劳动力市场指标分析，1994~2004年，全球失业率明显上升，尤其是亚洲地区，失业率的上升幅度更大。东南亚和太平洋地区的失业率从1994年的4.1%上升到2004年的6.4%，上升幅度达到56.1%（林燕玲，2012）。

3. 全球化使就业形式发生了根本变化

传统的"标准"就业方式有一些固有的特点：工人只受雇于一个雇主、固定于一个工作场所、无期限的雇佣合同、全日制工作以及一定程度的社会保护等。自 20 世纪 70 年代中期以来，"非标准"的就业形式日益增加，包括非全日制工作和临时工等。非标准就业对于不同人群的影响是不一样的，如在我国，把灵活就业划分为主动型和被动型，主动型灵活就业是高质量的就业形式，体现了劳动者的自主性；而被动型的灵活就业则是质量相对比较低的就业形式。在全球化的影响下，人们的就业方式已经发生了根本性的变化。

二、全球化对劳动关系格局的挑战

经济全球化的发展，加强了各国在经济上的相互交往，为全球经济的增长提供了新的可能性。然而，由于资本在全球的自由流动，不仅引发了激烈的国际竞争，而且也对传统的劳动关系格局产生了前所未有的巨大影响。

1. 打破了劳资关系的均衡态势

经济全球化打破了劳资关系的均衡态势，"强资本弱劳工"的格局日趋明显。众所周知，第二次世界大战后在资本主义社会中出现的福利国家，实质上是一种调节资本与劳工关系的制度。该制度在一个国家内部一定程度上限制了资本力量的过度膨胀，为劳工提供了必要的安全保障。但是随着经济全球化的发展，资本跨国流动的能力越来越强，它在与国家的谈判关系中具有更强的讨价还价能力。资本要挟能力的提高，迫使国家为了留住资本而降低关税率，取消管制，出台优惠政策。这在很大程度上是以牺牲劳工利益为代价的。相对于资本实力的增强，工会作为一种集体力量出现了分散化迹象，难以组织起来与强大的资本抗衡。

2. 削弱了工会的生存和实力

经济全球化削弱了工会的生存和实力。一方面，产业结构的调整对传统工人阶级的冲击很大。在制造业工作的蓝领工人是工会力量及运动的根基。第二产业的缩小造成了产业工人数量的减少，第三产业的扩大带来了劳工队伍的分化，大大削弱了劳工形成大规模组织的可能性。因此，工会组织率大幅度下降。另一方面，工会运动不适应跨国公司的加速发展。随着全球生产体系的形成、跨国公司的发展，生产成为国际化，劳动关系也超越了国家的疆界，而工会活动仍在本国范围之内，只与本国的子公司打交道，这就对工会原有的组织形式、活动机制、斗争方式带来了一系列问题。工会本来是平衡劳资实力、使劳资关系的处理成为一种组织化行为的前提。然而经济全球化引发的产业结构调整和生产方式变化，严重影响到工会的生存和实力。

3. 工会的传统斗争手段受到挑战

经济全球化使工会的传统斗争手段——集体谈判受到挑战。集体谈判曾是工会维护劳工利益的主要手段，并得到法律认可。第二次世界大战后西方国家工人的工资增加、工时缩短、劳动条件的改善、福利水平的提高，绝大部分都是由工会通过集体谈判的方式取得的。但如今，在资方资本外迁的压力下，工会被迫放弃增资要求，有些国家取消了比较集中的中央级、产业行业级集体谈判，由企业工会和企业主自行谈判；有的甚至取消集体谈判，由工人个人自行同雇主谈判。应该看到，经济全球化打破了资本市场与劳动力市场的国家界限，跨国共识的国际化经营方式要求以一种全球化的视角去探讨劳工问题的解决方案。跨国共识国际经营的承包制度和装包体系，使产业关系进一步复杂化。对于这种跨国性的产业关系和劳工问题，传统的集体谈判手段的局限性凸现出来。

4. 政府失去了公正的立场

经济全球化使政府在劳动关系中失去了公正的立场。为提高全球竞争力，发达国家政府争相降低税率、削减社会福利，导致国内失业率居高不下，而同时工人平均工资却呈下降趋势；发展中国家政府以廉价劳动力为优势参与国际竞争；一些发展中国家为吸引外资而竞相压低工人工资，为向外商承诺安全的投资环境而压制工会与工会运动。此外，政府放松甚至取消了对劳动力市场的控制，非全日制工人、临时工、家庭工等非规范性就业的工人大量增加。这些非规范性就业工人工资低，缺乏社会保障。因此，以牺牲劳工的权利追求经济的发展，成为许多国家公共政策的出发点。

总之，经济全球化使劳动关系格局发生了巨大的变化，并向传统的劳动关系法律规范调整提出了严峻挑战。对劳动关系的规范已不再是任何一个主权国家可以闭关锁国任意加以处置的事情，而是必须考虑到国际之间的互利互惠，考虑经济发展和社会进步的平衡等问题。因此，以国际劳工标准为基本依据来建立新的调整劳动关系的规范体系和劳动关系的秩序就显得十分必要。

三、体面劳动：应对全球化影响的有效措施

全球化及其带来的社会层面的问题，引起了全球范围内的广泛关注，也激起了激烈的反对。1999 年发生在美国的"西雅图风暴"，拉开了反全球化运动的序幕。发生在意大利热那亚的"西雅图风暴"则将反全球化运动推向高潮。

1. 社会条款的提出

1995 年 3 月，联合国在丹麦哥本哈根召开"社会发展问题世界首脑会议"，在通过的《哥本哈根宣言》中首次提到，要保护和促进对"工人基本权利"的尊重，制定包括国际劳工组织有关禁止强迫劳动、禁止童工、组织工会、集体谈判、同工同酬、消除就业歧视等各项公约。1998 年，国际劳工大会第 86 届会议通过了《国际劳工组织关于工作中的基本原则和权利宣言及其后续措施》。

国际劳工组织和世界贸易组织均要求会员国承诺遵守核心劳工标准，而且特别强调，这些标准不能用于贸易保护主义，不应质疑任何国家的比较优势。国际社会多次确认，国际劳工组织是制定和处理劳工标准的主管组织。它通过各国关于尊重这些基本原则和权利的定期报告制度，并结合有实质性的技术合作计划，帮助并监督会员国付诸实施。但是在现实中，公然违反劳动和工会权利的情况依然发生。对此，有呼吁要求采用更为强硬的行动，就是将国际劳工标准和贸易相挂钩，对不尊重这些标准的国家实施贸易制裁。在一些双边贸易协议的条款中已列入了尊重核心劳工标准或执行国家劳工立法的内容，即被称之为"社会条款"（social clause），如《北美自由贸易协定》中的北美劳工合作协议。

所谓的"社会条款"，是指发达国家主张的在贸易与投资协议里写入关于人权和劳动权、保护环境等问题的专门条款。其中劳工权利指"核心劳工标准"或称"工人的基本权利"，是最基本和最核心的内容，有时也被称为"蓝色条款"。缔约方如果违反该条款，其他缔约方可以予以贸易制裁，其目的在于通过贸易制裁来保证有关社会权利的基本实现（林燕玲，2012）。在国际贸易规则中引进"社会条款"，主要是针对所谓的"社会倾销"[①]，本质是将劳工标准与国际贸易挂钩，希望通过贸易强制措施来保证有关社会基本权利的实现。

自"社会条款"提出以来，其便是最具争议性的国际性倡议。国际贸易与国际劳工标准是否应该挂钩？发达国家与发展中国家展开了广泛的争论。主要发达国家宣扬"社会倾销论"，认为国际劳工标准与国家贸易应予挂钩，其主要原因在于：①保护劳工权利，促进人权保护。全球范围内损害劳工权益的现象普遍存在，为改变这种现象，需要在一个国际框架内推行统一的劳工标准。②保护劳工权利最有效的办法是通过全球贸易体制，根据具体的生产情况奖励或者惩罚相关的产品，可以打消侵犯劳工权利的经济动机。在国际贸易中引入劳工标准，可以有效防止各国企业为了出口而竞相降低劳工标准的现象，将社会条款纳入贸易协定中

[①] 社会倾销是指一个高工资的工业化国家进口相对低廉的外国产品，而这些产品之所以廉价是因为出口国没有提供合理的工资、利益及对工人其他方面的保护。通过利用廉价的和缺乏保护的劳工，出口国能够以远低于一般市场价格的价格在工业化国家销售产品，这就将其社会问题"倾销"到进口国，其形式就是使后者失去就业机会，迫使进口国降低工资和利益以使其价格结构更具有竞争力。

有助于消灭剥削劳工导致的不公平竞争。③弥补国际劳工组织的脆弱性，因为现行的国际劳工标准体系尚不完备，尤其在经济全球化的趋势下，靠道德说教和自愿遵守国际劳工组织的基础劳工公约，极其脆弱。④世界贸易组织是全球最大的贸易组织，其是一个合适的国际框架。这种由世界贸易组织负责强制实施的多边贸易体制，将使发展中国家提高劳工标准，并将带来更公平的贸易竞争。

而发展中国家则认为，由于经济发展阶段不同，各国出现劳工标准的多元化是自然存在的现象，发达国家要求在全球实行统一的劳工标准是不现实的，主要原因在于：①强制推行劳工标准对广大发展中国构成一种新的贸易壁垒，是发达国家实行的一种新的贸易保护主义措施，这样做是为了迫使发展中国家提高劳动成本以降低其在国际贸易中的竞争力，这是经济上的霸权主义，对发展中国家是不公平的（吴殿朝和王秀梅，2006）。②贸易与劳工标准挂钩的结果将使发展中国家的劳动力优势不复存在，使其在国际竞争中处于更加劣势的地位，这将进一步加大南北之间的差别。③世界贸易组织将劳工标准与贸易问题相联系，实际上是将本应属于国际劳工组织所管辖的事项纳入世界贸易组织体制中，有越俎代庖之嫌。④目前国际贸易的现状是发展中国家处于国际供应链的下游，发达国家的公司企业在贸易中极力压低价格。实际上正是发达国家压低贸易价格本身使得发展中国家不得不竭力降低生产成本。⑤发达国家以尊重人权为借口，要求国际贸易与国际劳工标准挂钩，认为推行全球性劳工标准可以改善发展中国家人权状况，而事实上人权首先是生存权和发展权，只有发展中国家经济发展了才能改善发展中国家人权状况。如果发达国家确实希望帮助发展中国家改善人权状况就应该首先帮助发展中国家发展经济，而不是对发展国家进行贸易制裁。

2. 关于贸易和劳工标准形成的共识

2001 年 6 月，在第 89 届国际劳工大会上，国际劳工局局长在题为《减少体面劳动方面的缺陷——全球性挑战》的报告中，对关于贸易和劳工标准的辩论进行了回顾和总结，认为"在过去的 10 年中，形成了四个重大方面的共识"（国际劳工局，2011a）。

首先，从 1995 年哥本哈根的社会发展首脑会议到 1998 年通过《国际劳工组织关于工作中的基本原则和权利宣言》，对核心劳工标准达成了国际性的协商一致意见，为全球经济规定了最低的社会要求。核心劳工标准的内容包括：结社自由和切实承认集体谈判的权利；消除一切形式的强制性劳动或强迫劳动；切实废除童工现象；消除职业和就业中的歧视。这套原则和权利具体体现了在劳动世界中的基本人权。

其次，国际社会多次重申了国际劳工组织在制定和管理有关标准的权限。1996年 12 月 13 日通过的世界贸易组织《新加坡部长宣言》中重申了世界贸易组织对国际上被承认的核心劳工公约的遵守。也承认了国际劳工组织和管理这些标准的主管机构，并表示肯定会对国际劳工组织为促进这些标准而做的工作给予支持。

再次，国际劳工组织肯定了劳工标准不应被利用于贸易保护主义的目的，任何国家的比较优势都不应受到质疑。

最后，国际劳工组织又进一步发展了这个问题，强调劳工标准不仅对贸易有意义，对技术、金融、投资、企业开发和其他领域也同样有意义。

国际劳工组织作为促进劳工标准实施的主导组织，一向依照坚持自愿合作的原则执行国际劳工标准，反对那些没有实行国际劳工标准的国家使用贸易制裁手段。面对劳动世界的挑战和劳工标准的争论，国际劳工组织希望探索新的平台和手段，不仅能让自身焕发出新的活力，而且也能让发展中国家和发达国家达成共识，使各项权利和其他发展目标都可以融洽地共存。

第三节　体面劳动的理论基础：马克思主义的劳动理论

我国当前正处于社会主义初级阶段，体面劳动则是实现人的自由发展的前提条件和重要步骤，人的自由发展是体面劳动的目标和归宿。马克思的劳动观是与人的自由发展思想紧密相连的，劳动的最终价值取向就是实现人的自由发展。人的自由发展是同人类历史发展不断艰难曲折的演进过程相联系。体面劳动的相关理念与马克思主义的劳动理论有很多相通之处（陆婷，2013）。

一、马克思主义的"劳动观"

劳动是马克思主义哲学的核心范畴，是始终贯穿马克思主义理论的一条红线，"整个所谓世界历史不外是人通过人的劳动而诞生的过程，是自然界对人说来的生成过程"，也就说人类的发展史就是劳动的发展史。恩格斯也曾深刻地指出，"劳动是整个人类生活的第一基本条件，而且达到这样的程度，以致我们在某种意义上不得不说：'劳动创造了人本身'"。人的发展与劳动是息息相关的。

马克思在《政治经济学批判导言》一开始就指出，"摆在面前的对象，首先是物质生产"。劳动是创造物质财富的活动，它是人类生存的永恒的自然条件，这是劳动的自然属性，维持着人类的自然生存。除了这一属性，劳动从一开始还是社会性的劳动，研究人的发展必须把劳动的社会属性作为出发点。马克思指出："在社会中进行生产的个人，因而，这些个人的一定社会性质的生产，自然是出发点。"在劳动的自然属性和社会属性的基础上，人们在劳动过程中形成了一定的社会关系，马克思在《政治经济学批判》序言中指出，"人们在自己生活的社会生产中发生一定的、必然的、不以他们的意志为转移的关系，即同他们的物质生产力的一定发展阶段相适合的生产关系。这些生产关系的总和构成社会的经济结构，即有法律的和政治的上层建筑竖立其上，并有一定的社会意识形态与之相适应的现实基础。物质生活的生产方式制约着整个社会生活、政治生活和精神生活的过程"。这些关系便涉及伦理道德方面的问题，人们在劳动过程中是否得到身心的满足，是否得到了尊严和社会的尊重，是否实现了人之为人的本质（陆婷，2013）。

马克思的劳动理论主要阐释了这一思想，即劳动创造了人的对象化活动，也创造了人本身。因此，劳动应该被认为是人的"本质"或"类本质"，人与动物的根本区别是劳动。劳动是人类生存的基础和前提，劳动的主体是现实的人，而劳动也始终是人的劳动，劳动的根本价值取向就是实现人的自由发展，这同时也是马克思主义理论体系的终极目标。

二、马克思主义的"异化劳动"思想

马克思创造性发展了黑格尔的"异化"学说，在《1844 年经济学-哲学手稿》中首次把异化问题与经济领域结合起来，提出了异化劳动的理论。马克思认为，人之所以为人，是因为"类本质"是指"自由自觉的劳动"，人的自由是在劳动过程中得到实现的。但在人类发展的历史阶段，人类丧失了自己的"类本质"，把人类自由自觉的目的性活动转变成了维持个体生存的谋生手段，出现了"劳动异化"。异化劳动主要是指劳动者的物质生产活动的产物反过来成为统治与支配劳动者的力量，人的劳动已经脱离了自己的"类本质"。按照马克思的观点，异化劳动主要体现在以下几个方面：劳动产品与工人生存状况相异化；劳动过程与工人相异化；人与人的类本质相异化，即人同自由自觉的活动相异化；人与人的关系相异化。马克思把人们在生产劳动的过程中所受的压抑，即把劳动中的"不自由"放在更广阔的社会背景中进行考察，从生产力与所有制二者辩证统一的关系及其运动发展过程中，深刻追溯它的社会历史根源。异化劳动制约着人的自由发展，剥夺了人的价值和尊严，人与人之间的关系相互对立，它必然要被扬弃，最终实现人类对自己本质的全面占有的自由自觉的劳动。人的自由发展就是不断克服异化劳动实现自由劳动的历史过程，"认识到自己是人向自身的还原或复归，是人的自我异化的扬弃"。马克思关于"自由劳动"曾经有一段经典的描述："在共产主义社会里，任何人都没有特殊的活动范围，而是都可以在任何部门内发展，社会调节着整个生产，因而使我有可能随自己的兴趣今天干这事，明天干那事，上午打猎，下午捕鱼，傍晚从事畜牧，晚饭后从事批判，这样就不会使我老是一个猎人、渔夫、牧人或批判者。"这便是马克思对"自由劳动"的向往，也是我们努力要实现的目标（陆婷，2013）。

但是自由劳动的实现是一段艰难漫长的历史进程。在马克思看来，只有到推翻资本主义社会实现共产主义社会的高级阶段才能真正实现自由劳动。应该实事求是地考察我国是否存在异化劳动现象的问题，我国现在处于特殊国情，即处在社会主义初级阶段，生产力还不发达的阶段，"多种所有制经济"制度还存在着私有经济的因素，这是导致出现"异化劳动"现象的根本原因。此外，我国现阶段实行的是社会主义市场经济，市场经济的弊端也随之而来，"劳动产品一旦作为商品来生产，就带上了拜物教性质"。这就转变成物统治人，人成为物的奴隶，而且现阶段强迫性的分工也依然存在。因此，我国现在客观存在"异化劳动"这一现象，不能逃避和忽视，当然我们也应看到"异化劳动"现象是历史性暂时的，它是人类历史发展特定历史阶段不可避免的。随着社会历史的发展和人类的进步，"异化劳动"最终会被扬弃。在我国现阶段，自由劳动有其特殊的表现形式，即体面劳动，可以根据当前的生产力发展水平，努力实现体面劳动，为最终实现自由劳动、实现人的自由发展迈出关键性的一步。

三、马克思主义的"人的自由发展"思想

实现人的自由发展是人类永恒追求的社会理想。"每个人自由而全面的发展"是马克思主义的精神核心，体现了马克思主义浓厚的人文关怀。自由发展"可以看做扩展人们享有的真实自由的一个过程"，人的自由发展是人能够按照自身所固有的内在本性的要求去支配自身的发展，而不是被动地从属于某种外在的强制，使自身的发展偏离和压抑自己的内在本性。人们在社会生活中得到充分的发展，实现人的本质、人的需要、人的关系，使人成为人（陆婷，2013）。

具体来讲，作为人的内在本性要求，即"生命体现"的个性自由，主要表现在两个方面。一方面是人自由地实现或满足自身各方面的需要，另一方面是人的各方面能力的自由拓展。在马克思主义看来，人的个性自由的实现，亦即人的自由发展问题，不应仅仅从人的良好愿望出发，而应从人的现实存在出发去研究和解决。如果说前者表现为人的自由发展的自主性的话，那么后者就表现为人的自由发展的客观制约性。我国目前处在社会主义初级阶段，物质生产还不丰富，尚未达到实现自由劳动的物质条件。加之，我国社会步入了急剧转型期，各方面的矛盾开始逐渐凸显、激化。尤其是我国的劳动关系随着社会转型变得日趋紧张和复杂，特别是我国在市场经济条件下，劳动出现很多不体面的现象，劳动关系面临着亟待解决的严峻的问题，人的自由发展受到了很大限制。

马克思在《共产党宣言》中明确提出，"代替那存在着阶级和阶级对立的资产阶级旧社会的，将是这样一个联合体，在那里，每个人的自由发展是一切人的自由发展的条件"。人们不再被迫屈从于片面的劳动活动，在劳动中实现自我满足，"劳动已经不仅仅是谋生的手段，而且本身成为生活的第一需要"。人的自由发展是一个漫长的历史过程，是与人类社会历史发展同步的，共产主义的根本标志就是人的自由自觉的活动和人的自由全面发展。在社会主义初级阶段这一特殊历史阶段如何实现人的自由发展的路径之一就是实现体面劳动。从某种意义上来说，马克思主义就是要克服异化劳动，实现自由劳动。而体面劳动乃是走向自由劳动的关键环节，是实现人自由发展的前提条件和重要步骤（陆婷，2013）。

体面劳动是人类克服异化劳动实现自由劳动关键环节，我国目前处在社会主义初级阶段，还不具备实现自由劳动的条件，因此，现阶段的目标是实现体面劳动。

1. 体面劳动是实现人的自由发展的重要步骤和前提条件

追求人类彻底解放，实现所有人的自由发展，是马克思终生奋斗的社会理想。所有人的自由全面发展在今天仍是一种理想和期望，但人的自由发展则可以是现实的追求，体面劳动就是实现人的自由发展的重要步骤和前提条件。

根据马克思主义的劳动观和人的自由发展思想，社会主义在本质上的根本任务是要为实现人的自由发展创造积极的条件。但由于我国的特殊国情，目前处于并将长期处于社会主义初级阶段，生产力没有高度发达，物质财富没有极大地丰富，距离马克思主义经典作家所设想的充分实现人的自由发展的条件还很遥远。而且当代社会处在社会急剧转型时期，人的自由发展面临着诸多现实问题。改革开放以来，我国坚持"以经济建设为中心"，把经济建设放在首位，凸显了物质生活对人民群众的重要性，但片面强调物质发展而忽略了人的发展的重要性，这已经开始影响我国现代化建设的历史进程与和谐社会的构建，如贫富差距拉大、两极分化日益严重、社会不同阶层发展失衡。但不可否认的是，社会主义市场经济体制的确为实现个人自由发展提供了广阔的舞台，为人们的发展提供了新的选择和机遇，人们可以在一定程度上按照自己的兴趣爱好选择自己的职业，也为实现体面劳动创造了物质条件（陆婷，2013）。

"体面劳动"的提出，事实上是回答了在社会主义初级阶段如何实现"人的自由发展"这一普遍关心的问题。体面劳动是实现人的自由发展的重要步骤和前提条件，为在社会主义初级阶段解决人的自由发展的问题提供了一个现实的途径和范例，只有在实现体面劳动的基础上才有可能实现人的自由发展。

2. 人的自由发展是体面劳动的目标和归宿

马克思主义是以"有生命的个人"为前提，以改变世界为己任，以实现人类解放、确立有"自由个性"的人为目标，展出对人的现实存在和终极存在的双重关切。马克思不仅把人类解放的社会理想定位为实现一个人人平等、自由全面发展的社会，而且使每一个人的自由全面发展成为一切人自由全面发展的条件。人们不再屈从于被迫的分工和狭隘的职业，克服了劳动活动的固定化、片面化，每个人都能根据社会的需要、按照自己的特长和爱好自由地选择活动领域，进行自由创造。因而，劳动是人的自我实现的需要。如此这般的社会，"劳动已经不仅仅是谋生的手段，而且本身成为生活的第一需要"，它必定也是让每个人能够体面劳动，生活得有尊严的社会。因而在此视域下去观照人的自由发展，它不仅是体面劳动的目标和归宿，而且使劳动者在社会中通过劳动获得愉悦的一种自我心理满足，人的主体性得到了彰显，在实现体面劳动的过程中，自身也获得了自由发展。人的自由发展是一个永无止境的过程，而当前"努力实现体面劳动"则是当前对人的自由发展最朴素的愿望（陆婷，2013）。

"体面劳动"自1999年在全球化的背景下被提出后，历时十多年的发展，不仅成为国际上公认的维护劳动者权益的普遍理念，也成为世界各国政府共同努力实现的重要目标。我国政府也明确提出"让广大劳动者实现体面劳动"，表明了坚持以人为本，以实现人的自由发展为目标的坚定立场。

第四节　体面劳动战略目标的核心内涵

体面劳动作为一个内涵不断丰富的概念，既有永恒的理念追求，也有面对不同发展阶段和不同国情所确定的优先发展领域。自1999年"体面劳动"概念的提出，至2008年《国际劳工组织关于争取公平全球化的社会正义宣言》通过，国际劳工组织已在体面劳动框架下规划了未来的发展战略。《国际劳工组织关于争取公平全球化的社会正义宣言》确立了将来一个时期以体面劳动议程为框架的战略目标，包括通过国际劳工标准和将充分与生产性就业以及体面劳动置于经济和社会政策的中心，并体现在就业、社会保护、社会对话及工作中的基本原则和权利四个方面。在这四个战略目标中，工作权利是体面劳动的先决条件，符合某些质量的就业和达到某种安全标准的工作是体面劳动的内容，而社会对话是实现体面劳动的手段。同时，体面劳动的不同内容也可归结为两类：第一类是工人权利和社会对话。劳动机会、报酬水平、劳动条件、社会保障主要是由经济发展水平决定；工人权利、社会对话等则是更多地取决于法律和行政管理。没有资源，工人权利无法实现，而社会对话机制源于有组织的劳动中的制度性安排。因此，体面劳动的第一类内容要求的是实际的资源，更多取决于"物质力量"，第二类内容则仅仅要求通过法律来执行，并且更多地受到伦理、价值和法律的影响。

一、体面劳动的基础：工作中的原则和权利

无论是作为根本的权利还是作为充分实现所有战略目标所需要的必要条件，尊重、促进并实现工作中的基本原则和权利都是特别重要的。关于工作中的基本原则和权利是指 1998 年 6 月国际劳工大会通过的《国际劳工组织关于工作中的基本原则和权利宣言及其后续措施》中所规定的劳动者的基本权利，或叫基本劳工标准，也称核心劳工标准。所谓劳工标准是指在经济运行过程中对劳动的一系列规定，这种规定在一定的国家或地区已经或正在实施，或者说是一种现行的规定。它包括劳动者结社的权利、组织并集体谈判的权利、最低限度的工人年龄、最高限度的工作时间、最低限度的工作条件等。从动态角度看，劳动标准反映出了劳动关系的全过程，而从静态角度看，它则反映出劳动力市场的结果和现状。相关八项核心劳工公约，见表 1-1。作为国际劳工组织"标准化行动"的基础，其标准和实施对工人权利的实现显得尤为重要，也成为实现体面劳动目标的根基所在。对此，国际劳工局局长胡安·索玛维亚指出："标准化行动是使体面劳动成为现实的一项不可或缺的工具。"

表 1-1　核心劳工公约批准情况

基本权利	年份	核心劳工公约	批准国数目
自由结社和进行集体谈判	1948	《结社自由与保护组织权利公约》（第 87 号）	151
	1949	《组织权与集体谈判权公约》（第 98 号）	161
废除一切形式的强迫或强制劳动	1930	《强迫或强制劳动公约》（第 29 号）	175
	1957	《废除强迫劳动公约》（第 105 号）	172
禁止童工劳动	1973	《准予最低就业年龄公约》（第 138 号）	163
	1999	《禁止和立即行动消除最恶劣形式的童工劳动公约》（第 182 号）	175
消除就业与职业歧视	1958	《（就业与职业）歧视公约》（第 111 号）	169
	1951	《同工同酬公约》（第 100 号）	170

资料来源：基本人权公约的国家批准情况. http://www.ilo.org/ilolex/english/docs/declworld.htm；林燕玲（2012）

（一）自由结社和进行集体谈判

所有工人和雇主均有权建立或参加他们自己选择的组织，以促进和捍卫自己的利益，并与另一方展开集体谈判，他们应该能够自由从事这项活动，而不受另一方或政府的干预。自由结社是一项基本人权，它同集体谈判一起构成了国际劳

工组织的核心价值观。组织权和集体谈判属于扶持性权利，这些权利使得倡导民主、劳动力市场的良好管理和体面劳动实现成为可能。

1. 实施组织权和谈判权面临的挑战

工会的目的旨在把所有被雇佣的人组织起来，包括新兴产业和部门的工人、非正规雇佣关系的工人、出口加工区里的工人、非正规经济里的工人，以及移民工人。虽然立法规定了组织权利和集体谈判的权利，但是这些权利实际上并没有完全落在实处。

在一些国家，大部分工人受雇于非正规经济。这种非正规性使其缺乏法律保护，也缺乏集体的精神，工会覆盖率低，很少进行集体谈判，造成了劳动标准实施困难，如报酬低、工时长、工作条件危险，工人更容易受到侵害。当然这也与这些从业人员自身意识密切相关，一个挣扎在生存线上的人可能没有精力去考虑自己权益是否受到侵害的问题。

劳动力流动频繁也对工会的存在及其功能提出了挑战，表现在三个方面：一是移民工人包括非正规就业人员的组织和谈判权利受到侵害；二是如何将这些处于流动状态的劳动力有效组织起来；三是如何坚持给他们创造体面的劳动条件，而且有一些国家的法律规定限制移民工人的工会权利。

2. 国际劳工组织的政策行动及目标

为促进结社自由和集体谈判权利的实施，国际劳工组织开展了诸多工作：首先，帮助成员国加强劳动法律的改革。1999 年以来，在国际劳工组织的帮助下，已经有 56 个国家进行了约 80 部国内法律的修改，同时进行了辅助劳动法推行结社自由和集体谈判的程序性工作。其次，帮助成员国着重加强政府、雇主和工人组织三方的能力建设。此外，国际劳工组织还进行了促进社会伙伴的合作、加强三方性工作，将组织和谈判权纳入更广泛的劳动力市场制度中，并为培育集体谈判创造空间。

为了更好推动结社自由和集体谈判权利得到实施，国际劳工组织确立了下一阶段的目标，具体如下：首先，继续推进普遍批准和切实执行相关公约，重点是与未批准国家的成员密切合作，寻找克服现存障碍的手段。其次，为三方成员提供服务，为落实组织和集体谈判权利创造有利条件。应在三方协商下建立扶持性的立法框架；加强雇主和工人组织的组织能力和集体谈判能力；逐步建立提供服务的劳动管理部门等。最后，应加强在促进组织和集体谈判权利方面的基础知识，从而加强顾问服务以及宣传和认识提高活动（国际劳工局，2008a）。

（二）废除强迫劳动

1. 强迫劳动的基本状况

国际劳工组织对强迫劳动的定义包括两个基本要素——纯粹以惩罚相威胁的和并非自愿进行的劳动或服务。在世界范围内，大约有 1 230 万人受到某种形式的强迫劳动或奴役，其中 980 万人受到私人机构的剥削，而这其中还有 240 万人是因为人口贩运而被强迫劳动的。亚洲遭受强迫劳动的人数最大，大约有 940 万人；其次是拉丁美洲和加勒比地区，大约为 130 万人；而最少的是工业化国家，大约有 36 万人。在被迫接受强迫劳动的所有人中，大约有 56% 的人是妇女和儿童。每年从人口贩运活动中所得的利润至少为 320 亿美元（林燕玲，2012）。

时至今日，禁止强迫劳动作为一种基本人权，已经得到各国的普遍理解和认同。截至 2012 年 7 月 7 日，国际劳工组织的 185 个成员国中，有 175 个国家批准了《强迫或强制劳动公约》（第 29 号），有 172 个成员国批准了《废除强迫劳动公约》（第 105 号）（林燕玲，2012）。

2. 国际劳工组织废除强迫劳动的实践

为推动各国对废除强迫劳动公约的实施，国际劳工组织确定了根除强迫劳动的战略计划，分为五个部分：一是合法的立法，包括解放和保护强迫劳动受害者和对犯罪人员实施有效制裁的原则，这是不可缺少的途径。二是普通民众、警察与司法部门等负责当局需要提高对强迫劳动的认识。三是对强迫劳动的性质和严重程度以及干预的作用进行研究和调查，被认定为优先事项。四是需要对获释强迫劳工提供可持续的资助和恢复自立措施，并重点关注强迫劳动的贫困问题。五是该计划强调严格实施国家法律、规定和提高认识与宣传以及从根本上解决该问题等的重要性。

2002 年国际劳工组织启动"打击强迫劳动特别行动计划"（Special Action Programme to Combat Forced Labour，SAP-FL），该计划推动了国际劳工组织的活动对强迫劳动产生的影响和关注。随着人口贩卖犯罪现象的日益严重，国际劳工组织加强了对人口贩卖的打击力度，向许多国家提供援助。目前，全世界有 50 多个国家正在积极实施反贩卖项目。同时，很多国家在国际劳工组织的支持下，设计并落实在 2005~2008 年这四年内废除强迫劳动、具有时限的行动计划，以实现在 2015 年之前消灭各种形式的强迫劳动这一全球目标。

（三）禁止童工劳动

消除童工劳动是位居国际劳工组织工作核心的一项全球性事业，而童工劳动的现象表明在与实现"体面劳动"宗旨方面仍然存在着重大差距。确保让每一个儿童摆脱对工作的需要并获得一种良好的教育是至关重要的。反对童工劳动意味着要打破"被剥夺受教育权、青年就业没有前途和必然陷入家庭贫困"的怪圈。

1. 童工劳动的全球趋势

2004~2008 年，全球童工劳动的数量在持续下降，但下降幅度小于过去，仍有 2.15 亿名儿童陷于童工劳动。从事有危害工作的儿童人数，常被用做测量最恶劣形式童工劳动规模的一个替代值，这个数目仍在下降，特别是 15 岁以下的儿童。然而，总下降率已变缓慢，仍有 1.15 亿名儿童从事有危害的工作。在亚太地区和拉美及加勒比地区童工劳动继续减少，而撒哈拉以南非洲则经历了童工劳动相对数量和绝对数量的双增加。该地区还有童工劳工的最高发生率，每四名儿童中就有一人从事童工劳动。

整体来看，全球童工劳工有两个趋势相对比较正面：童工劳动在男童中间依然有所增长，但在女童中间却出现了下降；使用童工最普遍的部门仍然是农业部门，在这个部门中大多数儿童是作为非薪酬家族成员从事劳动的。

有关禁止童工劳动的核心劳动标准，如 1973 年《准予最低就业年龄公约》（第 138 号）和 1999 年《禁止和立即行动消除最恶劣形式的童工劳动公约》（第 182 号）得到广泛的批准。第 182 号公约的批准国已经达到 175 个，第 138 号公约的批准速度也在增加，已达到 163 个。但仍有一些国家有待于批准国际劳工组织的童工劳动标准，特别是 138 号公约。全世界还有大部分儿童没有得到这些基本公约的覆盖（林燕玲，2012）。

2. 消除童工劳动的行动

国际劳工组织开展了各项计划以消除童工劳动，如国际消除童工劳动计划、时限性计划、终止童工劳动项目以及倡导世界反童工劳动日等。

1992 年国际消除童工劳动计划开始实施，与此同时其也成为世界上最大的定向童工劳动计划及国际劳工组织内最大的技术合作计划，已在 90 多个国家开展了活动。在 2006 年和 2007 年，此计划使近 50 万名儿童直接受益，并使 3 300 万名儿童间接受益（国际劳工局，2008b）。国际消除童工劳动计划的实施是为了提高国际劳工组织为消除童工劳动的核心目标而工作的能力，帮助各国政府和伙伴组织开发、实施创新活动及实验性活动。一旦各国政府与国际劳工组织签署了谅解备忘录，就展开分阶段行动。国际消除童工劳动计划的目的是使儿童从童工劳动，尤其是从最恶劣的童工劳动中撤离，以及保证这些孩子撤离后比以前生活更好。

在国际消除童工劳动计划的基础上，以第 182 号公约为依据进行时限性计划，帮助各国政府建立一种一体化的、协调的政策和计划组合，以做到在一个确定期间内预防并消除一个国家最恶劣形式的童工劳动。时限性计划是国家掌控的计划，国际消除童工劳动计划和其他发展伙伴发挥辅助作用。时限性计划强调的是需要解决产生童工劳动的根源，就要将反对童工劳动的行动与国家发展努力联系起来，特别是在减贫和免费、义务、全民教育领域。2008 年根据第 182 号公约第 7 条，有 21 个国家从国际消除童工劳动计划支持时限性计划的项目中获益。

终止童工劳动项目是一个社区式的教育与社会动员倡议，它扩展了国际消除童工劳动计划非传统伙伴的范围，旨在帮助教育者提高青年人对童工劳动的理解和认识。世界反童工劳动日始于 2002 年 6 月 12 日，从此每年的世界反童工劳动日都以最恶劣形式童工劳动的一个方面作为主题。

2006 年，国际劳工组织三方成员制定了到 2016 年消除一切最恶劣形式童工劳动的目标。进一步讲，所有成员国都应按照 182 号公约的精神，在 2008 年之前设计并实施恰当的时限性措施。国际劳工局理事会于 2006 年 11 月批准了《全球行动计划》，并依据三大战略支柱为国际劳工组织列出了明确的承诺和责任：第一，支持各国应对童工劳动问题，特别是通过把童工劳动问题更有效地纳入发展政策的框架之中。第二，深化并加强世界范围运动对国家行动的支持。第三，更好地把童工劳动问题融入国际劳工组织整个"体面劳动议程"之中（国际劳工局，2006a）。

（四）消除就业与职业歧视

国际劳工组织认为，就业歧视意味着因与人们的素质或岗位要求无关的特征而对他们做出的区别对待。这些特征包括种族、肤色、性别、宗教、政治观点、种族冲突或社会出身。就业歧视是对人权的侵犯，导致人们才智的浪费，对生产率和经济增长有害，制造社会经济方面的不平等，从而破坏社会的凝聚力和团结。

1. 就业和职业歧视的挑战

（1）基于性别的歧视。全世界生活在贫困中的人口中，有 8.29 亿人是女人，有 5.22 亿人是男人。对于同等价值的工作来说，由于妇女的工资仅相当于男人的 70%~90%，因此薪酬中的非歧视应当成为实现性别平等和减少贫困双重目的措施的重要核心部分。

（2）基于种族和民族的歧视。2009 年，在比利时平等机会与种族歧视中的全部就业歧视投诉中，45%与种族有关，其中 36.5%涉及就业机会，56.1%涉及工作条件。与之类似，澳大利亚人权委员会报告称，44%的种族相关投诉涉及就业问题。歧视通常是因个人种族而在工作场所受到侮辱。种族歧视，不仅包括公开的歧视性招工广告等直接歧视，也包括涉及拒绝外国文凭的间接歧视。

（3）基于残疾的歧视。全球有大约 6.5 亿人在肢体、感官、智力或心理方面存在各种各样的障碍，这些人占世界总人口的 10%。在这些人中，有 4.7 亿人处于工作年龄段。在美国，劳工部的月度调查发现，残疾人的失业率为 16.2%，而非残疾人的失业率为 9.2%。在瑞典，2008 年残疾人的就业率是 62%，而非残疾的是 75%。残疾人面临的就业差距是显而易见的。并且他们所挣的工资也可能比较低。来自美国的数据表明，2007 年，全年从事全职工作的处于工作年龄的残疾人的中等收入为 34 200 美元，而非残疾人是 40 700 美元（林燕玲，2012）。

（4）基于国籍的歧视（移民工人）。在金融危机期间，移民工人受到的影响，主要表现在获得就业和流动机会方面受到的歧视状况加剧、排外情绪和暴力增加、工作条件恶化等。这些都进一步增加了现存针对移民工人的不公平和歧视状况。移民工人一般都在其他人员之前遭受失业，主要是因为他们广泛从业的部门，如建筑业和旅游业，是最先遭受到经济衰退影响的部门。

2. 《（就业和职业）歧视公约》的批准实施情况

2008 年是《（就业和职业）歧视公约》（第 111 号）通过的 50 周年，《（就业和职业）歧视公约》是一部具有前瞻性，且目前仍是消除就业和职业歧视、实现平等方面最为全面和专业的国际文书。

公约的执行已经取得了一定的进展。有越来越多的国家通过立法和行政措施、公共政策、行之有效的方案来防止歧视发生，并纠正事实上存在的不平等现象。各国在消除歧视立法方面也有非常大的进展。一些国家制定了全面的反歧视立法，或者通过制定广泛的人权立法来处理歧视现象，另一些国家则将新的反歧视和平等规定列入现行的劳动法中；同时，也有国家通过设立平等委员会或负责创造平等和处理申诉的其他专门机构来实施公约，委员会同时建议制定行业准则或指导方针来消除工作场所的歧视，以便对立法进行补充。

然而在公约执行中，依旧存在着一些方面的重大缺陷。例如，某几类工人，如临时工、家政工人和移民工人仍被排除在国内立法消除歧视的保护范围之外；一些歧视的立法还未涵盖公约所提及的理由；对歧视的消除还未涵盖就业和职业的所有方面（从招聘到合同终止）；对性骚扰的防范措施还处于空白；国内立法中歧视性法律尚未完全消除等。委员会注意到，有关歧视的立法显然非常重要，但并不足以消除就业和职业中事实上的不平等，歧视现象往往源自根深蒂固的传统习俗和社会价值观，人人享有社会公正依旧没有变为现实。目前，还有 14 个成员国尚未批准第 111 号公约，国际劳工组织仍需要采取积极的措施；同时工人和组织也是关键的行为者，要倡导人们了解、接受和实现就业和职业中待遇与机会均等原则（国际劳工局，2009a）。

二、经济和社会中心：促进就业与创造就业

在"体面劳动议程"中，国际劳工局支持其三方成员促进全面和生产性就业

战略主要是基于以下几种要素：由《全球就业议程》提供的政策框架；大量与就业相关的标准文件，其中以 1964 年的《就业政策公约》（第 122 号）为核心文件；制定、实施和回顾国家就业政策的政策咨询，以具体的政策领域和群体为目标的核心计划，如对基础设施的公共投资、积极的劳动力市场政策和劳动力市场信息系统，社会金融和青年就业；治理和评估。

（一）《全球就业议程》

为实现《联合国千年宣言》，即到 2015 年将极端贫困人口减半的目标，国际劳工组织以就业为经济和社会政策的核心，提出了一项就业议程。失业可能是发达国家和转型国家的重大问题，而大多数发展中国家更多面临着不充分就业的严重挑战，如生产率低、没有足够的收入、得不到安全保障，容易遭受贫困等。面对不同国家不同的就业问题，国际劳工组织提出的《全球就业议程》强调的是以促进贫困人口发展为目标的劳动生产率的提高。只有生产率的提高，才能持久改善收入水平，进而促进对商品和服务的需求。而如何促进生产力的提高，《全球就业议程》强调了体面劳动的重要性，即对基本权利的尊重能够刺激生产力的增长，从而促进就业、增长和发展，形成良性运行的模式。

国际劳工组织提出了《全球就业议程》有以下十项核心内容（国际劳工局，2002b）。

（1）为生产性就业促进贸易和投资。

（2）为提高生产率和开展工作促进技术革新。

（3）通过企业家能力的培养、劳工标准、兴办企业和增长促进体面就业。

（4）为持久性生计的可持续发展。

（5）通过提高知识和技术促进可就业性。

（6）管理变革的劳动力市场政策。

（7）促进劳动力市场更好运转的社会保护。

（8）为提高生产率的职业安全和卫生工作。

（9）为增长和就业进行政策协调。

（10）用以减贫和发展的生产性就业。

为落实《全球就业议程》，国际劳工组织强调国家是主要行动者，同时也要注意到，国际经济环境能够为减贫和促进就业创造良好的条件。国际劳工组织与其他国际机构之间形成相互合作伙伴关系的全球联盟，能有效促进就业，并将其作为经济和社会政策的中心目标。例如，由联合国、世界银行和国际劳工组织组成的青年就业网络，凝聚了各领域富于创造力的杰出人才，共同探讨寻求青年就业的有效途径。

国际劳工组织会从以下四个方面确定优先行动领域：①使就业在全球、区域和国家三级的经济和社会政策制定中占据优先位置；②非正规经济；③青年就业；④满足非洲的特殊需要，报告执行《全球就业议程》的最新进展。

在全球层面，"让所有人（包括妇女和青年）实现充分的生产性就业，获得体面劳动"已被纳入联合国"千年发展目标"，作为"消灭贫穷饥饿"的分目标。为监测这项新目标的进展，联合国专家确定了四项与就业有关的指标：①就业人口与总人口的比率；②劳动生产率的增长率；③弱势就业人口（妇女和青年）在就业总人口中的比重；④体面劳动总体测量标准，即工作贫困人口（每日生活费为1美元）在就业总人口中的比重（国际劳工局，2008c）。

2010~2015 年，国际劳工组织在《全球就业议程》的框架下，提出了三点战略目标（国际劳工局，2009b）。

（1）促进就业：促进更多妇女和男子获得生产性就业、体面劳动和创收的机会。

（2）技能开发：通过技能开发提高劳动者的就业能力、企业竞争力和增长的包容性。

（3）可持续企业：可持续企业创造生产性和体面的工作岗位。

（二）青年就业

国际劳工组织促进青年走上体面劳动之路的行动计划主要基于三大支柱，即逐步积累知识、倡导、技术援助。国际劳工组织主要采取的应对措施如下（林燕玲，2012）。

（1）从青年就业、失业和不充分就业三个层面收集数据。

（2）对国家层面的青年就业政策和项目的有效性进行分析。

（3）提出政策意见以加强国家内部劳动力市场针对青年就业的政策和项目，提升政府、雇主和工人组织的能力建设。

（4）在国家青年就业项目的形成和执行中提供技术援助，这些项目关注于就业密集型的投资、技能的提升、青年企业家的培养、融资的途径以及其他有针对性的积极的劳动力市场政策。

（5）倡导和提升意识以促进青年体面劳动，尤其关于就业能力，就业和工人权利。

（6）通过青年就业网络伙伴关系提供咨询服务，包括评估诊所，支持青年就业网络的牵头国家，并对青年领导的倡议行动提供资助计划。

（7）通过促进国家间和全球的共同网络建设，联合国的其他国际机构之间的合作，以及国际、区域和国家各个层面私人和公共部门的合作，建立青年就业的战略伙伴关系。

（三）非正规就业

非正规就业仍然是全面实现体面劳动的一个严重障碍。2010 年，全世界劳动力中有相当比例的妇女和男子在"非正规经济"中打工谋生。不论是工薪族或挣计件工资者，还是开办微型企业的个体经营者，在非正规部门工作的人们得到的社会保护和劳动保护有限，融资渠道和财产也有限，劳动报酬比较低。他们缺乏合法地位，谈判力受到制约，缺乏代言者和法律保护，无法把握未来和前途。非正规经济吸引着劳动力市场中最脆弱的群体，包括低技能者、年轻人、老年人、妇女和移民。

在发展中国家，非正规就业占总体就业规模的比例介于 35%~90%。在拉丁美洲，非正规经济基本上是一种都市现象。据统计，75%的拉美工人从事非正规经济活动，非正规经济对该地区国内生产总值的贡献率达到 40%；在过去的 15 年里非正规经济创造的就业占总数的 70%（国际劳工局，2006b）。

（四）向正规化转变的一体化战略

国际劳工组织认为，"为了促进体面劳动，需要有横跨所有政策领域的一体化的全面战略，在消除非正规活动负面影响的同时，要保留非正规经济大量创造就业和收入的潜力；促进保护非正规经济中的工人和企业，并将其纳入主流经济"（国际劳工局，2002b）。基于此，国际劳工组织形成了一个"针对非正规经济的体面劳动战略"，包括了七个关键领域的活动：①增长战略和创造高质量就业；②规章管理环境，包括实施国际劳工标准和保障核心权力；③组织、代表性和社会对话；④平等——性别、少数民族、种族、种姓、残疾、年龄；⑤创业、技能、财务、管理、市场准入；⑥社会保障、工作条件、职业安全与卫生；⑦地方（农村和城市）发展战略，具体如表 1-2 所示。这七个政策领域都能向正规化转变，形成一体化的连贯政策，践行了《国际劳工组织关于争取公平全球化的社会正义宣言》中提出的体面劳动四个战略目标"不可分割、相互关联和相互支持"的原则。

表 1-2　国际劳工组织在主要政策领域应对非正规经济的一些成果

政策领域	2006~2009 年的部分活动
增长战略和创造高质量就业	·分析就业不充分、贫困工人、脆弱性、工作条件的层次和特点，将非正规经济纳入减贫战略和国家就业政策框架中 参照一体化的诊断框架，对国别政策效果和造成非正规性的原因进行深入分析（如阿根廷、巴西、智利、印度、墨西哥）

续表

政策领域	2006~2009 年的部分活动
规章管理环境，包括实施国际劳工标准和保障核心权力	·促进基本权利，包括通过开展针对非正规经济环境的技术合作项目（如强迫劳动，童工劳动） ·为 2010 年国际劳工大会审议新的家庭工作标准做准备工作 ·审议劳动法和中小企业国别报告 ·新的劳动监察方法用于非正规工人，并制定未申报工人指南 ·推广第 150 号公约，这是国际劳工组织第一份呼吁各国劳工部重视能力建设，关注非正规经济工人的文书
组织、代表性和社会对话	·欧盟和国际劳工组织关于应对非正规经济的社会对话项目 ·与国际工会联合会（International Trade Union Confederation, ITUC）合作制订工会全球行动计划
平等——性别、少数民族、种族、种姓、残疾、老龄	·妇女、性别和非正规经济（对研究成果和基层项目的审议） ·关于家庭工人和街头小贩的政策研究 ·残疾人指南 ·在不同的国家和地区开展关于性别和非正规性的系列调研 ·支持非正规经济协会开发关于艾滋病的非歧视信息
创业、技能、财务、管理、市场准入	·审议非洲非正规经济中的学徒制度及融入正规技能战略的可行性 ·SYNDICOOP 合作项目和非洲的合作机制 ·微小企业群发展计划 ·改善就业质量和社会推广运动 ·地方经济发展（local economic development, LED） ·妇女创业发展和性别平等 ·法律与增长轴线：规划劳动法和中小企业发展 ·农村经济赋权项目培训（training for rural economic empowerment, TREE）
社会保障、工作条件、职业安全与卫生	·扩大社会保障覆盖面的战略（包括最低社会保护）；在所有大洲的大约 30 个国家实施这种战略的技术合作 ·审议大型社会援助计划对于《体面劳动议程》的意义 ·向所有工人提供化学品安全信息的国家制度
地方（农村和城市）发展战略	·国际劳工组织支持地方政府应对非正规经济的战略

资料来源：林燕玲（2012）

（五）绿色就业

联合国系统长期关注全球环境和生态的可持续，近年来气候变化也成为最受关注的热点，并且在 2008 年开始的金融危机中，将绿色新政作为经济复苏的重要推力。2007 年，国际劳工组织、联合国环境规划署、国际雇主组织和国际工联共同发起绿色就业项目，首次将就业、劳动力市场、社会公正等可持续发展的社会维度纳入环境和生态可持续发展的讨论中，旨在帮助各国保护并创造环境可持续的生产性的体面工作，确保各行各业都严格遵守环境标准和劳工标准，并确保向绿色经济的公平转型。它们发布的报告——《绿色工作：在低碳可持续发展的世界实现体面劳动》是关于绿色就业的首份权威研究成果，在这份报告中，对绿色就业进行了如下总结。

资源短缺、环境恶化和气候变化已经对人类社会的可持续发展构成严重威胁。实现环境、经济和社会的可持续发展是人类社会共同的唯一选择，即向绿色低碳经济转型。这会产生巨大的绿色工作机会。

绿色工作是指在各行各业中对保护和恢复环境质量做出贡献的工作。绿色工作的概念不是绝对的，它随着时间而演变。同时，"绿色"本身也是一个色带，不同的绿色工作对保护和恢复环境质量的作用程度是不同的。向绿色低碳经济转型会使一些工作被替代甚至消失，而一些新的就业机会则会被创造出来。

绿色工作遍布各个行业和部门。根据温室气体排放量的多少，以自然资源为原材料的程度，对经济的贡献率以及对就业和收入的贡献率等指标来衡量，绿色工作主要集中在可再生能源、建筑、交通、基础工业、农业和林业六类经济部门。

绿色就业主要来源于部门或行业内部的工作转化。大多数绿色就业是建立在传统专业和职业的基础上，只是工作的内容和要求发生了一些变化。即使是新兴产业和技术创造的新型绿色工作，其也主要是由钢铁、机器零部件制造等传统产业的工作构成，只是这些工作的内容发生了一定变化，有了新的技能和绩效要求。

技能差距和技能短缺共同制约了绿色经济的发展。缩小现存的技能差距和预测未来的需求是向绿色低碳经济转型的根本。

三、公平发展稳定器：社会保障与社会保护

（一）社会保护概述

社会保护加强了参与劳动力市场的力度，使妇女和男子能够从事生产性就业，并且对经济发展做出贡献。社会保护赋予个人权利，抓住市场机会，提高人们的生产率。社会保护还是一个减少贫困的强有力的工具。社会保护鼓励学校招生，并且反对童工劳动。社会保护也是一个经济稳定器，在危机时期得到了充分的展示。它还是一个更加包容性增长战略中的组成部分，扩大了增长收益的分配范围。

针对社会保护的三个主要层面——社会保障、体面的工作条件，以及对弱势群体的保护——国际劳工组织设立了三个主要目标。

（1）扩大社会保障计划的覆盖面和有效性。

（2）促进劳动保护，拥有体面的工作条件，包含工资、工作时间、职业安全与卫生，以及其他体面劳动要素。

（3）通过专门的项目和活动来保护弱势群体，如移民工人及其家庭，在非正规经济中工作的工人。此外，通过提高三方成员的能力，劳动世界将全力应对艾滋病的流行。

社会保护体系的建立、扩大和现代化在国家政策中占有重要地位，只有良好

的社会保护政策，才能确保经济增长和促进社会和谐发展。国际劳工组织多年来一直致力于社会保护政策的制定，以下将具体介绍。

（二）社会保障

全世界只有 20% 的人口享有充分的社会保障，半数以上的人口根本没有任何形式的社会保障。在撒哈拉以南的非洲，只有 5%~10% 的劳动年龄人口享有某种社会保障。在中等收入国家，社会保障大致覆盖整个人群的 20%~60%；在工业发达国家，社会保障覆盖面接近 100%；但在经济转型国家，非正规就业工人的增加导致覆盖面的降低。欧洲是世界社会保障水平最高的地区，社会保障支出将近占 GDP 的 25%；其次是北美，支出占 GDP 的 16.6%；非洲社会保障水平最低，支出只占 GDP 的 4.3%。在很多发展中国家，艾滋病的肆虐威胁着社会保障体系的发展；缺乏社会保障的情况主要集中在发展中国家的非正规经济部门，而正是在非正规经济部门中，女工人数较多（林燕玲，2012）。

1. 有关社会保障的国际劳工标准

社会保障作为一项基本人权，有着重要意义：①减少收入的无保障性，包括消除贫困，以及改善所有人享有的医疗服务和途径，以确保体面的工作和生活条件；②减少不平等和不公正；③提供适当的津贴作为一种合法权利；④确保消除基于民族、种族和性别的歧视；⑤确保财政的可承受性、效率和可持续性。

国际劳工组织自其成立便负有实现享有社会保障权利的主要责任。1944 年的《费城宣言》，明确承认国际劳工组织在全世界各国推进各种计划的"庄严义务"，以实现特别是"扩大社会保障措施，以便使所有需要此种保护的人得到基本收入，并提供完备的医疗"，以及"提供儿童福利和生育保护"，从而将保护扩展到所有那些需要的人员。

国际劳工组织为实现其将社会保障扩展到所有人的权责采取的一个重要行动手段，就是制定国际劳工标准。自 1919 年以来，国际劳工组织在这一领域已通过了 31 项公约和 23 项建议书，为社会保障这一普通人权的发展做出巨大的贡献，特别是为成员国规定了明确的义务和指导方针。2002 年，国际劳工局理事会确定了 8 项最新的社会保障公约。这些公约当中最重要的是 1952 年的《社会保障（最低标准）公约》（第 102 号）。这是将社会保障界定出 9 个分项，即医疗、疾病津贴、失业津贴、老龄津贴、工伤津贴、家庭津贴、生育津贴、残疾津贴、遗属津贴的国际公约，为医疗确定了最低标准，并为这些方案的可持续性和良好治理制定了原则。该公约的另外一个重要特征是，它包含有灵活性条款，因而，允许成员国从社会保障的 9 个分项中最低要选出 3 项，其中这 3 个分项中至少有一项需涵盖一种长期性的突发事件或失业，以使尽可能多的国家履行该公约中提出的要求，如表 1-3 所示。

表 1-3 国际劳工组织保障公约及时间

年份	国际劳工组织保障公约
1952	《社会保障（最低标准）公约》（第 102 号）
1962	《（社会保障）同等待遇公约》（第 118 号）
1964	《工伤事故和职业病津贴公约》（第 121 号）
1967	《残疾、老年和遗属津贴公约》（第 128 号）
1969	《医疗和疾病津贴公约》（第 130 号）
1982	《维护社会保障权利公约》（第 157 号）
1988	《促进就业和失业保护公约》（第 168 号）
2000	《生育保护公约》（第 183 号）

资料来源：林燕玲（2012）

2. 人人享有社会保障全球行动

根据国际劳工组织社会保障的报告，目前国家社会保障方案面临的重要挑战主要集中在三个方面，即社会保障的覆盖面、社会保障待遇对经济和社会适度性、社会保障的融资。对此国际劳工组织采取了两套战略：一是建立和扩大国家社会保障制度覆盖面的战略；二是维持社会保障长期可持续性的战略（国际劳工局，2010a）。

2009 年 9 月，国际劳工组织扩大社会保障覆盖面战略三方专家会议批准了一项关于人人享有社会保障全球行动的双层面战略，分别从"横向"和"纵向"扩大社会保障覆盖面。横向层面的公共政策包括：落实国家社会保障底线，为工作年龄人口提供基本收入保障，为每个人提供基本医疗保健服务；纵向层面包括：加紧推动批准和执行国际劳工组织有关社会保障的主要公约，尽快向社会中尽可能多的人员提供更高水平的社会保障。横向层面寻求将基本水平的核心福利尽快扩展到尽可能多的人群，而纵向层面寻求扩大覆盖范围——福利的范围和水平——达到第 102 号公约中描述的水平。

（三）职业安全与卫生

据统计，每天平均有 6 000 人死于与工作相关的事故或疾病。一年总计有超过 220 万人因工致死，其中，大约有 35 万例死亡源自工作场所事故，超过 170 万例死亡是源于与工作相关的疾病。此外，在每天上下班途中发生的事故中，死亡人数达到 15.8 万例。每年迫使工人缺勤三天或三天以上的事故大约为 2.7 亿例，每年大约有 1.6 亿例职业疾病伤害。伤害、死亡和疾病带来的缺勤、治疗、伤残和幸存者救济，使全世界国民生产总值损失大约 4%。有害物质每年致使 43.8 万名工人死亡，而且皮肤癌患者中大约有 10%的人是由于长期暴露在工作场所的有害物质中（林燕玲，2012）。

保护工人的职业安全与健康，是国际劳工组织始终关注的重要问题之一。国际劳工组织希望通过制定职业安全卫生方面的公约和建议书，为各成员国提供制定国家和企业职业安全卫生的实施准则和指导方针。

在国际劳工组织开发的一系列政策工具中，最新的是 2006 年国际劳工大会通过的《职业安全和卫生促进框架公约》（第 187 号）及其建议书（第 197 号）。这些劳动标准是 2003 年国际劳工大会上通过的《国际劳工组织职业安全卫生全球战略》的后续行动之一，确定了它们在推进职业安全卫生工作方面的核心作用。同时，该战略还呼吁，通过倡导、意识提高、知识开发、知识管理及技术合作等其他行动手段，促进国际劳工标准的实施。

国际劳工组织的政策工具包括 19 个公约、26 个建议书、2 个议定书以及 37 个使用规程。有些公约，如 1988 年的《建筑业职业安全和卫生公约》（第 167 号）、1995 年的《矿业职业安全和卫生公约》（第 176 号）的行业针对性较强，其实施范围较广，最著名的公约是 1981 年的《职业安全和卫生公约》（第 155 号），其附带的议定书于 2002 年通过。该公约要求各国制定并实施国家职业安全卫生预防性的政策，并结合技术和社会进步定期审查和调整政策（林燕玲，2012）。

其他两个重要公约分别是 1947 年的《劳动监察公约》（第 81 号）（该公约是获得成员国批准最多的公约之一）和 1969 年的《农业劳动监察公约》（第 129 号）。这两个公约为全球开展劳动监察（包括职业安全卫生监察）提供了政策框架（林燕玲，2012）。国际劳工组织编写了监察员培训教材，并在多国开展了监察员培训和举办研讨会。随着发展中国家开始进一步关注职业安全卫生监察，监察工作的重要性也与日俱增。预防性的法律，尤其是预防职业事故和职业病的法律是推进职业安全卫生的第一步。然而，如果没有对这些法律法规的有效执行，这些法律法规就有成为一纸空文的危险。《劳动监察公约》着重强调了劳动监察员直接进入工作场所开展监察工作并采取适当强制措施的权利。正因为如此，监察工作是国际劳工组织全球职业安全卫生战略的一个重要组成部分。它在促进法律法规执行方面的重要性是不可替代的。

（四）体面工时

全世界 22% 的劳动力（或者说 6.142 亿名工人）要工作"超长的"时间（林燕玲，2012）。而与此同时，发展中国家和转型国家中又有许多工作时间很短的工人可能就业不足，更容易陷入贫困。工时方面的"性别差距"明显——男性一般工作时间比较长，而妇女很可能工作时间较短（少于每周 35 小时）。妇女花在家庭或家务责任方面的时间似乎限制了她们参与工薪工作的空间。"第三产业化"，即日益增长的服务业部门及非正规就业是当今全球经济的两大特征，也是延长工时的主要来源。服务部门及其从属部门的工时往往是最多样化的，批发和零售、旅馆和餐馆、交通、仓储和通信等行业的工时特别长，所有这些行业通常又包含轮班工作和"非社会性"工作时间。

在工时领域促进《体面劳动的框架》最初是在一项国际劳工组织关于工业化国家的研究报告中提出来的，它既是以国际劳工标准为基础，又得到有关研究的补充完善。《体面劳动的框架》建议，体面的工时安全应达到五个相互关联的标准，即应有利于维护健康和安全；应是"家庭友好型"的；应促进性别平等；应有利于维护健康和安全；应便于工人对工时的选择和影响。

1. 健康工时

保护劳动者的健康和维护工作场所的安全是工时政策的一个基本目标。削减长工时可以降低职业伤害和疾病的风险，降低劳动者、雇主及整个社会相关联的成本和代价。规定工时限制的国际劳工标准，如第 1 号和第 30 号工时公约中 48 小时的限制，以及 1935 年通过的《40 小时周公约（第 47 号）》提出了 40 小时的限制，是限制过长工时的一个必要的起码条件。但是，仅有立法的限制是不够的，还需要有一种可信的强制执行机制，如劳动监察部门以及企业对既定标准的遵守。

研究发现，在发展中国家和转型国家，长工时和超时工作往往被用来弥补工人的低工资。因此，关注工资政策，特别是最低工资政策，能对打破低报酬与长工时的恶性循环做出重要贡献。

2. "家庭友好型"工时

协调工作与家庭生活的需要在所有发展中国都是经济和社会政策的关注焦点，而保留足够时间以便将工薪工作与照看儿童和老人之类的义务结合起来，是这些政策不可缺少的部分。灵活工时、紧急家庭休假和非全日制工作都是能适应各国情况的措施。

3. 通过工时促进性别平等

在设计任何一种协调工作与家庭的措施时，至关重要的是要分析它们对性别平等的影响，既要考虑到妇女在看护和家务职责方面超比例的责任，同时又要避免认为这些问题仅和妇女有关。

作为一种协调工作与家庭的措施，促进非全日制工作将工薪劳动与非市场性工作结合起来的灵活性正是妇女如此青睐非正规工作的原因之一。在发展中国家的正规部门，非全日制工作仍相对稀少，主要是因为工资水平低使它对大多数劳动者来说是不可行的，而且工业化国家的经验表明，仅提供非全日制就业是不够的，还需要在工种和职业中都获得高质量的非全日制岗位，并允许较短与较长工作时间之间的平稳过渡。

国际劳工组织 1999 年的《非全日制工作公约》（第 175 号）提供了可参照的

原则和措施。同时，在雇佣、工资和福利以及职业发展等领域，采取进一步的性别平等措施也是必要的。

4. 生产性工时

过长的工时不仅不利于劳动者的健康和安全，而且也是非生产性的。合理的法定工时限制能够提供一种激励，促进公司改进工时安排以及在改进设备与技术、提高劳动力的技能等方面进行投资。如果削减工时，但不能解决低工资问题，很可能导致公司规避法律，造成工人兼职现象的增加。提高生产率应与削减工时和提高每小时工资标准齐头并进。因此，有必要通过向管理人员和工人提供包括如何改进工时与工作量的计划及管理的工作场所培训来推动企业提高其生产率。

5. 对工时的选择和影响

减少工作时间可使劳动者对如何分配自己的时间有更大的选择度，因而能在提高劳动者对时间安排的影响方面发挥作用，工时灵活性措施的制定应有利于实现灵活性与保护工人的平衡，如规定每周工作时间的绝对最高限额、预先通知期等做法；也有利于制定加大个人影响的措施，如有权拒绝在传统休息日工作等。大多数国家的政府和企业都可以引进简单的个人选择技术，如何时需要加班的知情权，是否以及何时加班"自愿加班"的选择权，关于上下班时间的协商确定，甚至灵活工时计划。

在制定合理的工时政策时，必须要考虑到将实施该政策国家的需要和环境，应包括该国的发展水平、产业关系和法律制度以及文化和社会传统。同样，十分明确的是，在发展中国家和转型国家，需要的不是在工时方面采取呼吁和建议，而是建立健全高度权威性的法律法规，将其作为解决工时问题的基本依据。最后，社会对话也是非常必要的，它可以使劳动者的需要和愿望得到关注和落实，并且也提高公司的生产率，使工人和雇主能够共同努力去创造高技能、高质量的公司和经济。

（五）家庭工人的体面劳动

家庭工作所吸纳的劳动力比例相当大，即在发展中国家，家政工人占就业总人口比例的 4%~10%，相比之下，工业化国家的家政工人占就业人口的 1%~2.5%（林燕玲，2012）。虽然有相当数量的男子在一些私人家庭中担任花匠、警卫和司机，但妇女始终占家政工人的绝大多数。而世界范围内对家政工人工作特性缺乏正确认识，使家政工人一直处于缺乏就业保护的危险状态。

家政工人面临着社会保护的挑战。家政工人的工作条件比较危险，报酬不高。雇主对家政工人的盘剥比较常见，尤其是对其中的童工和移民工人。他们因为年龄和国籍受到歧视，由于住在雇主家里，往往要承受语言暴力和身体侵犯，甚至有家政工人自杀或被杀害。家政工人尚未得到社会和法律的充分保护。无论发达国家还是发展中国家，家政工人都被有意或无意地排除在一国的劳动标准以及社会保障体系之外。例如，家政工人不能享受完全的生育保险保护。有些国家的法律甚至还规定，雇主可以在家政工人怀孕时候解雇她们。还有一些国家明目张胆地把家政工人排除在职业安全和卫生保护体系之外，她们只能享受到最基本的医疗保险和养老保险。只有少数国家的失业保险体系覆盖到家政工人，其社会保险责任往往推给私人雇主来承担。

家政工作有别于传统工厂内的产业劳动。首先，私人住所的工作，不仅使雇主与雇员之间的雇佣关系模糊化，导致雇主独断专行，而且政府的劳动监管也难以实施；其次，家务劳动本是家庭成员无报酬进行的劳动，人们往往以为这些劳动毫无价值，这使家政工人的报酬非常低，也常常被拖欠；最后，家政工人在工资谈判方面的实力不是很强大，尤其是，很难组织处于劣势的移民工人为自己争取一个有力的工作条件。对工会来说，也很难将在家庭内工作的劳动者包括在其保护的范围内。

家政工人的服务是真正的劳动，因此，必须对劳动者提供有效的社会保护；尤其是在全球化的背景下，大多数家政工人是移民工人和妇女，面临多重的歧视和偏见，社会保护更是刻不容缓。由于家政工人在其工作内容、工作场地、与雇主关系方面存在特殊性，目前的国际劳动标准，尚不能够对家政工人提供有实质意义的保护，不仅没有针对家政服务的特殊情况的规定，而且也没有明确规定一国的社会保障制度不能把家政工人排除在外。在经过两年讨论后，2011年国际劳工大会通过了《家政工人体面劳动的劳工公约》（第189号公约）和《关于家政工人体面劳动的建议书》（第201号建议书）。

（六）移民工人的社会保护

据国际劳工组织估计，2010年，在全球生活在其出生国或国籍国以外的2.14亿人总人口中，约有1.054亿人属于经济活动移民，包括难民（国际劳工局，2010b）。这部分人绝大多数是处在工作年龄的成年人，再加上其赡养对象可能占到全球"移居"人口的90%。同时，移民工人表现出女性化的趋势，尤其是在亚洲的劳动密集型制造业和很多服务业中。经济、人口和技术方面的挑战使工业国家外籍工人的存在变得必不可少。本国劳动者无法填补岗位空缺增加以及劳动力老龄化等，因此需要雇佣移民工人。但是移民工人并没有享受到基本的社会保护。

世界范围内，处于非正常状态的移民工人的数量正在急剧增加，移民过程的不断商业化，包括偷运和贩运人口，以及移民目的地国非正规就业方式的增加，都在一定程度上助长了这种情况，并有进一步恶化的可能。在发达国家和发展中国家，均可以发现移民工人面对不公正的工作条件的事情。欧盟报告中关于剥削移民工人的案例包括骚扰、不卫生条件下的过长工时、不准请病假以及工资过低。2000 年和 2001 年，经合组织国家中移民工人的失业率是非移民工人的两倍。在就业保障方面，移民工人很少享有社会保险，尤其是临时性的移民工人。例如，很多海湾合作委员会国家只允许移民加入医疗护理计划等短期津贴，而拒绝给予他们老年年金等长期可携带津贴。其他国家可能允许加入长期津贴，但不准津贴在国家间携带，从而阻止移民回国。移民工人和当地工人的工资也有一定的差别，整体上要低于当地人。这可能是由于移民工人所受教育程度和技术水平较低，但也有部分是由于对移民工人的歧视。移民工人一般集中在低端的经济部门，这些部门的生产具有季节性，并且拥有大批全球生产链中高度竞争的小型生产厂商，技术水平低且企业变化快，工作条件恶劣。

2004 年，国际劳工大会有关移民工人的一般性辩论，最终通过了全球经济中移民工人公平待遇的决议，成为保护移民工人领域里的里程碑。决议呼吁制定一个有关劳务移民的国际劳工组织《移民工人行动纲领》。该《移民工人行动纲领》应使移民工人收益最大化，负面影响最小化。该《移民工人行动纲领》的一个主要内容是有关劳务移民的非约束性的、以权利为基础的国际劳工组织多边框架。它旨在协助成员国改善对劳务移民的管理和政府管理，以保护和促进移民权利，使发展惠益最大化。《移民工人行动纲领》主要内容如下：

（1）制定基于权利做法的、非约束性的有关劳务移民的多边框架，考虑到劳动力市场的需要，以最佳做法和国际标准为依据，提出政策性的指导方针和原则。

（2）确定更广泛地实行国际劳工标准和其他相关工具需采取的相关行动。

（3）支持国际劳工组织全球就业议程在国家层面的统一实施。

（4）能力建设、提高认识和技术合作。

（5）加强社会对话。

（6）改善以劳务移民、移民工人状况和保护其权利的有效措施的全球趋势为基础的信息和知识。

（7）用以确保国际劳工组织理事会对《移民工人行动纲领》的后续行动以及国际劳工组织参与移民相关的国际举措的机制。

四、社会共识的达成：社会对话与雇用协调

与其他手段相比，政府与具有代表性的国内和国际工人组织以及雇主组织

之间的社会对话、三方性做法，对建立社会凝聚力和法治，比以往任何时候更加重要。

（一）社会对话的根本目标

国际劳工组织认为，实现体面劳动最好的办法在于多形式和多层次的社会对话，从全国性的三方协商与合作到工厂一级的集体谈判。在进行社会对话的过程中，社会伙伴可以增强民主管理，建立有利于社会经济长期稳定和平的朝气蓬勃、充满活力的劳动力市场机制。

社会对话的根本目标是建立平衡公正的社会关系，且要实现有效社会对话：对于国家，应该承认工会与企业主组织的合法性，以及他们维护组织成员利益的作用，并创造合适的环境，引导根据有关决议和经济社会政策法律进行社会对话；对于企业和工人，要求他们接受社会对话的目的不仅限于保证份额或利益，而且也包括为发展而承担责任和必要的牺牲，并依靠劳动关系三方的互信、尊重磋商的结果。

在促进工人、雇主和政府之间的社会对话这个领域中，国际劳工组织的工作设计加强工人组织、雇主组织分析（社会和经济）问题的能力，并通过在国家和国际组织建立机构和机制。

（二）三方成员的职能和活动

1. 产业和雇佣关系部门

国际劳工组织产业和雇佣部门关系的职能在于，促进社会对话，建立良好的产业关系，以及依据国际劳工标准对国家劳动法律的适用或改革，进行最好的比较实践，并与社会伙伴进行磋商。

劳动法律、产业关系以及社会对话是国际劳工组织成员国经济和社会组织的核心。良好的产业关系和有效的社会对话有助于工资的提高和工作条件的改善，同样有益于和平和社会公正。作为良好治理的一种工具，它们能促进各方合作，提升经济效益，为体面劳动的目标在国家一级的实现创造有利的环境。

2. 雇主活动局

在任何一个社会中，雇主组织都代表了重要的资产——企业。成功的企业处于所有战略的核心地位，能够创造就业、提升生活标准。雇主组织通过影响商业环境，提供服务以改善他们个别的效益，为企业成功创造有利条件。

3. 工人活动局

工人活动局的职责是加强所有国家工会的代表性、独立性和民主性，使它们无论在国家还是国际层面，在保护工人权利，为会员提供有效服务方面，能够发挥有效的作用，同时能够推动国际劳工组织公约的批准和执行。

4. 劳动管理及监察

近年来，无论在国内还是国际上，劳动管理和劳动监察都成为人们所关注的重点，且许多关注来自政府。在一个全球化的世界中，政府作为劳动管理部门，在制定和执行政府经济和社会政策中扮演着关键的角色，即其是预防和处理劳动争议的积极调解者；由于它与社会伙伴的特殊关系，它又是掌握社会趋势的观察者；为满足公民不断变化的需求，它是有效解决方案的提供者；它承担了不断增加的公共支出的责任。然而，雇主和工人还在不断呼吁劳动和监察部门提供更好的资源，以促进公平和公平竞争，使体面劳动成为现实。

劳动管理和监察项目，希望在促进体面劳动中加强劳动管理职能的发挥，包括劳动监察制度。2008 年，国际劳工组织通过的《国际劳工组织关于争取公平全球化的社会正义宣言》重申，有必要"在全球化的背景下，加强国际劳工组织的能力以帮助成员国达到国际劳工组织体面劳动的目标……将促进社会对话和三方性作为最适宜的方式……来建立有效的劳动监察制度"。

五、四目标之间的关系：相互依存与相互补充

体面劳动四个战略目标之间的相互关系，即它们之间是怎样相互依存与相互补充的，关系如图 1-1 所示。

1. 相互依存

工作中的权利影响工作的所有方面，如享有最低工资和健康的工作环境会影响就业的形式和数量。结社自由和集体谈判权会对社会保障的程度和模式产生影响。同时，它也会影响到社会对话的性质和内容。

社会对话为协商工作中的权利，如社会保障、最低工资和工作条件，提供了一种渠道。它同时也有可能促使这些权利的执行，并监督权力的实现。集体谈判对就业的结构、水平和条件会产生明显的冲击。同时，社会对话也为社会保障的形式和内容的协商提供了一个平台。三方性的或者更为宽泛形式的社会对话（包括政府、企业、工人以及公民社会机构），通过对宏观经济及其他关键社会经济政策的影响，来影响体面劳动的各个层面。

就业水平的状态对社会保障的影响非常明显。高报酬的就业减少了对某些种类的社会保障的需求。劳动力的不同工种所占比例影响了社会保障的内容、支付和融资；同时影响了工人和企业的组织形式及谈判模式。就业水平和薪酬会影响集体谈判的内容，也影响了工人就有关工作中的权利问题进行谈判的能力。

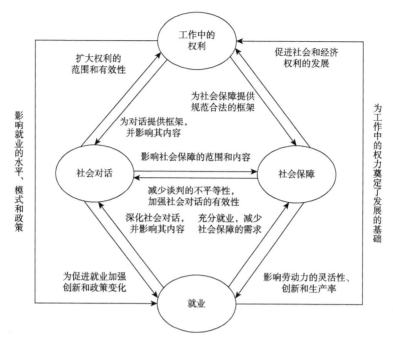

图 1-1　体面劳动四个战略目标之间的关系

资料来源：林燕玲（2012）

　　社会保护和体面劳动其他部分之间的联系是不言而喻的。社会保障的覆盖水平和福利范围会影响劳动力供给、投资水平、生产率、工人对变革和创新的反映，从而影响到就业。它们会影响到工人在社会对话中的谈判能力，以及对其他劳动权利保障的能力（Ghai，2003b）。

　　2. 相互补充

　　一方面，体面劳动不同要素之间的相互依存得到了普遍认同；另一方面，对它们性质和倾向的认识还有很大分歧。大体上说，两个持相反意见的学派，可以被归纳为新古典学派和制度学派。新古典学派认为，在市场力量自由运作中的国家和其他干预措施，除非是旨在纠正市场失灵，否则只会导致资源配置的低效率，从而造成发展放缓，工资和就业膨胀，工人和企业的物质条件提升。制度学派主张，撇开纠正市场失灵不说，对市场的干预可以确认工作中的权利、集体谈判、三方协商、最低工资和社会保障，有利于政治和社会稳定，减少经济的不平等，会产生更高的生产率、创新和冒险。

　　具体而言，新古典学派的支持者认为，由于最低工资、通过向企业征税进行社会保障的融资及集体谈判等干预手段，对投资、储蓄、创新和冒险等形式阻碍，会对发展、就业和工资产生不利影响，且失业津贴和福利金之类的一些措施也往往会加剧失业问题。制度主义者争辩说，国家干预使经济波动趋于缓和，有利于维持经济活力和高水平就业。最低工资和社会保障可以通过改善营养状况，使工人拥有更健康的身体和更完善的保障，能有助于提高工人的生产率。工会、集体谈判和三方协商为工人提供了参与和信息分享机制，从而能增加互信、责任感以及工作的动力。所有这些都将导致更少的冲突、更高的生产率、更好的工作质量。失业期间的收入保障，能使工人更容易接受技术变革，并促使他们获得新的技能（林燕玲，2012）。

考虑到各国经济和社会的差异，新古典学派和制度学派的争论在发展中国家都需要一定的修正。许多经济学家都主张，如最低工资的设定、工会工作和集体谈判尤其会对经济社会产生消极影响，因为它们只适用于一小部分劳动力，它们扭曲了经济的发展，加剧了工人之间的不平等，抑制了投资和工作岗位的增加，在这种环境下建立起来的社会保障计划会带来类似的负面效应，进一步削弱了发展中国家在日益经济一体化的全球经济中的竞争地位。另外，制度经济学家坚持，正是由于极端落后和大量的贫困，国家不得不在消除贫困、克服结构性障碍以发展建立机制，包括工会和市场体系、鼓励创业和创新方面发挥更大的作用。在规制垄断、促进新兴产业、鼓励社会机构，并为弱势群体提供保障方面，需要一个更积极的政府角色。

对于一些具体的研究，如调查最低工资，集体谈判机制、核心劳工标准对投资、增长、就业、减贫的影响，由于得到了不同的结果，因而很难做出明确的结论。显然，绝大部分取决于国家干预和劳工标准的性质和范围、引进方式，以及有关国家的社会、经济和体制特征。然而，目前国际社会已经达到了广泛共识，即对于基本的公民、政治、社会和经济权利的尊重，其中包括核心劳工标准，这对于人类尊严来说是必要的，对政治稳定、可持续的公正的发展也是必不可少的。体面劳动的本质正是通过制度创新、提升工人的能力、促进主要的社会经济群体之间及其与国家政府之间的对话，来克服潜在的权衡和限制（林燕玲，2012）。

第五节　全球范围内体面劳动的实践

随着体面劳动的目标得到三方成员的普遍接受和支持，国际劳工组织试图进一步将体面劳动落实到国家层面的实践中。同时许多成员国也强调，由于各国发展阶段和文化背景的差异，实现体面劳动的形式和进程必然会有所不同。鉴于此，国际劳工组织通过《体面劳动国别计划》来具体实施"体面的劳动"，根据各国的特点和条件，确定优先行动领域的具体内容，实际上已经取得了很多方面的成果。

一、体面劳动八国试点计划

为了推动实现体面劳动，国际劳工组织制定和实施了《体面劳动议程》，并于2000年10月开始在八个国家进行试点，如表1-4所示，通过国家之间的经验和知识的交流、工具和方法的开发和提供，以及咨询服务，支持体面劳动在这些国家的优先行动。这八个试点国家分别是巴林、孟加拉、丹麦、加纳、哈萨克斯坦、摩洛哥、巴拿马和菲律宾。从2005年开始，试点国家的经验被大多数成员国用于引进体面劳动国别计划。

表1-4　体面劳动八国试点计划

国家	关注重点（体面劳动的切入点）
巴林	民主、结社自由和劳动力市场结构
孟加拉	通过"治理"全球化，利用其优势并减少成本
丹麦	小规模开发经济中的灵活弹性和保障
加纳	非正规经济中的减少贫困和体面劳动
哈萨克斯坦	社会发展和经济负担
摩洛哥	服装部门的贸易自由化
巴拿马	将体面劳动作为国家应对全球化的方法
菲律宾	通过本地发展减少贫困

资料来源：林燕玲（2012）

二、体面劳动国别计划的实施

2004年5月国际劳工组织通知正式开始制订体面劳动国别计划，并确定了两个基本目标，"第一，体面劳动国别计划将促进体面劳动作为发展政策的一项关键内容，以使体面劳动成为政府、社会伙伴以及其他地方行为主体和合作机构的一项全国性政策目标。第二，体面劳动国别计划利用国际劳工组织的知识、文书和倡导活动来为我们的三方成员服务，以便在本组织的能力范围内推动《体面劳动议程》"（国际劳工局，2005a）。

自2006年12月开始，理事会要求劳工局提供关于体面劳动国别计划结果和影响的年度报告。最近一次《体面劳动国别计划的执行》报告是2009年12月发布的，分别报告了非洲、美洲、阿拉伯国家、亚太地区、欧洲五个区域体面劳动国别计划的进展情况。目前，已有超过110个国家实施了国别计划。而体面劳动国别计划的优先事项涉及战略目标的各个方面，如在2008年的评估结果中，16%涉及标准和工作中的基本原则和权利，24%涉及就业，20%涉及社会保护，还有

33%涉及社会对话，7%是涉及其他方面的一些规定。体面劳动国别计划的具体实施，分为六阶段进程（国际劳工局，2006c）：

（1）营造国家背景，即在一国范围内，通过援助框架的制定、三方成员的参与、已开展的和已计划的国际劳工组织计划和项目、经验教训以及承诺的伙伴关系，确立国家发展计划，反映出国家发展目标。

（2）与三方成员和国内其他主要利益相关者达到最多三项国别计划优先重点，即在考虑到营造上述国家氛围的同时，确定进行中的国际劳工组织活动与所选优先重点之间的联系。国别计划优先重点是结果领域，或工作的中长期领域，如青年就业，它们仅仅抓住国家目标中的体面劳动内容。国际劳工组织对此可以给予实质性增值。这些目标应在对其能否最大限度地对国家体面劳动目标产生重大影响和促进积极变革进行评估后选定。

（3）与三方成员确定双年期和国别计划成果，即结果领域或国别计划优先重点应达到的可测定的结果和里程碑，具体说明成果将如何对妇女和男子产生影响。

（4）执行的规划，即将国别计划成果划分成单个组成部分，并对照这个内容配置资源，这意味着资源的存在或为实现其目标的资源已有保证。几种来源的基金为取得某一成果作贡献，即只有立项极为一体化的项目才有可能取得成果。

（5）执行的管理，即国际劳工组织地方局局长为国别计划经管人，负责取得议定的成果。与三方成员一道执行计划。

（6）监督、报告和评估，即参与国别项目的评估为国际劳工组织的国家三方成员、国际劳工组织的管理人员、职员和其他利益相关者提供了从过去的经验中学习的方式，以改进作为问责制进程一部分的计划制订、资源配置和发展成果实绩的记录，实现从项目和计划评估到国家一级的战略和政策层面重点的转移。

这是一个反复过程，若干步骤可同期进行：计划的管理将与国家背景和执行的计划同步进行；在许多国家，各分局与三方成员进行的对话已就一或两个结果领域作为一体化国别计划的侧重点达成一致。

三、亚洲体面劳动十年计划

亚太地区是第一个引入国家行动计划的模式以便在国家层面上促进体面劳动的地区。2001年第十三届亚太区域会议要求，"本地区所有成员国通过三方性程序制定一项体面劳动国家行动计划"，并且要求国际劳工局"在必要和提出要求的情况下，优先帮助三方成员实施体面劳动国家行动计划"（国际劳工局，2001a）。随后，在东南亚及太平洋次地区举行的两次会议上都对制订和实施体面劳动国家行动计划进行了研讨。体面劳动国家行动计划是由各国自己决定并掌握的，国际劳工局的作用只是在其提出要求时提供援助；而体面劳动国别计划则是国际劳工局有时限的资助计划，用以推动体面劳动国家行动计划的实施。两者之间的根本区别在于：国际劳工局在扩大国家行动方面应发挥的作用，以及国际劳工组织的三方成员和其他行为主体应发挥的作用，即体面劳动国别计划是国际劳工组织对国家实现体面劳动目标的贡献。

2006年8月，第十四届亚太区域会议召开，面对亚洲经济增长与创造工作岗位之间的巨大差距，与会代表呼吁设立"亚洲体面劳动十年"（2005~2015年）计划，以确保经济增长转化为生产性就业和人人享有体面劳动。

来自亚太地区和阿拉伯国家的成员宣称："我们将集中力量，不懈努力，在我们这个多样化大陆的所有国家中逐步实现体面劳动。"其承诺将根据各国的优先目标实施体面劳动国家行动计划，行动计划集中在以下几个方面。

（1）促进对核心劳工标准的批准和对工作中基本原则和权利的尊重。

（2）促进生产率的可持续性提高和竞争性经济。

（3）促进就业岗位的创造。

（4）促进非正规经济中、特别是农业部门中体面劳动机会。

（5）促进青年妇女和男子的体面劳动机会和创业机会，特别是通过为从学校到工作的过渡提供方便和分享良好做法的方式。

（6）加强社会伙伴的能力和劳动行政管理。

（7）打击国际劳工组织第138号公约和第182号公约界定的各种形式的童工劳动。

（8）完善对话和对劳务移民的管理，以使派出国和接收国都能受益，并更好地保护移民工人的权利和平等待遇。

（9）参照"体面劳动议程"所追寻的充分和生产性劳动目标，以通过、实施和审议劳动法和社会政策的方式改善劳动力市场的有效治理。

（10）建立劳资合作和双边伙伴关系机制以及其他适宜制度与规则，包括为社会对话制定框架，以作为劳动力市场有效和公正运行的要素。

（11）通过促进体面和生产性劳动的平等机会赋予妇女权力来促进性别平等。

（12）对弱势工人的需求给予特别关注，包括那些有残疾的工人、贩卖和强迫劳动的受害者、受艾滋病病毒影响的人员、土著民族和在工作场所中被拒绝享有其基本权利的工人。

（13）将社会保护的有效性和覆盖面扩展到所有人，包括非正规经济中的工人。

（14）促进职业安全与卫生。

根据2011年第十五届亚太区域会议对五年来经验和成就的总结，亚太地区"体面劳动"的推进主要集中在五大优先领域，分别如下：①提高竞争力、生产率和创造就业；②改善劳动力市场治理；③扩大社会保护；④消除童工劳动和为青年人创造机会；⑤改进劳务移民管理。促进工作中基本原则和权利、国际劳工标准、性别平等和社会对话作为跨部门问题处理。

在有效就业和提高生产率方面，确已取得明显了的进展。2000~2009 年，亚太地区极端贫困工人人数比例从 41%下降到 23%。降幅最快的是东亚地区，从 36%下降到 9%；其次是东南亚，从 42%下降到 22%；南亚从 54%下降到 42%。不过亚太地区还有 8.68 亿名工人，约占 46%，每天生活费用低于 2 美元，其中约 4.22 亿名妇女每天仅靠 1.25 美元艰难度日。亚洲贫困工作人口仍占世界总数的 73%。推进体面劳动的起点是提高劳动生产率。总体来看，在此 10 年间，世界其他国家工人人均产值年增长仅 0.4 百分点，而亚太地区平均增长了 4.1%，其中东亚年均增幅为 8.3%（林燕玲，2012）。

四、应对金融危机：体面劳动理念得到广泛认同

自 2008 年年末开始，全球经济的衰退直接影响到劳动者的就业情况。工作岗位的流失数量日益攀升，非正规部门迅速膨胀，持续恶化的失业和贫困，带来了社会稳定的巨大风险。国际劳工组织认为，每个工作岗位的流失都意味着个人的悲剧、家庭的苦难和社会的危机。这种不安定使人们收入下降，安全感缺乏，人们对社会保护的需求增加。而现实是世界上 80%的人口并未为社会保护所覆盖。更应该引起关注的是，人们对不公平性的反应剧烈，正在形成潜在的社会动荡。因此，国际劳工组织呼吁，应该采取更加广泛和深远的行动，以保护和支持工人、家庭和企业，让经济社会获得可持续的发展。

2009 年第 98 届国际劳工大会，国际劳工局局长胡安·索玛维亚做了名为《应对全球就业危机：通过体面劳动政策实现复苏》的报告，提出了"全球就业契约"的概念，通过以就业为导向的措施刺激实体经济并维持工作家庭生活，作为这次危机的应对之策（林燕玲，2012）。

全球就业契约是国际劳工组织三方成员认可的体面劳动对危机做出的反应。它被认为是国际劳工组织所做的一大政策性贡献，旨在减缓危机对工作家庭和企业带来的影响，包括对非正规的和农村部门的影响，帮助实现生产性的和可持续的复苏。

全球就业契约的战略目标就是将就业和劳动力市场的问题会同社会保护和尊重工人的权利，作为刺激性计划和其他有关的国家政策用于应对这次危机的核心，运用社会对话来确定和实施政策，此项重要促进共识的措施已得到公认。这项契约被认为是一项公开的和循序渐进的政策性可供选择的文件，供政府、雇主和工

人在制定国家政策、国际协调和发展合作中选用。但它不是"适用于一切"的标准文件。

全球就业契约是全球性的，因为这次危机不仅影响了所有国家并且还要求全球性的解决措施。国际劳工组织在多边体制中最具全球性和拥有广泛的成员。全球就业契约是全球性的，还因为它寻求以一种体面劳动的方法解决危机，在政府之间、在国际机构之间促进更好的统一政策。同时它又是非常当地化的，因为它适用于各国的现实、需求和优先事项。

全球就业契约是一项合同，因为它是一项在已经认可的政策方面采取行动的联合承诺，依据制度上的政策措施和 2008 年通过的《国际劳工组织关于争取公平全球化的社会正义宣言》，传播了国际劳工组织三方成员作为实体经济的主要参与者的经验。

全球就业契约也是一项可操作的产品，通过体面劳动国别计划和履行国际劳工组织的地区和全球职责，指导国际劳工局支持各成员国三方直至各自对危机做出反应的工作。

全球就业契约概括和总结了世界各国应该对经济危机和就业危机的措施和做法，将就业和社会保护置于复苏政策的核心位置，并通过社会对话和尊重工人的权利支持复苏政策，提出十四项综合性政策领域的建议。

（1）确保企业，特别是中小企业获得贷款。大批企业，尤其是中小企业受到全球需求日益下降、资金短缺的威胁，而这些企业又是就业的主要支柱。抵押和承担风险资金、放宽抵押条件、加快贷款评估、建立变通欠款最高额、租赁、风险资本基金或新的契约文书，包括新办企业等措施，使企业获得资金，抵御危机带来的影响，支持多样化的企业和就业发展。

（2）限制大规模解雇，着力保护现有的工作岗位。这些措施减轻了由于危机给劳动者个体带来的影响，防止了人力资本投资的流失；同时，也为企业最大限度地降低聘用和解雇的支出，防止企业专有技术的流失。

（3）精心设计失业津贴，以满足不同时期失业者的需求。在失业高峰期间，应延长失业津贴的期限并扩大到临时性工作的范围。

（4）加强积极的劳动力市场计划，避免长期失业和社会排斥的风险。这些计划包括：帮助寻找工作和监测失业，为求职者制订个性化的行动计划、技能开发和培训。这些计划可以加强就业能力和改善就业前景，可以促进失业工人的技术与新的公共投资创造的就业机会所需技能之间的合理配置。

（5）确保就业保证计划的有效性，特别是在发展中国家。就业保证对一个有效率的行政管理部门的实施能力要求极高。

（6）对青年特别是处于不利地位的青年，实施特殊支持帮助措施。包括面向增长领域和地区的求职技能和职业咨询、额外培训和技能开发、支持企业创办和自营就业举措、小额贷款、部分补贴以及有关工作经验和学徒培训方案的设施。处于不利地位的青年面临特殊就业挑战，需要采取额外特殊措施。一些劳动力专家主张以政府资助的就业形式为失业青年提供"工作保障"。

（7）增加就业密集型基础设施和公共事业投资。与临时性减税措施相比，这种投资对世界经济具有更多的刺激作用，而前者也只会导致更高的储蓄。这种投资，不仅将会创造短期工作岗位，而且会为较高的长期增长铺平道路。

（8）投资未来的绿色经济。在当前环境下，减少碳排放和转向使用清洁能源具有显著意义。可通过投资就业密集型的新技术、基础设施和资源管理，创造就业岗位。此类投资为今后可能会成为增长的一个重要来源的未来的绿色经济作准备。

（9）投资粮食安全和农村发展。总的来说，农业和农村发展方面的投资属于劳动密集型产生就业，包括在农村非农活动中，减少贫困和保持长期增长。结合公共、私人和家庭投资，提高农村地区的农业、基础设施、卫生和教育投资是迫切的。在低收入国家，外部资金供应是需要的。在优惠和国际转让融资方面提高农业和农村发展的份额是一个长期目标。在萧条普遍存在的条件下，加快此类投资是促进产生持久就业和提升发展能力的一个可靠方法。

（10）引入或扩展社会保护至低收入群体和非正规工人。发展中国家的社会保护方案一般仅涵盖正规就业，而绝大多数人口在非正规部门工作。由于全球萧条的结果，世界许多地区的非正规就业在增加，为了抵消收入下降，针对被排除在社会保障津贴以外的工人和家庭采取提供收入支持和社会保护的额外措施是正当的。

（11）支持和帮助移民工人。在危机期间，移民工人及其家庭的不稳定状况更为严峻。此种情况要求给予特别关注，以确保平等待遇和非歧视原则的全面实施，措施包括它们作为工人的权利保护，以及对包括社会保障权利和对待遇方面的歧视给予特别关注。

（12）所有国家应与社会伙伴商讨复苏政策。全球就业契约是国家的一个首要事项，它是在实施方面可与具有代表性的雇主企业组织和工人组织进行最理想的磋商和讨论的一种状况。在某些情况下，三方协议是国家应对危机做出反应的基础。

（13）保护并促进工人的权利和国际劳工标准。充分尊重国际劳工标准有助于维持信任，进而支持经济活动。国际劳工标准寻求确保公平的结果，包括在企业调整和关闭的情况下，从而增强对恢复一揽子方案的普遍支持。国际劳工标准的有效实施是以强有力的社会对话为前提的，经济困难时期的社会对话尤为重要。国际劳工组织制定了一整套文书，这些文书对于处理危机形势以及支持可持续的企业来说是非常恰当的。

（14）全球就业契约的融资。全球就业契约要求有公共和私营、国家和国际融资，为投资、贸易，可持续消费和创新重新建立正常的信贷流动对于实体经济的生产性恢复来说是必不可少的。

全球就业契约的实践证明，只有将体面劳动的四大支柱视为不可分割的整体，相互协调发挥作用，才能加快经济复苏步伐，为一个更平衡、可持续的全球经济发展奠定基础。

2010年《拥有体面劳动的复苏和增长》的国际劳工局局长报告，总结了国际劳工组织从危机中吸取的政策经验，全球就业契约的广泛采纳便是最主要的经验；通过刺激性措施创造就业，通过社会保护减缓危机，积极促进恢复就业，利用社会对话管理危机并促进恢复（国际劳工局，2010b）。"体面劳动"的框架有利于综合政策的制定，有利于实现更长远的公平的全球化。

体面劳动的综合政策在各国的综合运用具体如下：澳大利亚的一项大规模的刺激性措施，相当于2008~2010年GDP的5%以上，包括向低收入家庭的现金转移支付，同时还进行了大规模的基础设施项目以及宽松的货币政策，所有这些都缓解了对劳动力市场和产品产量带来的衰退影响。在巴西，社会保护的扩大，最低工资的大幅攀升、对多数国内汽车生产商以及生产消费耐用品实行的税收刺激性政策以及通过公共开发银行提高信贷，维持了国内需求。韩国在经济刺激性措施方面投入了GDP的6%以上，这一投入包括对企业削减税收、基础设施投资、节能、支持小型企业和劳动力市场措施（包括提高失业津贴、工资补贴及技能开发）。

第二章　中国实现体面劳动的意义及进展研究

体面劳动理念与我国现阶段促进就业、发展和谐劳动关系、完善社会保障、改善民生等社会发展目标高度契合，因此一经传入就受到我国政府和劳动者的重视与欢迎。时任国家主席胡锦涛同志多次强调实现体面劳动是以人为本的要求，是时代精神的体现，要让广大劳动群众实现体面劳动。现任国家主席习近平同志提出的"中国梦"之一就是实现劳动者的体面劳动。我国正处于经济和社会的快速转型期，这一历史时段既是快速发展的机遇期，也是长期发展所积累的各类社会矛盾的凸显期。一方面，中国经济保持高速发展并已经成为世界第二大经济体；另一方面，劳动者收入增长低于经济增长和物价特别是房价上涨速度、在劳资博弈中劳动者地位渐弱等问题日益突出。资料显示，劳动中许多"不体面"现象已经成为劳资争议、劳动关系紧张甚至引发社会群体事件的主要诱因。作为一个具有 7.7 亿（2015 年）劳动人口的发展中大国，中国体面劳动水平的提升对劳动者就业权益的保障和国家经济社会的稳定发展都具有重要意义。继 2006 年国际劳工组织与我国签订了《体面劳动国别计划（2006~2010 年）》之后，2012 年 5 月我国政府、雇主和工人三方代表讨论了新的《体面劳动国别计划（2012~2015 年）》，确立将合作计划集中于三个领域——促进就业优先战略、构建和谐劳动关系和改善收入分配机制、改进社会保障体制并促进安全生产。我国在实现体面劳动方面也取得了实质性进展。

第一节　促进中国体面劳动的现实意义

体面劳动是人类继原始劳动、奴役劳动、徭役劳动、雇佣劳动之后出现的新的自主劳动形态，它是对以往一切劳动形式的批判和继承、革新与发展，是人类迄今为止最为进步的劳动形式。体面劳动的提出和实施，是人类文明进步的又一标志。体面劳动使人们从以往关注劳动的目的性，转为关注劳动的对象性，即更多地关注劳动的效用和价值，着重从劳动与社会进步之间的关系视角去考察，转向突出劳动的神圣与崇高，着眼于从劳动与个体发展之间的关系视角去揭示劳动的伦理价值。

体面劳动意味着对劳动的尊重，意味着劳动者权益得到充分的保障。体面劳动涉及世界所有劳动者，是具有普遍性的问题。马克思主义认为，物质资料生产是人类社会存在和发展的基础。劳动是人生存发展的需要，所有具有劳动能力的人都应该劳动，生产劳动是社会的普遍现象，是人类文明进步的基础和前提。对于社会个体来说，人只有通过生产劳动，才能从社会获得生存的资源，以实现人的生存权和发展权。随着生产劳动的国际化以及生产劳动内涵和外延的扩展，作为生产劳动主体的劳动者，其人格及劳动相关的权益将不断得到尊重、维护和保障，即实现体面劳动。只有这样才能使生产劳动得以健康地持续，才能提升人类社会文明的水平，所以体面劳动作为一种理念对社会具有普遍意义。

一、体面劳动对中国和谐社会建设意义重大

推进体面劳动是坚持和谐社会方向的需要。我国是工人阶级领导的，以工农联盟为基础的、人民民主专政的社会主义国家，推进体面劳动，最大限度地保障工人、农民、知识分子劳动的自由、安全、公正和尊严，体现了社会主义本质，也体现了社会主义现代化，归根结底是为实现国家富强和人民共同富裕。而无视体面劳动，就是无视工人、农民和知识分子这些社会主义建设者的利益，也违背了社会主义现代化的要求。推进体面劳动是构建和谐社会力量源泉的需要，即大多数社会主义劳动者的利益和他们的积极性、创造性，始终是对社会主义现代化事业最有决定性的因素，只有尊重劳动、保护劳动者的合法权益，才能最广泛最充分地调动一切积极因素，让一切创造社会财富的源泉充分涌动，促进和谐社会的实现。

和谐社会的重要内容之一就是和谐的劳动关系，实现体面劳动是我国构建和谐劳动关系的基础性条件。劳动关系是改革开放以来中国社会生活中出现的一对新关系，也是当今社会的一种基本关系，是社会阶层关系的基本表现形式之一。劳资关系和谐与否已经成为社会运行状态的晴雨表和风向标。实现体面劳动已成为构建和谐劳动关系的必然要求。当下，我国正处于社会急剧转型期，稳定、安全、秩序已经成为这一时期的稀缺资源，"维稳"已经成为与"发展"同等重要的事情，作为社会关系重要组成部分的劳动关系，已经成为决定社会和谐与否的关键因素之一，能否成功地实现社会合作与社会和谐，在很大程度上取决于是否具有一个良好的劳资关系。从目前劳动关系的现状看，我国劳资纠纷处于一个迅速

上升的通道,其直接或间接原因大多与劳动的"非体面"相关,劳动关系的冲突形式正在由个体冲突向群体化冲突演进,已经成为引发群体性事件的重要原因,有的地区已经严重危害到社会稳定,如"黑砖窑事件"、"富士康跳楼事件"及"张海超开胸验肺"事件等。这些影响社会稳定的群体性事件的出现,实际上与体面劳动在部分领域的贯彻不到位密切相关。体面劳动的实质是一种社会稳定性机制,而稳定是中国实现社会主义现代化发展战略的必要前提。

和谐社会的另一必然要求是共享社会发展成果,这既是个人的目标,也是国家发展的目标。21 世纪以来,党明确提出要坚持"以人为本"、让全体社会成员共享社会发展成果的理念和目标,把自身的发展提到了前所未有的高度。共享社会发展成果包括三个方面的含义:第一,每个社会成员的基本尊严和基本生存条件能够得到维护和满足,这是"共享"的最基本的内容。第二,每个社会成员的基本发展条件能够得到保证,唯有如此,每个社会成员的潜能才有可能得到开发,社会才能够实现真正平等、有效的合作,社会发展才能获得持续不断的推动力。第三,每个社会成员的生活水准和发展能力随着社会发展进程的推进而不断得到提升,从一定意义上来说,这是人人享有社会发展成果的完整体现(吴忠民,2002)。体面劳动强调的是"一个公平的全球化——为所有的人创造机会",是与每个人的期望相联系的,既包括体力劳动者,也包括脑力劳动者;既包括寻找工作的人,也包括正在工作和退出工作的人;既包括普通劳动者,也包括国家公务员、企业经营管理人员。必须清醒地意识到,国家发展的目标不应该仅仅定位于 GDP 和经济的繁荣,而应该追求人民的幸福安康。"富国在于富民,富民在于公平",只有给人们提供公平的机会,使每个人都能够分享社会发展带来的成果,实现体面劳动,才会让人有真正的幸福感,才有助于和谐社会的构建。

把"体面劳动"写进政府工作报告,是为政府解决就业问题提供了一个最终目标,这个目标意味着政府要做的不仅仅是提供就业机会,而是要全面实现体面劳动。而体面劳动之所以成为一个具有世界性普遍意义的概念,受到许多国家和人民的认可,就在于它的普惠性,即它所涵盖的受益者范围是大多数人。实现体面劳动,让广大劳动人民增进对政府和社会的信任,为构建和谐社会创造了广泛的群众基础,而且实现体面劳动也是评价和谐社会的重要指标之一,是构建和谐社会的价值共识。

二、体面劳动是人的尊严与全面发展的具体体现

劳动不是简单的生产要素组合,也不是纯粹的脑力与体力付出,而是凝结着人的情感和需要,劳动过程充满了道德的力量和人性的光辉。黑格尔把劳动过程

分为三个环节——"需求—劳动—享受",认为劳动是需求和享受的中介,并在此基础上提出了劳动尊严的思想。马克思说过,"我的劳动是自由的生命表现,因此,是生活的乐趣",指出自由的劳动是合乎人性的,是人的存在方式,是人之为人的本质。无论人们在经济关系上是如何不平等,人格上的平等则具有绝对性,没有隶属性。体面劳动是在劳动者人身自由条件下体现意志、实践愿望、实现人格的自主性劳动,不同于在他人或自我强制下进行的有违个体意愿的屈从性劳动,其最大的特点在于劳动者的尊严,而且体面劳动意味着劳动者不仅仅要有一份养家糊口的"活计",还要有稳定的就业机会、安全的工作条件、充分的社会保障以及工作中更为广泛的权利,意味着要尊重劳动,尊重劳动者的尊严和权利,落实劳动者主人翁地位,使每个劳动者通过体面的、有尊严的劳动来主宰自己的命运。实现体面劳动就是要使劳动的高尚真正映衬出人性的光辉。体面劳动的实现过程,是一个劳动摆脱强制、争取自主、抛弃卑微、获得尊严的过程,是一个跳出生存依赖、走向自我实现的过程,是一个由卑微复归高尚、由役使走向伦理的过程(郑娟,2011)。

体面的劳动目的是实现人的自由且全面发展。所谓人的全面发展,是人以一种全面的方式,也就是说作为一个完整的人,占有自己的全面的本质。劳动是真正人的存在方式,只有劳动才能客观地表现和确认人的本质力量和主体地位。人不只是一个自然生命的存在,生命存在只是人存在的生物前提,人更是一种人性的存在。人的劳动正是人的意识和创造性的集中体现,人因劳动而成为人。另外,劳动是人的劳动。人的劳动源于人社会性存在的需要,劳动是人的需要中最根本、最具有决定意义的环节。马克思主义认为,人的自由实现和自我发展始于个人改造外在的自然必然性以使之符合自我的要求,劳动便是这一要求的实现途径。体面劳动是自我实现的劳动。"你不再是别人的雇佣军,你是你自己的",这是体面劳动的价值旨归。受雇于自己,体面劳动成为自己全面发展、人性实现的手段。由此整个社会就成为一个基于劳动基础上的全面、和谐发展的社会,劳动成为通向本质人的唯一通道,成为人生命中的享受。体面劳动既强调劳动果实的丰盈性,也强调劳动过程的愉悦性,人在享受劳动的过程中逐步实现着人自身的目的。因为劳动是人的本质得以确证和实现的力量,而只有能够被享受的劳动才是自由的、自主的、自觉的、自愿的,才是体面的。而到了共产主义社会,生产力高度发展,人类劳动和人的需要高度统一,劳动才能由谋生手段发展为生活的第一需要。"在共产主义社会里,任何人都没有特定的活动范围,每个人都可以在任何部门内发展,社会调节着整个生产,因而使我有可能随我自己的心愿今天干这事,明天干那事,上午打猎,下午捕鱼,傍晚从事畜牧,晚饭后从事批判,但并不因此就使我成为一个猎人、渔夫、牧人或批判者。"也就是说,每个人都能够在他所喜欢的活动领域自由地发挥和发展他的才能,劳动实现了完全的自主性,为人的自由全面发展提供了条件（郑娟，2011）。

三、体面劳动的实现是科学发展观的重要内涵

2003年，时任国家主席胡锦涛明确提出，要树立和落实科学发展观，即"坚持以人为本，树立全面、协调、可持续的发展观，促进经济社会和人的全面发展"。科学发展观是立足于社会主义初级阶段基本国情，在总结我国实践发展、借鉴国外发展经验及适应新的发展要求的基础上被提出来的。体面劳动是科学发展观的应有之义，两者密不可分。科学发展观为体面劳动提供理论和方向上的指导，而体面劳动则是科学发展观的具体实践。没有科学发展观，体面劳动就容易变得急功近利而趋于狭隘，也难以充分实现；没有体面劳动的实践，就没有人的全面发展，科学发展观也就显得苍白无力，缺乏说服力。科学发展观的可持续发展要求为体面劳动的实现提供了可能。

实现体面劳动是科学发展观全面发展的重要内容和保证。科学发展观的全面发展就是以经济建设为中心，全面推进经济、政治、文化建设，促进物质文明、政治文明和精神文明的协调发展，实现经济发展和社会全面进步，即从经济发展的角度来看，就业是劳动力在社会经济发展中的劳动要素配置问题。没有就业就没有现实的经济活动，也就没有社会生存和发展所需要的物质资料，同时那些不能就业的劳动者，也就会失去生存与个人全面发展的主要经济来源，不利于劳动力素质的提高，反过来还会影响经济社会的发展；而从社会全面进步的角度来讲，就业除了具有经济关系属性外，还具有社会关系和政治关系属性。就业的社会关系属性就是保障人民群众的权益，保障人们通过就业谋生和发展的权益。体面劳动就是保障人们就业的平等性与公平性，人们都有机会均等的职业选择权。政府和社会对劳动力市场的弱者，即有困难群体的帮助，主要是采取扶持就业、促进就业的办法，而不仅仅是社会救济。劳动者的就业权益得到保障，有利于社会的和谐稳定。从就业的政治关系看，就业权益一旦得到保障，就会淡化失业所带来的劳动者与社会、政府之间的冲突，防止反社会、反政府行为，有利于社会秩序稳定和政权的巩固。

科学发展观的可持续发展为体面劳动的实现提供了可能。可持续发展就是要促进人与自然的和谐，实现经济发展与人口、资源、环境相协调，保证有限的资源可以永续地利用，保证人类永续地发展，无论是作为政府追求的宏观经济目标，还是作为判断社会全面进步的基本标准，体面劳动始终都是政府和社会积极不懈努力的方向。从根本上来说，体面劳动的实现只有建立在经济的可持续发展上才有可能。因为人与自然的和谐、经济发展与人口、资源、环境相协调的关系中反映出来的是人力资源与自然资源之间的最优化、最合理的配置关系，即劳动力资源的供给与有

限资源对劳动力的有限需要之间达成协调性和一致性，这也正是体面劳动的内在实质要求。社会经济的可持续发展为体面劳动的可持续发展提供了极大的可能。体面劳动的最终实现还要经过政府、社会和劳动者个人在实践中的积极努力。

实现体面劳动是科学发展观的坚持"以人为本"的必然要求。科学发展观坚持"以人为本"，必然要求政府积极努力去实现体面劳动的目标，保障广大人民的就业权益和根本利益。党的十七大报告指出："必须坚持以人为本，全心全意为人民服务是党的根本宗旨，党的一切奋斗和工作都是为了造福人民。要始终把实现好、维护好、发展好最广大人民的根本利益作为党和国家一切工作的出发点和落脚点，尊重人民主体地位，发挥人民首创精神，保障人民各项权益，走共同富裕道路，促进人的全面发展，做到发展为了人民、发展依靠人民、发展成果由人民共享。"体面劳动的提出就是"以人为本"治国理念的具体阐释。要做到"以人为本"就必须尊重劳动、尊重知识、尊重人才、尊重创造，尊重和保护一切有益于人民和社会的劳动。无论是体力劳动还是脑力劳动，无论是简单劳动还是复杂劳动，一切为我国社会主义现代化建设做出贡献的劳动都是光荣的，都应该得到承认和尊重。

四、体面劳动适应转型期中国的客观需求

转型是指从计划经济体制向市场经济体制的转变，其是实质性的改变和引入全新的制度安排，是一个破旧立新的过程，是一种过渡状态、一个特殊的历史阶段，具有不稳定性、缺乏整体性、新旧因素共存性等特征。在这样的宏观背景下提出来的体面劳动，就被赋予了特定时期的客观需求。

改革开放以来，以市场为导向的经济体制改革给我国社会带来了巨大的变化，经济的快速发展取得了举世瞩目的成就。但是必须承认，在经济发展的同时，也引发了收入分配差距拉大、失业率上升等问题，这已成为阻碍我国未来经济持续发展和社会稳定的重要因素。失业人员的增加、收入分配差距的拉大均不可避免地导致贫困人口的激增及对社会公平的思考。由于失业，一些人陷入绝对贫困，两极分化现象日益严重。种种迹象显示，我国已经逐步形成了一个新的阶层——城市弱势群体，这个群体与老、弱、病、残、妇女、儿童等传统弱势群体不同。城市弱势群体主要是指那些由于职业技能差、文化水平低等原因，虽然在积极寻找却很难找到合适的工作，即使就业也属于临时就业或弹性就业，就业质量低下，享受不到各种社会保险和有关福利待遇的群体等。其中，失业人员、灵活就业人员、新毕业的大学生与农民工等是城市弱势群体的主要构成者。其弱势地位不是自身的生理缺陷所造成，更多的是社会原因造成的，如产业结构调整、教育体制改革等。

现阶段，我国的劳动关系也出现了许多新情况、新问题，主要表现为劳资矛盾

激化、劳动纠纷剧增、劳动者维权困难等，而适应这些变化的调节机制还没有建立起来。近年来，各级法院受理的劳动争议案件数量年年攀升，2012 年达到 7 252 万多件，案外调节劳动争议案件数为 212 937 件（中华人民共和国国家统计局，2013）。有关职工权益保护、农民工待遇、清欠工资、工会不作为等报道屡见不鲜。特别是在国企改制过程中，一些地方、部门和企业无视职工权利，擅自决定企业破产、出售、转让、兼并事项，甚至贱卖国有资产；一些地方企业随意改制，没有履行法定程序，有关劳动政策无法落实，损害了职工的合法权益。许多群体性事件，往往就是企业与职工解除劳动关系、给付补偿金过低、改制重组人员分流与下岗等问题处理不当所致。劳动者权益遭受侵害，甚至逐步形成了规模化的弱势群体，他们没有在深化改革、扩大开放的进程中受益，反而处于某种被"排斥"的状态，国际劳工组织的胡安·索玛维亚在中国就业论坛上的主旨报告中指出，"他们的呼声没人理睬，并且他们的权利和需要常常不被认可，由于缺少机会，人们的尊严在许多方面受到影响。所有这些都增加了人们的挫败感，加剧了社会紧张"①。任何一个社会，受到排斥的群体都可能因为绝望而铤而走险。

我国劳动者数量巨大，劳动力处于"充沛"的供给状态，劳动者普遍缺乏讨价还价能力。作为个体的劳动者凭一己之力根本无法与资方进行事关自己切身利益的谈判，而有关利益协调机制和维权手段又非常缺乏。这个时候体面劳动相关理论的提出有助于缓解我国紧张的劳资关系，这既是社会公正问题，也是政治安全问题，不但可以降低这些弱势群体的被排斥感，还可以减少转型期的社会矛盾。

五、提升体面劳动水平是国际劳工组织成员国的义务

我国不仅是国际劳工组织的成员国，而且是常任理事国，有义务为实现组织目标——体面劳动付出自己的努力，这也是一个负责任大国应有的形象。体面劳动是以国际劳工标准为支撑的，国际劳工标准既可以为体面劳动的具体内容提供权威性的解释，也可以通过监督成员国对国际劳工标准的实施，了解其落实体面劳动的进程以及遇到的障碍和问题，为成员国逐步解决问题提供帮助。此外，国际劳工标准还是各国制定国内体面劳动议程的重要参考依据。当然，各国有权根据自身的条件和需要批准公约，但是仅仅依靠批准公约的手段还不能达到促进体面劳动实现的目的。如果各国在尚不具备批准条件时，能够参考劳工标准的准则和框架，制定政策措施或法律法规，使劳动者的权利在现有条件下最大限度的得到保护，也是一件十分有意义的事情。

我国政府积极支持和响应国际劳工组织提出的体面劳动理念。在发展社会主

---

① 资料来源：新华网 http://www.xinhuanet.com/。

义市场经济的过程中，随着产权关系的多元化和劳动关系的市场化，劳动问题已经成为中国社会转型期最为突出的社会经济问题之一。在我国经济发展的过程中，显示出在生产要素的配置上重资本和管理而轻劳动的趋势。忽视对劳工权利的保护，已经影响到了劳动者的积极性。体面劳动所提出的目标、原则和要求，与我国的劳动法律的目标、原则和要求是基本一致的。

第二节 中国促进体面劳动实现的进程

作为国际劳工组织的成员国，中国从一开始就非常关注体面劳动的理念、内涵及可能产生的影响，并积极参与到体面劳动的相关活动中。

一、"合作谅解备忘录"的签订

早在 20 世纪初，体面劳动的实践就已经在中国推进了，主要体现在落实《全球就业议程》，这是中国与国际劳工组织在就业领域的合作。《全球就业议程》的首要目的就是让就业成为各国经济和社会政策的核心，其基础是劳动生产率的提高，特别是贫困工人的劳动生产率的提高。提高劳动生产率是持续提高生活水平和增加就业机会的唯一办法。生产率的提高还能造就更快的增长和发展，从而使宏观经济政策的覆盖范围扩大。而这些宏观经济政策的目的就是实现更高的就业收入和体面劳动。为应对中国在加入世界贸易组织后的挑战，国际劳工组织《全球就业议程》与中国的合作主要集中于"为生产性就业促进贸易和投资"。

2001 年 5 月，中国劳动和社会保障部与国际劳工组织就有关体面劳动议程签署"合作谅解备忘录"（Memorandum of Understanding for Cooperation between the ILO and the MOLSS），该备忘录清楚地反映了中国向体面劳动目标迈进的愿望[①]。

"合作谅解备忘录"是以国际劳工组织的四个战略目标为基础的，即工作中的基本原则和权利、就业、社会保护、社会对话，具体如下。

1. 国际劳工标准和国际劳工组织《关于工作中基本原则和权利宣言》

（1）促进和实现国际劳工组织工作中的基本原则和权利宣言的活动。

（2）对批准和实施国际劳工公约包括基本公约和优先公约提供技术咨询和支持。

（3）对已实施批准的国际劳工公约提供支持。

---

① 资料来源：中国就业论坛专题报道［EB/OL］. http://www.labournet.com.cn/jylt/index.htm.

（4）开展信息和教育活动促进对国际劳工标准的了解。

（5）结合有关劳动监察公约，加强劳动监察机构的能力建设，促进国际劳工公约的有效实施。

2. 就业

（1）协助将就业层面纳入宏观经济和社会政策。

（2）开发一套有效收集、分析并应用劳动力市场信息的系统。

（3）制定、实施并评估以城镇和农村为背景的积极的劳动力市场政策。

（4）促进在获得就业机会和待遇方面人人平等。

（5）完善技能开发和就业服务以使劳动力的供给和需求得到匹配，并提高生产率和竞争力。

（6）在国有企业结构调整的背景下，协助设计再培训和创造就业的计划。

（7）促进创业培训，并向中、小企业，包括非正规部门的微型企业和社区服务企业提供成本较低的企业发展服务和小额贷款。

（8）提供关于多种形式的就业包括非正规就业形式方面的政策咨询。

（9）协助设计和实施包括农村和城镇在内的旨在创造就业和消除贫困的就业密集型投资政策和计划。

（10）协助完善针对残疾人和弱势群体人员的培训和就业计划。

3. 社会保护

（1）对包括修改法规在内的社会保障政策问题和实施试点方案提供咨询和支持。

（2）增加社会保障计划的覆盖面，包括向弱势群体提供更好的社会保护。

（3）扩大对社会保障计划的治理和管理，重点是征缴率、社会保险基金、津贴的发放和企业年金计划。

（4）改进和加强失业保险制度，包括将失业保险同积极的劳动力市场政策相结合。

（5）促进医疗保险制度改革。

（6）对强化职业安全卫生和工作条件方面的国家政策提供咨询和支持，旨在预防、保护和康复，并特别关注有危害的工作条件。

（7）完善工伤保险。

（8）支持三方在审议和加强国家职业安全卫生计划方面的努力。

4. 社会对话

（1）协助加强中央一级和省一级的三方协商机制。

（2）促进和完善企业集体协商制度。

（3）协助完善劳动合同立法和集体合同实践。

（4）促进和完善劳动争议处理制度并加强劳动仲裁队伍建设。

（5）为社会伙伴的能力建设提供支持。

对这些目标的追求应相互结合，以保证其根据中国的特殊需要和情况顺利实现。经济增长至关重要，但还不足以实现公平、社会进步和消除贫困。国际劳工组织与中国劳动和社会保障部的合作是至关重要的，通过签署"合作谅解备忘录"可以促进社会政策力量的加强以及公平和民主。国际劳工组织通过制定标准、技术合作、提供研究资源和能力建设为中国提供帮助，确保在中国建立起一个可持续的就业战略。国际劳工组织与中国劳动和社会保障部一同动员更多的外界资源来促进"合作谅解备忘录"里所涉及活动的实施（林燕玲，2012）。

依据"合作谅解备忘录"，中国劳动和社会保障部与国际劳工组织成立了联合委员会，并经由委员会规划技术合作，调动共有资源，审议和评估"合作谅解备忘录"的执行情况，可以考虑在适当的时候修改"合作谅解备忘录"。

二、"中国就业论坛"的共识

作为"合作谅解备忘录"后续活动的一部分，中国就业论坛于2004年4月举行，以"全球化、结构调整与就业促进"为主题，重点讨论了促进就业与经济全球化、促进就业与消除贫困，以及促进就业与劳动力市场建设等问题。论坛聚集了来自政府部门、工会、企业及其他相关机构的人士和专家学者，并最终形成《2004年中国就业论坛共识》。该共识主要包括以下内容：一是强调就业的重要性。就业是民生之本，是经济可持续发展和生活水平提高的关键。二是明确政府在创造就业机会上的重要责任。政府要把创造就业机会放在社会经济发展的优先位置，保障所有公民享有基本的就业权利，并通过就业和享受工作中的权利，解决贫困和实现社会公平。三是促进就业与经济的协调发展。通过目标明确的社会经济政策，在经济增长、结构调整过程中增加就业机会。同时，通过提升劳动者的职业技能，充分发挥劳动力市场功能以提高劳动者的就业能力。

中国就业论坛主要议题的关键结论——《中国就业议程》如下。

（1）通过建立企业家得以发展的外部环境，促进小企业的创建和成长，也包括自主创业，从而增加对劳动用工的需求。

（2）加强三方对话，使其成为提高企业生产经营能力、预防和解决争议、促进就业、维护社会稳定的重要机制。

（3）更新劳动者的知识和技能，使其具备更高的择业灵活性和就业保障性，为在知识经济中就业做好准备。

（4）完善劳动力市场政策，使劳动力资源配置更加平稳有效，逐步建立统一的劳动力市场，为就业困难群体提供就业援助。

（5）用平稳有效和社会可接受的方式推动企业重组，提高劳动生产率。

（6）进行社会保障制度改革，扩大社会保护覆盖面，逐步将处于当前制度之外的从事灵活形式就业的劳动者和大量的农村人口纳入社会保障范围。

（7）劳动者的职业安全与卫生防护、环境保护也应该成为国家经济发展和创造就业总体政策的一个组成部分。

2005年，当联合国大会第一委员会在日内瓦审议"合作谅解备忘录"时，三方代表接受了体面劳动的基本概念，强调"体面劳动"能够作为核心概念在国际、区域和国家层面整合经济和社会政策，与会代表们赞成如下观点：①每个国家都应制订一个"体面劳动国家行动计划"，以促进"合作谅解备忘录"将来的实施，也是对体面劳动国家计划的回应，这一国家计划应包括社会伙伴和其他利益相关者的参与；②国际劳工组织应与中国劳动和社会保障部、中国企业联合会和中华全国总工会协商，制订"体面劳动国别计划"，并考虑国际劳工组织与其他相关机构的合作，如国家安监总局。该会议也赞成，体面劳动国别计划应给予"合作谅解备忘录"和《中华人民共和国经济和社会发展第十一个五年（2006—2010）规划纲要》，同时也应考虑到联合国发展援助框架，中国就业论坛达成的共识、政策、宣言以及在中国开展技术合作项目的过程中已形成了最佳做法。

三、"中国体面劳动国别计划"及"三项主张"

经三方成员广泛的协商，2007年4月中国劳动和社会保障部、中国企业联合会、中华全国总工会与国际劳工组织北京局签署了《中国体面劳动国别计划》。该计划以《中华人民共和国经济和社会发展第十一个五年（2006—2010）规划纲要》为参考依据，其优先行动领域主要包括：促进下岗工人和农民工的就业和就业能力，促进和谐的劳动关系和有效的劳动力市场制度，扩大和完善社会保护，提高工人权利。

2007年，在第96届国际劳工大会上，中国代表就为实现公平的全球化和经济增长与变革中体面劳动创造条件，提出三项主张：第一，三方成员应致力于为劳动者创造更多的、生产性的、体面的工作岗位；第二，加强国际劳工组织的能力建设，切实帮助成员国实现体面劳动的目标；第三，为应对全球化背景下产业结构的变化趋势，要努力提高劳动者的素质技能。与此同时，中国代表团还介绍了中国为落实体面劳动采取的措施：一是实施发展经济与促进就业并举的战略，确立有利于扩大就业的经济增长方式，继续实施积极的就业政策，扩大就业；加快发展职业教育和培训，提高劳动者技能和素质。二是加快完善社会保障体系。

三是发展和谐的劳动关系，切实维护劳动者权益①。

体面劳动国别计划内容如下。

（1）促进就业，提升就业能力，减少不平等，特别是下岗人员和农民工的不平等现象，具体包括：①开发和执行国家政策，以促进就业，提升技能和就业能力；②随着商业支持服务的发展、提高和改善，运用多管齐下的方法促进中小企业的发展；③改善农民工的权利、保护和就业能力，并加强对他们的法律援助；④通过国际劳工组织三方成员和就业服务，改善劳动力市场信息的收集、分析和使用。

（2）促进和谐的劳动关系，加强有效的劳动力市场机制，完善劳动法律法规（通过法制改革、集体谈判、争议处理、劳动监察、法律实施及三方机制）主要包括：①改革争议处理机制，完善案件处理方式，简化争议的正式处理程序，提高争议处理的效率；②加强劳动法律的修订、检查、监督和执行，使其更有效地保护所有工人，减少争议数量；③通过国际劳工组织三方成员的建设能力，扩大和改善企业层面的集体谈判和集体协商；④加强各个层面的三方机制，以提高运用三方机制讨论社会和劳动问题的方法。

（3）扩大并改善社会保护（社会保障、安全劳动、艾滋病病毒/艾滋病），主要包括：①扩大社会保护的覆盖范围，覆盖更多的工人和农民；为参保者改善福利和服务；②改善国家和企业层级的职业安全和卫生管理体系，以改进政策、计划和检查；③降低高危职业和行业的职业风险、事故和死亡人数，包括采矿业、建筑业和化学品使用行业；④通过国际劳工组织三方成员开展艾滋病病毒/艾滋病的认识和预防工作。

（4）促进工作中的基本原则和权利，主要包括：①安全的迁移途径，以避免强迫劳动和贩卖人口劳动；②促进第 29 号公约和第 105 号公约的批准；③与已批准的第 100 号公约和第 111 号公约相一致，国际劳工组织三方成员采取明确的措施促进劳动世界和无歧视和平等；④进一步加大预防童工劳动的措施；⑤进一步遵循全球契约的原则；⑥进一步提高国际劳工标准的知识和影响；⑦政策中三方成员和企业伙伴项目中的性别主流化。

《中国体面劳动国别计划》明确了国际劳工组织在中国的工作目标，为中国与国际劳工组织的合作确立了清晰的构架。这有助于对劳动者权益的保护，以及中国劳动和社会保障事业的进步（林燕玲，2012）。

四、其他相关活动及中国签订的国际劳工公约

此外，推进体面劳动议程的活动还包括：2008 年 1 月 7 日，由 24 个国家代

---

① 资料来源：中央政府门户网站. 2007. http://www.gov.cn/。

表参加的"经济全球化与工会国际论坛"在北京举行，时任国家主席胡锦涛同志在开幕式上致辞。他指出，实现体面劳动，首先要放在经济全球化的大背景下来审视，经济全球化应朝着"均衡、普惠、共赢"方向发展，"让各国广大劳动者实现体面劳动，是以人为本的要求，是时代精神的体现，也是尊重和保障人权的重要内容。劳动是广大劳动者对社会的重大贡献。让广大劳动者实现体面劳动，最根本的是要保障他们的权益"。

2009 年 2 月 12 日至 13 日在北京举行的"2009 经济全球化与工会"国际论坛，中国工会的代表介绍了中国工会积极探索实现体面劳动有效途径的做法和经验，其主要体现在以下几个方面：坚持全心全意依靠工人阶级的方针，通过参与立法和制定政策，建立健全各项民主管理制度，保证广大劳动者享有广泛的民主权利；保障工人阶级的主人翁地位，充分发挥工人阶级在推动国家建设和社会进步中的主力军作用，确保经济实现又快又好发展；有效推动发展和谐劳动关系，促进企业依法经营，确保劳动者权益得到依法保护；不断完善社会保障体系，有效帮助广大职工解决生产生活困难；等等。

在 2010 年全国劳动模范和先进工作者表彰大会上，胡锦涛同志明确指出，要保障劳动者权益，提高劳动者收入，要切实发展和谐劳动关系，建立健全劳动关系协调机制，完善劳动保护机制，让广大劳动群众实现体面劳动，为和谐社会奠定基础。在 9 月 16 日的第五届亚太经合组织人力资源开发部长级会议上，国家主席胡锦涛出席开幕式并重申了这一观点。

2010 年 10 月在十七届五中全会上审议通过的《中华人民共和国国民经济和社会发展第十二个五年规划纲要》也把提高劳动者收入作为一个重要的发展目标，这些都使"体面劳动"成为中国劳动研究领域的一个热点问题。这也预示着中国对"体面劳动"的研究将会得到更多重视，并且更加深入，同时　"体面劳动"概念及所体现的价值将会深入人心。

2013 年 4 月 28 日，中共中央总书记、国家主席、中央军委主席习近平来到全国总工会机关，同全国劳动模范代表座谈并发表重要讲话，共话中国梦，"全社会都要贯彻尊重劳动、尊重知识、尊重人才、尊重创造的重大方针，维护和发展劳动者的利益，保障劳动者的权利。要坚持社会公平正义，排除阻碍劳动者参与发展、分享发展成果的障碍，努力让劳动者实现体面劳动、全面发展"。再次把体面劳动作为重要目标。

根据国际劳工组织网站介绍，迄今为止，国际劳工组织已通过 188 项公约，由于各种原因，半数以上的公约已经撤销。在这 188 项国际公约中，中国共批准了 25 项，包括国际劳工组织的 8 项核心公约中的 4 项，即 1951 年的《同工同酬公约》（第 100 号）、1958 年的《（就业和职业）歧视公约》（第 111 号）、1973 年的《准予最低就业年龄公约》（第 138 号）、1999 年的《禁止和立即行动消除最恶劣形式的童工劳动公约》（第 182 号）。此外，中国政府、雇主组织和工人组织一道致力于批准其他的国际劳工公约，包括 1981 年的《职业安全卫生公约》（第 155号）、1985 年的《职业卫生服务设施公约》（第 161 号）及 1947 年的《劳动监察公约》（第 81 号）等（林燕玲，2012）。

第三节　中国实现体面劳动取得的成效

体面劳动是追求就业数量和就业质量并存的一种理念。在三十多年的改革过程中，中国也在按部就班的实施这种理念，并且已经取得了一定的成效，主要体现在积极就业政策和平等就业制度、劳动保障制度与就业保护制度、职业安全健康保护与社会保护，以及建立社会对话机制和社会伙伴关系方面。

一、积极就业政策和平等就业制度

改革开放以来，随着中国国有企业改革的推进和社会主义市场经济体制的建立和完善，中国劳动力市场开始转型，就业政策也发生了改变。中国采取了积极的就业政策和平等的就业制度，促进了就业数量的增加和质量的提高，解决了发展的首要问题，保障了劳动者的生存权和发展权。

（一）积极就业政策

为了配合国有企业改革，在城市职工大规模下岗、城市失业率上升的情况下，国家实行了积极的就业政策，有效地促进各地区和各部门的就业，很好地解决了中国改革发展中的这一关键问题。

在 1998 年，为了深化国有企业改革，加快产业结构调整，中国提出了实施"鼓励兼并、规范破产、下岗分流、减员增效"的战略，截至 2002 年年底，全国累计有 3 000 万名国有企业下岗职工需要再就业。在借鉴世界各国成功经验的基础上，结合本国国情，中国做出实施积极就业政策的重大决策部署，也出台了以《中共中央、国务院关于进一步做好下岗失业人员再就业工作的通知》（中发〔2002〕12 号）为龙头的一整套以重点促进国有企业下岗失业人员再就业为取向的就业政策措施，包括减免税费、小额贷款、社会保险补贴、岗位补贴、职业介绍与培训补贴、主辅分离等政策，确立了具有中国特色的积极就业政策的基本框架。

积极的就业政策实施在促进就业特别是国有企业下岗失业人员再就业方面发挥了明显作用，深得民心，国有企业、集体企业下岗失业人员的再就业问题基本解决。

2008 年 1 月 1 日，中国开始正式实施《中华人民共和国就业促进法》，明确了积极就业政策的法律地位，确立了国家实行有利于促进就业的产业、财政、税收、金融、投资、贸易等各方面的政策；实行统筹城乡、区域和不同就业群体的就业政策；建立健全失业保险制度，对失业进行预防、调节和控制。这些规定，将 2002 年以来实施的积极就业政策中的核心措施通过法律确定下来，进一步规范化、制度化，形成了长期有效的机制。此外，为做好现行积极就业政策与《中华人民共和国就业促进法》的衔接，2009 年国务院出台了《关于做好促进就业工作的通知》，按照普惠、长效的要求，对就业政策在对象、范围、内容、时效等方面进行规范、调整和完善。经过促进就业和预防失业的共同努力，中国的就业进展显著（丁开杰，2012a）。

　　在"十一五"期间，各地把经济发展、结构调整和促进就业紧密结合，把发展劳动密集型产业和大量吸纳劳动力的服务业作为重点，形成经济与扩大就业的良性互动，促进就业较大增长，就业结构进一步优化。在国家积极就业政策的拉动下，更多的人不仅实现了就业，而且就业的质量还进一步提升，具体如表 2-1 所示。

表 2-1　1995~2013 年我国就业基本情况

年份	就业数量			就业质量	
	总就业人数/万人	城镇就业人数/万人	城镇登记失业率/%	城镇工资总额/亿元	工资指数/（上年=100）
1995	67 947	19 093	2.9	8 055.8	119.0
1996	68 850	19 815	3.0	8 964.4	111.3
1997	69 600	20 207	3.1	9 602.4	107.1
1998	69 957	20 678	3.1	9 540.2	99.4
1999	70 586	21 014	3.1	10 155.9	106.5
2000	72 085	23 151	3.1	10 954.7	107.9
2001	73 025	23 940	3.6	12 205.4	111.4
2002	73 740	24 780	4.0	13 638.1	111.7
2003	74 432	25 639	4.3	15 329.6	112.4
2004	75 200	26 476	4.2	17 615.0	114.9
2005	75 825	27 331	4.2	20 627.1	117.1
2006	76 400	28 310	4.1	24 262.3	117.6
2007	75 321	30 953	4.0	29 471.5	121.5
2008	75 564	32 103	4.2	35 289.5	119.7
2009	75 828	33 322	4.3	40 288.2	114.2
2010	76 105	34 687	4.1	47 269.9	117.3
2011	76 420	35 914	4.1	59 954.7	126.8
2012	76 704	37 102	4.1	70 914.2	118.3
2013	76 977	38 240	4.1	92 995.5	131.1

　　资料来源：《中国统计年鉴》（1996~2014 年）

（二）反对就业歧视与平等就业权益保障

所谓歧视是指政府或私人组织基于人的某些先天性的与能力不相关因素做出的任何区别、排除、限制或优惠。这种区别、排除、限制或优惠对公民在政治、经济、社会、文化或其他公共生活领域中的基本权利具有消除或减损的危害。根据《（就业与职业）歧视公约》（第 111 号）中对就业和职业歧视的含义和界定，歧视是指"基于种族、肤色、性别、宗教、政治见解、民族血统或社会出身等原因，具有取消或损害就业或职业机会均等或待遇平等作用的任何区别、排斥和优惠"。

中国政府长期关注各类劳动者的平等就业权益。《中华人民共和国宪法》、《中华人民共和国劳动法》和《中华人民共和国妇女权益保障法》都明确规定，妇女享有与男子平等的劳动权利，实行男女同工同酬。《中华人民共和国宪法》中关于劳动平等权的规定，构成了全部禁止就业歧视特别是女性就业歧视法律规范的立法基础和前提。《中华人民共和国宪法》第四十二条第二款规定"国家通过各种途径，创造劳动就业条件，加强劳动保护，改善劳动条件，并在发展生产的基础上，提高劳动报酬和福利待遇"。1980 年 7 月中国政府签署了《消除对妇女一切形式歧视的国际公约》，1990 年中国政府批准的《男女工人同工同酬公约》在中国也同样具有法律效力。《中华人民共和国劳动法》第三、十二、四十六条都明确了劳动权的基础，并将《中华人民共和国宪法》中的劳动平等等权利覆盖到劳动就业中的各个环节，从而确立了对就业歧视的基本原则，确保了妇女在就业中的权利。

2006 年 1 月 12 日，中国正式批准了《（就业与职业）歧视公约》（第 111 号公约）。中国批准该公约表明将进一步明确国家在消除就业和职业歧视方面的责任，促进中国建立和完善反就业歧视的法律制度，推动中国构建完整的反就业歧视机制，培育和提升中国公民权利意识的平等观念。

另外，2005 年修订的《中华人民共和国妇女权益保障法》、2008 年 1 月 1 日实施的《中华人民共和国就业促进法》均明确了妇女在政治、经济、社会和家庭生活等方面都享有平等权，包括在晋职、晋级、考评专业技术职务职称、分配住房、享受待遇等方面的男女平等，不得歧视妇女的法律规定（于楠，2010）。到2008 年，中国女性就业人数已经达到就业总数的 45.4%，女性干部比例达到 39%（王雪，2008）。此外，为了帮助劳动者特别是农民工实现体面劳动，《中华人民共和国就业促进法》第三十一条规定："农村劳动者进城就业享有与城镇劳动者平等的就业权利，不得对农村劳动者进城就业设置歧视性限制。"2010 年中央一号文件提出，要"着力解决新生代农民工问题"。为解决新生代农民工的就业和权益问题，政府采取了各种措施。例如，2010 年 1 月 21 日发布了《国务院办公厅关于进一步做好农民工培训工作的指导意见》；2010 年 2 月 5 日，国务院办公厅发出紧急通知，要求切实解决企业拖欠农民工工资问题，推进农民工签订劳动合同，保护其各项权利；针对农民工流动性强的现状，国家对农民工的养老和医疗保险衔接问题做了制度性安排，并尝试解决农民工看病难的问题（杨宜勇，2010）。

（三）中国的最低工资保障制度

中国政府在 1984 年就宣布批准承认国际劳工组织 1928 年制定的《确定最低工资办法的制定公约》（第 26 号）。1993 年劳动部以行政规章的形式制定了《企业最低工资规定》，开始建立最低工资保障制度。1994 年 7 月《中华人民共和国劳动法》颁布，以国家立法形式确立了中国的最低工资保障制度。2004 年 3 月 1 日中国劳动和社会保障部颁布并实施了《企业最低工资规定》，各地都依据此规定制定或调整了新的最低工资标准。新规定扩大了原规定的适用范围，明确出台了小时工资标准，标准调整期限缩短。

所谓最低工资，是指劳动者在法定工作时间内提供正常劳动的前提下，其所在企业应支付的最低劳动报酬。它不包括加班加点工资，中班、夜班、高温、井下、有毒有害等特殊工作环境条件下的津贴，以及国家法律法规、政策规定的劳动者保险、福利待遇和企业通过补贴伙食、住房等支付给劳动者的非货币收入等。自诞生之日，学术界就对最低工资制度存在争议，反对者认为根据制度，按时足额支付最低工资，保护的低收入工人的工资，企业负担就会加重，就可能会以减少雇佣工人数量来应对，结果是让更多的人失业；而支持者认为，最低工资制度只是一种保障制度，而非经济杠杆，有利于提高就业质量，并不会导致就业数量减少。更重要的是，最低工资是劳动者获得劳动报酬的基本权利，它和安全卫生条件、社会保险待遇、休息休假权一样，都是劳动者的一项基本权利，是用人单位作为雇佣者应当支付的法定成本。而且从国际市场竞争来看，实行最低工资并不会真正影响企业的竞争力。工会也不赞成取消最低工资标准制度，反而认为最低工资标准制度是维系普通劳动者生活最基本的"保险绳"。

中国实施最低工资制度以来，有效地保障了劳动者的基本生活。最低工资制度在社会经济发展中发挥着越来越重要的作用。但是在实施中，最低工资制度仍然存在一些亟待解决的问题，主要包括一些地区最低工资标准制定不够科学合理，部分企业按照最低工资标准支付职工工资，少数企业采取延长劳动时间、随意提高劳动定额、降低计件单价等手段变相违反最低工资规定。为改进和加强对企业工资分配的宏观调节，促进低收入劳动者工资水平的合理增长，维护劳动者的合法劳动报酬权益，中国劳动和社会保障部于 2007 年下发了《关于进一步健全最低工资制度的通知》(劳社部发〔2007〕第 20 号)。此后，中国的 34 个省(自治区、直辖市)已经全部建立起最低工资保障制度，由政府颁布并实施了本地区的最低工资标准，这些最低标准根据各地经济情况和消费水平制定，标准各异，在大多数省份内，各地区、市、县的最低工资标准也可能不同。

截至 2011 年 10 月，全国已有 21 个地区上调了最低工资标准，如表 2-2 所示。

表 2-2　2011 年中国各省市的最低工资标准

省市	最低工资标准/(元/月)	省市	最低工资标准/(元/月)
深圳	1 320	福建	1 100
浙江	1 310	河南	1 080
广东	1 300	安徽	1 010
上海	1 280	吉林	1 000
天津	1 160	山西	960
北京	1 160	云南	950
新疆	1 160	贵州	930
江苏	1 140	宁夏	900
山东	1 100	重庆	870
河北	1 100	陕西	850
辽宁	1 100		

资料来源：丁开杰(2012)

从最低工资的金额上看，深圳的月工资标准最高，为 1 320 元。在最低工资的平均增幅上看，重庆最高，为 32.8%。最低工资标准的调整需要结合当地的实际经济情况及物价指数的变动。

二、劳动保障制度与就业保护制度

劳动者权益需要制度性的保障，这就要求政府成立专门的机构进行劳动监察，对产生的劳动争议进行公正及时的仲裁，确保劳动者权益不受侵害，最近 10 年来，中国在劳动争议仲裁和劳动保障监察上取得了一定的进展，劳动保障制度逐步完善。

(一)劳动争议仲裁

2007 年全国人大常务委员会颁布了《中华人民共和国劳动争议调解仲裁法》，标志着我国劳动立法的新阶段。颁布实施的几年来，我国劳动争议一直处于高发状态。尤其是在 2008 年，沿海部分发达省份劳动争议案件数量成倍增长，被称为劳动争议"井喷"现象。之后，案件数量虽然有减少的趋势，但是其高位运行的态势并没有出现大的改变（表 2-3）。从统计数据看，当前劳动争议案件呈现出"三个相对集中"：一是争议类型相对集中。因劳动报酬、社会保险待遇及福利、经济补偿金、解除劳动合同这四类原因引发的争议占案件总数的 80%以上，经济利益之争仍是劳动争议案件的主要矛盾。近期，因劳务派遣引发的劳动争议也有大幅上升的态势。二是案发企业相对集中。发生在非公企业的劳动争议占案件总数的 70%以上，这类企业已成为劳动关系最不稳定的领域，当前构建和谐劳动关系的重点已由国有企业转向非公企业。三是案发地区相对集中。广东、北京、江苏、上海、山东、浙江 6 省市立案处理争议案件数占全国案件总数的 50%以上。据初步统计，截至 2012 年第三季度，《中华人民共和国劳动争议调解仲裁法》实施近 5 年来，全国各级劳动人事争议仲裁机构共立案受理劳动人事争议仲裁案件 304.7 万件，是 2003~2007 年案件量的两倍，涉及劳动者 450 万人，涉及金额 655.7 亿元。2011 年以来，约有 50%以上的争议案件在企业、乡镇街道调解等组织得到化解，有力维护了劳动人事关系的和谐和社会稳定（郑东亮，2013）。

表 2-3　2000~2012 年中国劳动争议处理情况

年份	各级劳动争议仲裁委员会立案受理劳动争议案件/万件	涉及劳动者人数/万人	增长率/%	集体劳动争议案件/万件	集体劳动争议案件涉及劳动者人数/万人	各级劳动仲裁委员会审理结案/万件	各级劳动仲裁委员会结案率/%
2000	13.5	42.3	12.5	0.8	25.9	13.0	92.3
2001	15.5	46.7	14.4	1.0	28.7	15.0	92.0
2002	18.4	61.0	19.1	1.1	—	17.9	91.0
2003	22.6	80.0	22.8	1.1	—	2.4	92.0
2004	26.0	76.0	—	1.9	—	25.9	93.2
2005	31.4	74.0	—	1.9	41.0	—	—
2006	31.7	68.0	—	1.4	35.0	—	91.6
2007	35.0	65.0	—	1.3	27.0	—	92.3
2008	69.3	121.4	98.0	2.2	50.3	62.3	86.0
2009	68.4	101.7	-1.3	1.4	30.0	69.0	—
2010	60.1	81.5	-19.8	0.9	21.2	63.4	—
2011	58.9	77.9	-4.4	0.7	17.5	59.3	93.9
2012	64.1	88.2	13.2	0.7	23.2	64.3	—

资料来源：《劳动和社会保障统计公报数据》（2001~2013 年）

在今后一段时期内，中国仍将处于劳动争议多发阶段。一是因为中国正处于农村城市化进程中，而且从农村社会向城市社会转型速度会进一步加快。从世界范围看，城市化快速发展期也是劳动争议高发期。例如，在 20 世纪 50 年代初，日本的城市人口数量首次超农村人口，从那时一直到经济高速增长末期的 70 年代中期，日本都处在劳动争议高发期。二是随着中国事业单位改革的全面推进，人事争议还会增加。三是法制的不断完善和法律意识的逐步强化,当事人对通过法律渠道寻求救济、解决纠纷的日益认同。此外,社会诚信的相对缺乏再加上仲裁诉讼的低成本,劳动者的不合理请求增多,随意申请仲裁的情况时有发生。因此,预计在相当长的一段时间内,劳动争议将呈现快速增长态势。随着用工形式的多样化,涉及劳动关系认定和多重主体责任分担的案件会相应增多;随着就业形势的变化和平等意识的加强,涉及同工同酬和平等待遇的案件会相应增多;争议案件多发的态势将会继续,同时争议的内容也将更复杂。

在仲裁机构和队伍建设方面,也取得了一些成绩:一是统一整合劳动人事争议调解仲裁制度。目前,全国劳动人事争议调解仲裁系统已实现管理体制、办案机构和办案程序的"三统一"。截至 2011 年年底,绝大多数省区市成立了调解仲裁管理处,调整、组建劳动人事争议仲裁委员会 2 270 家,占应建数的 68.6%,其中省级劳动人事争议仲裁委员会已完成整合的达到 87.5%,地市级劳动人事争议仲裁委员会已完成整合的达到 78%,省市两级劳动人事争议仲裁委员会整合初步完成。二是仲裁办案机构实体化建设实现突破。2012 年 2 月,人社部会同中央编办、财政部共同下发了《关于加强劳动人事争议处理效能建设的意见》,在加强仲裁机构队伍、仲裁基础设施建设、落实仲裁专项经费等方面提出明确要求。5 月,人社部以办公厅名义下发了《关于贯彻落实加强劳动人事争议处理效能建设意见的通知》,进一步对加强效能建设进行部署、提出要求。各地以贯彻落实这两个文件为契机,积极与当地的编制和财政部门联系,截至目前,已有 14 个省(市、区)三家联合下发了具体贯彻实施意见,仲裁院建设数量和质量均有提高。截至 2011年年底,全国地市级仲裁院建院率超过 65%,省级仲裁院 18 家,地市级仲裁院 283 家,县级仲裁院 1 137 家。黑龙江、上海、江苏、浙江、湖南、贵州等地的地市级建院率达到 100%。吉林将仲裁院建设纳入系统绩效目标责任制考核体系,年终评比实行"一票否决"。北京市坚持"高起点、高标准"的指导思想,在海淀、朝阳和顺义三个区开展示范仲裁院建设试点,其中朝阳区仲裁院有专职仲裁员 90名,办公总面积达 5 500 平方米,设有 20 个高标准仲裁庭、5 个调解室、2 个谈话室,配备了办案专业设备,基本实现了仲裁基础设施和仲裁队伍的专业化。各地积极落实经费问题,现在已有 15 个省区市人力资源社会保障厅(局)与财政厅(局)联合发文,对经费保障提出了明确要求。三是按照专业化的要求不断提高仲裁员队伍素质。《中华人民共和国劳动争议调解仲裁法》首次对仲裁员条件提出明确规定,截至 2010 年年底,全国共有专兼职仲裁员约 3.3 万人,其中大专及以上学历约 3 万多人,占 90.5%;有法律专业背景的约 1.1 万人,占 33%;队伍年龄结构也日趋年轻化(丁开杰,2012b)。

《中华人民共和国劳动争议调解仲裁法》是在总结我国劳动争议的历程,吸收了国际先进经验,结合我国劳动关系实际情况的基础上,确立了以"协、调、裁、审"为主线,以简单、小额劳动争议"一裁终局"为补充的具有中国特色的劳动争议处理体制。尽管劳动争议处理体制已经确立,但还需要在今后的理论研究和实践中进一步发展和完善。"一调一裁二审"是我国劳动人事争议处理制度的特色,从实践看也符合我国国情,在发展过程中不断完善这一制度是长期的任务,包括以下几个方面的内容:一是通过全面贯彻《中华人民共和国劳动争议调解仲裁法》巩固劳动争议处理制度;二是在此基础上提高争议处理工作的能力和水平。总体来看,各地近年来虽然在贯彻落实《中华人民共和国劳动争议调解仲裁法》,完善劳动人事争议处理制度方面取得了一定成效,但仍存在机构队伍建设滞后、调解仲裁制度优势不突出、基础保障不力、服务社会能力不强、社会公信力不高等突出问题。因此,当前和今后一个时期的工作重点就是不断加强劳动人事争议处理效能建设,巩固和发展现行制度,增强公信力,以构建和谐的劳动人事关系,为提高就业质量服务。

(二)劳动保障监察

劳动保障监察,作为一种国家的干预责任,是维护劳动者权益的重要强制性手段,目前世界上许多国家均采用此制度。具体地说,劳动保障监察是指法定的专门机关代表国家对劳动和社会保障法律、法规的执行情况进行的检查、处理、处罚等一系列监督活动。在我国2004年出台《劳动保障监察条例》前,劳动保障监察被称为"劳动监察"。

劳动保障监察是市场经济条件下政府对劳动法律关系的干预,以国家强制力来保障劳工标准的实施,是《中华人民共和国劳动法》中关于政府和雇主关系的最主要内容。在这一法律关系中,政府是权利主体,行使的是劳动行政管理权。这一权利的直接目的是规范雇主行为,以减少对劳动者的权益侵害,企业和雇主必须遵守国家的劳动标准并接受政府的劳动监察,这是企业的义务。政府作为权利主体,一是利用劳工标准立法来规定雇主在个别劳动关系中的义务,同时限制雇主的权力滥用,特别是解雇权的滥用;二是通过劳动行政来对雇主遵守《中华人民共和国劳动法》的情况实施劳动监察;三是通过建立和实施不当劳动行为制度,对雇主侵害劳动者团结权的行为,给予权利人以行政救济和司法救济(常凯,2004a)。

劳动保障监察是市场经济的产物,是现代国家根据法律授权对劳动关系进行法律调整与干预的重要手段,是政府提供的公共监管服务的重要内容之一。在现代市场经济竞争日趋激烈的情况下,劳动保障监察事关我国是否能够建立一个公平合理的劳动就业环境,是否够减轻我国目前收入分配领域两极分化的现象,是否能够创建一个和谐的社会主义社会,实现共同富裕,达到长治久安的一项重要的制度。近年来，公众关心的很多热点事件，如各地矿难、农民工讨薪、陕西黑砖窑事件等暴露出地方劳动保障监察的缺位或反应迟缓，劳动保障法律法规形同虚设，劳动者的合法权益受到肆意侵害，损害了社会公平正义，影响了社会和谐稳定。

我国劳动保障监察体制的建立与发展是与劳动保障法制体系的建立与完善相配套的。近几年，各级政府对构建和谐劳动关系的重要性认识不断深化，得益于劳动保障法制建设的长效发展，为了保障劳动保障法律、法规的贯彻实施，劳动保障监察体制建设的步伐和力度比较大。2004 年出台的《劳动保障监察条例》，促进了劳动保障监察的规范化建设。2007 年 6 月《中华人民共和国劳动合同法》的颁布，强化了监察的职责，进一步确立了监察的法律地位。在 2008 年国务院机构改革中，新组建的人力资源和社会保障部设立了劳动监察局，从中央政府层面完善了劳动保障监察组织体系建设，我国劳动保障体制发展进入快速、健康发展时期。

我国目前实行的是以机构监察为主的劳动监察体制，主要由各级劳动行政部门和各级工会组织来具体承担。《劳动保障监察条例》第三条规定，"国务院劳动保障行政部门主管全国的劳动保障监察工作。县级以上地方各级人民政府劳动保障行政部门主管本行政区域内的劳动保障监察工作。县级以上各级人民政府有关部门根据各自职责，支持、协助劳动保障行政部门的劳动保障监察工作"。第七条规定，"各级工会维护劳动者的合法权益，对用人单位遵守劳动保障法律、法规和规章的情况进行监督。劳动保障行政部门在劳动保障监察工作中应当注意听取工会组织的意见和建议"。

目前我国劳动保障监察体制仍很不完善，无法可依、有法不依、执法不严、违法不究的现象大量存在，劳动保障监察的社会认知度、公信力还比较低，这些问题都亟待解决。由于现有的理论和对策研究远远不能满足实践的需要，因此从公共管理的视角对我国劳动保障监察体制存在的问题做全面系统的理论分析和进行切实可行的对策研究是当前一项重要任务。进行这项研究，有利于保障劳动者的基本权利；有利于维护社会稳定；有利于实现依法治国、建设社会主义法治国家的伟大目标；有利于与国际公约接轨，并适应加入世界贸易组织的需要。

如果劳动者权益无从保障，社会和谐也就失去了坚实的基础。如果劳动关系始终紧张，甚至尖锐对立，又缺乏强有力的协调机制，实现体面劳动最终也不能实现。为切实加强劳动保障的监察，做好劳动保护工作，我国专门建立了劳动保障监察机构，具体情况如表 2-4 所示。

表 2-4　2000~2012 年中国的劳动监察情况

年份	劳动保障监察机构/个	劳动保障监察人员/个	专职监察员/个	兼职监察员/个	劳动保障监察机构组建率/%
2000	3 152	41 063	—	—	—
2001	3 174	40 000	—	—	—
2002	3 196	37 000	17 000	20 000	—
2003	3 223	43 000	19 000	24 000	—
2004	3 277	—	19 000	—	96.5
2005	3 201	—	20 000	—	94.8
2006	3 201	—	22 000	—	94.5
2007	3 271	—	22 000	—	94.2
2008	3 291	—	23 000	—	94.7
2009	3 291	—	23 000	—	—
2010	3 291	—	23 000	—	—
2011	3 291	—	25 000	—	—
2012	3 291	—	25 000	—	—

资料来源:《劳动和社会保障统计公报数据》(2001~2013 年)

三、职业安全健康保护与社会保护

做好职业安全健康工作,有利于减少职业危害,保护劳动者的生命安全,使劳动者获得安全保护。职业安全健康权是人权和劳动权的基本内容,是劳动者的基本权利。劳动者只有获得全面的职业健康安全保护和社会保护,才能保证生产性就业,实现可持续发展,为建立和谐集体与和谐社会提供保障。在过去三十多年里,中国劳动者的职业健康安全保护与社会保护有了很大的改观,尤其是社会保障制度得到不断完善。

(一)劳动者职业安全与健康保护

在国际劳工公约中,所谓"职业安全卫生"是指由于职业条件方面所引起的安全和健康问题。在《职业安全和卫生及工作环境公约》(第 155 号)中指出,"与工作有关的健康一词,不仅指没有疾病或并非体弱,也包括与工作安全和卫生直接相关的影响健康的身心因素"。我国已经建立了职业安全健康管理体系,以科学管理减少职业安全健康风险,预防事故发生(丁开杰,2012b)。

首先,从法制上建立了劳动者职业安全与健康法制体系。《中华人民共和国劳动法》第五十二条规定:"用人单位必须建立、健全劳动安全卫生制度,严格执行国家劳动安全卫生规程和标准,对劳动者进行劳动安全卫生教育,防止劳动过程中的事故，减少职业危害。"第五十四条规定："用人单位必须为劳动者提供符合国家规定的劳动安全卫生条件和必要的劳动防护用品，对从事有职业危害作业的劳动者应当定期进行健康检查。"1997 年修订后的《中华人民共和国刑法》在第二百四十四条还增加了强迫职工劳动罪："用人单位违反劳动管理法规，以限制人身自由的方法强迫职工劳动，情节严重的，对直接责任人员处三年以下的有期徒刑或者拘役，并处或者单处罚金。"2001 年，我国颁布了旨在预防、控制和消除职业病危害、预防职业病、保护劳动者健康的《中华人民共和国职业病防治法》。该法案中明确提出了为了预防、控制和消除职业病危害，防治职业病、保护劳动者健康及其相关权益，促进经济发展，根据宪法，制定该法。该法规的第四条和第六条特别指出用人单位应当为劳动者创造符合国家职业卫生标准和卫生要求的工作环境和条件，并采取措施保障劳动者获得职业卫生保护，与此同时用人单位还应依法参加工伤社会保险。2006 年，我国批准了 1981 年 6 月 22 日第 67 届国际劳工大会通过的《职业安全卫生及工作环境公约》。这意味着我国的职业安全健康状况将受到全世界的监督，也对我国加快完善国内的职业安全健康立法，改善劳动者的职业安全健康水平提出了更高的要求。2007 年出台的新《中华人民共和国劳动合同法》第八十五条规定："劳动条件恶劣、环境污染严重，给劳动者身心健康造成严重损害的，违章指挥或者强令冒险作业危及劳动者人身安全的，依法给予行政处罚；构成犯罪的，依法追究刑事责任"（黎友焕和黎少容，2008）。

其次，党和政府高度重视职业安全与健康保护。2004 年，胡锦涛同志在《大量煤矿工人受到尘肺病威胁》一文中批示："煤矿工人受到尘肺病威胁不是个别现象，在小煤矿、小水泥厂企业尤为突出。这关系到广大职工身体健康和生命安全，需要加强执法力度，严格劳动保护措施，采取治本办法加以解决，同时要加强职业病防治。"2008 年 10 月 21 日，在接见新一届全国总工会领导班子和工会系统十五大代表时，胡锦涛同志强调"把加强安全生产、防治职业病等工作放在突出位置，切实保障广大职工生命安全和身心健康"。2009 年以来，国家安全生产监督管理总局内设了职业健康司，加大职业健康的工作力度、完善职业健康监管体制、强化职业健康监管队伍、严格职业健康监管制度等工作都取得了明显的进展。目前，我国各省、市、区安全监督管理局都设有职业健康机构和队伍，成为职业病防治的中坚力量。

同时，也可以看到，目前我国的职业安全健康形势依然十分严峻，有些地方尘肺病病例甚至呈现逐年上扬的态势。目前全国有超过 2 亿名的劳动者面临以粉尘和高毒物品为主体的职业危害的威胁，初步估计全国的职业病患者约有近百万人，并且这个数字还在以每年上万人的速度增加。2009 年国家安全生产监管总局和国家煤矿安全生产监察局、中华全国总工会和中国职业安全健康协会对北京、山东等 8 个省市 14 个国有重点煤矿企业的职业危害防治工作进行了深入调研。结果显示，除了少数煤炭企业职业病防治工作较好外，大部分企业的职业危害防治工作都存在一定的问题，突出表现为领导重视不够、机构不健全、法规不完善、责任措施不落实、管理和技术服务滞后、作业场所浓度超标、危害严重等问题（李春霞和李晓，2010）。

（二）社会保护——社会保障制度

经过近三十年的努力，我国的社会保障制度改革与建设取得了实质性的进展，社会保障观念已经转变，从依赖国家到个人责任逐渐回归；一个政府主导、责任分担、社会化、多层次的开放型社会保障制度正在全面取代原有的国家负责、单位包办、条块分割、封闭运行、缺乏效率的社会保障制度；适应社会主义市场经济要求的新型社会保障制度的框架得以确立，在养老保险、医疗保险、失业保险和社会救济制度四个重点项目的改革带动下，我国整个社会保障制度建设都有不同程度的进展。我国的社会保障制度坚持"广覆盖、保基本、多层次、可持续"的方针，加快推进覆盖城乡居民的社会保障体系建设，稳步提高保障水平，为全面建设小康社会构建水平适度、持续稳定的社会保障网。扩大社会保障覆盖范围，将符合条件的各类群体纳入相应的社会保障制度，以城乡居民、农民工、非公有制经济组织从业人员、灵活就业人员的参保工作为重点。根据经济社会发展情况和各方面承受能力，统筹提高各项社会保险待遇水平。加快城乡社会保障统筹，完善各项社会保险关系跨区域转移接续办法，探索建立统筹城乡的社会保障管理体制。

1. 社会保险方面

养老、医疗、失业、工伤、生育等覆盖的范围不断扩大，社保基金的支撑能力逐步增强。近几年，社会保险覆盖人数每年递增 6%左右，社会保险基金余额，如表 2-5 所示。

表 2-5　1994~2012 年我国社会保险基本情况

年份	失业保险			城镇职工基本医疗保险	
	参保人数/万人	领取保险金人数/万人	失业保险累计结余/亿元	年末参保职工人数/万人	城镇医疗保险基金累计结余/亿元
1994	7 967.8	196.5	52.0	374.6	0.7
1995	8 237.7	261.3	68.4	702.6	3.1
1996	8 333.1	330.8	86.4	791.2	6.4
1997	7 961.4	319.0	97.0	1 588.9	16.6
1998	7 927.9	158.1	133.4	1 508.7	20.0
1999	9 852.0	271.4	159.9	1 509.4	57.6
2000	10 408.4	329.7	195.9	2 862.8	109.8
2001	10 354.6	458.5	226.2	5 470.7	253.0

续表

年份	失业保险			城镇职工基本医疗保险	
	参保人数/万人	领取保险金人数/万人	失业保险累计结余/亿元	年末参保职工人数/万人	城镇医疗保险基金累计结余/亿元
2002	10 181.6	657.0	253.8	6 925.8	450.7
2003	10 372.9	414.9	303.5	7 974.9	670.6
2004	10 583.9	418.6	385.8	12 403.7	957.9
2005	10 647.7	362.3	519.0	13 782.9	1 278.1
2006	11 186.6	326.5	724.8	15 731.9	1 752.4
2007	11 644.6	286.1	979.1	18 020.3	2 476.9
2008	12 399.8	261.2	1 310.1	19 995.6	3 431.7
2009	12 715.5	235.3	1 523.6	21 937.4	4 275.9
2010	13 375.6	209.1	1 749.8	23 734.7	5 047.1
2011	14 317.1	197.0	2 240.2	25 227.1	6 180.0
2012	15 224.7	204.0	2 929.0	26 485.6	7 644.5

年份	工伤保险		生育保险
	年末参保人数/万人	年末享受工伤保险人数/万人	年末参加生育保险人数/万人
1994	1 822.1	5.8	915.9
1995	2 614.8	7.1	1 500.2
1996	3 102.6	10.1	2 015.6
1997	3 507.8	—	2 485.9
1998	3 781.3	15.3	2 776.7
1999	3 912.3	15.1	2 929.8
2000	4 350.3	18.8	3 001.6
2001	4 345.3	18.7	3 455.1
2002	4 405.6	26.5	3 488.2
2003	4 574.8	32.9	3 655.4
2004	6 845.2	51.9	4 383.8
2005	8 478.0	65.1	5 408.5
2006	10 268.5	77.8	6 458.9
2007	12 173.3	96.0	7 775.3
2008	13 787.2	117.8	9 254.1
2009	14 895.5	129.6	10 875.7
2010	16 160.7	147.5	12 335.9
2011	17 695.9	163.0	13 892.0
2012	19 010.1	190.5	15 428.7

资料来源：《中国统计年鉴》(1995~2013 年)

2. 社会救助方面

初步建立了以城市低保、农村五保、农村特困户救助、灾民救助为基础,临时救助为补充,医疗、教育、住房、司法等专项救助相衔接,政策优惠和社会互助相配套的城乡社会救助体系框架,如表 2-6 所示。

表 2-6　1999~2013 年我国城乡最低生活保障人数情况

年份	城市居民最低生活保障人数/万人	农村居民最低生活保障人数/万人
1999	265.9	265.8
2000	402.6	300.2
2001	1 170.7	304.6
2002	2 064.7	407.8
2003	2 246.8	367.1
2004	2 205.0	488.0
2005	2 234.2	825.0
2006	2 240.1	1 593.1
2007	2 272.1	3 566.3
2008	2 334.8	4 305.5
2009	2 345.6	4 760.0
2010	2 310.5	5 214.0
2011	2 276.8	5 305.7
2012	2 143.5	5 344.5
2013	2 064.0	5 388.0

资料来源:《中国统计年鉴》(2000~2014 年)

3. 社会福利和慈善事业方面

初步形成了以家庭为基础,社区为依托,供养机构为补充,老年人、残疾人和孤儿为重点的社会福利服务体系,慈善事业进入政府全面推动的新阶段,如表 2-7 所示。

表 2-7　1985~2012 年我国福利企业、残疾职工及利润额情况

年份	福利企业数量/个	残疾职工人数/万人	利润额/亿元
1985	14 872	23.2	5.1
1986	19 865	31.4	4.2
1987	27 793	43.3	8.8
1988	40 496	55.9	16.5
1989	41 565	60.5	16.1
1990	41 827	63.8	17.8

续表

年份	福利企业数量/个	残疾职工人数/万人	利润额/亿元
1991	43 805	70.1	21.3
1992	49 836	77.8	32.6
1993	56 881	84.5	44.7
1994	60 233	90.9	44.1
1995	60 237	93.9	49.1
1996	59 397	93.6	45.1
1997	55 509	91.0	66.3
1998	50 514	85.6	63.9
1999	44 628	79.0	76.7
2000	40 670	72.5	99.0
2001	37 980	69.9	119.5
2002	35 758	68.3	148.3
2003	33 976	67.9	189.9
2004	32 410	66.2	219.0
2005	31 211	63.7	225.2
2006	30 199	55.9	237.8
2007	24 974	56.3	169.3
2008	23 780	61.9	119.2
2009	22 783	62.7	125.4
2010	22 226	62.5	150.8
2011	21 507	62.8	140.1
2012	20 232	59.7	118.4

资料来源:《中国统计年鉴》(1986~2013年)

新型农村社会养老保险之所以被称为新农保，是相对于以前各地开展的农村养老保险而言，过去的老农保主要是农民自己缴费，实际上是自我储蓄模式，而新农保最大的特点是采取个人缴费、集体补助和政府补贴相结合的模式，有三个筹资渠道。"特别是中央财政对地方进行补助，这个补助又是直接补贴到农民的头上。它是继取消农业税、农业直补、新型农村合作医疗等一系列惠农政策之后的又一项重大的惠农政策。"此外，新农保借鉴了目前城镇职工统账结合的模式，在支付结构上分两部分——基础养老金和个人账户养老金，基础养老金由国家财政全额保证支付，这意味着中国农民60岁以后都将享受到国家普惠式的养老金。根据规划，将于2020年前实现所有农民都享有新型农村社会养老保险（表2-8）。

表 2-8　新型农村社会养老保险试点情况

年份	参保人数/万人	达到领取待遇年龄参保人数/万人	基金收入/亿元	基金支出/亿元	累计结余/亿元
2010	10 276.8	2 862.6	453.4	200.4	422.5
2011	32 643.5	8 921.8	1 069.7	587.7	1 199.0

资料来源:《中国统计年鉴》(2011 年和 2012 年)

　　新型农村合作医疗,简称"新农合",是指由政府组织、引导、支持,农民自愿参加,个人、集体和政府多方筹资,以大病统筹为主的农民医疗互助共济制度。采取个人缴费、集体扶持和政府资助的方式筹集资金(表 2-9)。

表 2-9　我国农村居民参加新型农村合作医疗情况

年份	开展新农合县(区、市)数/个	参加新农合人数/亿人	参合率/%	人均筹集/元	当年基金支出/亿元	补偿收益人次/亿人
2005	678	1.79	75.7	42.1	61.8	1.22
2006	1 451	4.10	80.7	52.1	155.8	2.72
2007	2 451	7.26	86.2	58.9	346.3	4.53
2008	2 729	8.15	91.5	96.3	662.3	5.85
2009	2 716	8.33	94.2	113.4	922.9	7.59
2010	2 678	8.36	96.0	156.6	1 187.8	10.87
2011	2 637	8.32	97.5	246.2	1 710.2	13.15

资料来源:《中国统计年鉴》(2006~2012 年)

四、建立社会对话机制和社会伙伴关系

(一)相关概念

　　国际劳工组织成立伊始,便倡导将三方原则作为一种促进各种社会主体利益和谐与争取公正合理工作条件的手段。三方协商机制是指由政府、雇主和工人之间,就以劳动关系为中心的社会经济政策的制定和实施所进行的有关交往的组织体制、法律制度及其制度运行的总称(国际劳工局,1976)。三方协商机制,由代表政府的劳动行政部门、代表职工的工会和代表用人单位的企业代表组织(如企业联合会、企业家协会、商会等)组成。作为一种平等对话的机制,政府、工会组织和企业组织各有利益的侧重,并相互独立,没有隶属关系。三方协商的具体内容,通常包括劳动立法、经济与社会政策的制定、就业与劳动条件、工资水平、劳动标准、职业培训、社会保障、职业安全与卫生、劳动争议处理,以及对产业行为的规范和防范等。

　　国际劳工组织认为,社会对话就是有关经济和社会政策中相关利益的议题,在政府、雇主和劳动者代表之间所有类型的谈判、磋商或仅仅是信息交换。社会对话被视为是通往"体面劳动"的重要途径。国际劳工组织认为，社会对话机制的建立需要一定的社会条件作为前提，主要包括：具备获得参与社会对话时所需要信息技术能力的强大且独立的劳工与雇主组织；政、劳、资三方参与社会对话的政治意愿与承诺；对组织结社自由及集体谈判等基本权利的尊重；三方执行协商的结果；适当的制度性支持；等等。在劳动关系调整中，三方协商扮演着三个角色，即劳动法规政策的制定与执行、集体谈判与劳动争议处理，其中集体谈判是核心（丁开杰，2012b）。

（二）三方机制在中国的确立和发展

近年来，中国政府、工会和企业各方努力探索从宏观和微观两个层面建立健全中国特色的社会对话机制。在宏观方面，中国进一步健全了国家有关法律、法规和政策，建立工会与政府联席会议制度，推行劳动关系三方协商机制；在微观方面，中国采取了推行平等协商和集体合同制度，加强企业民主管理等措施。目前，社会对话在国家法律、法规和政策层面都得到了积极体现，工会与政府联席会议制度实施的范围渐趋扩大，平等协商和集体合同制度覆盖面不断拓宽，企业民主管理制度积极推进。

在三方协商机制方面，1990 年全国人民代表大会常务委员会（简称人大常委会）批准了国际劳工组织《三方协商促进履行国际劳工标准》（第 144 号公约）。中国法律直接规定了工会享有集体谈判权，以法律形式确认工会的集体谈判资格。2001 年 8 月，建立了由中华全国工会、劳动和社会保障部、中国企业联合会/中国企业家协会组成的国家级劳动关系三方会议制度。2001 年 10 月修改的《中华人民共和国工会法》第二十条明确规定，"各级人民政府劳动行政部门应当会同同级工会和企业方面的代表，建立劳动关系三方协商机制，共同研究解决劳动关系方面的重大问题"，"工人代表职工与企业以及带管理的事业单位进行平等协商，签订集体合同"。这一规定强化了工会在集体谈判中的中心地位，为集体谈判和集体协商制度的发展奠定了前提条件。2002 年 8 月，国家协调劳动关系会议办公室出台了《关于建立健全劳动关系三方协商协调机制的指导意见》。同年年底，我国30 个省（自治区、直辖市，不包括港澳台地区）建立了劳动关系三方协调机制（傅麟，2003）。到 2005 年年底，全国地级以上城市普遍建立了劳动关系三方协调机制，建立三方协调组织 6 600 多个，34 万家企业建立了工资集体协商制度。截至2009 年 9 月底，中国各级地方及产业工会参与协调劳动关系的三方会议制度已达1.4 万个。其中，省级 31 个；地级 313 个，占地级地方工会的 93.4%；县级 2 531个，占县级地方工会的 88.2%（孙奕和崔静，2010）。

　　2007 年 6 月 29 日，第十届中国人民代表大会常务委员会表决通过《中华人民共和国劳动合同法》，自 2008 年 1 月 1 日起实施。《中华人民共和国劳动合同法》共九十八条，分别对劳动合同的订立、履行与变更、解除和终止等环节做出了具体法律规定，内容丰富，体系完整，体现了新时期新阶段的鲜明特点。《中华人民共和国劳动合同法》加大了对劳动者就业稳定性的保护力度，包括新增强制性规范，规定终止固定期限劳动合同应支付经济补偿金。加大对劳动者劳动报酬权、身体健康权、休息休假权和社会保险权的保护力度，对工资、工时、冒险作业、强迫劳动、社会保险等方面做了具体规定。《中华人民共和国劳动合同法》实施以来，劳动合同签订率明显上升：2010 年年末，全国规模以上企业劳动合同签订率达到 97.5%，多数省（市、区）规模以上企业劳动合同签订率在 90% 以上，大型国有企业达到 100%。此外，劳动合同短期化现象有所改变，新签劳动合同平均期限延长。例如，广东新签劳动合同期限 3 年左右的占 60% 以上；江苏劳动合同期限为 1~3 年的增加 12.89%，劳动合同期限在 3 年左右的已占 60% 以上。同时，劳动合同质量也有所提高，与之前相比，各地新签劳动合同条款相对完备，对双方权利义务的规定比较明确，并且适应形势需要及时补充合同内容。例如，在 2009 年国际金融危机的情况下，一些用人单位把生产经营发生变化时的岗位调整写进合同，达到了有约在先，避免纠纷的目的（潘跃，2010）。

　　2011 年 7 月，国家协调劳动关系三方会议第十六次会议召开，全国工商联作为企业组织代表加入国家三方会议。据此，国家三方会议由人力资源和社会保障部作为政府代表，中华全国总工会作为工人代表，中国企业联合会、中国企业家协会、全国工商联作为企业组织代表，共同组成国家三方会议（表 2-10）。全国工商联正式计入国家三方会议，无疑有助于增加企业组织的代表性，适应了雇主组织多元化发展的趋势。协调内容包括：①推进和完善劳动合同制度、平等协商集体合同制度；②企业改制改组过程中的劳动关系；③企业工资收入分配；④最低工资、工作时间和休息休假、劳动卫生安全、女职工和未成年工特殊保护、保险福利待遇、职业技能培训等劳动标准的制定和实施；⑤劳动争议的预防和处理；⑥企业民主管理；⑦工会组织和企业联合会组织的建设；⑧调整劳动关系的其他有关问题。

表 2-10　　1979~2012 年我国工会组织建立情况

年份	工会基层组织数/万人	全国已建工会组织的基层单位的职工人数/万人	全国已建工会组织的基层单位会员人数/万人	工会专职工作人员人数/万人
1979	32.9	6 897.2	5 147.3	17.9
1980	37.6	7 448.2	6 116.5	24.3
1985	46.5	9 643.0	8 525.8	38.1
1990	60.6	11 156.9	10 135.6	55.6
1991	61.4	11 351.4	10 389.1	58.0

续表

年份	工会基层 组织数/万人	全国已建工会组织的基层单位的 职工人数/万人	全国已建工会组织的基层 单位会员人数/万人	工会专职工作人员 人数/万人
1992	61.7	11 223.9	10 322.5	58.0
1993	62.7	11 103.8	10 176.1	55.4
1994	58.3	11 269.6	10 202.5	56.0
1995	59.3	11 321.4	10 399.6	46.8
1996	58.6	11 181.4	10 211.9	60.5
1997	51.0	10 111.5	9 131.0	57.7
1998	50.4	9 716.5	8 913.4	48.4
1999	50.9	9 683.0	8 689.9	49.7
2000	85.9	11 472.1	10 361.5	48.2
2001	153.8	12 997.0	12 152.3	—
2002	171.3	14 461.5	13 397.8	47.2
2003	90.6	13 301.6	12 340.5	46.5
2004	102.0	14 436.7	13 694.9	45.6
2005	117.4	15 985.3	15 029.4	47.7
2006	132.4	18 143.6	16 994.2	54.3
2007	150.8	20 452.4	19 329.0	60.2
2008	172.5	22 487.5	21 217.1	70.5
2009	184.5	24 535.3	22 634.4	74.6
2010	197.6	25 345.4	23 996.5	86.4
2011	232.0	27 304.7	25 885.1	99.8
2012	266.3	29 371.5	28 021.3	107.9

注：部分年份数据缺失，未列出

资料来源：《中国统计年鉴》（1980~2013 年）

综上所述，中国在实现体面劳动的道路上已经取得了一定的成绩，但是仍然存在很多令人忧虑之处，中国经济增长模式的主要特征是高能耗、高污染、廉价劳动力。经济增长的成果未能与国民共享，尤其是廉价用工制度已构成对中国劳动者的极大伤害。在这种情况下，了解并促进体面劳动的进一步实现就变得尤为困难，需要政府和社会各界的共同努力。

第三章　中国就业弱势群体的劳动力市场排斥与体面劳动缺失状况

现阶段，从劳动力市场的转型看，中国处于转型的中期，主要体现在如下三个方面：一是随着工业化和城市化进程的加快，大批剩余劳动力向城市转移。然而由于城乡二元经济社会结构的存在，这些进城务工的农村人口难以真正融入城市社会，因而产生了大量的农民工群体。二是随着市场经济体制的建立和完善，更多人从事非全日制工作、自雇型就业、家庭劳动或派遣工作。这虽然解决了就业岗位问题，却是以缺乏保障和稳定性为代价的。三是非正规经济得到了快速发展。在中国，随着创业浪潮的出现并不断扩大，尤其是网络技术带来的变化，大量小型企业出现了，其中包括网店——许多人通过这种形式实现了就业。非正规经济在促进中国 GDP 增长的同时，也带来了如何保障这些人的权益的问题。这三个方面相互联系，共同构成了中国复杂的劳动力市场状况，出现了农民工、女性群体、下岗失业人员、残疾人群体、新毕业的大学生、传染病患者和病毒携带者等就业弱势群体，他们都或多或少的遭到了劳动力市场的排斥。

第一节　就业弱势群体的劳动力市场排斥

劳动力市场排斥是社会排斥的表现之一，社会排斥是 20 世纪 70 年代最先在法国提出的概念，是欧洲社会政策研究领域使用频率最高的术语之一。这一概念先是针对大民族完全或部分排斥少数民族的种族歧视和种族偏见的，"主导群体已经握有社会权力，不愿意别人与之分享"（戴维·波普诺），如今在社会学、社会工作、社会政策及其他相关领域中，这个词的含义已经被泛化，指在社会意识和政策法规等不同层面对边缘化贫弱群体的社会排斥。而劳动力市场上的社会排斥是指社会群体在劳动力市场上由于自身生理心理能力、现行政策和制度安排、社会歧视等多方面因素而产生的失业或低层次就业现象。社会排斥问题是中国劳动力市场的一个突出问题，更是关系到社会平等、公正问题。工作权是人权中的基本权利，关乎劳动者的生存，而参与劳动力市场是实现这些权利的根本渠道。劳动力市场排斥是社会排斥的最基本组成部分，当劳动者在劳动力市场上的权利受到侵害而无法正常参与社会生活，即是受到劳动力市场排斥。当然，劳动力市场排斥并不仅仅局限于劳动力市场，而是包括了围绕劳动力市场形成的由于劳动权利被剥夺而无法参与社会，长期陷入贫困和相对剥夺状态的所有过程。

在已有的文献中，长期失业、非正规就业、就业歧视、工作穷人、青年人失业、女性失业等现象都被认为是劳动力市场排斥的主要表现。下面对长期失业、劳动力市场就业歧视、工作穷人三种类型的劳动力市场排斥现象进行泛化剖析（丁开杰，2012b）。

一、长期失业现象

在英文文献中，长期失业既可以是"persistent unemployment"，也可以是"long-term unemployment"。实际上，两者并没有区别，都是指一种长期失业的状态。对长期失业的界定，不同国家有不同的规定，如奥地利对长期失业人员的定义是"25 岁以上的失业人员，失业时间大于 12 个月；25 岁以下的失业人员，失业时间大于 6 个月"。而中国学者认为，"长期失业是指时间大于或等于 6 个月的失业"。通常可以认为，长期失业是指适龄劳动人口在持续超过 12 个月的时间里努力寻找工作但仍然失业的状况，而长期失业率被定义为，总的经济活动人口中已经失业超过 12 个月的人口比重。

在经济学研究中，人们较多关注的是失业问题，形成了不少关于失业的理论。但是在很长的时间内，却很少有学者讨论有关长期失业的问题。在最近的 30 年里，国际劳动力尤其是欧洲国家的劳动力出现了长期失业现象，逐渐引起人们的关注。长期失业会使部分适龄劳动力人口陷入贫困，无法返回劳动力市场，也就是说，这部分人处在被劳动力市场排斥的状态。资料显示，在 20 世纪 60 年代早期，美国的失业率高达 5%；而欧洲的失业率较低，其中，英国的失业率仅为 1%左右。但是到了 1997 年，美国的失业率仍然在 5%左右，而欧盟的失业率却已经超过10%。据欧盟委员会统计，在共同体内，1985 年有 5 000 万人生活在贫困之中，1992 年有 1 400 万人失业，值得注意的是，2007 年在这些失业人口中大约一半，即劳动力人口的 5%是长期失业人口，失去工作长达一年或者一年以上。2003 年欧盟 25 个国家的长期失业率为 4%，意味着在失业人口中有差不多一半在一年之内没有工作。最近几年，尽管欧盟各国的长期失业率有所下降，但在一些东欧国家和南欧国家，长期失业现象依然十分严重，最突出的是斯洛文尼亚和波兰，长期失业率已经超过了 10%（Twena and Aaheim，2005）。

社会排斥总是和失业联系在一起，虽然失业并不一定会导致社会排斥，但是如果经济弱势地位和社会孤立同时存在，失业就会导致社会排斥。需要指出的是，失业只是社会排斥增加的一个因素，来自社会、文化、政治等方面的因素也会导致劳动力市场的排斥。例如，残疾人、妇女和老年人在劳动力市场上受到歧视而难以获得就业，甚或即便获得就业，也难以获得同等的待遇，没有结社自由和参与社会对话的机会。英国经济学家阿特金森对失业和社会排斥的关系进行论证，认为就业创造仅仅在就业能够恢复人们的控制意识、提供可接受的相对地位并拥有就业前景，才能减少社会排斥。此外，一些对就业质量进行的研究也表明，工作的多样性、学习能力、参与决策的机会等都是决定就业质量的关键因素。一旦缺乏这些因素，雇员就可能会有消极的工作和生活态度。在绝大多数国家不同程度地都可以看到，个体或家庭与劳动力市场的联系越松散，他们遭到社会排斥的风险就越大。

长期失业的人在受教育程度和技能水平上可能会比就业人员或短期失业人员更低，更可能是长期患病或者残疾，生活在失业率比较高的地区，就业一直很不稳定。与失业相关的社会问题在长期失业者中表现得往往更为突出。在经济复苏期间，只有少部分长期失业者能够重新就业。长期失业者很可能对自己的社会生活和家庭生活不满意，也就是受到社会剥夺，缺乏与劳动力市场的联系，从而处于社会孤立状态、会失望，甚至出现家庭瓦解和反社会行为。长期失业还可能导致损失技能和自尊，而这些对重新进入劳动力市场都是很重要的因素。1998 年进行的"欧洲晴雨表调查"（Eu-Ro-Barometer Survey）[①]显示，在整个德国并没有人感到完全被社会排斥，但是从民主德国、联邦德国分开来看，在联邦德国有 10%的人认为很少有机会参与社会，民主德国则有 20%的人认为很少有机会参与社会。同一时期，联邦德国的失业率为 10.3%，而民主德国的失业率则高达 19.2%。研究表明，在德国，长期失业是造成社会排斥的主要风险因素，将近有 1/3 的失业人口是长期失业人口，1 000 人中也只有 403 人处于积极就业状态，因此其余的很多人都处在社会排斥的风险中（Lei and Du，2008）。

二、劳动力市场就业歧视现象

就业歧视（employment discrimination）和公平就业是一对相互对立的概念。

---

① "欧洲晴雨表调查"是欧盟委员会官方的民调机构，它每年春秋分别发布两次调查报告。调查范围涉及欧洲公民意识、欧盟扩张、社会形势、卫生、文化、信息科技、环境、欧元和防务等方面的内容，而调查结果则成为欧盟委员会进行决策的重要依据。

所谓公平就业，即平等地获得就业机会和就业待遇的权利，其主要内容是劳动者除了基于职业、工种或岗位本身的特殊要求，以及国家安全需要的因素外，在就业机会或就业待遇上一律平等，不因民族、种族、性别、宗教信仰等因素的不同而被区别对待。按照联合国大会于1966年12月16通过的《经济、社会及文化权利国际公约》，人人都应有凭其自由选择和接受的工作来谋生的权利，并将采取适当步骤来保障这一权利。

在实践中，公民平等的就业权利却不断遭到侵蚀。其中，最为突出的侵犯行为就是就业歧视。按照国际劳工组织1958年通过的《（就业和职业）歧视公约》（第111号）的解释，就业歧视包括"基于种族、肤色、性别、宗教、政治见解、民族血统或社会出身等原因，其有取消或损害就业或职业机会均等或待遇平等作用的任何区别、排斥或优惠；有关会员国经与有代表性的雇主组织和工人组织以及其他适当机构协商后可能确定的、其有取消或损害就业或职业机会均等或待遇平等作用的其他区别、排斥或优惠"。作为一种复杂的社会和经济现象，就业歧视主要源于社会习俗，且为那些剥夺或损害弱势群体的平等工作机会的体制所强化，从实质上讲就是对劳动者就业权的不平等对待，更是违反市场经济的平等就业原则，属于劳动力市场排斥的一种表现（丁开杰，2012b）。

一般而言，劳动力市场上的就业歧视具有四个基本特征。第一个特征是差别对待。对部分劳动者的不当排斥是就业歧视，对部分劳动者的不当优惠同样构成就业歧视，因为它侵犯了其他劳动者的平等就业权。第二个特征是对劳动者广义就业权的侵害。这不仅可能存在于员工招聘过程中，而且也可能存在于就业服务、员工管理及政策法规制定的过程中。第三个特征是以与维持公共秩序和职业内需要无关的因素为条件对劳动者的平等就业权实施剥夺或限制。除了种族、肤色等七种常见的歧视因素外，不同的国家可以结合本国的国情，并经过适当的程序，确定其他的歧视因素。第四个特征是实施主体可以是用人单位，也可以是政府部门或社会中介机构（王文珍，2004）。

按照就业歧视的要件来分，劳动力市场上的就业歧视现象主要包括七种类型，分别是年龄歧视、性别歧视、容貌歧视、地域歧视，学历歧视、种族歧视、健康歧视。除了性别歧视、种族歧视、民族歧视等全世界都较为普遍的就业歧视现象外，中国还存在几个特殊的就业歧视现象——户籍歧视、政治型歧视及社会出身歧视等，其中又以户籍歧视最为严重。所谓户籍歧视，就是根据劳动者户籍所在地的不同所做的任何区别、排斥或优惠，其结果是剥夺或损害在就业或职业上的机会或待遇上的平等。同时，根据就业歧视的表现形式不同，可将其划分为直接歧视和间接歧视两种形态。所谓直接歧视就是相同情况不同对待，也就是说某个人的待遇之所以低（差或者优）于另一个人，是他或她的民族、种族、性别、宗教等因素导致的。而按照2000年6月29日欧盟理事会颁布的《关于在不同种族与民族出身的人之间实行同等待遇的第 2000/43/EC 号理事会指令》，即《种族平等指令》第二条的规定，间接歧视是指用人单位或行为人所采取的一项表面上看似中性的规定、标准或者措施，将导致具有某一特定特征（属于特定性别、种族或信仰等）的个人或群体处于与他人相比特别不利的地位。这种规定、标准或措施并非是基于合法的目的，并有客观的法律理由。此外，还可以根据发生的时间不同把就业歧视分为就业前歧视与就业后歧视。就业前歧视是指用人单位在招收录用员工时，不是以劳动者的劳动能力、岗位性质特征为标准，而是以与岗位职责无关的条件为标准，对求职者进行区别、限制和排斥。就业后歧视也就是劳动过程始终的歧视或称劳动待遇或条件歧视，指在确定劳动报酬、社会保险、福利待遇、晋级增薪等劳动待遇或条件时，无正当理由与合法目的，对劳动者实行差别待遇，即同工不同酬。例如，同工种同岗位，但临时工的工资却低于正式工（杨淑霞，2008）。

目前，就业歧视已经成为阻碍劳动力市场正常发展的关键。这不仅反映了社会不公，而且对劳资关系产生了不良影响。对个人而言，就业歧视损害了劳动者的平等就业权利，使得许多合格的劳动者被剥夺了正常参与就业竞争的权利。就业歧视也将严重破坏市场经济公平竞争的基本原则，妨碍劳动力市场的正常运行。从社会的角度看，就业歧视违背了现代社会的基本价值原则，甚至会造成一些被剥夺者的反社会行为，进而影响到社会的正常运行和长期的可持续发展（关信平，2006）。

阿玛蒂亚·森曾经对亚洲劳动力市场上的男女不平等问题，即就业的性别歧视进行研究。他的实证研究表明，与性别不平等相关的一些社会排斥兼具建构性与工具性意义。对妇女利益的漠视在很大程度上导致妇女在就业机会、基础教育和土地所有权等方面遭到排斥。而且，诸如此类的社会排斥具有重要的工具性影响。提高妇女的教育水平与就业机会不但能够大大降低由性别偏见所导致的死亡率，而且对控制生育率也有着显著影响。如果年轻妇女在家庭决策中享有更大的发言权，那么，上述积极影响就会发生。这是因为年轻妇女大都为生育与养育子女所累，年轻妇女的教育、经济独立和社会地位的提升，都会赋予她们在家中更大的决策权。此外，在家庭里实现男女平等以及使妇女参与家庭的决策等行为，也会对妇女及社会产生（除了能降低生育率之外）直接影响（森和王燕燕，2005）。

三、工作穷人现象

在政治讨论和学术界中，关于"工作穷人"（working poor）的定义仍然很模糊。一种定义认为，工作穷人就是个人的工资低于一定标准的人，这个标准可以是贫困线。然而"贫穷"这个词可能有误导性，低工资的劳动者不一定就贫困，因为他们可能获得工资以外的收入，或者其他家庭成员的收入很高足以避免整个家庭陷入贫困。因此，有的研究把工作穷人界定为所有生活在贫困家庭以外的劳动者。此外，在一些研究中，关于"工作穷人"的定义被拓宽到了所有生活在至少有一个劳动者的贫困家庭中的成员。概括来看，已有的"工作穷人"定义包括四种类型，分别如下：①所有生活在贫困家庭中的劳动者；②所有生活在贫困家庭中的全职劳动者；③所有生活在至少有一个劳动者的贫困家庭的成员；④所有生活在至少有一个全职工作的成员的贫困家庭中的人（丁开杰，2012b）。

根据国际劳工组织发布的《2007 年度全球就业趋势报告》显示，2006 年全球的绝对失业人口在增多，达到历史最高峰，为 1.95 亿人。同时，工作穷人，也就是虽然从事工作，却不能靠工作摆脱贫困状态的人口，其具体指标为从事全职工作但家庭人均生活费低于 2 美元的人，其绝对数字仍然在增长，2007 年达到了创纪录的 13.7 亿人。

另据美国人口普查局的数据显示，2006 年美国有 3 650 万人，其中大概占总人口 12.3% 的人生活在官方的贫困线之下，穷人中的大部分是儿童和没有参与劳动的成年人，并且其中仍有 740 万人是工作穷人——这些人在劳动力市场上花了 27 周或 27 周以上的时间工作或者寻找工作，收入却仍然低于官方的贫困线之下。2006 年，这些贫困人口占在劳动力市场上工作或找工作的时间在 27 周以上且年龄在 16 岁以上人口的 5.1%。到 2007 年，美国有 3 730 万人，其中大概占总人口的 12.5% 生活在官方的贫困线下，比 2006 年增加了 80 万人，处于上升趋势。在这些贫困人口中，工作穷人有 750 万人，比 2006 年增加了 10 万人。2007 年与 2006 年一样，工作穷人率——工作穷人占至少工作 27 周以上的劳动力人口比重——为 5.1%（U.S.Bureau of Labor Statisitics，2009）。此外，工作穷人在性别、种族、年龄等特征上也有明显的区分。这表明劳动力市场上受排斥的原因不仅仅是经济成本因素，还包括就业歧视、人口结构变迁等因素在内。数据显示，2007 年女性中的工作穷人为 390 万人，男性为 360 万人。女性的工作穷人比例为 5.8%，男性比例为 4.6%，女性均高于男性。虽然工作穷人中的 71% 是白人劳动者，但黑人和西班牙裔劳动者中的工作穷人比例高于白人劳动者的两倍。在劳动力市场上工作或寻找工作超过 27 周的男劳动者和女劳动者同样可能是贫困的。相对而言，青年劳动者比其他群体更容易陷入贫困，部分原因在于他们的收入较低，而且失业率比年老的劳动者要高。2007 年，在工作时间达到 27 周及以上的青年人中，16~19 岁的青年人有 10.6% 是贫困的。而在 20~24 岁的青年人中有 10.6% 是贫困的，差不多是 35~44 岁劳动者（5.0%）和 45~54 岁劳动者（3.3%）的两倍（丁开杰，2012b）。

不仅仅在美国如此，工作穷人现象在拉丁美洲国家也同样突出。20 世纪 90 年代，在拉美的劳动力市场上，工资和劳动报酬都低于危机前的 1980 年，因而直接造成劳动者生活水平下降或变成"新穷人"（new poverty）。1980~1990 年，制造业部门的平均工资减少 13%，最低工资减少的幅度更大，达到 31%，而且非正规部门的收入减少的最多。到 1995 年，制造业部门的平均工资仍未恢复到 1980 年的水平，相当于 1980 年的 96.3%；至于最低工资，则只相当于 1980 年的 70.1%。工资和劳动报酬的减少直接影响劳动者的收入水平，并在一定程度上使贫困问题更加严重。1980~1994 年，拉美国家的贫困家庭比重从 35%增加到 39%，极端贫困家庭的比重则从 15%增加到 17%。最近几年，虽然贫困家庭的比重略有减少，为 37%，但全地区贫困人口的绝对数目仍在增加且已达到创纪录的水平，共为 2.1 亿人。同时，工资的减少也打击了中产阶级，教育和卫生部门的公共职员工资的减少，再加上有人失去工作，有人因偿还按美元价值实行指数化的债务，其购买力大大下降，经济状况已经大不如从前，失业固然是造成劳动者沦为贫困的最主要原因，但即使有了一份工作也未必能保证不变成穷人，因为如果工资和劳动报酬很低，也难以摆脱贫困境地（白凤森，2000）。

第二节　中国劳动力市场上的就业弱势群体

一、就业弱势群体的界定及特点

"弱势"是指在势力、力量上处于相对较差状态的意思，是相对于"强势"而言的。从社会学的角度看，弱势群体是社会结构急剧转型和社会关系失调或一部分社会成员自身的某种原因，如竞争失败、失业、年老体弱、残疾等，而造成的对现实社会的不适应而出现生活困难的人群共同体，是一个用来分析现代社会经济利益分配和社会权力分配不平等，以及社会结构不协调、不合理的概念。弱势群体具有经济收入低、生活上的贫困性、政治上的低影响力和心理上的高度敏感性等特征，一般由贫困者群体、失业者群体、残疾人群体、老年人群体等群体构成。弱势群体并非是单一的社会阶层，而是一个规模庞大、结构复杂、分布广泛的群体。所谓弱势包含三个层面：一是生活困难、物质贫乏，在现实生活中处于一种弱势地位；二是实力不济、潜力欠缺，在市场竞争中处于一种弱势地位；三是地位低下、维权无方，在社会政治中处于一种弱势地位（荆暄，2013）。弱势群体并不是真正意义上的群体，内部没有组织化，不具备群体意识，而是处于弱势地位的社会人群集合体。国际社会组织和国内社会各界对弱势群体有一个基本相同的界定，即认为"弱势群体是由于某些障碍及缺乏经济、政治和社会机会，而在社会上处于不利地位的社会成员的集合，是指在社会性资源分配上具有经济利益的贫困性、生活质量的低层次性和承受力的脆弱性的特殊社会群体"。

就业弱势群体是指因先赋性或自致性因素导致在职业获得和职业发展过程中处于不利地位的人群。可以从两方面来理解：一方面，因个人能力与相应劳动力市场中的岗位匹配性出现差距，个人能力无法满足岗位技能、素质等要求出现的劳动力市场分割现象；另一方面，因个人与生俱来的符号性标志导致的在就业市场中的本能性和安排性排斥。本书将就业弱势群体界定为比较容易受到劳动力市场和就业形势冲击的，那些依靠自身力量或能力无法维持个人及其家庭成员最基本的生活水平、需要政府、社会支持和帮助的社会群体。就业弱势群体一部分是由自身因素引起的，如儿童、老年人、残疾人、精神病患者等；另一部分是由外部因素引起的，如失业者、贫困者、下岗职工、农民工、灵活就业人员以及在劳动关系中处于弱势地位的群体。本书主要分析的是外部因素引起的处于弱势就业地位的群体。

就业弱势群体是一个多层面性、离散性而没有统一意识的社会群体。第一层面，就业弱势群体是指在劳动力市场上的弱势群体，即他们有劳动能力且有劳动愿望，但由于自身技能、知识水平、工作经验及年龄方面的原因，在劳动力市场上竞争力低，处于不利地位，不适应社会经济发展新要求，就业比较困难、收入较低以至生活困难的人群；第二层面，就业弱势群体是指在劳动关系中的弱势群体，即他们有一定的工作能力和知识技能，拥有一份可以维持生活的工作，但与另一部分劳动群体相比较，拥有的劳动资源不足，处于被歧视地位且无法通过自身努力找到合适途径，增强自身力量，改变弱势地位，只能被迫接受较低工资和较差的工作条件，或得不到应有的劳动保护的人群；第三层面，就业弱势群体是指在社会关系或政治关系上的弱势群体，即在生理、智力、体能或工作能力、经验等主观条件方面没有缺陷或不足，主要在权利、权力、发展机遇等方面处于相对弱势，无法通过政治参与、政策制定影响来改变自身社会政治地位的人群。

第一层面的就业弱势群体可以称之为劳动能力型就业弱势群体，第二层面属于劳动关系型就业弱势群体，第三层面属于劳动社会、政治权利型的就业弱势群体。劳动能力型的就业弱势群体，其就业的弱势地位与自身素质相关，市场机制难以改变这些群体在劳动力市场竞争中的弱势地位。而劳动关系弱势或社会、政治权利弱势的就业弱势群体则属于相对弱势群体，即相对于拥有较多劳动资源、较多发展机遇、能够影响政府政策制定、有更多政治参与机会的人群，他们属于就业弱势群体。他们在更加开放、更加互动的社会结构中可以改变就业的相对弱势地位（李炯和肖飞，2008）。

二、中国就业弱势群体形成的原因

关于就业弱势群体的形成原因主要是从体制因素、制度因素及个人因素三个方面来分析的（张红霞和方冠群，2012）。

（一）体制因素

人类行动都是在特定的社会结构背景下开展的，我国近几十年最大的背景就是从计划经济体制向市场经济体制的过渡，就业弱势群体现象的凸显与这种特定的社会背景有着不可分割的联系，即现代市场经济是竞争经济，竞争的胜负直接关系到每个人的经济利益和政治地位，竞争的结果不可避免地使一部分人沦为失败者，形成就业弱势群体；高新技术使一些年老体弱、文化素质低、竞争能力差的员工被分流；农业生产技术的进步及机械化，产生了大量的农村剩余劳动力，他们被迫涌入城市谋求出路。

从新中国成立到现在我国就业政策分为四个阶段。第一个阶段——1949~1978年的全面计划经济阶段：劳动者的就业直接纳入各级政府的计划之中，政府要确保城市中所有劳动年龄人口能够充分就业，这个时期的就业政策凸显了计划经济时期的平均化特征。第二个阶段——双轨制就业阶段：1978年之后国家实行计划经济向市场经济转型，新的市场就业体制在逐步建立，旧的计划就业体制没有完全被取消，部分得到保留。第三个阶段——1993年以后的优胜劣汰阶段：市场经济进一步推进，大批无技能、低学历或年老就业者成为失业者，新建立起来的市场就业机制要求以合同制的方式吸收新劳动者，国家则以再就业工程为手段，努力让失业者通过多种方式实现再就业。第四个阶段——2002年以后的差异性就业政策阶段：社会结构进一步转型，政府在理念上凸显社会保障的作用，实行差异性就业政策。

总之，就业弱势群体现象就是在社会转型的背景下出现的。随着市场化进程的推进，原有的就业制度日益松动，国家逐渐放开对职业分配的控制权，一部分在市场经济竞争中不占优势且无社会资源的群体在社会变迁中沦为弱势群体，他们找不到工作或所从事的工作待遇差，没有发展的机会，处于社会底层。就业弱势群体很难通过自身的力量来改变生存现状，在现有的制度安排下，他们面临更多的"社会排斥"，他们强烈地感受到自己已成为社会的边缘群体，相对剥夺感强，处于社会发展的边缘，无缘分享社会发展的成果，其生存状态不同程度地陷入了生计困境、机会困境、权利困境和心理困境的尴尬境地。就业弱势群体深陷困境又无可奈何，不依靠社会改革、制度创新，往往难以摆脱困境。

（二）制度因素

我国的就业制度有失公正也是就业弱势群体产生的原因之一。就业权是人的基本权利之一，是社会成员生存的基本条件与实现自身价值的根本保障。在转型期的背景下，中国就业制度还不完善，部分偏离了公平公正的价值标尺，损害了社会成员平等的就业权利。公平、公正是制度的价值诉求之一，它要求社会提供的生存、发展、享受机会对每一个社会成员都能始终均等。机会公平实际上是过程的公平，利益的实现是不断追求的过程，在这个过程中，社会要毫不偏袒地为所有人提供同样的机会，包括就业起点的机会均等，在自由选择、职务升迁、资源利用等方面如果不是因为个人原因，任何社会成员都毫无例外地有拥有同样的机会。罗尔斯（1988）认为"正义"原则就是要通过调节社会制度来处理和解决那种一出生在社会地位或先赋的自然条件方面的不平等，一个社会要尽量排除自然、历史方面的因素对人们生活前景的影响。公平原则"提供了一种在社会的基本制度中分配权利和义务的办法，确定了社会合作的利益与负担的适当分配"，"所有的社会基本资源——自由和机会、收入和财富及自尊都应被平等地分配"。

目前，我国正处在从传统农业社会向现代工业社会的转型过程中，在经济领域已经推行市场化改革多年，但是在就业领域并未完全实现市场化，在人才选用上是多种模式并存、缺乏统一的就业机制。一些就业市场的竞争并不是公平竞争，由于地域、家庭背景、社会关系等的差异，社会成员的就业选择机会并不均等，有些群体由于某种原因，在就业方面比其他成员有更多的优先权。一些潜规则以及一些非正式的制度制约着就业弱势群体，由于社会资源等方面的有限性，就业弱势群体即使在个人素质、工作能力方面超越或等同于其他人也不能被正常录用，如一些单位的学历限制、户籍限制、性别限制等。

在就业选择的过程中就业歧视也非常明显。一些残疾人即使在某一方面有超出常人的毅力和能力，对某些岗位的能力要求是完全合格的，但是因为其是残疾人，得不到公正的就业待遇，应聘时屡遭拒绝。某些城市仍延续计划经济时期的户籍政策，某些事业单位或国有大中型企业在招聘工作人员时有严格的户籍限制，如本市户口。女性群体也是就业弱势群体之一，在就业市场中存在明显的性别排斥，在招聘广告中明确注明性别、年龄，或者在聘用中明确规定某一性别。有的就业招聘标准尽管未对某一性别进行限制，但在考试和录取中优先选择男性，女性的二次就业也相当困难，常常因为婚姻和家庭被雇主拒之门外，生育怀孕往往使女性就业过程中断，导致失业。很多已婚妇女生育孩子之后，由于多种因素的影响，难以成功进入职场。

在职位获得的过程中，家庭背景对个人职业获得有显著的影响，一些家庭背景较好的父母给子女安排较好的、稳定的职业的可能性要远远大于普通家庭的子女。在目前的就业状况下，人力资本在职业选择时所起的作用非常有限，尤其在一些垄断性的行业，托关系、走后门的现象司空见惯。一些社会资本非常有限的群体在就业市场上很难找到工资待遇好、发展机会多的岗位，而只能被迫接受低收入的工作，发展前景也不容乐观。

（三）个人因素

就业弱势群体的劳动力市场排斥也受到一些个人因素的影响，如文化水平低、没有专门的职业技能、年龄偏大、身体残疾、社会资本欠缺等。调查显示，大部分就业弱势群体的学历在高中或高中以下的层次，且没有专门的职业技能，即使他们有接受再教育或培训的愿望，由于经济能力有限，也很难实现。在市场经济的体制下，企业是自主经营、自负盈亏的经济实体，为了生存与发展，在招聘员工时会考虑能为企业带来最大效益的人选，在这种情况下，就业弱势群体自然就会被排除在就业市场之外。

在就业过程中，社会资本和人力资本对就业起着不同程度的作用。就业弱势群体一般生活在社会底层，社会资源有限，因此也很难通过社会资本改变自身处境。而这些弱势群体一旦陷入就业困境，个人的自信心就会遭受严重打击，甚至不愿意接触社会，有的会自暴自弃，单纯依靠政府救济生存，最终陷入"贫困陷阱"。

三、中国就业弱势群体的就业困境

其一，劳动力供需结构失衡，市场竞争加剧。我国是一个劳动力资源丰富而资本相对稀缺的国家，人均资本占有量很低，在一定的生产力条件下，资本对劳动力的吸纳能力有限。从严格的经济学意义上讲，充分就业只能是我国的长期就业目标，根本无法在短期内实现。在这种背景下，强势群体的就业尚且存在一定的缺口，更不用说就业弱势群体了。在传统体制下，农村剩余劳动力以隐性失业的形式被束缚在土地上，实行家庭联产承包责任制后，隐性失业的矛盾暴露出来。农村剩余劳动力不能就地消化，必然要异地转移，而异地转移的主要去向是城镇，这又增加了城镇的就业压力。在城镇职工再就业困难的情况下，城镇只能消化一部分农村剩余劳动力，另一部分剩余劳动力根本找不到工作。在劳动力资源供大于求的情况下，用人单位可能在利益推动下，利用就业选择权力与就业信息的不对称，使性别歧视以某种潜在的形式存在，增加女性弱势群体的失业数量以及问题的复杂性。

其二，经济体制与经济增长方式转型，资本替代劳动的效应增强。随着计划经济体制向市场经济体制的转变，企业和劳动者在市场上主体地位已经确立，企业出于效益和效率的需要，势必对自身的就业存量进行必要的调整，"下岗分流，减员增效"成为必然选择。在市场经济条件下，企业往往更愿意雇佣素质和技能水平高，工作经验丰富的高"技价比"劳动者，那些素质、技能水平低，缺乏工作经验的求职者自然会受到劳动力市场的排斥。因此，就业弱势群体的存在归根结底是市场竞争、淘汰的结果，市场制度无法解决就业弱势群体的就业问题，反而会不断地制造就业弱势群体。在从粗放型向集约型经济增长方式的转变中，企业不再单纯通过增加劳动力和其他生产要素来扩大生产规模，他们更希望采用先进技术提高劳动生产率，减少对劳动力的需求，降低工资成本，达到增加企业利润的目的。而就业弱势群体的劳动生产率低于社会平均水平，追求经济效益的企业出于机会成本考虑也不愿意雇用弱势群体。从劳动关系的角度讲，我国现阶段的就业增长主要来源于非正规就业，与之相对的正规就业出现负增长，在一定程度上削弱甚至抵消了非正规就业所带来的增幅，导致总体就业增长能力下降。而农民进城带来的"就业替代"效应，会直接加剧城镇就业弱势群体的困难。农民工与城镇就业弱势群体在低端就业市场展开直接竞争，结果是城镇就业弱势群体在市场的淘汰率上升，这种"就业替代"效应随着农民工进城步伐的加快而不断蔓延，城镇居民在"机器排斥"和"农民替代"双重压力下，就业空间日益缩小。经济增长是提供就业岗位的主要因素，但中国的经济增长主要是靠政府投资、房地产投资和外资企业发展推动的，这种经济增长模式对就业的促进作用不大。

其三，就业弱势群体的人力资本存量不足及结构不合理。近年来我国经济增长方式正由粗放型向集约型转变，对高科技人才的需求加大，对就业者的人力资本要求提高，这些均对旧体制下的低素质劳动者形成排挤。此外，对用人单位而言，如果同样的薪酬可以招到学历高的求职者，那么企业也会增加就业的门槛，增加了弱势群体就业的难度由于社会资本的稀缺性，有限的资本在竞争中被配置给发展前途较好的"强势群体"，而弱势群体的人力资本投入明显不足，他们的体质、智力、知识、技能及潜能没得到充分的开发，而教育、培训工作滞后，也成为制约再就业的一大瓶颈。在对城市弱势群体的实地调查中发现，调查对象中有一半人从未接受过正规的技能培训，且本身文化程度较低，对保持就业的稳定十分不利。

其四，劳动力市场不完善，存在诸多体制性障碍。目前我国劳动力市场不完善，主要体现如下：一是劳动力市场的信息网络尚未覆盖到每个社区，就业信息网络的作用尚未发挥；二是劳动力市场的职业指导功能弱化，没有发挥就业指导作用；三是劳动力市场专业化服务人才缺乏，服务水平、服务质量难以达到要求。原因归结如下：一是促进就业或控制失业还没有成为重要的宏观调控目标，地区性失业问题突出；二是市场引导就业的体制不健全，阻碍劳动力流动；三是行业垄断以及投融资体制改革滞后，阻碍了就业岗位的开发；四是再就业服务以及社会保障制度不完善，影响了下岗职工实现再就业；五是教育改革和发展滞后，增加了低素质劳动力的供给压力。此外，就业市场的不规范、凭关系、走后门等不公平现象，严重影响了就业的公平性。在一些垄断性行业与基层部门，没有一定的关系很难进入。

第三节　中国就业弱势群体的体面劳动缺失状况

本节分析的中国就业弱势群体主要包括农民工群体、女性群体、大学生群体和残疾人群体。

一、农民工群体的体面劳动缺失状况

20 世纪 80 年代末开始，中国经济体制改革由农村扩展到城市，第二产业、第三产业发展迅速，大批农村剩余劳动力自发地、持续地跨地区向大中城镇，特别是向经济较为发达的沿海城镇流动，形成大规模的"民工潮"。他们暂时或长期脱离土地，在城市工作甚至生活。但是根据现有的户籍制度，他们的户口仍然在农村，被贴上"农民"身份的标签，在城市中缺乏合法的社会身份，在某种程度上并未真正融入城市，形成一种"不城不乡"的社会地位。农民工对中国现代化、城市化、工业化建设均发挥着关键作用，同时也为国民生产总值贡献了重大的力量，他们已经广泛分布在城市的第二产业和第三产业中，在餐饮、快递、环卫等服务行业，随处可见农民工的身影。

城乡二元分割的户籍制度是农民工受排斥的根本原因，人数众多的农民工被户籍隔离在城市之外，这直接影响到社会保障资源的获取，农民工群体存在较强的被剥夺感。近几年，农民工工伤事件、讨要工钱事件、农民工犯罪恶性事件层出不穷，都与此有关。因为农民工群体在权利、资源的占有上处于劣势，社会排斥又在很大程度上将他们与发展机会相隔绝，农民工向上流动的机会极小，从而使得该群体基本上被"锁定"在社会底层的位置上（周奎君，2006）。调查表明，农民工既是城市中失业比率最高的阶层，又是失业最为频繁的群体。农民工同时具有农民和工人的双重特征，作为一个特殊群体，在生活及工作中都被边缘化，其农民身份是他们被城市边缘化的最根本原因。

（一）农民工群体的体面劳动缺失现状

农民工群体的体面劳动缺失主要表现在就业待遇、就业机会与职业分布、社会保障方面。

1. 就业待遇方面

同城镇就业人员相比，农民工经常受到非体面的就业待遇。目前我国农民工普遍存在受教育年限短、文化程度低的问题。根据第二次全国农业普查主要数据显示，目前在我国农村外出从业劳动力中，文盲占 1.2%，小学文化程度占 18.7%，初中文化程度占 70.1%，高中文化程度占 8.7%，大专及以上文化程度仅占 1.3%。这就决定了我国农民工主要集中于城镇中的劳动密集型产业，绝大部分处于生存型就业状态。据国家统计局和人力资源社会保障部于 2009 年 6 月联合开展的调查，在外出农民工中，从事制造业的占 37.9%，建筑业占 18.3%，居民服务和其他服务业占 11.7%，住宿和餐饮行业占 8.1%，批发和零售贸易业占 7.5%，交通运输、仓储和邮政业占 5.6%（国家统计局，2008）。

农民工易受到职业病的困扰。据 2009 年国家卫生部门不完全统计，全国约有 1 600 万家企业存在着有毒有害作业场所，受不同程度职业病危害的职工总数约为 2 亿人，仅《职业病防治法》等有关法规明确的职业病就达 110 多种。据保守统计，在受到职业病危害的职工中，农民工占 58%（王业斐，2011）。职业疾病伤害的不仅是劳动者自身的健康，同时也是对社会劳动力资源可持续利用的破坏。近些年来，国家虽然加大了安全生产的执法力度，但在我国矿山开采、建筑施工、危险化学品制造等高危行业生产过程中发生的安全事故依然常见，而农民工又是极容易受到伤害的群体。

农民工的工资水平低、工作时间超长。抽样调查数据显示，2009 年外出农民工月平均收入为 1 417 元，比 2008 年增加了 77 元，增长率为 5.7%。分地区看，东部地区农民工月均收入 1 422 元，比 2008 年增加 70 元，增长率为 5.2%；中部地区农民工月均收入 1 350 元，比 2008 年增加 75 元，增长率为 5.9%；西部地区农民工月均收入 1 378 元，比 2008 年增加 105 元，增长率为 8.2%。但是，与城镇职工工资水平相比，农民工的工资水平总体仍然较低，增长速度明显低于城镇职工。同时，与城镇职工相比，农民工劳动时间长、强度大、条件差。据调查，农民工平均每个月工作 26 天，每周工作 58.4 个小时。其中 89.8% 的农民工每周工作时间多于《中华人民共和国劳动法》规定的 44 个小时（韩长赋，2010）。

此外，就业待遇的非体面还体现在农民工缺乏教育培训的机会。我国已出台相关文件，从政策上保证农工的教育和培训，如 2006 年国务院制定的《关于解决农民工问题的若干意见》，提出了保护他们的合法的权利和利益，并进一步改善农民工就业环境的政策措施。同年，全国农民工工作座谈会也提出要做好农民工工作关键是城乡统筹解决"三农"问题，并提出要各级政府认真贯彻落实中央相关政策措施来解决农民工问题和工作部署，真正为农民工办实事，其中关键的就是农民工职业教育。然而调查显示，2011 年农民工中只上过小学的占到了 10% 多，上过初中的占到了50%多，上过高中的10%多，中专以上的占不到10%，还有一些没上过学。接受过技能培训的占20%多，近70%的人没有接受过职业技能培训。

2. 就业机会与职业分布方面

农民工在就业机会方面的非体面表现在进入劳动力市场的成本高。按照公平、统一、竞争和有序的原则，进入劳动力市场的劳动者不能因居民的身份差异而遭受不公平的机会待遇。然而，由于我国城乡劳动力市场还没有实现完全的统一，农民工进入劳动力市场要面对城镇居民所没有的限制，特别是就业压力较大的城市，为了首先保证本地居民的就业不受冲击，通过政策性手段抬高外来务工人员进入就业市场的门槛。

早在1994年，国家劳动部颁布的《农村劳动力跨省流动就业管理暂行规定》就对城市用工单位跨省招聘农村劳动力做了明确的限制，指出当本地劳动力无法满足要求，并符合下列条件之一的，用人单位可跨省招用农村劳动力，经劳动就业服务机构核准，却属因本地劳动力普遍短缺，需跨省招收人员；用人单位需招收人员的行业、工种，属于劳动就业服务机构核准的，在本地无法招足所需人员的行业、工种；不属于上述情况，但用人单位在规定的范围和期限内，无法招到或招足所需人员。虽然这一法规目前已被废止，但是一些城市对外来务工人员的就业管理仍然严格，如对农民工求职要求的证件繁多，只有办理了《流动人口证》、《暂住证》、《就业证》、《健康证》、《婚育证》及《职业资格证书》等才能"合法"的到劳动力市场寻找工作，这无疑加重了外来务工人员的经济和时间成本。

进入劳动力市场之后，农民工可能还要面对行业或职业进入门槛的限制。也就是职业隔离，很多城市把行业、工种划分为农民工禁止进入、限制进入、允许进入三种类型。这些限制使他们只能从事脏、累、苦、险、粗、毒的工种或者事故发生率高、职业病危害性大的职业。现有研究表明，农民工和城镇职工的职业分布存在显著差异，和城镇职工相比，农民工大多集中在采矿业、建筑业、制造业等劳动密集型行业。农民工是以身心健康或超长工作时间为代价为自己换取工作机会。

3. 社会保障方面

社会保障制度是世界上许多国家都在实施的一项制度，包括社会保险、社会救济、社会福利、优抚安置和社会互助等项目。在市场经济条件下，无论企业还是个人都无力单独承担社会保障所涉及的全部内容，因此，动员国家、集体和个人的力量建立覆盖全社会的保障体系，对于缓解社会矛盾、保证社会稳定、促进经济发展具有极为重要的作用。

目前，在我国现有制度条件下，城市职工普遍享受养老、医疗、失业、生育、工伤和最低生活保障。但是，对于工作在城市的农民工而言，他们几乎被排斥在城市社会保障制度之外。据 2006 年国家统计局调查，农民工（包括固定岗位就业的农民工和灵活就业的农民工）社会保险的基本情况如下：没有购买养老保险、医疗保险、失业保险、工伤保险的农民工分别占被调查总数的 73.37%、73.77%、84.65%、67.46%，以上四险由单位购买的比例分别为 11.89%、12.61%、8.41%、23.09%，由农民工个人购买的比例分别为 6.56%、7.23%、2.55%、4.62%，由农民工个人和单位共同购买的比例分别为 8.18%、6.39%、4.39%、4.83%。另外，已参保农民工的退保问题较为普遍，部分地区农民工的养老保险的退保率甚至高达 95% 以上（国家统计局，2006）。尽管在一些城市，农民工可以参加医疗保险，享受一定医疗费用报销的待遇，但是需要农民工个人缴存一定的医疗保险金，如果承受不起，则无法享受医疗保险待遇。对于大部分生活在城市"边缘"的农民工来说，社会救助体系是维持其基本生存和生活的重要保障，然而大多城市的社会救助只是针对于城镇户籍人口，而农民工享受不到跟城镇户籍密切相关的最低生活保障以及相关的社会救助，一旦出现因失业、疾病、意外事故导致的生活困难时，往往陷于城市孤立无助的境地。

（二）农民工就业体面劳动缺失的原因分析

农民工就业"非体面"的原因总体上可以概括为制度性因素、观念性因素和主体性因素三个方面。

1. 制度性因素

从法制角度看，我国相关法律法规及配套措施不健全是导致农民工就业"非体面"的重要原因。一是我国社会保障制度设计的统筹层次不高、覆盖面不广、普惠性不强，农民工在社会保障制度体系中处于被"边缘化"的层次。二是对用人单位违反劳动契约和拖欠工资的法律规制不严，虽然《中华人民共和国劳动法》和《中华人民共和国劳动合同法》中明确规定，用人单位违反本法未向劳动者出具解除或者终止劳动合同的书面证明，由劳动行政部门责令改正，给劳动者造成损害的，应当承担赔偿责任，对克扣或者无故拖欠劳动者工资的，由劳动行政部门责令支付赔偿金。但在实际中，由于用人权和签约的主动权掌握在企业雇主手中，农民工很难具有主张权益的能力和依据。三是劳动监察部门的执法能力不足，我国虽然早在 1993 年就颁布实施了《劳动监察规定》、2004 年又颁布实施《劳动保障监察条例》，均明确了劳动保障监察的主体、内容、权限，但却表现出认识不足、人员匮乏、手段落后和执法水平不高等问题。

从管理体制角度看，城乡二元的管理运行体制是诱发对农民工就业"非体面"的又一个重要原因。改革开放以后，随着城乡二元经济结构的松动，我国农村剩余劳动力开始流向城市寻找就业机会，但时至今日，城乡劳动者在就业权方面还没有实现完全的平等地位。而且政府出台的一系列部门规章和地方性法规对城市外来务工人员的流动和就业做了明确的限制，如1994年劳动部颁布的《农村劳动力跨省流动就业管理暂行规定》对跨省的农村劳动力就业做了明确限制；1995年上海市曾颁布《上海市单位使用和聘用外地劳动力分类管理办法》对外来农村务工人员就业的行业做了明确的限制。上述不公平就业管理的根源在于城乡分割的户籍管理。目前我国现行的户籍制度除了控制人口城乡迁移的功能之外，还附加着人口权益分配的功能，如就业、社会保障、子女就学、居住条件等，导致户籍成为实现城乡劳动力就业平等管理的重要制度性障碍。

现阶段，随着我国政府对此问题的高度重视及城乡一体化水平的不断提高，一些城市逐步把外来务工人员纳入城市管理体系中。但是，在管理观念和管理方式上缺乏规范性和科学性，甚至出现"越位"和"缺位"并存的现象。对劳动过程中出现的农民工就业权益受损往往是被动式管理，对外来务工人员的灵活性就业缺乏政策性引导，一旦出现未被城市管理允许的就业形式，更多采取的是取缔和罚管的方式，漠视外来务工人员的利益诉求。

2. 观念性因素

实践证明，农民工进城务工和生活不仅是农民个人的行为选择，更是市场经济与现代化建设的客观需要，有其历史必然性。但是，由于以"出身"为标准来划分"城市人"和"乡下人"的观念根深蒂固，面对到城市就业的农村务工人员，城市居民对其误解、偏见和排斥的心理具有一定的普遍性。据零点调查公司对北京、上海、广州、武汉四城市的调查表明，对于农村人口入城，30.4%的市民认为"基本上是一件好事"，认为"好坏各半的"的人为50.8%，认为"基本是一件坏事"的人为18.9%。在遇到外来务工者时，熟视无睹的市民为35.7%，产生同情、关心、尊敬的感觉者为34.7%，有讨厌、看不起、恐惧、愤慨的感觉者为19.8%。另据1997年宁波市政法委调研处的问卷调查结果，72.4%的宁波市民对外来人口持不欢迎态度。不欢迎的理由集中于"影响社会治安"（95.7%），其次分别是"影响卫生及城市管理"（29%）及"影响就业"（13.4%）（刘怀廉，2005）。

城市居民对农民工群体的误解、偏见和歧视无疑会挫伤农民工的自尊心及对城市的感情，从而会加深城市居民和农民工群体之间的隔阂和紧张感，甚至是不满与对立，对城市的和谐发展造成十分不利的影响。除此之外，在招用农民工单位高层管理者的观念里，不同程度、不同范围地存在农民工不应与城镇职工享受同等权益和待遇的意识；甚至少数的非公有制企业随意加重农民工工作负荷的意愿十分强烈；更有城市管理部门和管理者漠视农民工对城市建设的贡献，认为提升农民工待遇会加重城市管理成本，如果依法治理企业拖欠农民工工资，依法督导企业改善劳动条件，会限制招商引资和增加政府财政收入；等等。

3. 主体性因素

农民工就业的"非体面"除了以上客观因素以外，来自农民工自身的因素也不容忽视。首先，农民工受教育水平低导致其就业能力不足，在劳动力市场竞争中处于弱势，一些"脏、乱、差"的工种或岗位被雇主"顺其自然"推到其身上，而一些合理的职业要求却难以得到满足。其次，农民工法制观念淡薄，维权意识不强。大量调查表明，农民工进城寻找工作机会大多是通过亲友和同乡介绍，很少考虑自己的权益是否可能遭到侵蚀。因此，在信息不对称的情况下很容易自身权益受损。最后，农民工缺乏组织意识，自组织能力差。工作在城市企业的农民工很少自愿加入本企业工会，更多参加的是同乡会和联谊会等非正式组织。一旦农民工遭遇歧视或权益损害时，往往是单兵作战，维权渠道单一、势力单薄，自己的诉求难以得到公正对待。

（三）农民工体面劳动缺失的影响

1. 对个人及家庭的影响

从直接影响看，农民工在劳动力市场中处于劣势地位、在工作中遭受不公平待遇，减少了这一群体的就业机会以及个人及家庭的收入水平，使之与城市的融合度不断降低。从长期影响看，这将会导致个人人力资本投资的不断降低。人力资本是以劳动者为载体，通过投资形由劳动者的知识、技能和体力（健康状况）所构成的资本。作为一种投资活动，人力资本投资与其他投资活动有相似之处，投资意愿和投资程度取决于投资者对投资预期收益、投资风险及其他相关因素的判断，其中收益率水平，即成本与收益的比例是决定个人或家庭人力资本投资行为的最重要因素。虽然农民工从事的行业宽泛，涉及各类服务员、生产工人、技术工人、建筑工人、专业技术人员、一般职员、办事员、管理人员、居民服务人员、商务服务人员、个体业主、小摊小贩、家政服务人员及市政环卫工人等，但与就业"非体面"相关，大多数农民工从事的是以低技能为主的体力型职业，这些行业对农民工的技能要求不高，甚至没有受过相关教育的也可以承担，这就会导致农民工个体和家庭对人力资本的投资动力不足，一旦产业升级，这批人直接会成为技术的替代品，而丧失原有的工作。

2. 对城乡统筹发展的影响

农民工就业"非体面"导致农民工进城就业难度加大，对进城农民工就业的各方面限制无疑加大了农民工的就业难度和降低了收入水平。职业地位的低下决定了社会地位的低下，农民工在城市结构阶层中长期处于弱势阶层，其生活和工作条件差，缺乏劳动保护措施，超时疲劳工作现象严重。处于城市的边缘化，造成农民工与城市居民的隔阂，农民工不愿自觉遵守城市规范，缺乏自我约束意识，也促使农民工对城市的认同危机和对立情绪，对城市的稳定和谐产生不良影响。农民工就业的"非体面"在一定程度上阻碍了农村剩余劳动力向城镇转移，延缓了城市化进程，制约着城乡统筹发展。

农民工就业的"非体面"对农村发展的消极影响也十分明显，制约了劳动力转移影响农民收入的整体水平。剩余劳动力是农村发展过程中产生的重要资源，但是在农村土地容纳能力有限的情况下，这部分资源难以发挥作用。转移到城市以后，资源的配置效率明显提高，不仅有利于城市的发展，也为农村带回了收入。而且也有一部分劳动力在返乡创业过程中，带回了技术、资本、和现代市场理念，对农村发展的带动性十分明显。如果因为农民工就业的"非体面"，农民不愿到城市里务工，这均会对农村的发展、对进一步缩小城乡差距产生不良影响。

二、女性群体体面劳动缺失状况

女性群体就业的"非体面"源于歧视，歧视一词的本意是指有差别的对待，是作为中性意义来使用的。所谓歧视是一种行为，这种行为表现为某人或某些人对另一个人或由一些人组成的某个群体有差别的对待，而这种差别对待的本质，是因判断事物具有双重标准造成的，其结果反映了前者对后者的不公平性。性别歧视是基于性别所做的区分、排斥和限制，其结果和目的是损害或否认妇女在男女平等基础上，认识、享有、行使在政治、经济、社会、文化、公民或任何其他方面的人权和基本自由（李慧英，2002）。

国际劳工组织通过的《（就业和职业）歧视公约》指出，就业中的性别歧视就是基于性别的任何区别、排斥或特惠，其后果是取消或损害就业方面的机会平等或待遇平等。但是基于特殊工作本身的要求的任何区别、排斥或特惠不应视为歧视。简单地讲，就业中的性别歧视实际就是指用人单位采取各种或明或暗的歧视手段，使女性在就业中丧失与男性平等的择业机会及待遇而处于劣势地位。

第六次全国人口普查数据显示，2010年我国15~64岁女性劳动年龄人口为4.9亿人，比2000年净增了6 469.3万人，比男性多增加663.5万人。2010年16~59岁女性的就业率为69.9%，男女两性的就业率均比2000年有所下降，但女性的下降幅度（7%）大于男性（4%）。2010年女性就业率比男性低13.8百分点，分别比第五次全国人口普查和第四次全国人口普查扩大了3.0百分点和4.7百分点。女性就业人员的行业分布如下：①女性就业人员行业分布高度密集，在20个行业门类中，农、林、牧、渔、水利业是吸纳女性就业的最主要行业，集中了53.2%的女性就业；制造业、批发和零售业次之，其他 17 个行业就业的女性合计仅占 19.2%。②分行业性别隔离较为严重。2010 年，女性在农、林、牧、渔、水利业，批发和零售业，住宿和餐饮业，金融业，教育，卫生、社会保障和社会福利业，以及国际组织 7 个行业门类超过或基本接近 50%。女性在另外 8 个行业门类的比例接近或低于 40%。女性就业人员的职业分布如下：①女性职业层次总体偏低。在我国女性职业构成中，国家机关、党群组织、企业、事业单位负责人，专业技术人员，办事人员和有关人员等三大类职业的从业人员女性从业人员仅占 12.0%。与男性相比，女性在"白领"中所占比例偏低，在"蓝领"中所占比例偏高。②女性非农就业率有所提高，但地区差异非常悬殊。2010 年女性非农就业率达 46.8%，分别比 1990 年和 2000 年提高了 21.8 百分点和 15.7 百分点。分地区看，女性非农就业率由高到低分别为京津沪、东部、中部和西部地区。其中，京津沪高达 91.5%，西部地区仅为 33.1%（国家统计局，2010b）。

（一）女性群体体面劳动缺失现状

女性群体体面劳动缺失，即性别歧视，就社会行为而言，伴随着人生命的始终；就其经济性而言，贯穿于劳动力市场始终的全过程。

1. 就业机会方面

女性谋取工作时，由于性别原因而非工作效率问题受到用人单位的限制，其不能和男性一样平等地获取同样的工作。在同等条件下，女性找不到与男性同样条件的工作，或者要花费更多的时间、精力来谋取一份同样的工作。用人单位以显性或隐性手段把女性排除在劳动市场之外。这样的例子在日常生活中屡见不鲜。例如，一些用人单位在招聘信息中明确标明"限男性"，而此类职位并非国家政策法规中规定的不适合女性从事的高强度、高风险的岗位，类似现象发生在多数用人单位中，各类企业甚至在政府部门及事业单位的人才选拔中也不乏出现对女性的就业性别歧视现象。

就业机会的"非体面"主要体现在三个方面：一是相同职位不同报酬；二是相同要求不同对待；三是拒绝或提高标准以阻碍女性得到工作。据全国妇联调查显示，女大学生平均投出 9 份简历，才有可能得到一次面试或者笔试的机会；平均投出 44 份简历，才有可能得到一个意向协议；56%以上的女大学生在求职过程中感到"女生机会更少"，90%以上的女大学生感受到用人单位的性别偏见（林爱珍，2010）。随着相关法律法规的完善，在招聘简章或者面试时直接提出因为性别而不选择求职者的情况越来越少。但是，劳动力市场入口隐性的就业性别歧视依然存在。主要表现在用人单位在录用员工时，由于性别不同而针对某一性别提出更高的要求，如在年龄、身高、相貌方面提出限制条件。

2. 就业待遇方面

首先，男女同工不同酬，两性工资差距有拉大的趋势。根据第四次全国人口普查，在一些服务业和一线工人中，女性与男性的收入差距明显拉大，并且两性收入格局并未因年龄和受教育程度的变化而发生根本改变，职业行业结构对女性收入的影响十分显著。女性不仅在工资水平上比男性低，而且其在单位所享受的福利待遇也比男性普遍低。在医疗、养老、失业、工伤、病假工资、住房补贴和带薪休假等方面，男性享受的比例普遍高于女性（国家统计局，2013）。

其次，女性整体就业结构呈现边缘化趋势，同等条件下，与男性相比女性职业升职空间有限，女性在职人员多集中在劳动密集型产业和非正规部门，而在资本或技术密集型产业中女性在职比重相对较小，且即使在资本或技术密集型产业中，女性大多集中在技术含量低、收入低、简单而重复性的体力劳动部门，在管理及技术部门的女性比例很少。就用人单位而言，大多数企业对女职工的技术、管理培训投入少，继续教育的观念薄弱，企业对不同性别员工人力资本投资机会分配是不公平的，在对培训对象的选择问题上，多数企业存在性别歧视现象，在接受经营管理培训的人员中，女性占的比例很少，这在很大程度上限制了女性潜能的发挥，也限制了女性职业升职的可能性。

最后，女性在业人员劳动保护措施落实不到位，许多私营企业和三资企业不为女职工建立劳动保护设施，职业安全状况令人担忧，女职工长期在有毒有害的环境中工作，粉尘、毒物、噪声超标，严重侵害了女职工的人身安全和身体健康。还有许多用人单位依仗优势不与女性劳动者签订劳动合同，尤其许多农村来的打工妹，因缺乏权利保护意识或怕丢了饭碗而无奈承受，由于没有劳动合同，她们不能获得应有的权益保护，难以享受《中华人民共和国劳动法》规定的权利，在权利受到侵害时，也很难维护自己的权利。尤其值得注意的是女性生育权也受到了损害，有的企业女职工产假不满 90 天，有的企业女职工产假工资被打了折扣，有的企业不报销任何生育费用，有的企业不参与职工生育保险，有的企业与女性职工分年龄阶段签订劳动合同，故意逃避女性的生育期等，这些做法都严重损害了女职工的劳动权利。

3. 就业退出方面

所谓就业退出就是指劳动者退出劳动力市场，也就是退休，女性退休年龄比较早。我国法定的退休年龄是男职工为 60 岁，女干部 55 岁，而女工人只有 50 岁（2015 年之前）。与其他国家相比，我国退休年龄较低，男女退休年龄相差 10 年，是世界上两性退休年龄差距最大的国家之一。在我国新的养老保险制度下，退休后所得养老金的多少是由其缴费年限决定的。因此，女性退休年龄较早直接导致了较少的缴费年限，从而导致退休后养老金领取的数额相对减少。从这个角度讲，女性退休后生活质量会比男性略低。

男女平等是我国的基本国策，是社会进步的重要标志，提前退休不再是对女性同胞的照顾，反而是对女性就业的制约，因此，更不应该强制女性提前退休。随着社会的发展和女性受教育程度的提高，现行退休制度已不能满足女性正常的劳动需求。按照我国目前的教育体制的规定，女性取得较高学历后再进入工作岗位，按正常读书年限计算基本已接近 30 岁，若 55 岁退休，甚至 55 岁不到就提前内退，则使女性为社会做贡献的时间比男性少了 5~10 年，抑制了女性才能价值的发挥，造成了女性人力资源的严重浪费，同时也加剧了女性在资源的重新配置和社会发展成果分享等方面的劣势。

综上所述，女性在就业的整个过程都受到"非体面"待遇，这些对女性自身发展、体面劳动目标的实现以及和谐社会的构建都是十分不利的，我们应该认真对待。

（二）女性群体体面劳动缺失的原因分析

1. 生理因素

两性之间的生理因素区分是以不同的生理特点为基础的，女性在一生的成长过程中要经历孕期、产期和哺育期，自身的身体素质相对弱于男性。从工作强度上来看，男性会比女性更加适合某些对体力要求高的工作岗位。在就业过程中，很多单位却以女性的生理特点为由认为女性的劳动生产效率较低，对不同性别实行差别对待，构成了女性就业体面劳动缺失状况。

在人类发展的过程中，女性承担着生儿育女和延续生命传承的重要责任。《女职工劳动保护特别规定》和《中华人民共和国劳动法》均规定，女职工按规定可享受 98 天的产假，而且这期间工资照发；哺乳期不得从事有碍于母婴健康的工作。在企业看来，女性的生育过程会对自身的运营产生极大的不良影响：一方面，女性在生育过程中，企业的工作岗位会出现长时间空缺，当女性重新回到岗位后，仍然需要时间进行调整，降低了企业的工作效率；另一方面，企业需要为女性的生育阶段承担经济成本。按照《中华人民共和国劳动法》的规定，未办理生育保险的企业在女性休产假阶段，企业必须支付女性雇员在产假期间的工资奖金，在女性重新返回工作岗位后，工资水平不能降低，企业需要承担女性生育阶段的损失。

由于传统女性角色心理的影响，一些女性认为自己最终还是要以家庭为重，女性婚后在孩子、丈夫、双方父母、家务等方面占用的时间较多，出现较多的请假行为；在单位工作方面投入的精力不足。在这种情况下，企业更愿意雇佣男性员工来降低可能产生的损失，实现经济效益最大化。

2. 历史文化因素

女性群体就业的"非体面"，也就是性别歧视，有着深远的历史文化原因，如中国重男轻女的传统；还有人们的偏见和愚昧，如认为女人"头发长，见识短"及"红颜祸水"等。由于在性别歧视的历史积淀中，淤积了许多人类社会发展的不同阶段男女社会角色的刻板印象，反映在自身性别的评判上，男性的优越感与女性的自卑感长期并存。

新中国刚成立后试图建立起男女完全平等的社会体系，让女性完全同男性一样广泛参与社会主义建设，为社会主义建设增砖添瓦。女性在工作中要压抑性别色彩，负担与男性相同的工作强度，在家庭中仍然要作为妻子、母亲的角色操持家务。这种通过忽略两性差异和无视女性需求建立的平等，仍然是重男轻女传统思想的延续，带有浓厚的封建性，属于扭曲的性别歧视。

改革开放后，"效率优先"及"兼顾公平"的市场经济思想盛行，市场竞争呈现出激烈的态势，在这种情况下，女性的社会竞争地位不降反升，出现了很多"女强人"。但是在市场经济条件下，还是应该体现出对女性的适当照顾，才是实现真正意义上的男女平等。

3. 社会因素

首先，社会资本存在性别差异，根源于两性长期的不平等。具体表现在对女性的性别偏见和歧视，女性可支配的社会资本少于男性。究其原因，有以下三个方面：第一，我国传统文化中"男尊女卑"的观念仍然根植于社会，认为女性的进取心、拼搏意识都不如男性，就业动机和职业发展期望也低于男性。第二，大多数女性都需要花费大量精力集中在家庭生活和子女教育方面，进而造成与外界交流的时间减少，社会网络层次降低，已婚女性的社会资本呈现递减趋势。第三，女性社会资本增加的途径有限，形成的前提条件缺乏。现实中男性控制着经济与社会的大部分资源，而女性往往处在边缘化和不重要的位置，掌控的社会资源有限，获得的社会支持也就必然少于男性。女性虽然可以通过婚姻分享丈夫的社会网络资源，但获得的成本和风险都非常大，而且多数女性的工作时间和热情随着婚姻而减少，导致职业能力和工作机能退化。通过构建和提升女性社会资本的策略可以帮助女性缩小与男性在工作中的待遇差距，获得更好的职业发展机会。

其次，两性之间的社会网络存在差异，男性社会网络的层次整体较高，比女性在就业过程中更占优势。两性社会网络形成差异的主要原因有两方面：第一，男性由于性别优势可以更多参与社会核心地位的组织，获得领导和管理者的岗位，而女性局限于家庭和社区活动，难以实现事业的成功。女性通常与同性亲族和朋友编织社会网络，相对比较固定，男性的社会网络却随着社会活动的积极参与而不断扩大。第二，两性生活经历不同导致其社会网络存在差异。结婚和生育的阶段，男性的生活和工作受到的影响很少，工作和社会活动依旧参加，而女性深陷其中，影响了女性的社会网络发展。当前，我国劳动力市场总体上依旧是供大于求，劳动者在就业和职业发展中面对的竞争激烈，对人际关系的依赖性较高，社会网络可以较为有力地帮助女性应对就业过程中的各种困难。

最后，相关政策、制度和法律法规存在差异。目前我国实现男女劳动者平等就业的制度体系尚未完全建立。我国的各项法律中已经规定了在就业中要保护女性劳动者的合法权益。例如，《中华人民共和国劳动法》第十三条规定，劳动者就业，不因民族、种族、性别、宗教信仰不同而受歧视；《中华人民共和国妇女权益保护法》第二十二条规定，各单位在录用职工时，除不适合妇女的工种或岗位外，不得以性别为由拒绝录用妇女或者提高对妇女的录用标准。法律规定的对女性劳动者的保护政策，实质上是将女性视为能力和工作上的弱者，忽视了女性就业选择权利和工作能力的拓展，反而加剧了劳动力市场上的性别歧视和"非体面"的待遇现象。

目前，我国仍处于社会主义初级阶段，受生产力发展水平与社会文明程度的制约，女性就业权益的实现过程中仍存在诸多问题。男女平等是我国的基本国策，男性与女性之间的平等程度是衡量我国社会文明发展水平的重要标志。保护女性的就业权益，促进女性获得与男性相同的发展机会，实现女性劳动者的"体面劳动"对国家的经济社会发展和文明进步具有重要的现实意义。

三、大学生群体体面劳动缺失的状况

随着我国教育事业的快速发展，高等教育已经成为大众化教育，高校扩招，一方面使更多的青少年步入象牙塔的圣殿接受教育，为社会培养了大批的人才；另一方面使高校毕业生的数量逐年增加，劳动力市场对高校毕业生的吸纳能力逐渐下降，已由卖方市场过渡到买方市场，高校毕业生就业的竞争越来越激烈，就业难的现象日渐凸显。相关数据表明，近十年来，高校毕业生人数急剧增长，但是就业率却不容乐观。

就业是大学生走向社会、融入社会的重要起点，也是国民经济和社会事业的重要组成部分，同时兼具经济和社会双重属性。因此，能否保证经济的稳定增长，扩大劳动力市场的容纳能力，并保证就业机会和竞争条件等方面的公平，不仅关系到缓解毕业生就业压力的问题，而且也关系到大学生对主导价值观念的接受能力和认可程度。

自 1999 年高校扩招以来，各高校在校生人数迅速增加。从 2003 年起，高校毕业生人数年增长速度为 27%左右，具体情况如表 3-1 所示。根据《国家中长期教育改革和发展规划纲要（2010—2029）》的预测，到 2020 年高等教育毛入学率将达到 40%。对高等教育的期望已从升学向上大学后能否顺利就业转变（周章明，2010）。"十二五"时期，应届毕业生年平均规模达到近 700 万人。面对如此严峻的就业压力，高校毕业生就业成为一个关系到社会未来事业发展的重要课题。

表 3-1　我国高校扩招以来的基本情况

年份	普通高校数/所	普通高校招生人数/万人	普通高校毕（结）业人数/万人
1999	1 071	154.855 4	84.760 0
2000	1 041	220.610 0	94.980 0
2001	1 225	268.280 0	103.630 0
2002	1 396	320.500 0	133.730 0
2003	1 552	382.200 0	187.700 0
2004	1 731	447.300 0	239.115 2
2005	1 792	504.458 1	306.795 6
2006	1 876	546.053 0	377.500 0
2007	1 908	565.919 4	447.790 7
2008	2 263	607.661 2	511.949 8
2009	2 305	639.493 2	531.102 3
2010	2 358	661.755 1	575.424 5
2011	2 409	681.500 9	608.156 5
2012	2 442	688.833 6	624.733 8
2013	2 491	699.833 0	638.721 0

资料来源：《中国统计年鉴》（2000~2014 年）

（一）大学生体面劳动缺失的现状

大学生就业有其自身的独特性，概括起来有以下几个方面：①知识性。大学生长期的学习经历使其具备了较高层次的知识水平和相对较强的工作能力，作为青年群体一部分的大学生，对社会的发展起到了特殊的意义，也影响到了大学生在择业就业上的目标选择、观念及择业心理和过程等。②群体性。大学生就业是以群体形式出现的，并非个别现象。我国每年会有几百万名大学生进入社会就业，相应地就需要几百万个就业岗位。规模如此庞大的高校毕业生源源不断地被输入社会，这是社会的宝贵财富，但如何合理安排他们的就业也成为了一项十分艰巨的任务，这不仅需要社会、教育主管部门和学校的精心组织安排，还需要大学生个人的积极配合响应。③时效性。大学生就业有一个时效期，过去，毕业生在毕业离校之前就需要将工作单位落实好。但随着大学生就业制度的改革，尤其是"双向选择"就业机制的建立，大学生的就业时效期也发生了很大的变化，择业时间延长到其毕业后两年内。④政策性。影响大学生就业思想和就业状况的不仅仅是国家宏观政策，最为关键的是国家对大学生就业的具体指导方针和政策。大学生必须要努力适应新的社会形势，尤其是就业制度的变革，并且遵守有关的就业方针和政策。⑤法制性。大学生必须依法进行就业，在履行相应法律义务的同时，也受到法律的保护。在社会主义市场经济条件下，大学生自主择业依赖各方面法律法规建设的相应完善（张绍荣和陶小江，2003）。

由于大学生由"买方"市场转向"卖方"市场，加之我国就业的法律体系不健全，大学毕业生遭受了就业的"非体面"待遇，遇到了各种类型的歧视。

1. 性别歧视

近年来，我国高校女生的数量逐年增长，女大学生就业问题越来越引起社会各界的关注。尽管从最终的就业率来看，女大学生就业难的趋势并不十分明显，但其在求职过程中遭遇的性别歧视却是一个不容回避的问题。2007年4月10月，青岛市妇联与中国海洋大学、青岛大学、青岛科技大学、青岛理工大学、青岛广播电视大学、青岛职业技术学院六大驻青岛高校联合开展了2007年应届女大学生就业状况调查，六大驻青岛高校2007年应届毕业生总数为24 017人，其中女大学生为10 782人，占总数的44.89%。调查结果显示，截至2007年7月，女大学生一次签约率仅为39.3%，并且97%的女大学生已经是多次参加招聘会、多次投递过求职简历，有3次以上求职失败经历的女大学生占61.4%。从男女大学生签约意向数量上看，男大学生多于女大学生7.6%（王冶英，2009）

2. 户籍歧视

户口籍贯的歧视也是大学生就业普遍存在的问题，不仅存在用人单位的歧视，更存在地方政府直接或间接对本辖区内用人单位用工自主权的干预而导致的歧视。一种典型的歧视是要求本地大学毕业生，另一种则是歧视异地大学毕业生。前者体现了地方保护主义，后者则突出对非本地大学生的区域歧视。同时，还存在另一种户籍歧视，就是歧视来自农村的大学毕业生，认为来自农村的大学毕业生低人一等。对于大学生而言，户籍及其出生地是与生俱来、无法改变的。这种不重视实干能力而以区域区分的歧视成为当前求职中较为严重的问题。如果不积极抑制反而助长这种政策歧视，最终将导致外来优秀大学毕业生人力资本的流失。

3. 学历歧视

学历歧视主要体现在对学历、包括毕业院校的不合理要求。具体分为片面歧视、反向歧视及定向歧视（王杏飞，2012）。第一种情况是指一些单位在招聘时不考虑工作的实际需要，动辄要求硕士、博士及以上学历，从而片面追求高学历的错误歧视。第二种情况是指部分用人单位反其道而行,反向强调应聘者必须为本科及以下学历,限制高学历的硕士生和博士生。这种歧视在如今的就业中也比较频繁的出现。第三种情况则是指更多的招聘单位对学历背后的毕业院校设置的不合理要求,如"毕业院校必须为985、211重点大学,否则免谈"的条款,这种定向性的招聘更是直接侵害了大学生的平等就业权利。

4. 对缺乏经验者的歧视

在大学毕业生就业应聘中,大学生经常会因用人单位在求职履历的应聘要求上受到诸多限制。要求应届大学生有学生干部经历,若为往届大学生则要求其有相应的工作经历,有的甚至明确声明只要应届毕业生或者有工作经验的大学生。这种极端的招聘方式直接把不符合条件的大学生拒之门外。前者错误地把普通大学毕业生的工作经验看成应聘障碍,后者根本不注重应届毕业生的实际能力和水平(王杏飞,2012)。此外,政治面貌在某种程度上确实可以保证应聘者的政治觉悟和思想素质。但在实际应聘中,其却容易被极端化。一些用工单位在招聘时明确要求应聘者必须为中共党员或者党员优先;而部分单位却相反地强调必须是非中共党员。这两种做法的实质即是政治态度歧视,把本应作为一项提供参考的标准作为招聘时硬性的、绝对的条件。

从当前情况来看,高校毕业生的就业结构性矛盾突出。从地区上看,北京、上海等东部发达地区对大学生需求较旺,需求总量大于当地的生源数。相比东部,中部、西部不少省区虽有较大的用人需求,但由于工作和生活条件艰苦,往往招不到合格的人才。从院校类别看,教育部直属院校的毕业生就业情况较好,部门高校次之,地方院校较差。从学历看,用人单位对高学历毕业生需求大于对学历低毕业生需求。从专业上看,一些紧缺专业,如通信、电子、师范和土建等科类的毕业生需求旺盛,毕业生供不应求,而一些长线专业,如哲学、社会学、法学等科类的毕业生需求量较小。高校毕业生"无业可就"与"有业不就"的现象并存。"无业可就"是毕业生供大于求,"有业不就"是毕业生就业期望值高。目前,我国已基本实现了高等教育的大众化,但高校毕业生的就业观念还适应不了高等教育大众化条件下的"以市场机制配置人才资源"的竞争模式,不少毕业生及学生家长的观念基本还停留在高等教育精英化时代,这种观念有待尽快转变。

(二)大学生体面劳动缺失的原因分析

1. 大学生就业市场化与劳动力市场尚不完善相矛盾

大学生就业市场的分割与缺陷,是大学生体面劳动缺失的主要原因。伴随着我国市场经济的建立与完善,大学毕业生的就业方式由过去的政府计划分配模式向用人单位与大学生之间双向选择的市场模式转变。1993年我国大学生的就业市场逐步形成，同年2月，国务院《中国教育改革和发展纲要》指出"毕业生就业体制改革的目标是在国家政策指导下，多数学生在一定范围内自主择业"，"逐步建立和培育以学校为主体的毕业生就业市场"，促成了高校毕业生就业市场与劳动力市场之间的相互分割。各高校开始培育以本校毕业生就业为核心、以校内"双向选择"为目标的毕业生就业市场，导致毕业生就业市场相互分割、就业市场与劳动力市场断裂的局面出现。从目前来看，大学生就业市场的发育尚不完善，竞争有序的就业市场尚未形成；大学生就业服务保障体系尚未建立；地域、院校及专业歧视尚未消除，导致毕业生就业市场的不完全竞争和高成本，影响了大学生的顺利就业。

2. 高等教育体制改革滞后，就业需求结构与人才供应结构脱节

我国高等教育改革起步较晚，受计划体制的影响，高校教育滞后于当前产业结构的调整和社会人才的需求变化，导致学校的人才培养结构与社会的需求不一致，甚至出现了严重脱节的现象。大学毕业生就业难与我国就业需求结构及人才供应结构有着密切的关系。

我国高校的学科及专业设置难以适应社会需求。在大学生就业已经市场化的情况下，高校的专业设置显得十分滞后，不能依据市场的供求变化适时调整，致使大学毕业生的专业结构与市场的供求出现了严重错位。高校的专业设置滞后于社会的发展是教育的主要特点之一，但若不以市场需求为导向进行规划并主动调整，将会放大专业及课程设置的盲目性，造成专业趋同现象严重，以致形成供给结构的严重失衡。此外，高校课程设置与企业用人机制无法有效对接，导致大批毕业生找不到合适工作。

我国高校的教育模式存在弊端。我国的高等教育采取"严进宽出"的模式，一方面，大部分高校招录学生的分数下降；另一方面，高校管理工作不到位，只重视效益，对学生思想、学习等各方面的教育有所忽视。许多大学生"60分万岁"的思想严重，走进校园之后放纵自我，既不注重实践经验的积累，也不注重人文素养及自身综合素质的提高，导致就业能力差，毕业后找不到合适的工作。

3. 缺乏科学的人力资源管理理念

作为需求方的用人单位缺乏科学的人力资源管理理念也是高校毕业生就业"非体面"的直接原因。有些用人单位缺少对岗位技能需求的调研，对岗位要求无明确标准，造成劳动力市场就业能力信号紊乱。有些用人单位在招聘的过程中强调学历、年龄、性别与证书等因素，忽视了大学生真正具备的能力水平。再加上用人单位与高校双方信息沟通不畅，导致大学生的素质能力难以满足岗位的需求。

一些用人单位不能从客观实际需要出发，而是盲目抬高用人标准、追求人才的高消费，以致造成人才浪费，影响了大学毕业生的顺利就业。近年来，用人单位对大学毕业生的聘任要求从"单一化"向"多元化"转变，对大学生综合素质的要求越来越高，但用人单位"重学历、轻能力"的价值取向却没有得到根本性的改观。多数用人单位缺乏系统的人才培养机制，考虑到经济成本，用人单位在招聘人才时，过于注重工作经验，希望引进人才立刻发挥作用、创造价值。而刚毕业的大学生缺乏工作实践经验，再加上动手能力差，用人单位认为把时间精力花在对毕业生的培养上太不划算，因而不愿意接受大学毕业生。

4. 大学生自身因素的影响

大学生就业"非体面"的重要因素之一就是大学生的就业能力欠缺。我国目前大多数高校都过于强调对大学生专业技能的培养，忽视了大学生综合素质和就业能力提升的重要性。大部分学生在校期间忙于应付各类考试，很少有时间在人文素养、实践能力、道德情操等用人单位注重的能力及品质方面下功夫，导致眼高手低，对就业的看法趋于简单化、片面化和理想化，造成一些用人单位对应届毕业生产生了不好的印象，认为其角色转换比较慢，适应过程也较长。再加上一些大学生在工作中表现出的不积极、怕脏怕累、临阵退缩或不愿从基层做起的态度，影响了用人单位对大学毕业生的选择。

部分大学生在校期间缺乏一个合理的职业生涯规划。职业规划不明，容易造成"隐性"失业。调查显示，大学生在进行职业生涯规划时，往往不能客观进行自我评价，职业目标的设定过于理想化，以致从自我评估到评估反馈等环节均存在问题，包括自我评价不客观、职业规划过于"理想化"、职业定位偏差等。

此外，在现实生活当中，面对着升学的压力和父母的期望，每位学生都承受着巨大的压力，但却没有得到社会的足够重视，甚至涌现出了为数众多的高分低能者。大学生在求学期间，学校忽视了对他们的心理素质进行培养，使一些大学生在面对困惑或逆境的时候，茫然不知所措，不仅会影响到自己如何择业就业，而且还造成对自己和他人的严重伤害，进而影响了整个人生。大学生群体处于"第二次心理断乳期"，易受多重价值观的内在影响，再加上环境的诱发因素，导致大学生的心理健康状况比其他阶段人群明显要低，"马加爵案"及"药家鑫案"就是最好的例证。

许多大学生对毕业后工作的期望值过高，考虑择业的地域、职位及工资的高低，希望到生活条件好，福利待遇高的大城市、大企业工作，而不愿意到亟须人才但条件艰苦的中小城市。高期望驱使大学毕业生向往高薪水、高起点、高职位的工作，盲目抬高择业目标，一厢情愿对用人单位提出各种要求，即使找不到合适的用人单位也不肯降低就业期望值。可是现实中很多就业岗位并不像他们想象得那样美好，因此，当发现现实与理想的差异较大时，往往容易出现"高不成，低不就"的现象，从而产生偏执、虚伪，甚至自卑等心理问题，并最终导致择业行为的偏差。

（三）大学生体面劳动缺失的社会影响

1. 引起"读书无用论"抬头

这是大学生就业"非体面"最直接、最重要的影响。读书却找不到工作，投资无回报。那些举债读书的家庭会不堪重负，感到万分失望，降低了求学的积极性。目前，在农村一些父母已经没有了往日砸锅卖铁供子女读书的激情，在经济并不十分紧张的情况下便让子女主动辍学。他们认为"读书无用"，与其花费四年让子女去读大学，不如早点打工挣钱，做生意比读书强，这样才符合农村的实际经济情况（易忠，2007）。

一般来说，理学、工学、医学等学科的专业对口性较强；而文学、社会学、管理学等学科的专业对口性较差。参与调查的人中，有30.2%的人认为目前大学生就业难在"找不到专业对口的工作"。"专业不对口，所学非所用"有以下三个方面的影响：一是直接导致大学生所掌握的求职资本减少，竞争力降低。二是缩减了大学生的各项薪金待遇（贾万刚，2005）。在美国学士学位获得者中，只有25%左右的毕业生未就业于专业相关领域[①]；职业——专业匹配的劳动力的月收入要高出不匹配劳动力的9.6%。三是使大学生对大学文凭产生迷茫和困惑：自己求知的专业领域竟然不被社会所看重和需要，几年的苦读完全是一种缺少目标的虚度，因而滋生"读书无用"的念头（王涛和张成科，2005）。

2. 冲击公众对教育的投资及消费心理

据调查显示，在我国的家庭消费排序中，有68.8%的家庭对教育的投资消费排在第一位或第二位；希望子女能够接受高等教育知识熏陶的家长占被调查者的89.8%，这种心理在下岗职工的家庭中体现的尤为明显。有77.6%的父母要求子女能达到大专及以上学历，在这之中还有56.6%的父母要求子女能够达到本科或硕士学历（陈晋锋，2012）。而大学生就业难问题的凸显，必然会使家庭对教育的投资和消费心理产生两种不利的影响。一些经济条件相对宽裕的家庭不断加大对教育的投资，一味地追求子女的高学历高层次，而忽视了其实用性。一些经济条件相对较差的家庭，尤其是农村家庭，一方面会因教育投资的负担日益沉重而让子女失学；另一方面也会在看到大学生就业难的现实情况后，主动

---

① 就业于专业相关领域包含两种情况：一是该职业领域与本专业领域具有同样的基础内容；二是该职业领域应用与本专业具有相同职能的技术和训练。

选择让子女退学。

3. 失业青年增多，社会不稳定因素增加

近年来，我国失业人数逐年上升，青年也已成为我国失业人群的主体。年富力强却找不到工作，满腹经纶却苦无出路，失业青年增多使社会不稳定因素增多：其一，就业压力使部分心理素质较差的青年人生观、价值观发生扭曲，求职受挫使其本来对未来生活充满憧憬变得消极悲观，甚至做出一些过激行为。近年来，全国发生过多起大学生自杀的事件，甚至是恶性凶杀案，对社会产生极其恶劣的影响；其二，为找到一份好工作，大学生及其家长们可能会不惜运用一些非正常、非公平的竞争方式（张金麟，2006）；其三，现有制度不健全、监管不到位，促使职场准入被人为地抬高，都可能引发新的社会不公，从而导致埋怨、抵触和反社会心理，破坏了社会的稳定；其四，大学生社会阅历浅，求职心切，很容易就轻信他人，被人利用落入不法分子的圈套，给自己带来人身威胁、经济损害，甚至违法犯罪，如公安机关破获的非法传销组织中就曾经发现有许多是被诱骗的大学生；其五，部分不法分子以"包分配""高薪"等为幌子，从事诈骗、教唆、拐卖等犯罪行为，极大地破坏了社会秩序，危害了公共安全。

综上所述，大学生就业"非体面"影响了社会的稳定，违背了我国经济发展和构建和谐社会的发展方向，影响了我国体面劳动目标的实现，应该引起社会各界的高度重视。

四、残疾人群体体面劳动缺失的状况

城镇残疾人就业，是指让达到法定劳动年龄、具有一定劳动能力、有劳动要求的残疾人获得劳动岗位，并取得劳动报酬或经营收入（钟越，1994）。就业对残疾人来说，不仅是改善其自身生活状况、社会地位和充分参与社会生活的基础，更是实现人生价值的关键。对社会来说，残疾人就业有利于发挥残疾人自身能力、减轻他人负担，有利于经济的发展和社会的稳定。

1988年中国残疾人联合会（简称中国残联）的成立，是我国改革开放背景下社会文明进步的标志。在中国残联的推动下，政府出台许多扶持残疾人就业的具体政策，残疾人就业问题得到了一定程度的改善，但仍然存在不足。我国现有的残疾人就业模式在保障残疾人就业方面起到了一定的作用，但在实践中也逐渐暴露出一些问题，导致对残疾人就业的吸纳程度不够以及就业权益的缺失。我国残疾人就业模式包括集中就业和分散就业两种形式。

作为集中就业的主要形式，福利企业在安置残疾人就业方面起到了很大作用，从新中国成立初期的福利工厂到20世纪80年代逐渐发展起来的一大批福利企业，为安置残疾人就业做出了积极贡献，福利企业曾是我国残疾人集中就业的主要渠道。但近年来，我国福利企业连年出现萎缩现象，从1990年的41 827个下降到2013年的18 000个，下降比率达到132%，福利企业和集中安置的残疾人数量呈下降趋势，从1995年的95.8万人下降到2013年的53.9万人，下降率达到77.7%（国家统计局，2013）。作为残疾人就业的重要渠道，福利企业的萎缩直接导致对残疾人就业的吸纳能力下降，影响到残疾人劳动权利的保障。按比例分散就业是国家对在竞争中处于不利地位的残疾人所采取的扶助性措施。事实上，按比例安排残疾人就业是国际社会普遍采取的做法。2015年我国城镇新就业残疾人为26.3万人，其中，集中就业残疾人为6.8万人，按比例安排残疾人就业为6.6万人，公益性岗位就业为1.2万人，个体就业及其他形式灵活就业为10.4万人，辅助性就业为1.3万人。但按比例就业缺乏强制性法律规定和处罚措施，以致其在促进残疾人就业方面的作用远未发挥出来。而且残疾人按比例就业人数也有所下降，已由2007年的11.5万人下降到2015年的6.6万人。（中国残疾人事业发展统计公报，2015）。

　　各地的《残疾人劳动就业实施办法》只规定了单位应按一定比例安排残疾人就业，不安排的单位需缴纳残疾人就业保障金。由于缺乏必要的强制性法律规定和处罚措施，一些用人单位考虑到残疾人在生产安排和管理等方面的困难，宁愿缴纳残疾人就业保障金也不愿意安排残疾人长期就业。甚至还有些单位既不接纳残疾人就业，又不缴纳就业保障金。还有单位采取"政策变通"，虽然也执行按比例就业，但不给法定的、按比例应当接受的残疾人安排适合的工作，只给他们发放生活费，按比例就业变成按比例"救济"。这样用人单位既可以完成按比例安排残疾人就业的任务，又不用缴纳残疾人就业保障金。虽然用人单位的这种"政策变通"也使残疾人得到一定的实惠，但这部分残疾人没有实现真正意义上的就业，他们生活问题并没有得到彻底地解决。

（一）残疾人体面劳动缺失的现状

　　残疾人劳动就业是残疾人走向社会、参与社会的重要标志，也是解决残疾人问题的根本出路。但目前来看残疾人就业存在"非体面"状况，可以归纳为以下四个方面。

　　1. 残疾人就业率低

　　残疾人就业率与国内就业总体水平存在着的较大差距，这种社会现状影响了残疾人的社会参与，更谈不上共享社会发展的成果。2006年第一次全国残疾人抽样调查结果显示，城镇不在业的残疾人比例较高，占到60%以上（全国残疾人抽样调查办公室，2007）。有学者估算每年还将新增残疾人劳动力30万人左右（张建伟和胡隽，2008）。即使是在经济较为发达的省份，残疾人就业状况与经济社会发展水平也很不适应，与广大残疾人的需求和期望还有较大差距。

2. 残疾人就业岗位层次低、结构不合理

残疾人就业岗位层次低，我国残疾劳动者处于次级劳动力市场，就业的残疾人主要分布在一些操作简单、收入低微的行业。据调查显示，90%以上的在业残疾人在从事简单体力劳动（赵燕平，2010）。用人单位在招用残疾人时，80%的岗位所开出的工资是当前最低标准工资（郭菊君，2009）。不仅如此，福利企业残疾职工的平均工资不到社会平均水平的40%，许多地方残疾人工资甚至达不到最低工资标准（钟越，1994）。一些企业有意忽视残疾人也应当执行当地最低工资标准的规定，导致少数残疾人的收入与低保线接近，失去了参加社会劳动的价值和意义。

残疾人就业岗位结构不合理。残疾人就业的行业比较单一，特别是对于某些类别的残疾人更是局限于个别特殊行业，如盲人所从事的职业主要局限于保健按摩。由于劳动力市场所容纳的劳动力有限，极大地限制了残疾人的就业面，不利于广大残疾人在更为广泛的领域展示自己的才能。

3. 残疾人就业的风险大、稳定性差

残疾人就业的劳动关系不稳定，劳动合同签订率低，有些甚至不签劳动合同，雇主随意解雇残疾劳动者。残疾人的工作稳定性较差，当企业裁减人员时，他们可能最先失去工作。同等条件下，残疾人签订劳动合同期限短，再失业风险大。很多残疾人在同一岗位上的时间平均不足 5 年，即使是就业机会较多的肢体残疾人，也不容易连续就业，听力残疾人更换岗位的频率则更高（钟越，1994）。

残疾人的劳动权益不能得到保障，主要表现在城镇残疾人参加社会保险的人数以及城乡残疾人纳入最低生活保障的人数很少，具体情况如表 3-2 所示。有些企业不严格执行有关《中华人民共和国劳动法》的政策法规，对残疾人提前退休、残疾妇女特殊劳动保护、流动残疾人员就业保护等存在不足，而残疾人自身的维权能力较弱也导致残疾人的劳动权益受到损害。

表 3-2　我国残疾人社会保障基本情况（单位：万人）

年份	城镇残疾职工参加社会保险人数	城乡残疾人纳入最低生活保障人数	扶持贫困残疾人数
2007	260.8	635.9	229.9
2008	297.6	738.6	211.8
2009	287.6	853.6	204.0
2010	283.2	927.1	192.3
2011	299.3	1 031.4	179.8
2012	280.9	1 070.5	179.4

资料来源：《中国统计年鉴》（2008~2013 年）

残疾人隐性失业现象比较普遍。在国家按比例就业政策的要求下出现了"挂靠式"就业现象，即有的用人单位每月发给残疾人几百元的"悬空"工资而不用工作，这种名义上的就业实质上也是失业。

由于有关法律法规对用人单位辞退残疾人缺乏保护性的特殊限制，残疾人即使就业了，也很容易失业：一方面，残疾人对新工作的适应能力不强；另一方面，企业对残疾员工的满意度不高，致使在就业后的一年内再失业的残疾人者占到介绍安置就业残疾人的五成左右，短期间内的高失业率说明了残疾人就业的稳定性较差。

4. 残疾人就业地区差异明显

中国残疾人就业问题研究课题组（2003）对陕西、河南、山东、浙江、江苏、上海的残疾人就业状况进行调查，发现我国残疾人就业水平存在地区差异，残疾人就业状况和经济社会发展有一定的同步性；就业结构也有地区差异，在经济较发达的江浙地区，福利企业集中就业比重较大，在按比例就业推行困难的地区，个体就业比例较大；在浙江，残疾人就业初步呈现城乡一体化的发展趋势。

（二）残疾人体面劳动缺失的原因

残疾人就业体面劳动的缺失受到众多因素综合影响，概括起来有以下四个方面。

1. 残疾人就业社会条件障碍

社会歧视是影响残疾人就业的观念障碍。当前社会仍然有很多人将残疾人视为二等公民，歧视残疾人。许多单位受传统观念的影响，顽固地认为残疾人素质低、能力差，在招聘过程中设置歧视条款，提高残疾人的准入门槛，人为地增加残疾人就业的难度。对残疾人就业的社会歧视同样发生在经济发达地区和高素质的残疾人人才身上，残疾大学生就业也受到歧视。残疾妇女在残疾和性别的双重歧视下就业前景暗淡，承担着更大的就业风险。在残疾人就业过程中，歧视和不尊重现象被某些所谓传统"道义"认为是公正的。残疾人在就业领域受到的歧视可以归纳为三种类型，即行业顾客的个人偏见导致对残疾人的就业歧视；对残疾人的教育歧视会导致雇佣的歧视、工资的歧视；统计性歧视（周林刚和胡杨玲，2007）。社会排斥非常典型地发生在残疾人就业的过程中。劳动力市场对残疾人的排斥成为一种普遍的社会现象，在制度排斥、观念排斥、教育排斥等多重社会排斥的叠加作用下，形成了残疾人恶劣的就业环境，导致残疾人长期处于就业市场的边缘。

残疾人就业支持政策不够完善是残疾人就业的制度障碍。残疾人就业支持政策存在的问题主要表现如下：第一，集中安置残疾人就业的政策不够合理。我国对福利企业的政策与社会经济发展要求不相适应，对兴办福利企业投资主体和经营范围限制较多，影响残疾人集中就业的发展（中国残疾人就业问题研究课题组，2003）。第二，分散安置残疾人就业的政策容易导致残疾人隐性失业。现有按比例分散就业政策不仅导致了所谓的"挂靠"就业现象，企业按比例就业成了按比例"救济"，残疾人按比例就业成了按比例"收钱"（陈通明等，2008）。

就业市场化造成了残疾人就业的岗位障碍。在社会转型的背景下，劳动力市场不仅没有充分考虑残疾人就业的需求，而且也没有提供适合残疾人就业的岗位。劳动力市场的发展变化导致岗位要求的提高，客观上拉大了与残疾人就业能力之间的距离，影响了残疾人就业。此外，全社会劳动力供求严重失衡也造成残疾人的失业率远远高于社会平均水平。

2. 残疾人本身就业能力障碍

人力资本低造成了残疾人就业能力障碍。长期以来，主观和客观因素对残疾人的教育排斥导致残疾人人力资本严重不足。第一次残疾人调查结果显示，全国残疾人口中，具有大学程度（指大专及以上）的残疾人为 94 万人，高中程度（含中专）的残疾人为 406 万人，初中程度的残疾人为 1 248 万人，小学文化程度的残疾人为 2 642 万人。15 岁及以上残疾人文盲（不识字或识字很少的人）为 3 951 万人，文盲率为 43.29%（全国残疾人抽样调查办公室，2007）。从调查数据来看，我国残疾人受教育程度明显比正常人偏低，直接导致其文化素质低、职业技能不能适应竞争机制下的就业需求。如果没有政府的帮助，残疾人找不到工作，或者即使找到工作也只是简单重复的、低水平的、不稳定和没有前途的。因此残疾人作为人力资本存量不足的"弱势群体"，自身的就业能力障碍也导致其就业的"非体面"。

3. 残疾人就业信息障碍

残疾人就业服务体系不完善导致残疾人就业信息障碍。当前存在着残疾人就业渠道单一，就业市场建设滞后等问题。目前劳动力市场不完善，残疾人就业服务机构人单力薄，服务缺位，残疾人与用人单位之间信息渠道不畅，如我国的残疾人就业服务机构数从 2007 年的 3 217 个下降到 2012 年的 2 678 个，下降比率达到 21%（国家统计局，2003）。这就导致我国的各种社会机构不能为残疾人提供充分的就业服务，不能使残疾人获取充分的就业信息，并没有缓解残疾人的就业困境。

4. 残疾人心理素质比较差

大多数残疾人心理上压力较大，较敏感，心理素质差，存在自卑心理，对未来的态度悲观，这对其寻找工作或多或少会有一些影响。例如，一些残疾人认为自己有残疾，总觉得低人一等，因此在与社会进行交流时会有畏惧情绪，不能与他人很好沟通；有的残疾人与用人单位见面时总是有不必要的恐慌，缺乏自信，因而不能从容发挥自己的特长，影响了自己在用人单位心目中的形象，使被录用的可能性降低；还有一些受过高等教育、素质较高的残疾人，不敢去一些用人条件较高的单位求职业，或主动降低自己的求职条件，人为地减少自己的就业机会，缩小择业范围。因此，残疾人的心理素质是其融入社会的又一个障碍。

　　总之，残疾人群体数量庞大，理应受到社会各界的关心和重视。在市场为导向的就业机制下，残疾人就业途径呈现出多样化的趋势发展，使传统促进残疾人就业的措施也遇到了难题。虽然政府做出相应工作调整，在一定程度上缓解了残疾人就业难问题，但是在就业压力大、就业歧视为普遍现象的今天，残疾人体面劳动缺失问题仍然十分突出。

第四章 体面劳动衡量指标与中国体面劳动水平测量

第一节 国际劳工组织关于体面劳动的量化指标

2003 年第 17 届国际劳工大会的一般性报告中，第一次对体面劳动衡量指标和监测做了详细阐述。国际劳工局把体面工作[①]的概念定义为："促进男女在自由、公平、安定和尊重人格的条件下获得生产性体面工作机会。"并对这一概念做了以下六个方面的阐述（国际劳工局，2002a）。

第一，工作机会是指每个人（男人和女人）都有参加工作的需求，工作包括各种形式的经济活动，正规和非正规部门中自谋职业，家庭从业和有薪就业。

第二，自由是指每个人都可以自由地选择职业，而不是被迫接受不可以接受的工作，像奴役劳动和童工等。

第三，生产性是指工人获得的工作不但可以养家糊口，而且还为企业和国家提高竞争力和持续发展做出贡献。

第四，公平是指工人在找工作和工作中不受歧视并享有平等待遇，有能力处理好工作与家庭生活的关系。

第五，安定是指工人需要在健康生活和就业方面得到保护，退休领到养老金。

第六，尊重人格是指工人在工作中受到尊重，能够参与企业决策，自由参加对自己有利的组织。

一、体面劳动的衡量指标

国际劳工组织通过总部相关部门和各地区分局收集了大量的统计数据，并进

---

① 少数学者把 "decent work" 译成 "体面工作"，同 "体面劳动"。

行加工和整理，编制了一套可以衡量发展中国家、转型国家和发达国家体面工作的主要指标体系，内容包括就业机会、不可以接受的工作、足够的收入和生产性工作、合理的工作时间、工作的稳定性、就业公平待遇、劳动安全、社会保障、工作与家庭生活、社会对话与劳动关系及经济和社会因素。

这十一个方面的内容是国际劳工局对体面工作统计指标的概括，前十项表现了体面工作的一般特征；第十一项经济和社会因素指标是对前面内容的补充，从经济和人口的角度来确定体面工作的水平。为了便于国际劳工局本部和地区分局以及各个国家对体面工作的程度进行测定，在每一项内容中又列出了具体的量化指标（张国庆，2003）。

（一）就业机会

（1）劳动力参与率。

（2）就业人口与总人口的比例。

（3）失业率。

（4）青年失业率。

（5）非农就业中有薪就业比例。

（6）非农有薪就业中妇女就业比例。

上述指标中"劳动力参与率"用来测定一个国家内适合工作年龄人口在劳动力市场的活跃程度。"失业率"是失业人员占劳动人口的百分比，工业化国家认为它是测定劳动力市场行情的重要指标。"青年失业率"被列为联合国新千年计划的48项指标之一，为年轻人提供体面工作被列为联合国新千年计划八大目标之一。"非农就业中有薪就业比例"主要反映发展中国家城市化过程中，非农经济不能及时吸纳进城寻找工作的农业人口的状况。

（二）不可以接受的工作

自愿、自由地选择就业是体面工作的概念之一。1998年国际劳工组织的《工作中基本原则和权利宣言》确定了两种非自愿选择就业的形式：强迫劳动和童工劳动。

1. 有薪就业中儿童所占比例（按年龄划分）

这个统计指标可以更为精确地监测使用童工的严重程度及造成的影响，以制订逐步消除童工劳动的国际合作计划（IPEC）。在此基础上开发出下一个指标。

2. 儿童在危险工作中所占比例（按年龄划分）

另外，强迫劳动也应是一项指标，在国际劳工组织第29号公约中已做了规定，但统计起来非常困难。因为这种形式的劳动是非法的、隐蔽的。所以，如何建立强迫劳动的指标还需进一步的研究。

（三）足够的收入和生产性工作

（1）收入不足的比例（指收入低于50%中等工资或最低工资的就业人口所占百分比）。

（2）某些行业的平均收入（可选择有代表性行业）。

体面工作中最核心的问题是工人收入的水平，所以低收入职工的比例可以反映出这个国家体面工作的水平，具体的测量单位多用小时工资。行业平均工资或收入可以反映这个行业的工资走向以及该行业中不同工种的收入差别。选择行业参加工资调查要考虑到代表性，如女性为主的职业、男性为主的职业、贸易行业与非贸易行业、技术性和非技术性行业等以测定不同工种的工资水平、国际贸易水平和妇女就业的情况。

（四）合理的工作时间

工作时间一直是国际劳工组织所关心的问题，1919年通过的第1号国际劳工公约就是关于工时问题的。

（1）超时工作（占就业人口的比例，按就业形式分类）。

（2）与工时相关的不充分就业（少于最低工作时间，寻求更多工作时间就业人口的百分比）。

虽然许多国家都有正常工作时间的规定，但超时工作依然普遍存在。超时工作是收入不足的信号，同时有损于体力和脑力的健康。根据各国工时调查分析，国际劳工局认为，超时工作指标可暂时定为每周60小时。在美国有10.8%的就业人口每周工作50~59小时，有7.8%的就业人口每周工作60小时或60小时以上。

从宏观经济分析，就业不充分与失业都是劳动力资源没有得到充分的利用。劳动统计归纳不充分就业有三点，即希望获得更多的工作时间；有能力工作更长的时间；现工作时间低于当地一般标准。

（五）工作的稳定性

失去工作对大多数人来说都是很严重的事情，造成失业的原因是多种多样的。工作的稳定性是体面工作的重要内容，但其量化指标弹性很大。

（1）工作期少于一年（少于一年工作就业人口的比例，按年龄和就业形式划分）。

（2）临时工作（在被认定为临时性工作的就业人口比例）。

工作期可以反映过去就业的稳定状况，也可以预测将来就业是否稳定。由于收集的数据很有限，只能将就业人口工作期定为一年，在美国少于一年工作的就业人口为 26.8%。另外，在许多国家，临时性工作和非临时性工作不以劳动合同为界，在美国临时性就业人口为 4.3%。

今后，国际劳工局还将列出另外两个与工作稳定性相关的数据。

（1）未来工作稳定性预测。

（2）就业周期。

（六）就业公平待遇

公平待遇指标主要反映男女职工在就业中的地位问题。

（1）按性别职业分类（在以男性为主的职业中和以女性为主的职业中非农就业人口比例）。

（2）管理行业中女性就业比例（非农就业中女性比例）。

（3）非农有薪就业中女性所占比例。

（4）男/女工资比例（选择部分职业比较）。

（5）其他指标男/女比例。

当前，世界劳动力市场在很大程度上仍按男女性别划分，约一半的就业人口在同一性别支配的行业中工作，这些行业中 80% 的工人是同一性别。这种情况表明不灵活的劳动力市场减少了就业机会，特别是妇女就业，同时也阻碍了经济的发展。

在劳动力市场中，除了按性别划分会造成就业歧视外，还包括种族、少数民族、宗教、社会背景等造成的就业歧视。随着经济全球化的发展，国籍和边缘身份而造成的就业不平等待遇问题将会引起更多的关注。

（七）劳动安全

（1）死亡事故（每 100 000 名职工）。

（2）劳动监察人员（每 100 000 名职工）。

（3）工伤保险覆盖面（享有此项保险职工的百分比）。

（4）超时工作（见合理的工作时间，即占就业人口的比例，按就业形式分类）。

劳动安全指标主要是反映工作场所安全的水平，国家为加强生产安全管理的投入，工伤保险的覆盖面和造成不安全因素的超时工作。但是，由于一些国家不完善的统计报告系统直接影响国际劳工局在世界范围收集到准确的工伤事故和职业病数据。2002 年国际劳工大会对工伤事故和职业病的记录和报告方法进行了讨论，以期改进这方面的工作。

（八）社会保障

体面工作中社会保障的量化指标主要反映其对就业职工和全体人口的覆盖范围和待遇水平。

（1）公共社会保障开支（占国民生产总值 GDP 的百分比，包括开支总数、医疗保险开支和养老保险开支）。

（2）基本生活收入保障的公共开支（占 GDP 的百分比）。

（3）基本生活保障受益人口（占贫困人口的百分比）。

（4）65 岁以上享受养老保险人口占总人口的比例。

（5）缴纳养老保险费的经济活动人口比例。

（6）月平均养老金（占中等/最低收入的百分比）。

（7）工伤保险覆盖面（见劳动安全指标，即享有此项保险职工的百分比）。

其中，公共社会保障开支是一项综合指标，它反映国家对全体公众再分配的重视程度。

（九）工作与家庭生活

在许多国家，协调工作和家庭生活之间关系的政策是很重要的。由于妇女承担着家庭责任，因此这里面有社会性别平等问题，特别是男女就业平等。国际劳工组织《有家庭责任的男女工人机会和待遇平等公约》（第 156 号）在这方面有详细的说明。

（1）赡养受义务教育年龄以下子女的妇女就业比例（与 20~49 岁妇女就业比例之间的比率）。

（2）超时工作（见合理的工作时间指标，即占就业人口的比例，按就业形式分类）。

为了能反映平衡有子女的父母工作与家庭生活之间的关系，今后还要增加以下几项指标。

（1）父母工作/就业保护的范围和时间。

（2）父母生育保险。

（3）适应家庭需要的工作灵活性（小时、照看有病子女假、带孩子上班、因私使用电话）。

（十）社会对话与劳动关系

体面工作中反映工人意愿和工人参与的指标很重要，包括工人与雇主直接接触的渠道和工人自己组织的方式。国际劳工组织第 87 号公约和第 98 号公约都有详细的说明。

（1）工会密度。

（2）工资集体谈判覆盖面。

（3）罢工和不进厂行动（每1 000人）。

今后，社会对话方面的统计数据还应包括以下几个方面。

（1）工会会员参加选举和决策的程度。

（2）参与工作场所决策的程度。

（3）雇主/工人关系。

（4）工会女性会员百分比。

（5）女性工会领导人的百分比。

（十一）经济和社会因素

在量化体面工作的过程中，必须考虑其社会经济环境，影响体面工作持续发展的社会经济因素和条件。

（1）每个就业人员的产出——购买力平价（purchasing power parity，PPP）。

（2）每个就业人员产出的增长（全部和制造业）。

（3）通货膨胀（消费物价）。

（4）教育和成年人比例（成年识字率、成年中学毕业率）。

（5）经济部门就业构成（农业、工业、服务业）。

（6）收入不平等（收入或消费最高10%与最低的10%的比率）。

（7）贫困人口（日均生活低于1美元或低于2美元的人口）。

（8）非正规经济部门就业（非农或城镇就业的百分比）。

综上所述，目前的国际劳工组织体面工作量化指标体系共计11大项43个分项。国际劳工局建议各国应着手建立自己的体面工作主要指标体系，以此衡量各国体面工作的水平，并使之与实际工作相结合，不断地改进和提高体面工作的水平。

体面劳动的衡量指标，可归纳其主要特点如下。

第一，体面劳动衡量指标关注所有人的体面劳动，尤其是弱者的体面劳动。这是体面劳动基本理念的特点所要求的。体面劳动衡量指标体系应尽可能建立在能覆盖所有人的数据指标基础之上。当然，这并不排斥体面劳动衡量指标体系在达成这一目标的具体手段上也采用分段、分层或分类搜集数据的方法。同时，也重点关注了弱者的体面劳动，如最低工资、女性体面劳动等。

第二，相对指标与绝对指标相统一。体面劳动衡量指标中既有相对指标，也有绝对指标，这与其基本理念是相符的。一般认为，绝对指标可以更方便地评价那些对于所有环境下的工人都具有相同特质的体面劳动要素，而相对指标则针对那些对不同发展阶段有所区别的指标。例如，就业率与失业率这类绝对指标，对各发展阶段的国家的要求大致相同，而人均 GDP 这种相对指标对不同发展阶段的国家来说，其差别则是比较大的。绝对指标可以直接用于国际比较，而相对指标则需稍做处理后才能用于国际比较。关于绝对指标与相对指标还有一种理解认为，绝对指标是反映某地区体面劳动水平的指标，而相对指标则是反映体面劳动结构的指标。

第三，体面劳动衡量指标覆盖了所有发展阶段的国家。既然体面劳动是所有人的体面劳动，那么体面劳动也应针对所有发展阶段的国家。作为一种衡量全世界劳动者体面劳动的指标体系，应尽可能具有横向的可比性。应当注意，虽然各国体面劳动有其不同的衡量方法与要求，但这并不是说体面劳动在各国之间有可比性。同时，指标体系应尽可能覆盖世界上处于各发展阶段的国家，但这与数据的可得性不能相混淆。虽然体面劳动衡量指标也考虑数据的可得性，但数据是否容易取得与衡量指标是否科学这之间毕竟不能完全画等号。

第四，关注劳动者及其家庭的生活条件。体面劳动理念是充满人性光辉的理念，因而其衡量指标应关注劳动者的具体生活环境，这是体面劳动衡量指标的重要取向。例如，体面劳动衡量指标中应关注具体的工作收入、合宜的劳动时间，以及劳动者家庭生活指标，如产假、非正常工作时间等，这些指标可以具体测量劳动者及其家庭的生活条件等状态。

第五，注重社会背景的测量。体面劳动本身可以在各个方面推进社会发展，同时，也只有社会的全面协调持续发展，才能为体面劳动提供适宜的社会背景。健全的宏观经济政策、教育培训、终身学习及社会公平正义等，均为实现体面劳动提供良好的社会背景条件。

第六，绝大多数衡量指标都向人们提供了一个可供考察的时间序列，从而可以更好地反映一国或地区的体面劳动的历史面貌。这对于正确描述体面劳动的实现状况以及及时总结经验、找到实践中的问题等具有重要的意义。此外，这一特点与体面劳动基本理念作为一个实现过程而非一种确定不变状态的特点也是相对应的（曹兆文，2012b）。

二、对体面劳动衡量指标的监测及修订

时隔五年，体面劳动所处的国际环境发生了巨大的变化，在 2008 年 9 月举行的三方会议（tripartite meeting of experts，TME）上，各方对重新编制体面劳动的衡量指标进行了讨论，并形成了一些共识。会议认为，体面劳动进程的监测可以从两方面来看：一是有关工作和工作环境的统计指标；二是工作中权利和体面劳动的立法框架，包括权利的实现。

在有关工作和工作环境的统计指标方面，应该特别注意以下几点：①它应该

涵盖体面劳动的所有方面和所有工人（包括在非正规经济体中的男女）。②体面劳动指标应该适合处于所有发展阶段的国家，而这些国家和地区也可以获得有关体面劳动的全国数据和信息，以助于体面劳动进展的综合报告。③在统计数据方面，应较为关注数据的总体分布，而不仅仅是平均数或中位数，如统计指标应当反映在不能接受的工作环境下劳动的工人人数。④对工人的生活状况和家庭的关注，意味着不仅要包含工作和工作场所的数据，也应该包括家务劳动、生育、医疗保险的获得，以及工作贫困的发生率。⑤为能够清晰地阐明体面劳动的性别影响，在适当的时候指标统计应将男女区分开来；反映男女工人的不同需求和限制，包括考虑到家务劳动和生育。⑥体面劳动指标应当放置在一国具体的社会经济背景下，以明确妨碍和促进体面劳动进程的因素。

有关工作中的权利和体面劳动的立法框架，应当包括法律、判例、覆盖范围，以及实施成效。所有信息和统计指标，应当是透明的、可核查的，并需要定期更新的，系统地排除错误。

在此基础上，国际劳工局提出一份初步修订的体面劳动衡量指标，如表 4-1 所示（国际劳工局，2008b）。

表 4-1 国际劳工局对体面劳动衡量指标的修订意见

体面劳动议程的实质要素	统计指标	有关工作中的权利和体面劳动法律框架
国际劳工组织的战略目标：①标准和工作中的基本原则和权利；②就业；③社会保护；④社会对话	为了对实质要素的进展进行监测，选择相关的统计指标。 M——主要的体面劳动指标 A——增加的体面劳动指标 F——未来可能包含的指标 C——体面劳动的社会经济背景 （S）——除总量之外，需要对男女分别进行报告	与体面劳动议程实质要素有关的国家立法的描述；与福利水平相关的信息；法制效力，立法与实践中工人的覆盖面；国际劳工组织受到的投诉与抗议；国际劳工组织监督体系的观察和案件进展；相关国际劳工组织公约批准信息（1，2，3+4） L——有关工作中权利的信息和体面劳动的立法框架
就业机会（1+2）	M——就业人口与总人口的比率15~64岁（S） M——失业率（S） M——青年中不再接受教育同时未就业的人数 15~24岁（S） M——非正规就业（S） A——劳动力参与率，15~64岁（特别用于无法获得就业人口与总人口的比率或失业率或者失业率数据的时候） A——青年失业率，15~24岁（S） A——按教育程度失业（S） A——根据就业职位的就业（S） A——就业总人口中自营业主和合同工家庭工人的比例（S） A——非农就业中有薪就业比例（S） F——未充分利用的劳动力（S）	L——充分就业政策的政府承诺 L——失业保险

续表

体面劳动议程的实质要素	统计指标	有关工作中的权利和体面劳动法律框架
充分的收入和生产性劳动（1+3）	M——劳动的贫困者（S） M——低工资比率（低于小时工资中位数的2/3）（S） A——选择有代表性行业的平均小时收入（S） A——平均实际收入（S） A——最低工资占工资中位数的百分比 A——制造业工资指数 A——最近接受在职培训的员工（一年内/一个月内）（S）	L——法定最低工资
体面工时（1+3）	M——超时工作时间（每周超过48小时；"通常的"工作时间）（S） A——通常的工作时间（标准化的工作时间） A——就业人口的平均工作时间（S） A——与工时相关的不充分就业率（S） F——带薪年休假（由国际劳工局开展试验：主要的指标）	L——最高工作小时数 L——带薪年休假
劳动、家庭和个人生活的融合（1+3）	F——个人生活所需的时间（由国际劳工局开展试验） F——生育保护（由国际劳工局开展试验：主要的指标）	L——产假（包括休假时间、接替率和覆盖面） L——（增加的）探亲假
应废除的劳动（1+3）	M——童工劳动（S） A——危险的童工劳动（S） F——其他最恶劣形式的童工劳动（S） F——强迫劳动（S）	L——童工劳动（包括打击童工劳动的公共政策） L——强迫劳动（包括打击强迫劳动的公共政策）
工作的稳定和保障（1，2+3）	M——劳动的稳定和保障（由国际劳工局开展试验） A——临时工与全日制工人的人数和工资（S）	
就业平等机会和待遇	M——由于性别的职业隔离 M——女性在ISCO-88中11组和12组就业人口所占的比例 A——性别工资差异 A——工作中基本原则和权利（在消除就业和职业歧视方面）的指标由国际劳工局制定 F——衡量（最近的）移民工人在部门和职业间分布的差异	L——基于工人性别的反歧视立法 L——基于种族、民族、宗教或国籍的反歧视立法
安全的工作环境（1+3）	F——衡量残疾人的就业 M——工伤比率和死亡事故 A——工伤比率，没有死亡 A——由于工伤而损失的时间 A——劳动监察人员数（每10 000名雇员）	L——职业安全和卫生保险 L——劳动监察
社会保障（1+3）	M——65岁以上享受养老保险人口占总人口比例（S） M——公共社会保障开支（占国民生产总值的百分比） A——不是由个人家庭出资的医疗保健花费 A——基本医疗保健覆盖的人口比例（S） F——缴纳养老保险费的经济活动人口比例（S） F——基本生活保障受益人口（占贫困人口百分比） F——病假（国际劳工局开展的试验：增加的指标）	L——养老金（公共/私人） L——由于疾病或病假而不能工作 L——由于体弱而不能工作

续表

体面劳动议程的实质要素	统计指标	有关工作中的权利和体面劳动法律框架
社会对话、工人和雇主代表（1+4）	M——工会密度（S） M——属于雇主组织的企业比例 M——集体谈判的覆盖率（S） M——工作中的基本原则和权利指标（结社自由和集体谈判）由国际劳工局制定 A——罢工和闭厂/不工作的天数	L——结社自由和组织权 L——集体谈判权 L——三方协商
体面劳动的经济社会背景	C——失学儿童百分比（根据年龄）（S） C——估计劳动年龄人口中艾滋疾病病毒阳性的人口百分数 C——劳动生产率（就业人员的人均GDP水平和增长率） C——收入不平等（收入或消费最高的10%和最低的10%） C——通货膨胀（消费者物价指数） C——经济部门就业构成 C——成年人口的教育（成年人识字率、成年人中学毕业率） C——（增加的）妇女在各行业中的就业比例（根据ISIC的行业分类） C——（增加的）工资/收入的不平等（最高的10%和最低的10%）	由国际劳工局开展的试验反映了可持续发展企业的环境，包括的指标：①教育、培训和终身学习；②企业文化；③有利的立法与监管框架；④公平竞争；⑤法制和财产权的保障 由国际劳工局开展的试验反映了其他的制度安排，如劳动法律领域，劳动部门和其他相关部门的领域

三、亚太地区对体面劳动的衡量

国际劳工组织亚太局针对亚洲和太平洋区的实际情况，编制了一套体面劳动指标（decent work indicators，DWI）。这套指标体系从体面劳动的四个战略目标，即工作中的权利、就业、社会保护和社会对话着手（国际劳工局，2008c）。

体面劳动指标起源于2005年国际劳工组织工作队的一个建议，在亚太地区确定了一组体面劳动指标，其包含23个核心指标。随后，孟加拉国、柬埔寨、印度、印度尼西亚、伊朗、巴基斯坦、斯里兰卡、越南这8个国家分别使用了这23个指标，在国家层面确定了指标的可行性、操作含义及适用性。最初的体面劳动指标体系就是在这些国家的具体报告之上形成的。目前，对亚太地区体面劳动的衡量确定了21个指标，这些指标使体面劳动具体化、操作化，同时也对劳动力市场的信息和统计服务提出了更高的要求。为体现体面劳动不同层面的愿景，必须在衡量方法和指标设计上不断努力。亚太地区体面劳动指标具体如下。

（一）工作中的权利

1. 童工

（1）10~14 岁的经济活动儿童。

（2）5~14 岁的儿童非入学率（来自联合国教科文组织）。

2. 工作场所的妇女

（1）依据国际标准职业分类，女性所占就业份额。

（2）依据国际标准工业分类，女性所占就业份额。

（3）女性与男性劳动参与率的差距。

3. 诉诸劳工法庭或国际劳工组织的案件

（二）就业

（1）劳动参与率。

（2）就业人口与总人口的比率。

（3）劳动的贫困者（工作穷人）用工资水平来衡量。

（4）工资：①临时工/全职工的人数与工资；②制造业工资指数。

（5）失业：①总失业率；②不同教育程度的失业。

（6）青年失业。

（7）非经济活动（不就业也不失业）青年：①青年非经济活动人口比率；②青年中不再接受教育同时未就业的人口。

（8）与工时相关的不充分就业。

（9）依据就业职位和经济活动部门的就业。

（10）劳动生产率。

（11）实际人均收入（来自国民经济核算）。

（三）社会保护

（1）非正规经济和社会保护：①非正规就业；②社会保障的覆盖面（针对工薪阶层）。

（2）职业伤害事故（致命的/非致命的）的比率。

（3）工作时间：①通常的工作时间（标准化的工作时间）；②人均年度工作时间。

（四）社会对话

（1）工会会员率。

（2）雇主组织的企业数。

（3）集体谈判覆盖率。

（4）罢工和闭厂：不工作的天数。

第二节 国外学者对体面劳动水平的测量

21 世纪伊始，各国学者就开始关注体面劳动的测量问题，并提出了很多测量指标。他们认为，对体面劳动进行测量比理解体面劳动的内涵更重要。代表性学者的测量方法见表 4-2 所示。

表 4-2 国外学者及其提出的体面劳动测量指标

学者	年份	模型	指标
Anker 等	2003	—	就业机会；不可接受的工作；适当的收入和生产性工作；体面劳动时间；工作的稳定性和安全性；工作和生活的结合；公平的工作待遇；安全的工作条件；社会保障；社会对话和工作场所关系；体面劳动的经济和社会背景
Bescond 等	2003	体面劳动指数=（最大值-最小值）/（指标数量-2）	最低小时工资；非自愿性或因经济原因而进行的超时工作；全国失业率；失学儿童；年轻人失业；工作参与方面的性别歧视；无养老金的老年人
Bonnet 等	2003	体面劳动指数=（真实值-最小值）/（最大值-最小值）	劳动力市场安全指数；就业安全指数；工作安全指数；劳动安全指数；再生产技能安全指数；收入安全指数；话语权安全指数
Ghai	2003b	体面劳动指数=指标排名之和/指标个数	强迫劳动和童工；工作中的歧视行为；结社自由；就业机会；有报酬就业；工作条件；社会保障公共支出占 GDP 的比重；发生突发事件时受保护的劳动力占总劳动人口的比例；团体交涉；经济民主性；国家干预

资料来源：卿涛和闫燕（2008）

Egger（2002）最先提出了社会应关注体面劳动测量的观点，并指出应该从国际和国内两个层面确定测量指标。指标的确定必须以国际劳工组织提出的体面劳动的四项目标为依据，可以参考前人的研究成果设立指标，也可以建立新指标。Egger（2002）认为，目前国际劳工局的数据库可以为体面劳动的测量提供大量的数据，但同时还需要利用其他数据来对体面劳动进行测量。

2002 年，Anker 等学者对体面劳动的测量维度进行了研究。他们将体面劳动的测量指标分为 11 类，分别是就业机会、不可接受的工作、适当的收入和生产性工作、体面劳动时间、工作稳定性和安全性、工作与生活的结合、公平的工作待遇、安全的工作条件、社会保障、社会对话和工作场所关系、体面劳动的经济和社会背景。同时，他们还指出，可以使用学者普遍采用的劳动力参与率、就业率、失业率、年轻人失业率、与时间相关的不充分就业率、非农就业人口的工资比重、非农业女性就业人口的工资比重等指标。按照这一方法，Anker 等（2002）最终设定了 11 类 63 个体面劳动测量指标。2003 年，Anker 等（2003）又对他们先前的研究进行了深化和改进，根据实际情况的变化增加了一些新指标，同时又对部分指标进行了扩展和预测。

　　Bescond 等（2003）在 Anker 等（2002）研究的基础上，对体面劳动测量指标进行了更加深入的探索。他们所提出的指标事实上就是"体面劳动赤字"（decent work deficit），也就是权利、就业平等、社会保障、社会对话等方面理想与现实存在的差距。Bescond 等（2003）从这个角度入手，提出了七个指标，分别是低小时工资、非自愿性或因经济原因而进行的超时工作、全国失业率、失学儿童、年轻人失业、工作参与方面的性别歧视、无养老金的老年人。在具体测量过程中，他们删去七个指标值中的最高值和最低值，然后对余下的指标值求平均值，并将所得到的数值作为体面劳动指数。

　　Bonnet 等（2003）在国际劳工组织的官方杂志《国际劳工评论》（*International Labor Review*）上撰文对体面劳动的测量指标进行了详细阐述，并提出了"体面劳动指数=（真实值-最小值）/（最大值-最小值）"的测量模型，以及劳动力市场安全指数、就业安全指数、工作安全指数、劳动安全指数、再生产技能安全指数、收入安全指数、话语权安全指数七个体面劳动测量指标。在此基础上，他们从宏观、中观和微观三个层面进行了体面劳动测量。宏观层面的研究数据取自于社会经济安全基础数据库（SES primary database）、社会经济安全二级数据库（SES secondary database）和社会经济安全社会保险数据库（SES social security database）。中观层面的研究数据取自于 2000 年和 2001 年 12 个国家 12 000 家企业的"企业劳动力弹性和劳动力安全调查"（The Enterprise Labor Flexibility and Security Survey, ELFS）。他们在企业层面进行的研究表明，大部分企业的体面劳动指数都处于中等水平，只有极少数企业的体面劳动指数偏低。他们的研究还显示，体面劳动指数与生产力和就业增长存在一定的相关关系。微观层面的体面劳动指数研究数据取自于 2000~2002 年针对 15 个国家的 50 000 户家庭进行的"公民安全调查"（The People's Security Survey, PSS）。这项调查使用的变量是宏观层面的研究变量，不同的是他们在调查中排除了作为情景变量的劳动力市场安全这个指标。

　　Ghai（2003a）从权利、就业平等、社会保障和社会对话四个方面出发，对体面劳动的测量指标进行了阐述，并对各个方面所涉及的测量指标进行了细分。权利方面的指标主要有强迫劳动和童工、工作中的歧视行为、结社自由。就业平等方面包含就业机会、有报酬就业、工作条件三个指标。社会保障方面包含社会保障公共支出占 GDP 的比重和发生突发事件时受保护的劳动力占总劳动人口的比重两个指标。社会对话方面的测量指标有团体交涉、经济民主性、国家干预。Ghai

（2003b）计算体面劳动指数的方法是对各个细分指标进行排序，然后对四个方面的排序求平均数。

然而，随着宏观测量的日益成熟和体面劳动研究的逐步深入，学术界对体面劳动的测量已开始从宏观层面转向基于解决特定问题而建立测量指标。在这一方面早期较为成熟的是 Standing（2002）、Bonnet 等（2003）和 Bescond 等（2003）的研究，主要是从与工作相关的安全角度，基于国际劳工组织的社会经济安全项目提出了七个体面劳动安全指数，Bescond 等（2003）从体面劳动赤字的角度提出了七个体面劳动测量指标。几年来 James 等（2005）进一步推进了特定角度的体面劳动测量问题，从工作环境指数角度提出了工作机会、工作质量和工作场所公平三个测量维度，其中，工作机会维度包括的测量指标有失业率、失业持续性和人们接受临时工作的比例。工作质量维度包括的测量指标有本地区平均工资水平和获得医疗和退休福利人口的比重。工作场所公平包含两个方面，即一是劳动者获得公平待遇的程度，通过低收入人口比例和男女间收入公平性程度两个指标来衡量；二是核心劳工标准的执行程度以及劳动者加入集体组织的权利，利用最低工资水平、公共部门集体谈判受允许程度和政府是否遵守劳动保障条例三个指标进行衡量。

从上述研究成果可以看出，国外学者对体面劳动的测量指标有很多不同的看法，侧重点也有所不同。目前学者所提出的指标大体上可以从社会维度、组织维度和个体维度三个方面划分，各维度内部还可以划分不同的层次，如表 4-3 所示。

表 4-3　体面劳动测量维度归纳

维度	层次	指标
社会维度	社会对话	团体交涉；经济民主性；国家干预；社会对话和工作场所关系
	社会保障	话语权安全指数；全国失业率；劳动力市场安全指数；社会保障公共支出占 GDP 的比重
组织维度	工作	适当的收入和生产性工作；工作的稳定性和安全性；工作与生活的结合；公平的工作待遇；体面劳动时间
个体维度	就业	再生产技能安全指数；就业机会；就业安全质素；有报酬就业 失业儿童；年轻人失业；无养老金的老年人；发生突发事件时受保护的劳动力占总劳动人口的比重；强迫劳动和童工

资料来源：卿涛和闫燕（2008）

第三节　中国体面劳动衡量指标的选择与分析

本书的研究力图对改革开放中期以来中国的体面劳动水平进行纵向比较研究，数据始终时间为 2000~2011 年的 12 年间。为保证结果的客观性，本书避免使用主观指标和调研数据，所有数据均来源于《中国统计年鉴》、《中国劳动统计年鉴》及《中国劳动和社会保障统计公报》等官方数据，或由这些官方数据计算所得。"体面劳动"指标主要依据国际劳工组织 2008 年修订后的衡量指标体系及亚太地区的衡量指标，并结合我国具体国情所选定，对于我国官方尚未进行统计某些指标，或是选择相关替代指标，或是忽略此指标。

　　1. 就业机会维度

　　（1）就业人口与总人口的比率。

　　（2）失业率。

　　（3）劳动参与率。

　　以上三项指标分别是从不同角度、全方位、多层次的来衡量我国的就业和失业现状。

　　（4）非正规就业（万人）。

　　由于非正规就业自身的复杂性及对其认识的模糊性，暂时还无法得出非常精确的规模统计，但是可以得到一个关于其规模比较可信的区间，大体推算出它的规模，具体思路如下。

　　第一，调查显示，我国城镇下岗职工、失业人员和农民工所从事的灵活就业一部分在有政府登记的非传统部门，这部分是显性的非正规就业，这部分的规模可根据相关统计年鉴大体计算出来。笔者认为显性的非正规就业应该为就业的总体规模减去明确的传统正规就业的规模，传统的正规就业包括国有单位、集体单位、股份合作制单位、联营单位、三资投资单位及城镇一部分私营企业就业人数（关于城镇的一部分私营企业，根据访谈和实证研究认为全部就业人数的 50%，可作为非正规就业人数）。用总的就业人数减去传统正规就业人数，还应该加上是城镇各单位使用农村劳动力的人数。

　　第二，另一部分则是以自我雇佣的形式，或者在正规部门以临时工等形式存在，政府并无记载，也就是隐性的非正规就业。对隐性非正规就业规模的估计包括下岗失业人员、登记失业人口的隐性就业的估计。研究表明，下岗、失业人员中有大量处于隐性就业状态。隐性就业主要指的是某些劳动者实际上处于就业状态并拥有相应的收入来源，但同时却被作为失业者对待，他们享受着失业救济和政府再就业工程的帮助（袁志刚和陆铭，1998）。这部分隐性就业者从事着灵活就业。依据目前我国就业统计的基本框架，其隐性失业水平在 20% 以上（国家计委宏观经济研究所课题组，1999），因此，隐性的灵活就业可以表示为

$$（U1+U2）×0.2$$

其中，U1 表示下岗人数；U2 表示登记失业人数。

　　两部分相加即为我国非正规就业群体的大体规模，虽然不能十分精确，却足以表明非正规就业的发展趋势。

2. 充分的收入和生产性劳动

（1）平均实际收入。

（2）制造业工资指数。

3. 就业平等机会和待遇

（1）男女就业差异率。

（2）中国福利企业机构数。

（3）城镇残疾人当年安排就业人数。

（4）残疾人就业服务机构数。

（5）残疾人工作者数。

第一个指标男女就业差异率体现的是男女在就业机会的差异。其余四项均反映残疾人的就业情况。

4. 安全的工作环境

（1）工伤比率。

（2）劳动监察人员数。

（3）劳动监察机构个数。

5. 社会保障

（1）公共社会保障支出占 GDP 比重。

（2）65 岁以上享受养老保险人数占总人口比例。

（3）工伤保险覆盖面。

（4）城镇基本医疗保健覆盖的人口比例。

（5）享受最低生活保障的人数。

公共社会保障支出占 GDP 比重用社会保险基金支出占 GDP 的比重作为替代；65 岁以上享受养老保险人数占总人口比例用离退休人员参加养老保险人数占人口比例作为替代；城镇基本医疗保健覆盖的人口比例用城镇基本医疗保险覆盖的人口比例作为替代。

6. 社会对话、工人和雇主代表

（1）工会基层组织数。

（2）工会专职人员数。

7. 体面劳动的经济社会背景

（1）失学儿童百分比。

（2）劳动生产率。

（3）收入不平等。

（4）通货膨胀。

（5）经济部门的就业构成。

失学儿童百分比为反向指标，这里用正向指标学龄儿童净入学率替代；劳动生产率可以体现为就业人员的人均 GDP，以及购买力评价（purchase power parity，PPP）的增长率。收入不平等指标是收入最高的10%和收入最低的10%的差异率。通货膨胀表示消费者物价指数（consumer price index，CPI）；经济部门的就业构成则是三产就业人数分别所占比重，然后利用其相互影响算出其权重，得出其差异率。

除上述维度外，还有体面工时、劳动、家庭和个人生活的融合、应废除的劳动、工作的稳定和保障，这些维度的相关指标我国官方并未做相关统计，故此忽略不计。

第四节　中国体面劳动指数的计算和结果

部分国内学者参考国外学者对体面劳动的测量，得出具体的体面劳动指数，可是笔者认为这样做的意义不大，体面劳动是一个综合指标，必须得有一个参考对比，由于传统文化、政策环境等因素的不同，进行国家之间的横向比较缺乏实际意义，依据政策的连续性、一贯性，本书的研究对 21 世纪改革开放中期以来的体面劳动水平进行了大体测算。

整体思路：对收集的数据进行审核、整理及标准化处理，把体面劳动衡量指标体系分为三个维度，首先用主成分分析法计算出三维指标因素分析值，据此算出权重，并得到三维指标的最终值，以此类推，得到最终的体面劳动值，值得一提的是数值本身没有意义，是一个比较得出的标准值。

一、就业机会维度

（1）对就业机会维度内的四个相关指标——就业人口与总人口的比率、失业率、劳动参与率及非正规就业的总体规模进行数据搜集、整理与计算，结果如表 4-4 所示。

表 4-4　就业机会维度内指标初始数据

年份	就业人口与总人口的比率/%	失业率/%	劳动力参与率/%	非正规就业的规模/万人
2000	56	3.1	83	12 114
2001	57	3.6	82	13 241

续表

年份	就业人口与总人口的比率/%	失业率/%	劳动力参与率/%	非正规就业的规模/万人
2002	57	4.0	83	14 190
2003	57	4.3	83	14 861
2004	57	4.2	83	15 581
2005	57	4.2	82	16 110
2006	58	4.1	82	16 712
2007	58	4.0	82	17 296
2008	56	4.2	79	17 977
2009	56	4.3	79	18 379
2010	56	4.1	78	18 935
2011	56	4.1	78	20 054

资料来源:《中国统计年鉴》(2001~2012年)、《中国劳动与社会保障统计公报》(2001~2012年)、《中国劳动与社会保障统计年鉴》(2001~2012年);或经计算所得。其中,劳动力参与率=经济活动人口/劳动年龄人口;非正规就业规模具体算法参见文献:吕红,高莹莹.中国灵活就业规模及其影响因素分析[J].中国延安管理干部学院学报,2011,(3):118-123

（2）为确保分析的准确性，需对计算出的指标原始数据进行特定的变换和处理，使其具有可比性。可以用如下表达式进行标准化处理：

$$y = \frac{x}{\bar{x}}$$

其中，x、y分别为转换前、后的值；$\bar{x}$为x的均值（以下凡有涉及标准化处理的过程同此）。标准化结果如表4-5所示。

表 4-5　就业机会维度内指标初始数据的标准化处理

年份	就业人口与总人口的比率/%	失业率/%	劳动力参与率=经济活动人口/劳动年龄人口/%	我国非正规就业的总体规模（L_1+L_2）/万人
2000	56.000	56.000	56.000	56.000
2001	57.000	65.032	55.325	61.210
2002	57.000	72.258	56.000	65.597
2003	57.000	77.677	56.000	68.699
2004	57.000	75.871	56.000	72.028
2005	57.000	75.871	55.325	74.473
2006	58.000	74.065	55.325	77.256
2007	58.000	72.259	55.325	79.955
2008	56.000	75.871	53.301	83.103
2009	56.000	77.677	53.301	84.962
2010	56.000	74.065	52.627	87.532
2011	56.000	74.064	52.627	92.705

注：保留小数点后3位有效数字

（3）利用 SPSS 统计软件及因素分析法计算出各指标之间的 Pearson 相关系数，利用该相关系数计算出指标的最终权重系数，结果如表 4-6 所示。

表 4-6 就业机会维度内指标权重系数的计算

指标	就业人口与总人口的比率/%	失业率/%	劳动力参与率/%	我国非正规就业的总体规模/万人	权重
就业人口与总人口的比率	0.000	0.123	0.622	0.231	0.259
失业率	0.123	0.000	0.329	0.664	0.331
劳动力参与率	0.622	0.329	0.000	0.845	0.241
我国非正规就业的总体规模	0.231	0.664	0.845	0.000	0.169

注：保留小数点后 3 位有效数字

（4）根据以上数据，利用 Excel 计算出就业机会最终值，如表 4-7 所示。

表 4-7 就业机会最终值的计算结果

年份	就业机会值	标准值
2000	56.000	1.000
2001	59.966	1.071
2002	63.262	1.130
2003	65.579	1.171
2004	65.545	1.170
2005	65.796	1.175
2006	65.928	1.177
2007	65.786	1.175
2008	66.508	1.188
2009	67.421	1.204
2010	66.497	1.187
2011	67.372	1.203

注：保留小数点后 3 位有效数字

二、充分的收入和生产性劳动

（1）对充分的收入和生产性劳动维度内的两个相关指标——制造业工业指数标准化及全行业平均工业指数标准化进行数据整理，结果如表 4-8 所示。

表 4-8 充分的收入和生产性劳动维度内指标的初始数据

年份	制造业工资指数标准化	全行业平均工资指数标准化
2000	112.2	112.2
2001	111.9	116.1
2002	112.7	114.2
2003	113.6	112.9
2004	112.5	114.0
2005	111.8	114.0
2006	114.4	114.3
2007	116.0	118.5
2008	115.4	116.9
2009	109.9	111.6
2010	115.3	113.3
2011	118.6	114.4

资料来源：《中国统计年鉴》（2001~2012 年）

（2）对初始数据的进行标准化处理（计算过程同上），结果如表 4-9 所示。

表 4-9 充分的收入和生产性劳动维度内指标初始数据的标准化处理

年份	制造业工资指数标准化	全行业平均工资指数标准化
2000	56.000	56.000
2001	55.850	57.947
2002	56.250	56.998
2003	56.699	56.349
2004	56.150	56.898
2005	55.800	56.898
2006	57.098	57.048
2007	57.897	59.144
2008	57.597	58.346
2009	54.852	55.701
2010	57.547	56.549
2011	59.194	57.098

注：保留小数点后 3 位有效数字

（3）此维度选取的两个指标，无法用 SPSS 统计软件及因素分析法分析计算权重系数，所以采取平均赋值的做法，每个指标赋权重 0.5。

（4）根据以上数据，利用 Excel 计算出充分收入和生产性劳动最终值，如表 4-10 所示。

表 4-10　充分的收入和生产性劳动最终值的计算结果

年份	充分的收入和生产性劳动最终值	标准值
2000	56.000	1.000
2001	56.898	1.070
2002	56.624	1.130
2003	56.524	1.166
2004	56.524	1.181
2005	56.349	1.191
2006	57.073	1.200
2007	58.520	1.207
2008	57.971	1.228
2009	55.276	1.244
2010	57.048	1.236
2011	58.146	1.221

注：保留小数点后 3 位有效数字

三、就业平等机会和待遇

在就业平等机会和待遇维度下分两类指标：①用来衡量性别就业平等的男女就业差异率，赋权重 50%；②用来衡量残疾人就业的四项指标，赋权重 50%，先用影响因素分析法分析衡量残疾人就业的四项指标的权重，然后再和男女就业差异率共同计算出就业机会平等机会和待遇的最终值。

（1）对就业平等机会和待遇维度内残疾人就业四项指标——中国福利企业机构数、城镇残疾人当年安排就业人数、残疾人就业服务机构数及残疾人工作者数进行数据整理，结果如表 4-11 所示。

表 4-11　就业平等机会和待遇维度内残疾人就业指标的初始值

年份	中国福利企业机构数/个	城镇残疾人当年安排就业人数/万人	残疾人就业服务机构数/个	残疾人工作者数/万人
2000	40 670	26.1	2 880	8.2
2001	37 968	26.6	3 012	8.0
2002	35 758	27.5	2 991	7.3
2003	33 976	30.2	2 998	7.5
2004	32 410	32.7	3 005	7.8
2005	31 211	37.8	3 022	8.0
2006	30 199	39.1	3 048	8.1
2007	24 974	36.2	3 076	9.1
2008	23 780	39.2	3 127	9.4
2009	22 783	36.8	3 127	9.4

续表

年份	中国福利企业 机构数/个	城镇残疾人当年安排 就业人数/万人	残疾人就业服务 机构数/个	残疾人 工作者数/万人
2010	22 226	35.0	3 043	9.5
2011	21 507	32.4	3 019	9.9

资料来源：《中国统计年鉴》（2001~2012 年）、《中国劳动与社会保障统计公报》（2001~2012 年）、《中国劳动与社会保障统计年鉴》（2001~2012 年）；或经计算所得

（2）男女就业差异率进行数据搜集与计算男女就业差异率计算公式为

$$Y = (x_1 - x_2) / x_1$$

其中，x_1 表示城镇女性就业人数；x_2 表示城镇男性就业人数；Y 表示男女就业差异率，计算结果如表 4-12 所示。

表 4-12　就业平等机会和待遇维度内男女就业差异率的计算结果

指标	城镇女性就业人数/万人	城镇男性就业人数/万人	男女就业差异率/%
2000	4 411.3	18 739.7	3.3
2001	4 225.7	19 897.3	3.7
2002	4 156.2	21 002.8	4.1
2003	4 156.1	22 073.9	4.3
2004	4 227.3	23 065.7	4.5
2005	4 324.6	24 064.4	4.6
2006	4 445.7	25 184.3	4.7
2007	4 540.3	26 412.7	4.8
2008	4 579.6	27 523.4	5.0
2009	4 678.5	28 643.5	5.1
2010	4 861.5	29 825.5	5.1
2011	5 227.7	30 386.3	4.8

资料来源：《中国统计年鉴》（2001~2012 年）；或经计算所得

（3）对就业平等机会和待遇维度内指标初始数据进行标准化处理（计算过程同上，结果如表 4-13 所示。

表 4-13　就业平等机会和待遇维度内指标初始数据的标准化处理

年份	中国福利企业 机构数/个	城镇残疾人当年安排 就业人数/万人	残疾人就业服务 机构数/个	残疾人工作者数/万人	男女就业差异率/%
2000	56.000	56.000	56.000	56.000	56.000
2001	41.950	98.905	-8.517	200.900	63.754
2002	36.753	287.005	2.859	-62.904	70.646
2003	31.467	241.987	2.853	-91.840	74.092

续表

年份	中国福利企业机构数/个	城镇残疾人当年安排就业人数/万人	残疾人就业服务机构数/个	残疾人工作者数/万人	男女就业差异率/%
2004	29.103	455.912	6.912	−58.871	77.538
2005	23.359	100.533	10.512	−28.700	79.262
2006	20.477	−216.810	11.224	−283.457	80.985
2007	109.248	242.254	20.258	−75.692	82.708
2008	30.188	−178.971	0.000	0.000	86.154
2009	26.473	−142.983	−32.821	−24.426	87.877
2010	15.437	−217.152	−9.636	−96.674	87.877
2011	20.426	−54.133	−138.006	−231.919	82.707

注：保留小数点后 3 位有效数字

（4）利用 SPSS 统计软件与因素分析法计算出残疾人就业的四项指标之间的 Pearson 相关系数，利用该相关系数计算出各个指标的最终权重系数，结果如表 4-14 所示。

表 4-14　残疾人就业的四项指标的权重及最终值的计算结果

指标	中国福利企业机构数/个	城镇残疾人当年安排就业人数/万人	残疾人就业服务机构数/个	残疾人工作者数/万人	权重	最终值
中国福利企业机构数	0.000	0.400	0.380	0.250	0.269	56.000
城镇残疾人当年安排就业人数	0.400	0.000	0.257	0.238	0.234	78.174
残疾人就业服务机构数	0.380	0.257	0.000	0.391	0.268	63.250
残疾人工作者数	0.250	0.238	0.391	0.000	0.229	44.675

注：保留小数点后 3 位有效数字

（5）根据以上所得数据，利用 Excel 计算出就业平等和机遇的最终值，结果如表 4-15 所示。

表 4-15　就业平等和机遇的最终值的计算结果

年份	衡量残疾人就业的最终值	男女就业差异率标准化	就业平等最终值	标准值
2000	56.000	56.000	56.000	1.000
2001	78.174	63.754	59.877	1.069
2002	63.250	70.646	63.323	1.131
2003	44.675	74.092	65.046	1.162
2004	102.655	77.538	66.769	1.192
2005	25.996	79.262	67.631	1.208
2006	−107.144	80.985	68.492	1.223

续表

年份	衡量残疾人就业的最终值	男女就业差异率标准化	就业平等最终值	标准值
2007	74.017	82.708	69.354	1.238
2008	−33.686	86.154	71.077	1.269
2009	−40.687	87.877	71.938	1.285
2010	−71.329	87.877	71.938	1.285
2011	−97.374	82.708	69.354	1.238

注：保留小数点后 3 位有效数字

四、安全的工作环境

（1）对安全的工作环境维度内的三个相关指标——工伤比率、劳动监察机构增长率、劳动监察人员数（每 10 000 名雇员）进行数据整理与计算，结果如表 4-16 所示。

表 4-16　安全的工作环境维度内指标的初始数据

年份	工伤比率/%	劳动监察机构增长率/%	劳动监察人员数（每 10 000 名雇员）/个
2000	0.43	0.004 781 639	1.36
2001	0.43	0.006 979 695	1.42
2002	0.60	0.006 931 317	1.48
2003	0.72	0.008 448 06	1.38
2004	0.76	0.016 754 576	1.44
2005	0.77	−0.023 191 944	1.42
2006	0.76	0.000 000 000	1.35
2007	0.79	0.021 868 166	1.41
2008	0.85	0.006 114 338	1.40
2009	0.87	0.000 000 000	1.45
2010	0.91	0.000 000 000	1.51
2011	0.92	0.000 000 000	1.42

资料来源：《中国统计年鉴》（2001~2012 年）、《中国劳动与社会保障统计公报》（2001~2012 年）、《中国劳动与社会保障统计年鉴》（2001~2012 年）；或经计算所得

（2）对初始数据的进行标准化处理（计算过程同上），如表 4-17 所示。

表 4-17　安全的工作环境维度内指标初始数据的标准化处理

年份	工伤比率计算结果/%	劳动监察机构增长率/%	劳动监察人员数/万人
2000	56.000	56.000	56.000
2001	56.000	81.742	58.471
2002	78.140	81.179	60.941

续表

年份	工伤比率计算结果/%	劳动监察机构增长率/%	劳动监察人员数/万人
2003	93.767	98.939	56.824
2004	98.977	196.221	59.294
2005	100.279	−271.617	58.471
2006	98.977	0.000	55.588
2007	102.884	256.108	58.059
2008	110.698	71.608	57.647
2009	113.302	0.000	59.706
2010	118.512	0.000	62.176
2011	119.814	0.000	58.471

注：保留小数点后 3 位有效数字

（3）利用 SPSS 统计软件与因素分析法计算出安全的工作环境维度内各指标之间的 Pearson 相关系数，利用该相关系数计算出指标的最终权重系数，结果如表 4-18 所示。

表 4-18　安全的工作环境维度内各指标权重的计算结果

指标	工伤比率计算结果/%	劳动监察机构增长率/%	劳动监察人员人数/万人	最终权重值/%
工伤比率计算结果	0.000	0.154	0.312	0.462
劳动监察机构增长率	0.154	0.000	0.038	0.190
劳动监察人员数（每 10 000 名雇员）	0.312	0.038	0.000	0.347

注：保留小数点后 3 位有效数字

（4）根据以上数据，用 Excel 计算出安全工作环境的最终值，如表 4-19 所示。

表 4-19　安全工作环境的最终值的计算结果

年份	安全工作环境的最终值	标准值
2000	56.000	1.000
2001	61.761	1.103
2002	72.746	1.299
2003	81.925	1.463
2004	103.721	1.852
2005	14.926	0.267
2006	65.059	1.162
2007	116.505	2.080
2008	84.832	1.515
2009	73.111	1.306

续表

年份	安全工作环境的最终值	标准值
2010	76.377	1.364
2011	75.692	1.352

注：保留小数点后 3 位有效数字

五、社会保障

（1）对社会保障维度内的五项指标——公共社会保障支出占 GDP 比重、离退休人员参加养老保险人数占人口比例、工伤保险覆盖面、城镇医疗保健覆盖面、享受最低生活保障人数进行数据整理与计算，结果如表 4-20 所示。

表 4-20　社会保障维度内的五项指标的初始数据

年份	公共社会保障支出占 GDP 比重/%	离退休人员参加养老保险人数占人口比例/%	工伤保险覆盖面/%	城镇基本医疗保健覆盖面/%	享受最低生活保障人数/万人
2000	2.4	2.5	6.0	8.2	702.8
2001	2.5	2.6	6.0	15.2	1 475.3
2002	2.8	2.8	6.0	18.7	2 472.5
2003	2.9	3.0	6.1	20.8	2 613.9
2004	2.8	3.2	9.1	22.8	2 693
2005	2.9	3.3	11.2	24.5	3 059.2
2006	2.9	3.5	13.4	27.0	3 833.2
2007	3.0	3.7	15.8	36.8	5 838.4
2008	3.2	4.0	18.2	51.0	6 640.3
2009	3.7	4.4	19.6	62.2	7 105.6
2010	3.7	4.7	21.2	64.6	7 524.5
2011	3.8	5.1	23.2	68.5	7 582.5

资料来源：《中国统计年鉴》（2001~2012 年）、《中国劳动与社会保障统计公报》（2001~2012 年）、《中国劳动与社会保障统计年鉴》（2001~2012 年）；或经计算所得

（2）对社会保障维度内的五项指标数据标准化处理（计算过程同上），结果如表 4-21 所示。

表 4-21　社会保障维度内五项指标数据的标准化处理

年份	公共社会保障支出占 GDP 比重/%	65 岁以上享受养老保险人口占总人口比例计算结果/%	工伤保险覆盖面/%	城镇基本医疗保健覆盖的人口计算结果/%	享受最低生活保障人数/万人
2000	56.000	56.000	56.000	56.000	56.000
2001	58.333	58.240	56.000	103.805	56.159
2002	65.333	62.720	56.000	127.708	56.319

续表

年份	公共社会保障支出占 GDP 比重/%	65 岁以上享受养老保险人口占总人口比例计算结果/%	工伤保险覆盖面/%	城镇基本医疗保健覆盖的人口计算结果/%	享受最低生活保障人数/万人
2003	67.667	67.200	56.933	142.049	56.478
2004	65.333	71.680	84.933	155.707	56.637
2005	67.667	73.920	104.533	167.317	56.797
2006	67.667	78.400	125.067	184.390	56.956
2007	70.000	82.880	147.467	251.317	57.116
2008	74.667	89.600	169.867	348.293	57.275
2009	86.333	98.560	182.933	424.780	57.434
2010	86.333	105.280	197.867	441.171	57.594
2011	88.667	114.240	216.533	467.805	57.753

注：保留小数点后 3 位有效数字

（3）利用 SPSS 统计软件与因素分析法计算出社会保障维度内各指标之间的 Pearson 相关系数，利用该相关系数计算出各个指标的权重系数，计算结果如表 4-22 所示。

表 4-22　社会保障维度内各指标权重系数的计算

指标	公共社会保障支出占 GDP 比重结果/%	65 岁以上享受养老保险人口占总人口比例计算结果/%	工伤保险覆盖面/%	城镇基本医疗保健覆盖的人口计算结果/%	享受最低生活保障人数/万人	最终权重/%
公共社会保障支出占 GDP 比重/%	0.000	0.969	0.918	0.976	0.944	0.155
65 岁以上享受养老保险人口占总人口比例计算结果/%	0.969	0.000	0.977	0.981	0.984	0.213
工伤保险覆盖面/%	0.918	0.977	0.000	0.965	0.979	0.209
城镇基本医疗保健覆盖的人口计算结果/%	0.976	0.981	0.965	0.000	0.961	0.212
享受最低生活保障人数/万人	0.944	0.984	0.979	0.961	0.000	0.211

注：保留小数点后 3 位有效数字

（4）根据以上计算所得数据，用 Excel 计算出社会保障的最终值，结果如表 4-23 所示。

表 4-23　社会保障最终值的计算结果

年份	社会保障最终值	标准值
2000	56.000	1.000
2001	66.994	1.196
2002	74.128	1.324

续表

年份	社会保障最终值	标准值
2003	78.710	1.406
2004	88.091	1.573
2005	95.525	1.706
2006	104.427	1.865
2007	124.637	2.226
2008	152.048	2.715
2009	174.728	3.120
2010	182.791	3.264
2011	194.644	3.476

注：保留小数点后 3 位有效数字

六、社会对话、工人和雇主代表

（1）对社会对话、工人和雇主代表维度内的两项指标——工会基层组织数、工会专职人员人数进行数据整理，结果如表 4-24 所示。

表 4-24　社会对话、工人和雇主代表维度内指标的初始数据

年份	工会基层组织数/万个	工会专职人员人数/万人
2000	85.9	48.2
2001	153.8	—
2002	171.3	47.2
2003	90.6	46.5
2004	102.0	45.6
2005	117.4	47.7
2006	132.4	54.3
2007	150.8	60.2
2008	172.5	70.5
2009	184.5	74.5
2010	197.6	86.4
2011	232.0	99.8

资料来源：《中国统计年鉴》（2001~2012 年）、《中国劳动与社会保障统计公报》（2001~2012 年）、《中国劳动与社会保障统计年鉴》（2001~2012 年）；或经计算所得

（2）对社会对话、工人和雇主代表维度内的两项指标进行标准化处理（计算过程同上），结果如表 4-25 所示。

表 4-25　社会对话、工人和雇主代表维度内项指标的标准化处理

年份	工会基层组织数标准化	工会专职人员人数标准化
2000	56.000	56.000
2001	100.265	0.000
2002	111.674	54.838
2003	59.064	54.025
2004	66.500	52.980
2005	76.536	55.420
2006	86.315	63.088
2007	98.310	69.942
2008	112.456	81.909
2009	120.279	86.556
2010	128.816	100.382
2011	151.246	115.950

注：保留小数点后 3 位有效数字

（3）此维度是两个指标，不能用 SPSS 统计软件及因素分析法计算出各指标之间的 Pearson 相关系数，所以采取平均赋值的做法，每个指标的权重系数为 0.5。

（4）根据以上计算结果，用 Excel 计算出最终结果，如表 4-26 所示。

表 4-26　社会对话、工人和雇主代表的最终值

年份	社会对话、工人和雇主代表最终值	社会对话、工人和雇主代表标准值
2000	56.000	1.000
2001	50.133	0.895
2002	83.256	1.087
2003	56.544	1.010
2004	59.738	1.067
2005	65.977	1.178
2006	74.701	1.334
2007	84.126	1.502
2008	97.183	1.735
2009	103.418	1.847
2010	114.601	2.046
2011	133.598	2.386

注：保留小数点后 3 位有效数字

七、体面劳动的经济社会背景

（1）体面劳动的经济社会背景维度内经济部门的就业构成指标数据的整理与计算，此维度指标涉及经济部门的就业构成，分为三个分指标——第一产业就业所占比例、第二产业就业所占比例及第三产业所占比例，如表4-27所示。

表4-27　经济部门的就业构成指标的计算结果（单位：%）

年份	第一产业就业所占比例	第二产业就业所占比例	第三产业就业所占比例
2000	50.0	22.5	27.5
2001	50.0	22.3	27.7
2002	50.0	21.4	28.6
2003	49.1	21.6	29.3
2004	46.9	22.5	30.6
2005	44.8	23.8	31.4
2006	42.6	25.2	32.2
2007	40.8	26.8	32.4
2008	39.6	27.2	33.2
2009	38.1	27.8	34.0
2010	36.7	28.7	34.6
2011	34.8	29.5	35.7

资料来源：《中国统计年鉴》（2001~2012年）、《中国劳动与社会保障统计公报》（2001~2012年）、《中国劳动与社会保障统计年鉴》（2001~2012年）；或经计算所得

（2）用SPSS统计软件及因素分析法计算出三次产业经济部门的就业构成各指标之间的Pearson相关系数，据此计算出经济部门的就业构成指标权重，如表4-28所示。

表4-28　经济部门的就业构成指标权重的计算结果

指标	第一产业就业所占比例/%	第二产业所占比例/%	第三产业就业所占比例/%	权重
第一产业就业所占比例	0.000	0.986	0.984	0.338
第二产业就业所占比例	0.986	0.000	0.941	0.331
第三产业就业所占比例	0.984	0.941	0.000	0.331

注：保留小数点后3位有效数字

（3）根据以上计算结果，用Excel计算出经济部门的就业构成指标最终值和标准值，结果如表4-29所示。

表 4-29　经济部门的就业构成指标最终值和标准值的计算结果

年份	经济部门的就业构成最终值	经济部门的就业构成标准值
2000	33.458	56.000
2001	33.458	55.100
2002	33.458	55.999
2003	33.451	55.988
2004	33.434	55.960
2005	33.419	55.933
2006	33.402	55.906
2007	33.389	55.883
2008	33.380	55.868
2009	33.335	55.794
2010	33.358	55.832
2011	33.343	55.807

注：保留小数点后 3 位有效数字

（4）体面劳动的经济社会背景的指标：就业人员的人均 GDP、劳动生产率的增长率、学龄儿童净入学率、居民消费价格指数增长率、经济部门的就业构成、最高收入与最低收入的差异率的初始数据的搜集和整理，结果如表 4-30 所示。

表 4-30　体面劳动的经济社会背景各指标的初始数据

年份	就业人员的人均 GDP 水平/元	劳动生产率的增长率/%	学龄儿童净入学率/%	居民消费价格指数增长率/%	经济部门就业构成/%	最高收入与最低收入的差异率/%
2000	13 763.600	11.100	99.100	0.400	33.458	—
2001	15 016.100	9.100	99.100	0.700	33.458	—
2002	16 318.600	8.600	98.600	−0.800	33.458	6.712
2003	18 248.000	11.800	98.700	1.200	33.451	7.222
2004	21 260.400	16.500	98.900	3.900	33.434	7.416
2005	24 390.000	14.700	99.200	1.800	33.419	7.781
2006	28 313.400	16.100	99.300	1.500	33.402	7.569
2007	34 525.300	21.900	99.500	4.800	33.389	7.370
2008	41 560.200	20.400	99.500	5.900	33.380	7.758
2009	44 957.400	8.200	99.400	−0.700	33.335	7.489
2010	53 152.000	18.200	99.700	3.300	33.358	7.221
2011	61 706.800	16.100	99.800	5.400	33.343	7.273

资料来源：《中国统计年鉴》（2001~2012 年）、《中国劳动与社会保障统计公报》（2001~2012 年）、《中国劳动与社会保障统计年鉴》（2001~2012 年）；或经计算所得

（5）对体面劳动的经济社会背景各个指标数据的标准化处理（计算过程同上），结果如表 4-31 所示。

表 4-31　体面劳动的经济社会背景各指标数据的标准化处理

年份	就业人员的人均GDP水平/%	劳动生产率的增长率/%	学龄儿童净入学率/%	居民消费价格指数增长率/%	经济部门就业构成/%	最高收入与最低收入的差异率/%
2000	56.000	56.000	56.000	56.000	56.000	—
2001	61.096	45.910	56.000	98.000	55.100	—
2002	66.396	43.387	55.717	−112.000	55.999	56.000
2003	74.246	59.532	55.774	168.000	55.988	60.254
2004	86.502	83.243	55.887	546.000	55.960	61.875
2005	99.236	74.162	56.057	252.000	55.933	64.914
2006	115.199	81.225	56.113	210.000	55.906	63.153
2007	140.473	110.486	56.226	672.000	55.883	61.489
2008	169.096	102.919	56.226	826.000	55.868	64.729
2009	182.918	41.369	56.170	−98.000	55.794	62.483
2010	216.260	91.820	56.339	462.000	55.832	60.248
2011	251.067	81.225	56.396	756.000	55.807	60.683

注：保留小数点后 3 位有效数字

（6）用 SPSS 统计软件及因素分析法计算出体面劳动的经济社会背景维度内各指标之间的 Pearson 相关系数，据此计算出体面劳动的经济社会背景的相关指标权重，结果如表 4-32 所示。

表 4-32　体面劳动的经济社会背景各指标权重的计算结果

指标	就业人员的人均GDP水平	劳动生产率的增长率	学龄儿童净入学率	居民消费价格指数增长率	经济部门就业构成	最高收入与最低收入的差异率	最终权重
就业人员的人均GDP水平	0.000	0.457	0.871	0.562	−0.952	0.162	0.086
劳动生产率的增长率	0.457	0.000	0.573	0.894	0.405	0.434	0.215
学龄儿童净入学率	0.871	0.573	0.000	0.605	0.854	0.418	0.259
居民消费价格指数增长率	0.562	0.894	0.605	0.000	0.441	0.369	0.224
经济部门就业构成	−0.952	0.405	0.854	0.441	0.000	0.326	0.084
最高收入与最低收入的差异率	0.162	0.434	0.418	0.369	0.326	0.000	0.133

注：保留小数点后 3 位有效数字

（7）根据以上计算结果，用 Excel 计算出体面劳动社会经济背景的最终值，结果如表 4-33 所示。

表 4-33　体面劳动社会经济背景的最终值的结果

年份	体面劳动社会经济背景的最终值	标准值
2000	56.000	1.000
2001	56.000	1.004
2002	16.533	0.695
2003	83.877	1.498
2004	174.806	1.336
2005	108.641	1.940
2006	101.914	1.820
2007	213.502	3.813
2008	249.195	4.450
2009	30.176	0.539
2010	168.875	3.016
2011	235.396	4.203

注：保留小数点后 3 位有效数字

八、体面劳动最终值

（1）综上所述，用 SPSS 统计软件及因素分析法计算出各指标之间的 Pearson 相关系数，据此，计算出七个二维指标的权重，结果如表 4-34 所示。

表 4-34　体面劳动七个维度指标权重的计算结果

指标	体面劳动最终值	社会对话最终值	社会保障最终值	安全的工作最终值	就业平等最终值	就业机会最终值	充分的收入和生产性劳动最终值	指标权重
体面劳动最终值	0.000	0.486	0.555	0.447	0.544	0.488	0.528	0.123
社会对话最终值	0.486	0.000	0.936	0.194	0.700	0.605	0.671	0.145
社会保障最终值	0.555	0.936	0.000	0.218	0.829	0.710	0.791	0.163
安全的工作最终值	0.447	0.194	0.218	0.000	0.273	0.261	0.272	0.067
就业平等最终值	0.544	0.700	0.829	0.273	0.000	0.944	0.991	0.172
就业机会最终值	0.488	0.605	0.710	0.261	0.944	0.000	0.980	0.161

注：保留小数点后 3 位有效数字

（2）体面劳动的指标及权重系数的最终值，结果如表 4-35 所示。

表 4-35　体面劳动指标的选择和权重的计算

一维指标	一维指标权重	二维指标	二维指标权重	一维指标	一维指标权重	二维指标	二维指标权重
就业机会	0.161	就业人口与总人口的比率	0.259	社会保障	0.163	社会保险支出占 GDP 比重	0.155
		失业率	0.331			享受养老保险离退休人员占总人口比例	0.213
		劳动参与率	0.241			工伤保险覆盖面	0.209
		非正规就业	0.169			城镇基本医疗保健覆盖的人口计算结果	0.212
充分的收入和生产性劳动	0.170	平均实际收入	0.500			享受最低生活保障人数	0.211
		制造业工资指数	0.500	体面劳动的经济社会背景	0.123	就业人员的人均 GDP 水平	0.086
就业机会平等和待遇	0.172	男女就业差异率	0.500			劳动生产率的增长率	0.215
		残疾人就业状况	0.500			学龄儿童净入学率	0.259
安全的工作环境	0.067	工伤比率计算结果	0.462			居民消费价格指数增长率	0.224
		劳动监察机构增长率	0.190			经济部门就业构成	0.084
		劳动监察人员数（每 10 000 名雇员）	0.347			最高收入与最低收入的差异率	0.133
社会对话、工人和雇主代表	0.145	工会基层组织数	0.500			就业人员的人均 GDP 水平	0.086
		工会专职人员人数	0.500			劳动生产率的增长率	0.216

注：保留小数点后 3 位有效数字

（3）根据以上数据，用 Excel 计算出体面劳动的最终值计算结果，如表 4-36 所示。

表 4-36　体面劳动最终值的计算结果

年份	体面劳动的经济社会背景最终值	社会对话、工人和雇主代表最终值	社会保障最终值	安全的工作环境最终值	就业机会平等和待遇最终值	就业机会最终值	充分的收入和生产性劳动最终值	体面劳动总水平最终值
2000	1.000	1.000	1.000	1.000	1.000	1.000	1.000	1.000
2001	1.004	0.895	1.196	1.103	1.069	1.071	1.070	1.059
2002	0.695	1.087	1.324	1.299	1.131	1.130	1.130	1.122
2003	1.498	1.010	1.406	1.463	1.162	1.171	1.166	1.243
2004	1.336	1.067	1.573	1.852	1.192	1.170	1.181	1.386
2005	1.940	1.178	1.706	0.267	1.208	1.175	1.191	1.303
2006	1.820	1.334	1.865	1.162	1.223	1.177	1.200	1.401
2007	3.813	1.502	2.226	2.080	1.238	1.175	1.207	1.794
2008	4.450	1.735	2.715	1.515	1.269	1.188	1.228	1.958

续表

年份	体面劳动的经济社会背景最终值	社会对话、工人和雇主代表最终值	社会保障最终值	安全的工作环境最终值	就业机会平等和待遇最终值	就业机会最终值	充分的收入和生产性劳动最终值	体面劳动总水平最终值
2009	0.539	1.847	3.120	1.306	1.285	1.204	1.244	1.554
2010	3.016	2.046	3.264	1.364	1.285	1.187	1.236	1.910
2011	4.203	2.386	3.476	1.352	1.238	1.203	1.221	2.131

注：保留小数点后 3 位有效数字

　　从图 4-1 中可见，我国体面劳动水平呈现出逐年上升的态势，虽在个别年份有一定幅度的回落，但不影响整体走向。自改革开放中期以来，我国劳动者的体面劳动水平一直保持稳定提升的态势。从数据比较中可以看出，从 2000~2011 年的 12 年间，我国劳动者的体面劳动水平提高幅度 1 倍有余，并且提升的速度还有加快的趋势。这意味着，在过去的 12 年里，我国劳动者在整体就业率、就业机会平等、劳动法律保障、总体收入水平、劳动安全环境、公平对话权利等方面都得到了显著改善。

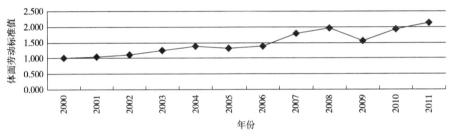

图 4-1　2000~2011 年体面劳动水平趋势图

第五章 中国体面劳动状况的变动趋势及实证分析

根据第四章对体面劳动水平的大体测算可以看出，自改革开放中期以来，我国劳动者的体面劳动水平一直保持稳定提升的态势。从数据比较中可以看出，2000~2011年的12年间，我国劳动者的体面劳动水平提高幅度一倍有余，并且提升的速度还有加快的趋势。这意味着，在过去的12年里，我国劳动者在整体就业率、就业机会平等、劳动法律保障、总体收入水平、劳动安全环境、公平对话权利等方面都得到了显著改善。体面劳动水平提升与经济社会发展之间具有互为因果、互促共进的紧密关系。因此，应在维护社会稳定和促进经济发展的大局中不断提升我国体面劳动水平，同时也要注重以体面劳动水平的不断提升来促进经济的快速发展和维护社会的和谐稳定。

本章试图从劳动社会保障法制建设、宏观经济调控政策和国际经济环境三方面对我国体面劳动实现状况的综合评价及变动趋势进行分析。

第一节 劳动社会保障法制建设的逐步完善

体面劳动水平的整体提升与国家出台的一系列劳动社会保障法规密切相关，特别是2003年以来，党和政府倡导构建和谐社会，贯彻以人为本的科学发展观，强化国家对劳动关系的积极干预，劳动社会保障法制建设取得进一步的发展，对劳动者权益保障发挥了重要作用，也体现了我国就业政策的可行性和连续性。

一、劳动社会保障法制建设的历史演进

（一）劳动制度的恢复和发展

1978年至20世纪90年代初，是我国劳动制度的恢复和改革阶段。1978年党的

十一届三中全会召开，提出了把党的工作重心转移到社会主义现代化建设上来，要健全社会主义民主和加强社会主义法制建设，并做出了实施改革开放的重大决策。

劳动力市场制度的恢复始于 1980 年。1980 年 8 月，中共中央和国务院提出了"三结合"的就业方针，即在国家统筹规划和指导下，实行劳动部门介绍就业、自愿组织起来就业和自谋职业相结合。1981 年，国务院颁布了《关于广开就业门路，搞活经济，解决城镇就业问题的若干决定》，要求发展多种经济成分，创造劳动服务公司，拓宽渠道，缓解就业难的矛盾。从此，解决中国就业问题不再只是政府的"一驾马车"，而是"三驾马车"并驾齐驱（林燕玲和钱俊月，2009）。

随着宏观经济体制改革的深化，国企改革先后经历了放权让利、利改税、承包经营责任制等几个阶段，同时必然要求劳动制度的配套改革。1983 年 2 月，劳动人事部发出《关于积极试行劳动合同的通知》。1986 年 7 月，国务院发布《国营企业试行劳动合同制改革暂行规定》等四项改革劳动制度的暂行规定。1987 年，国务院发布了《国营企业劳动争议处理暂行规定》，恢复了自 1956 年起中断的劳动争议处理制度。这些配套改革是对计划经济条件下的用工制度改革的开端。

当时，我国正处在由计划经济向市场经济转型的历史初期，劳动社会保障法制建设是与经济体制改革配套的劳动制度改革。它在一定程度上促进了经济体制改革的深化，为经济发展提供一定的保障。

（二）劳动法规体系初步形成

1992 年邓小平南方谈话至 21 世纪初，是劳动法律体系初步形成的阶段。1992 年年初，邓小平南方谈话，提出要加快改革开放的步伐，发展才是硬道理。1993 年 11 月，党的十四届三中全会明确提出建立社会主义市场经济体制的改革目标，并要求建立与社会化大生产相适应的现代企业制度。

1992 年 4 月 3 日，第七届全国人民代表大会通过《中华人民共和国工会法》和《中华人民共和国妇女权益保障法》，为调整劳动关系确定了方向。1992 年，全国人大常委会审议通过了《矿山安全法》，为我国矿山安全提供了保障。1993 年国务院发布了《企业劳动争议处理条例》，进一步健全了劳动争议处理制度，扩大了实施范围（林燕玲和钱俊月，2009）。

1994 年 7 月 5 日，全国人大常委会审议通过《中华人民共和国劳动法》，并于 1995 年 1 月 1 日开始施行。这是新中国成立后第一部综合调整劳动关系的法律，包括促进就业、劳动合同和集体合同、工作时间和休息休假、工资、劳动安全卫生、女职工和未成年工特殊保护、职业培训、社会保险和福利、监督检查等内容，是劳动立法的重要里程碑。《中华人民共和国劳动法》的诞生，标志着我国劳动法制建设进入了一个新阶段。

　　《中华人民共和国劳动法》颁布后，国务院及劳动部门发布了一系列劳动法规和规章，逐步建立起适应市场经济发展需要的劳动法律法规体系。1995 年国务院发布《关于修改<国务院关于职工工作时间的规定>的决定》及《关于深化企业职工养老保险制度改革的通知》，劳动部 1994 年发布的《关于实施最低工资保障制度的通知》、《职业指导办法》、《企业经济性裁减人员规定》、《集体合同规定》、《工资支付暂行规定》及《未成年工特殊保护规定》；1995 年劳动部发布《关于实施再就业工程的报告》、《关于进一步完善劳动争议处理工作的通知》及《违反<劳动法>有关劳动规定的赔偿办法》等。

　　这一阶段，我国以经济发展为中心，劳动法律法规是为了规范和完善劳动力市场，保证催生和构建一个市场经济所需要的有活力的用工机制，而并没有将劳动者作为弱势群体的一方给予特别的保护（黄巧燕，2005）。

（三）劳动保障法制建设进一步发展

　　21 世纪初，特别是 2003 年以来，党和政府倡导构建和谐社会，贯彻以人为本和科学发展观，强化国家对劳动关系的积极干预，劳动社会保障法制建设得到进一步发展，具体如表 5-1 所示。

表 5-1　与提高体面劳动水平提升相关的主要法律法规

体面劳动的实质要素	相关法律法规	颁布时间
综合性法律	《中华人民共和国劳动法》	1994-07-05
就业机会	《中华人民共和国就业促进法》	2007-08-30
充分的收入和生产性劳动	《最低工资规定》	2003-12-30
	《工资支付暂行规定》	1994-12-06
	《外商投资企业工资收入管理暂行办法》	1997-02-14
	《股份有限公司劳动工资管理规定》	1994-12-03
体面工时	《中华人民共和国劳动法》第 36 ~ 45 条	1994-07-05
	《中华人民共和国劳动合同法》第 31 条	2007-06-29
	《中华人民共和国劳动合同法实施条例》	2008-09-03
	《工资支付暂行规定》	1994-12-06
	《国务院关于职工工作时间的规定》	1995-03-25
	《职工带薪年休假条例》	2007-12-07
	《全国年节及纪念日放假办法》	2007-12-14
劳动、家庭和个人生活的融合	《国务院关于职工探亲待遇的规定》	1981-03-14
	《企业职工生育保险试行办法》	1994-12-14
应废除的劳动	《禁止使用童工规定》	2002-09-18
	《未成年工特殊保护规定》	1994-12-09

续表

体面劳动的实质要素	相关法律法规	颁布时间
工作的稳定和保障	《关于非全日制用工若干问题的意见》	2003-06-17
	《最低工资规定》	2004-03-01
	《工资支付暂行规定》	1994-12-06
	《中华人民共和国劳动合同法》	2007-06-29
就业平等机会和待遇	《女职工劳动保护规定》	1988-07-21
	《企业职工生育保险试行办法》	1995-01-01
	《国务院关于安置老弱病残干部的暂行办法》	1978-05-24
安全的工作环境	《工伤保险条例》	2003-04-27
	《关于农民工参加工伤保险有问题的通知》	2004-06-01
	《中华人民共和国职业治疗法》	2001-10-07
	《职业病目录》	2002-04-18
	《职业病范围和职业病患者处理办法的规定》	1987-11-05
	《职业病诊断与鉴定管理办法》	2002-03-28
社会保障	《社会保险法》	2010-10-28
	《社会保险费征缴暂行条例》	1999-01-22
	《失业保险条例》	1999-01-22
	《失业保险金申领发放办法》	2000-10-26
	《社会保险费申报缴纳管理暂行办法》	1999-03-19
	《企业年金基金管理试行办法》	2011-01-11
社会对话、工会和雇主代表	《中华人民共和国工会法》	1992年颁布，2001年修订
	《违反〈中华人民共和国劳动法〉行政处罚办法》	1994-12-26
	《劳动保障监察条例》	2004-11-01
	《劳动争议仲裁委员会办案规则》	2008-12-17
	《劳动争议仲裁委员会组织规则》	1993-11-05
	《劳动仲裁员聘任管理办法》	1995-03-22
	《中华人民共和国企业劳动争议处理条例》	1993-07-06
	《企业劳动争议调解委员会组织及工作规则》	1993-11-05
	《中华人民共和国行政复议法》	1999-04-29
	《中华人民共和国劳动争议调解仲裁法》	2007-12-29
	《最高人民法院关于审理劳动争议案件适用法律若干问题的解释》	2011-03-22
体面劳动的经济社会背景	与上述法律法规均有相关性	—

资料来源：根据文献资料整理得出

在劳动标准立法方面，2001年第九届全国人大常委会审议通过了《职业病防治法》；2002年又通过了《中华人民共和国安全生产法》，加强了安全生产监督管理，保障劳动者的生命财产安全；2003年劳动和社会保障部发布了《最低工资规定》，将最低工资保障制度扩展到企业以外的用工单位，扩大了对低收入群体的保护；2007 年国务院发布了《职工带薪年休假条例》，维护了职工休息休假的权利。

在劳动关系立法方面，2004 年劳动和社会保障部发布《集体合同规定》，规范了集体协商和签订集体合同行为；2007 年 6 月，第十届全国人大常委会通过《中华人民共和国劳动合同法》，保护劳动者的合法权益，完善了劳动合同制度；2007 年 12 月又通过了《中华人民共和国劳动争议调解仲裁法》，为进一步及时公正地解决劳动争议提供了法律保障。

在劳动保障立法方面，2003 年国务院发布了《工伤保险条例》；2007 年 8 月，第十届全国人大常委会通过《中华人民共和国就业促进法》，旨在促进经济发展与扩大就业相协调，促进社会和谐稳定；2010 年 10 月 28 日，第十一届全国人大常委会第十七次会议审议通过了《中华人民共和国社会保险法》，这是中国第一部社会保障制度的综合性法律，具有里程碑的意义。

在劳动行政立法方面，2004 年国务院颁布了《劳动保障监察条例》进一步规范了我国的劳动保障监察工作。在这一阶段，随着社会主义市场经济体制的建立、国有企业改制及非公有制经济的快速发展，我国劳动关系调整基本上呈现出市场化、规范化和国际化的特点。前一阶段过分强调经济发展，忽视社会公正，导致贫富差距扩大，社会矛盾突显，"强资本、弱劳工"的现状也凸显出来。因此，党和政府强调让劳动者分享经济发展的成果，强化国家对劳动关系的积极干预，保护劳动者的合法权益，劳动社会保障法制建设得到进一步的发展。

二、劳动社会保障法制建设与体面劳动水平的提升

我国体面劳动水平的持续提升与劳动社会保障法制建设呈现的一些趋势性特点密切相关，最重要的变化主要反映在以下几个方面。

（一）从经济发展的配套措施转变为社会建设的重要组成部分

如果比较《中华人民共和国劳动法》与《中华人民共和国劳动合同法》的颁布背景，可以清晰地看到中国法制化的进程。20 世纪 90 年代中期《中华人民共和国劳动法》的颁布，是基于当时特殊的中国社会经济发展背景，其基本上是对用人单位放权而非限权的法律，是打破对劳动者"全面保护"的法律，解决的是劳动用工方面原有国有企业统包统配制度下"一潭死水"的问题（黄巧燕，2005）。其立法的目的是"为了保护劳动者的合法权益，调整劳动关系，建立和维护适应社会主义市场经济的劳动制度，促进经济发展和社会进步"。虽然也强调以保护劳动者的权益为基本目的，但在我国计划经济向市场经济转型的初级阶段，《中华人

民共和国劳动法》更多的是服务于市场经济的法律制度，而不是真正的为保护弱势方的劳动者给予特别保护的法律。

随着中国参与全球化进程的深入，中国在国际竞争中充分发挥比较优势及经济快速增长的背后，劳动者的权益受到了严重侵害。2003 年以来，进城务工的农民工权益保障问题引发了政府和全社会的关注。作为一个具有近 1.5 亿人口的庞大社会群体，农民工为经济发展做出了突出贡献，而逐渐形成的"强资本、弱劳工"的格局，使他们的正当权益得不到保障，社会分配不公、劳资矛盾的凸显已经影响到社会的和谐稳定。2008 年开始施行的《中华人民共和国劳动合同法》，其立法目的是"明确劳动合同双方当事人的权利和义务，保护劳动者的合法权益，构建和发展和谐稳定的劳动关系"。可以看到，政府更加强调"以人为本"，以保护弱势方劳动者的权益为根本，主张社会公平正义，正在向建设法制化国家迈进。劳动社会保障法制成为社会建设的重要组成部分。

（二）对劳动保障领域的调节手段从政策逐步向法律过渡

改革开放前，中国是一个以行政命令和政策调节为主导的社会。在规则体系方面，虽然有些法律法规的存在，但真正起全面调整社会关系作用的是党和国家的政策。当时认为，法律是对成熟改革政策的确认，是改革的保障手段，立法只能反映改革成果，而无法对即将起步或已经启动的改革进行总体规范。因此，20世纪 80 年代中期以前，几乎所有劳动力市场改革措施都是以文件形式，而不是以法规形式出台的。而且，对于法律在经济建设中的作用，在当时更偏向于消极地"保驾护航"，强调政策对法律的引导，对法律的超前导向作用尚未达成共识。进入 90 年代以来，随着对改革的知识存量的增加和实践经验的积累，人们对新体制的基本轮廓越来越清楚，市场取向的改革方向越来越明确，逐步具备了按市场规则和国际惯例安排新体系的可能性，劳动力市场改革的法律推动特点逐步表现出来。特别是十四届三中全会提出，改革决策要与立法决策紧密配合，立法要体现改革精神。用法律引导、推进和保障改革顺利进行，这标志着法制工作从单纯的外部保障手段逐步进入改革决策和操作核心环节。

我国政策调控为主导的改革模式向法律调控为主导模式转变的过程中，既有最高立法机关制定出来的劳动法律，又有司法机构或地方、部门制定的具体司法解释和实施细则，还存在由国家行政机构制定的具体政策，这就导致了效力等级高的法律操作性弱，效力等级低的政策规则体系操作性强。目前，我国的劳动法律体系应该看做由法律规则、政策法规和各个地方、部门的具体规则组成的一种广义的法律体系，这也是政策调控向法律调控转变的过渡特色（蒋立山，1997）。

（三）劳动社会保障法律法规的适用范围不断扩大

我国劳动制度的改革是与国企改革相配套的。1986 年 7 月，国务院发布《国营企业实行劳动合同制暂行规定》、《国营企业招用工人暂行规定》、《国营企业辞退违纪职工暂行规定》及《国营企业职工待业保险暂行规定》四项规定，其适用对象均仅为国营企业。

至《中华人民共和国劳动法》的颁布，其第二条规定了实施范围，包括了我国各类性质的企业的劳动关系，既适用于国有企业，又适用于集体所有制企业、外商投资企业、外商独资企业、私营企业及个体经济组织。而且国家机关、事业组织、社会团体实行劳动合同制度的工勤人员也适用于《中华人民共和国劳动法》。由此，《中华人民共和国劳动法》的使用范围已经扩大很多。

但是随着市场经济的发展，劳动关系呈现出多元化的特点，《中华人民共和国劳动法》规定的这一范围已远远不能满足劳动力市场法制建设的需求。由于《中华人民共和国劳动法》适用范围的限制，导致其对事业单位、社会团体及其与之未建立劳动合同关系的劳动者、非正规就业人员、劳务派遣工、农民工等保护不力的状况长期得不到解决。而这部分劳动者权益被侵害的现象已经严重影响了社会的和谐发展。

因此，2007 年《中华人民共和国劳动合同法》在《中华人民共和国劳动法》的基础上，再次扩大了适用范围；增加了民办非企业单位等组织作为用人单位，并且将事业单位聘用制工作人员纳入调整范围。此外，对劳务派遣、非全日制用工也做了特别规定。虽然仍未就家庭雇工、兼职人员、返聘的离退休人员等做出规定，但应该看到，《中华人民共和国劳动法》适用范围的扩大趋势，还是使更多的劳动者受到了法律的保护。

（四）劳动社会保障法律法规中的法律责任进一步强化

在 1994 年颁布的《中华人民共和国劳动法》中，关于签订劳动合同及无固定期限劳动合同已有相关规定，但是根据全国人大常委会的数据，到 2005 年《中华人民共和国劳动法》已实施了 10 年，仍有相当多的企业一直不执行《中华人民共和国劳动法》，不与职工签订劳动用工合同，其中非公企业的劳动合同签订率还不到 20%；即使签订合同，也有 60%以上是一年一签的短期合同，而劳动合同不规范、劳动标准不落实的情况更为普遍。劳动合同制度在相当多的企业形成虚设，形成了一种企业劳动关系处于"法外运行"的状态（常凯，2009）。

而《中华人民共和国劳动合同法》与《中华人民共和国劳动法》比较起来，对于劳动合同的实施，规定了更为严格的程序和明确的法律责任，如支付双倍工资，具体如下：用人单位自用工之日起对于超过一个月不满一年未与劳动者订立书面劳动合同的，应当向劳动者支付双倍的工资；用人单位未依法与劳动者订立无固定期限劳动合同的，自应当订立无固定期限劳动合同之日起向劳动者每月支付双倍的工资，以及关于违法解除或终止劳动合同以经济补偿金的双倍作为赔偿金的规定，都增加了用人单位的违反成本。

强化企业的违法责任与违法成本是《中华人民共和国劳动合同法》的一大特点，同时，也以此种形式来促进和保障劳动法律的实施。

（五）劳动社会保障法规受到越来越多的国际影响

1978 年的改革开放，将中国的大门向世界打开；2001 年，中国加入世界贸易组织，进一步融入经济全球化的浪潮中。改革开放三十多年来，中国的经济发展取得了举世瞩目的成就，但是随之而来的劳动关系的市场化与国际化，也加剧了劳资之间的矛盾。对社会现实的反思使人们意识到，不仅要追求经济发展，更要以人为本，关注社会进步。为了应对经济全球化社会层面的问题，1999 年国际劳工组织提出的"体面劳动"逐渐成本全球的共识和追求的目标，也越来越多的影响我国劳动社会保障立法。

1983 年中国正式恢复在国际劳工组织的活动。中国政府在参与国际劳工组织的活动中，重视国际劳工标准在维护工人利益，促进经济发展和社会进步方面的作用。中国于 1997 年 10 月签署了《经济、社会及文化权利国际公约》与《公民权利和政治权利国际公约》，这表明国际劳工组织公约成为中国劳动法律的渊源之一。到 2011年 6 月 25 日，中国已经承认和批准了 25 个国际劳工公约其中包括 4 个核心公约，分别是 1951 年第 100 号公约——《同工同酬公约》、1958 年第 111 号公约——《消除（就业和职业）歧视公约》、1973 年第 138 号公约——《准予最低就业年龄公约》和 1999 年第 182 号公约——《最恶劣形式的童工公约》，具体如表 5-2 所示。

表 5-2　中国承认和批准的 25 个国际劳工公约

序号	公约	批准时间	状态
1	C7 最低年龄公约（1920 年）	1936-12-02	1999-04-28 搁置
2	C11（农业）结社权利公约（1921 年）	1934-04-27	批准
3	C14（工业）每周休息公约（1921 年）	1934-05-17	批准
4	C15（扒炭工和司炉工）最低年龄公约（1921 年）	1936-12-02	1999-04-28 搁置
5	C16（海上）未成年人体检公约（1921 年）	1936-12-02	批准
6	C19（事故赔偿）同等待遇公约（1925 年）	1934-04-27	批准
7	C22 海员协议条款公约（1926 年）	1936-12-02	批准
8	C23 海员遣返公约（1926 年）	1936-12-02	批准
9	C26 最低工资确定办法公约（1928 年）	1930-05-05	批准
10	C27（船运货物）表明重量公约（1929 年）	1931-06-24	批准
11	C32（码头工人）事故防护公约（修订本）（1932 年）	1935-11-30	批准

续表

序号	公约	批准时间	状态
12	C45（妇女）地下工作公约（1935 年）	1936-12-02	批准
13	C59（工业）最低年龄公约（修订本）（1937 年）	1940-02-21	1999-04-28 搁置
14	C80 最后条款修正公约（1964 年）	1947-08-04	批准
15	C100 同工同酬公约（1951 年）	1990-11-02	批准
16	C111 消除（就业和职业）歧视公约（1958 年）	2006-01-12	批准
17	C122 就业政策公约（1964 年）	1997-12-17	批准
18	C138 准予就业最低年龄公约（1973 年）	1999-04-28	批准
19	C144 三方协商<促进贯彻国际劳工标准>公约（1976 年）	1990-11-02	批准
20	C150 劳动行政管理公约（1978 年）	2002-03-07	批准
21	C155 职业安全和卫生及工作环境公约（1981 年）	2007-01-25	批准
22	C159（残疾人）职业康复和就业公约（1983 年）	1988-02-02	批准
23	C167 建筑业安全和卫生公约（1988 年）	2002-03-07	批准
24	C170 化学品公约（1990 年）	1995-01-11	批准
25	C182 禁止和立即行动消除最恶劣形式的童工劳动公约（1999 年）	2002-08-08	批准

资料来源：中国国际劳工公约批准状况. http://www.ilo.org/ ilolex/english/ Newrat Frame E. htm，2012-06-30

　　在中国的社会发展进程中，国际劳工标准也起到了一定的推动作用。中国的劳动社会保障立法，大量参考了国际劳工标准的具体内容，如《中华人民共和国劳动法》第十二条"劳动者就业，不因民族、种族、性别、宗教信仰不同而受歧视"的规定，参考了国际劳工组织第 111 号公约中"基于种族、肤色、性别、宗教、政治见解、民族血统或社会出身等原因的歧视"，但仍有一定差距。2008 年开始实施的《中华人民共和国就业促进法》第三十一条规定的"农村劳动者进城就业享有与城镇就业者平等的劳动权利，不得对农村劳动者进城就业设置歧视性限制"，这在某种程度上缩小了中国法律与国际劳工公约的距离。

　　综上所述，随着中国社会主义市场经济体制的不断完善，中国的劳动社会保障法制建设也日益呈现出市场化、规范化和国际化的特点。值得注意的是，对劳动关系的法律规范虽然能够有效保障劳动者的权益，但同时也可能产生负面效应，如失业增加、劳动力市场机制僵化和收入水平降低等问题，即有些法律规范对体面劳动的实现存在一定的代偿性，如何消除这部分负面影响是亟待解决的问题。

第二节　宏观经济调控政策分析

　　体面劳动水平的上行趋势与我国宏观经济政策的不断完善密切相关。在市场经济运行的过程中，不同时期根据不同情况应该采取不同目标的宏观经济政策，我国现阶段实行的是以"以充分就业目标为主"的宏观调控政策，与 GDP 增长率相比，充分就业这个指标在一定程度上更能够反映我国转轨经济的现状及社会稳定的程度，也是当前经济社会发展的关键性因素。

一、宏观经济政策实施的国际趋势

促进就业（pro-employment）的宏观经济调控政策，又可以称为"以充分就业目标为主"的宏观调控政策。实施促进就业的宏观调控政策，是在当下失业问题变得很严重，以至压倒了其他宏观经济问题如通货膨胀、国际收支平衡和经济增长率不够高的形势下进行的。通常在市场经济运行的过程中，不同时期需要采用促进不同目标的宏观调控政策。下面以主要发达国家 20 世纪 50 年代以来的历史，分析不同国家在面临各种宏观经济形势时，所实施的不同目标的宏观经济调控政策（王诚，2012）。

20 世纪 50 年代初到 60 年代末，美欧大多数国家由于受到 30 年代大危机和第二次世界大战的不利影响，劳动力市场上的就业机会欠缺，失业问题比较严重，而通货膨胀和经济增长的问题相对而言并不明显。因此，以美英为首的西方国家大多数采用"促进就业"的宏观调控政策。进入 20 世纪 70~80 年代，由于两次世界石油危机的冲击以及"滞涨"在西方国家的蔓延，整体宏观经济形势雪上加霜；而如果实施紧缩性政策来应对通货膨胀，又会加剧经济停滞和失业现象。这时发达国家出现了以美国的供给学派为代表的新古典主义复兴思潮，即认为宏观经济政策的作用被片面夸大了，宏观调控在某种程度上已经错误地取代了市场机制，市场的供给能力受到损害。因此，在宏观经济政策上，一是财政政策方面要大幅度减税和减少财政开支，使财富藏富于民，企业界也得以提高利润和投资率，以休养生息和培养实力；二是货币政策方面实行逐步紧缩货币供应量增长率，以及与国际上一篮子货币挂钩的外汇政策，以稳定本国货币的对内和对外价值。这种财政和货币的双紧缩政策，逐步消化了两次由于石油危机带来的生产成本大幅度上涨的问题，经济回到稳步增长的道路（王诚，2012）。

进入 20 世纪 90 年代以后，西方发达国家的市场经济体系逐渐成熟，出现了一些制度性典型特征的宏观经济现象。例如，欧盟国家普遍发生的与其高福利社会政策密切相关的高达 10% 左右的失业率；欧盟以及北美国家由于经济成熟和定型，其经济增长率大幅度的下降和稳定在 1%~4% 的较低水平；由于世界基准货币和储备货币发行国，以及高消费低储蓄的特殊国际地位和经济结构，美国和其他国家之间出现长达几十年的国际收入巨额不平衡现象等，这些本来属于"宏观经济问题"的问题，反而成为"体制性问题"而被排除在宏观经济调控可作用的范围之内，发达国家的宏观调控政策往往不把它们作为主要的宏观调控目标。因此，尽管 90 年代以来的通货膨胀现象不是非常严重，欧美国家一般在 0%~4%，属于"温和"的通货膨胀范围，但是由于没有其他宏观目标可以调控，大都以反通货膨胀作为主要宏观经济目标。西方国家曾经普遍认为，由于实行"利率微调"为主的宏观经济调控政策，美国实现了长达十余年的"低失业率、低通胀率、高增长率"的"两低一高"现象，其实主要是由于世界经济长期失衡，美国等发达国家的物价上涨因素被中国等新兴经济体以廉价劳动力和廉价资源环境大量消化的结果。当然，值得注意的是德国和日本的情况，作为第二次世界大战的两个战败国，又同样是发达国家中的后起之秀，德国和日本的经济一直比较有活力和创新力，宏观经济独立性相对而言比较强，因此受其他发达国家宏观经济问题的连带冲击较少。所以，德国在第二次世界大战后长期实行以稳定通货为主兼顾国际收支平衡目标的宏观调控政策。日本则长期实行以国际收支平衡和稳定物价为目标的宏观调控政策，见表 5-3。

表 5-3 主要发达国家宏观经济政策比较

经济背景	20 世纪 50~60 年代 经济大危机过后失业问题严重	20 世纪 70~80 年代 经济停滞与通胀并存	20 世纪 90 年代及以后 经济从停滞到复苏、通胀抬头
美国	以充分就业为主	以货币稳定为主	以反通胀为唯一目标
英国	以充分就业为主，兼顾国际 收支平衡	以货币稳定为主	以反通胀为唯一目标
加拿大	充分就业、经济增长	以物价稳定为主	以反通胀为唯一目标
德国	以稳定通货为主，兼顾国际 收支平衡	以稳定通货为主，兼顾国际 收支平衡	以稳定通货为主，兼顾国际 收支平衡
日本	国际收支平衡，稳定物价	国际收支平衡，稳定物价	国际收支平衡，稳定物价

资料来源：中国人民银行金融研究所"货币政策有效性研究"课题组（1997）

中国一段时间内通货膨胀形势较为严峻，2011 年 7 月的消费价格指数达到近十年来少有的 6.5% 的水平，因此控制通货膨胀应当成为当前和今后一段时间内中国宏观调控政策的主要目标。但是中国经济的就业问题特别是作为宏观政策调控目标的就业和失业问题，仍然将伴随着中国经济的工业化、城市化、二元经济转型、区域发展不平衡、外部经济的冲击等因素而长期存在。所以，应在宏观经济调控理论的基础上，深入分析在中国实施促进就业的宏观经济政策的现实基础和背景条件，为今后在有条件实施促进就业政策时出台较为完善的宏观调控政策做好充分准备。

不仅如此，在中国目前所处的经济转型条件下，充分就业目标相比经济增长目标，蕴藏了宏观调控所需要的更加全面的信息。与 GDP 增长率相比，充分就业这个指标在一定程度上更能够反映中国转轨经济的现状，具体原因如下。

　　第一，在最近几十年中，只要就业量出现增长，GDP 肯定也会增长；反之则不一样，即 GDP 出现增长而就业量不一定会增长。

　　第二，就业不仅是经济目标，也是社会目标。就业往往在社会学中比在经济学中更加受到重视，就是因为就业这个指标不仅能够反映经济总量的递增，而且还能反映社会稳定的状况。

　　第三，就业指标是民生指标，比 GDP 更能够反映经济增长为老百姓带来的福利改善状况。当前中国的社会发展滞后于经济增长，许多民众的生活并没有随着经济增长而得到同步提高，其中一个重要原因是中国就业的升级严重滞后于国民财富的升级。低技能的就业制约着民生水平的提高。

　　第四，就业是中国当前经济社会发展的关键制约因素。当前国内消费不足是经济发展的瓶颈，而消费不足从总体上看是由于大多数消费者的收入水平没有较快提高，而收入水平不高的原因又是就业在量与质两方面的扩展受到诸多因素的制约。因此，只有充分重视和突出就业扩展目标，实现体面劳动，才能改善中国宏观经济的整体质量。

二、宏观经济政策与体面劳动水平的变动分析

　　宏观经济政策对体面劳动水平的提升，在整体上起到了一个向好的作用，但是在具体分析各类政策时，就要区分对待，财政政策、货币政策及产业政策的实施均提升了我国的体面劳动水平，而收入分配政策却成为我国体面劳动水平提升的限制性短板。

（一）财政政策

　　财政政策在促进体面劳动水平提高的方面主要体现在其对扩大就业具有积极作用，一方面是通过财政支出特别是赤字预算支出发挥作用。财政支出通过公共投资和公共消费带动总需求，从而在总需求相对不足的情况下可以推动生产和就业增长，即通过公共支出及其乘数的作用拉动经济增长，再通过经济增长来增加就业岗位和扩大就业；此外，财政支出也可以通过直接增加在就业机制改善方面的支出来促进就业。其中包括支持相关行业与企业的扩大就业愿望，政府直接提供和扩大公共部门就业岗位，同时也通过发展培训体系提升劳动者就业能力等。另一方面，财政政策还可以通过财政收入特别是税收收入政策来发挥作用。在充分就业不足的情况下，税收政策尤其是降低税收的政策，按照拉弗曲线（Laffer curve）的原理，可以扩大生产和促进就业，最后通过扩大税基使税收得到增长。一般认为，税收政策对促进就业有以下几个方面的作用（王

诚，2012）。

第一，以低税刺激消费，扩大有效需求，从而扩大就业。一方面，间接税最终都会通过商品价格加成方式转嫁给消费者，因此降低间接税可以通过影响价格来影响人们的消费。另一方面，以所得税为代表的直接税，在总量上会产生收入效应，影响人们的收入水平，因而降低所得税等直接税相当于增加了人们的收入，从而增加消费需求。一般而言，作为市场经济社会消费主要群体的中等收入阶层的边际消费倾向和平均消费倾向比较高，因此降低这一人群的直接税可以明显增加消费需求。

第二，以低税鼓励投资，从而扩大生产和就业。一方面，企业直接税尤其是企业所得税的降低会通过影响税后利润来影响人们在实体经济上的投资决策，从而影响投资的就业扩大效应。另一方面，企业间接税是通过改变投资品的流转性税负来影响投资行为，如果间接税向下转移的幅度不够大（如生产型增值税）和转移渠道不够顺畅（如产品市场的竞争压力太大），企业投资的意愿不足。如果此时降低企业间接税，投资意愿就会增加，而投资规模扩大会增加就业。

第三，以差别性税率调整来促进就业。在中国，税收优惠政策运用的十分广泛。为了促进就业的增长，在实施税收优惠政策时可以适当向劳动密集型产业倾斜，并促进非农产业发展和吸纳农村剩余劳动力。这样的税收政策也能够增加就业。

第四，以低税承诺影响社会心理预期，稳定劳动力市场和就业。如果就业的供求两方面都面临较高的未来税收威胁，就业扩展的积极性就可能受到抑制。因此，低税政策可以通过明确的政策导向改善劳动力市场供求主体的预期，从而增强经济活力并刺激劳动力市场的就业扩展。

西方国家为发挥财政政策促进就业的作用，一般采取的手段也是通过扩大社会投资和减轻企业负担，进而拉动经济增长带动就业岗位的增加，如美国2002年颁布《工作岗位创造和工人援助法案》，以及2011年后期讨论的《美国就业法》。正如美国时任总统奥巴马在关于该法律的讲演中所言，《美国就业法》的宗旨很简单，即"让更多的人重新就业，让那些正在工作的人增加收入"。这将为建筑工人、教师、退伍老兵、长期失业者创造更多的就业岗位。它为那些雇佣新员工的公司提供税收优惠，让所有的在职美国人和小企业的工资税收减半。它将为陷入失速状态的美国经济提供动力，给公司以信息，让它们相信如果投资和招募新员工，它们的产品和服务还将有客源。它让"就业岗位创造者"的生活变得更加容易。在其他西方国家，类似于大幅度减免企业税收，为小企业提供小额担保贷款，提供培训和咨询服务，在小企业开办之初免征企业所得税等相关措施，也同样获得广泛的采用，并且大都有效地扩大了就业，此外，这些国家也通过在财政预算中安排转型资金，直接开发就业岗位，帮助失业者就业，如英国提出的"五年促进就业计划"，德国实施的"东部促进就业计划"等，分别对招用失业者的企业实施就业补贴，由政府提供公共就业岗位，对特殊群体与特殊困难地区提供就业援助，对培训失业者提供培训补贴与就业服务补贴，等等。

在中国，现行的促进就业的税收政策大致包括以下内容。

（1）在税收政策上涉及多项普遍性的减免税优惠，不同程度地促进了就业与再就业，具有代表性的政策如下。

其一，2003 年起提高营业税和增值税的起征点，之后进一步调高销售相关农副产品和以销售相关农副产品为主的个体工商户增值税起征点。这使一部分个体工商户退出征税范围，发挥了调节收入分配和促进就业的功能。增值税转型改革后允许企业抵扣其购进设备所含的增值税，将小规模纳税人征收率统一调低至3%，这对促进投资需求、拉动经济增长和充分就业有积极作用。

其二，新企业所得税的制度设计也对促进就业有积极意义。例如，对内外资企业统一实施 25%的相对低税率，企业发生的合理工资薪金支出准予据实扣除，改进职工福利费、职工教育经费、工会经费、"五险一金"及补充性社会保险费用的税务处理等，都有利于降低企业税负和劳动力雇佣成本，从而增加劳动力需求，对职工教育经费规定限额内准予据实扣除并可以结转以后年度，有利于增加劳动力教育投入，可以通过提高劳动力素质，减少结构性失业和摩擦性失业（王诚，2012）。

（2）在税法规定上，针对特殊人群就业设计了扶持政策。

其一，下岗失业人员从事规定范围内的个体经营，在规定期限内享受免税政策。符合规定的加工型企业和加工性质的小型企业实体当年新招用持《再就业优惠证》人员，按规定予以定额扣减相关税费。持《再就业优惠证》人员从事个体经营的，在规定限额内扣减当年实际应缴纳的相关税费。

其二，企业安置残疾人员和国家鼓励安置的其他就业人员所支付的工资准许在计算企业所得税应纳税所得额时加计扣除100%。残疾人员个人提供的劳动按规定免征相关税收。2006 年起在部分地区进行福利企业税收优惠政策试点（王诚，2012）。

其三，军队转业干部和自谋职业的城镇退役士兵从事个体经营，按规定享受减免税政策。安置自主择业的军队转业干部按规定免征营业税和企业所得税。为安置自谋职业的城镇退役士兵就业而新办的企业，按企业性质不同的规定范围内享受减免税政策。符合规定的企业吸纳自谋职业的城镇退役士兵可按规定享受企业所得税税前扣除优惠。此外，军队随军家属享受相关就业税收政策。

然而，现行税收政策在促进就业方面仍然存在着许多不足之处或缺陷：首先，促进就业、再就业的税收政策主要针对城镇下岗失业人员、退伍军人、残疾人就业、对农村富余劳动力转移就业缺乏支持措施，不利于扩大农村富余劳动力就业和促进农民消费能力的提高。其次，促进就业的税收政策更具有扶贫性和临时性，过渡色彩浓厚。例如，针对下岗失业人员的税收优惠措施，主要是解决国有企业改组改制中的富余人员就业，对下岗失业人员严格定义，带有严重的经济转型期的痕迹。随着经济社会的发展，居民就业形式发生了本质变化，大量劳动者在非公有制经济部门就业，对其给予税收政策支持，是给非公有制以国民待遇的原则问题。再次，增强劳动力市场有效性和减少劳动力市场结构性矛盾的税收政策相对薄弱。没有促进劳工供求信息流通的税收政策。对劳动者的职业教育培训没有制定单独的税收优惠政策，不利于通过提升劳动者技能的途径来实现扩大社会就业。最后，社会保障税制体系缺失，不利于通过改善主体心理预期来刺激劳动力市场。有效的社会保障税制可以促进社保资金运转的规范化和社会化，有利于其保值增值，不但可以提高低收入者生活水平，而且可以强化人们的乐观预期，从而促进劳动者的即期消费。

（二）货币政策

我国货币政策一直面临多重目标约束，除了促进就业的目标以外，在特定的时间段里还可能有其他更主要的目标。其中包括物价稳定、确保经济增长、支持国有企业改革、配合财政政策扩大内需、确保外汇储备不降低、保持人民币币值稳定等。从国际经验来看，货币政策要能有效地实现多重目标是很困难的，因为多重目标之间有时会发生冲突，并迫使中国人民银行不得不优先考虑部分最终目标。当然，如同其他宏观调控政策一样，货币政策也需要根据当下的宏观经济状况选择重点目标。面对前一时期日益严重的通货膨胀形势，货币政策的政策重点需要放在稳定价格总水平上。但是尽管如此，货币政策仍需要充分兼顾涉及生产率提高、民生改善和经济社会稳定的充分就业目标。所以货币政策的实施与我国体面劳动水平的提升密切相关。

近年来，中国的宏观政策上实施紧缩性的"稳健性货币政策"，中国人民银行按照总体稳定、调解有度、结构优化的要求，守住流动性这个总闸门。在防止总体投资过度和虚拟经济部门高风险扩张的同时，中国人民银行主张把信贷资金更多的投向实体经济，特别是"三农"和中小企业，以更好地服务于保持经济平稳较快发展。当前货币政策的实施需要注意以下几个方面（王诚，2012）。

其一，必须在总量上控制好货币发行量，回收一部分流动性，控制物价水平和通货膨胀，防止资产泡沫。通货膨胀可能是由需求过度膨胀和体制及结构因素推动的成本上升两个方面的力量引起的，当前中国的通货膨胀在很大程度上仍然是由体制和结构性因素引起的，但是，制止通货膨胀的短期有效办法仍然是控制货币总量。当然，控制货币量的紧缩性货币政策对就业扩展的短期效应可能是不利的，长期效应则不确定，需要从积极的方向努力。

其二，货币政策乃至整个宏观金融政策在具体落实细节上应进一步向中小企业倾斜。这是因为，当前中小企业融资难和融资成本高的问题依然没有根本性缓解，需要在利率、信贷规模方面给予优惠，并且还需要进一步推动必要的金融创新，如贷款抵押担保方式创新、信贷产品创新、管理模式创新及结构创新等。需要设立专门针对中小企业的融资机构，并给予优惠政策，从根本上缓解中小企业特别是劳动密集型中小企业在融资上面临的困境。显然，货币政策实施细节的这一调整，对于就业的促进是十分有利的。

其三，货币政策应为支持产业政策的落实发挥重要作用。2009 年年初国家提出了十大产业调整和振兴计划。在十大产业调整和振兴规划的基础上，未来还要培育发展一批新兴产业，如航天科技应用、通用航空、新能源、新材料、邮政速递物流等产业。这些产业除了技术含量高、产业链长外，也包括了能够大量吸纳就业的生产型服务业，可以大量吸纳不同层次劳动者就业，这也将进一步开拓就业空间，达到促进就业的效果。所以总体上看，当前的货币政策对于促进就业而言既有有利的方面，也有不利的方面，而综合效应如何，需要看宏观形势的进一步发展以及货币政策在以上两个方面实施的相对力度。

（三）产业政策

产业政策促进就业增长的作用，主要是通过国家产业投资和产业发展指导目录政策来实现。衡量产业发展的就业影响大小，可以通过考察行业投资对就业需求结构偏离度[①]来进行。如果"结构偏离度"等于或近似于 1，则表明该行业的行业投资与就业需求可能相匹配；否则，则表明行业投资对就业需求的结构偏离，二者不匹配，即当"结构偏离度"大于 1 时，表示该行业投资密度可能不足，而吸纳的就业量很充分。以此为基础，就可以根据各产业的就业吸纳力度，实施有区别的促进就业的产业政策。具体而言，各行业投资对于就业需求结构偏离度的情况存在很大不同。

第一，根据对中国情况的相关研究，行业投资对就业需求结构偏离度大于 1 的行业，主要是采矿业、电力煤气、交通运输、房地产业、水利环境和公共管理等行业。这些行业的投资比重大于就业需求比重，说明这些行业资本比较密集，投资密度较高。

第二，行业投资对就业需求结构偏离度小于 1 的行业，主要是建筑业、信息

---

① 行业投资对就业需求结构偏离度=行业投资密度÷行业就业密度=行业投资构成百分比÷行业就业需求构成百分比。行业投资构成百分比是指某一个行业的投资占总投资的比重，通常也称为行业投资密度。行业就业需求构成百分比则是指本行业的就业量占总就业量的比重，通常也称为行业就业密度。

传递、批发零售、住宿餐饮、租赁商务、居民服务等行业，说明这些行业投资少，投资密度低，容纳的就业量大。

第三，行业投资对就业需求结构偏离度接近于 1 的行业，主要集中在农林牧渔、制造业、教育事业、卫生社会保障和社会福利业、文化体育和娱乐业等行业，表明这些行业投资于就业需求结构相匹配（莫荣，2011a）。

显然，如果经济分析发现这些行业中存在产业政策发挥作用的空间，为了促进就业的扩展，应当尽可能加大对"结构偏离度"小于 1 的行业的投资力度，尽可能缩小对"结构偏离度"大于 1 的行业的投资力度，尽量保持对"结构偏离度"等于或近似于 1 的行业的投资力度。当然，除了立足于现实"结构偏离度"来实施促进就业的产业政策以外，为使行业投资于就业需求结构两者逐步均衡，也要促进劳动密集型工业加快向产业链高端发展，提高研发及文化含量，提升其分工层次。劳动密集型工业仍然是中国参与国际分工、吸纳就业的重点领域，对这类行业关键是要提升其分工地位，重点强化涉及新产品的研发，立足满足个性化和多样化的市场需求，培育市场自主品牌，支持营销网络的建设，由单纯的加工制造向涉及研发、品牌、服务等价值链的中高端延伸，进一步增加产业政策的就业效应。

促进就业的产业政策，应该兼顾以下三个方面的平衡（王诚，2012）。

其一，就业增长和产出增长的平衡。在制定促进就业的产业政策时，一国所面临的选择不仅要在现有资本存量基础上吸纳更多的人就业，而且还要选择新型适用技术，新型适用技术的类型又决定了新增投资项目的性质。这样，就可能出现就业目标和产出目标之间的冲突，主要原因是总是有一种生产要素较为稀缺。中国的生产要素特点是劳动力供给过大，资本供给不足。因此，在选择生产技术时，要考虑怎样同时实现产出最大化和就业最大化。产出最大化意味着关注未来增长，要有效地使用稀缺资源；就业最大化旨在增进劳动人口目前的福利。根据中国目前的就业状况，中国应该注重发展劳动密集型产业，但劳动密集型产业的产出水平可能低于资本密集型产业。制造业如果仅以解决更多的人就业为目标，可能带来产出水平的下降。因此，在制定就业政策时要兼顾到就业增长和产出增长的平衡。

其二，生产率增长和就业增长的平衡。生产率是反映技术水平的重要指标，一般而言，资本密集型产业的生产率要高于劳动密集型产业，但前者又会造成资本排挤劳动，不利于就业，而且大企业在资金、技术和人才等方面比小企业更具优势，因而生产率也相对比小企业更高。中小企业虽然生产率较低，其劳动密集度却更高。例如，1999 年和 2000 年，中国小企业对总就业增长的贡献率达到 59.3%。而大企业的贡献率却为负数（−129.9%）。在发达国家和其他发展中国家，中小企业对就业的贡献也都大于企业或特大型企业。因此，发展中小企业有利于提高产业的就业创造能力。由于中国目前尚处于工业化中期，如果中小企业比例过高，不利于产业生产率的普遍提高，最终不利于经济的增长和发展。而且，从另一个方面来看，生产率的提高也可以通过扩大经济总量来扩大就业，并非一定反作用于就业。就业增长可能伴随着生产率的下降，也可能伴随着生产率的上升。对于中国而言，由于生产率水平仍然较低，因此有必要选择在提高生产率水平的同时也能增进就业的产业政策。

其三，技术水平、科技创新能力和就业增长之间的平衡。除了生产率以外，产业的技术水平及科技创新能力也是衡量产业国际竞争力的重要指标。产业生产率的增长是以一定的技术水平和科技创新能力为基础的。一般情况下，劳动密集型产业或中小企业的技术水平较低，技术创新的步伐也较小。如果为了提高就业率，放弃使用资本密集度高的技术，可能会带来技术进步水平的降低，就业的解决也只能是低层次的。截至2002年，中国劳动密集度最高的十个工业行业中，制造业行业就占了六个（卢福财和黄彬云，2007）。而且，制造业的技能型人才严重短缺，技术密集度相当低，全要素生产率与世界发达国家制造业相比还有一定距离。这些都表明中国需要尽快提高技术创新能力。通常，在发展中国家，国家对劳动力市场的干预要比发达国家弱，在自由劳动力市场条件下，失业常常是由于劳动力供给大于劳动力需求，均衡工资水平低于生存水平，大量劳动力处于就业不足状态。所以就业不足基本上是由于人口增长超过了一国经济通过创新和社会能力来创造新就业机会的能力。因此，在制定就业政策时，不能简单地关注就业数量的增长，还应注重就业质量的提高，最终实现体面劳动的目标。

（四）收入分配政策

收入分配问题目前已经引起中国社会的极大关注。一般认为，收入分配政策可以从三个层次，即国民收入初次分配、再分配和第三次分配或慈善性分配，来调节和影响劳动力市场，进而影响民众收入和需求，以致影响整个经济社会的发展和体面劳动水平的提升。下面分别来看三种分配政策的就业效应。

其一，国民收入初次分配。收入初次分配是指国民收入通过市场交换在直接生产领域形成的分配。在西方现代经济学中，初次分配问题通常用功能性收入分配理论来分析，即各个生产要素凭借其在生产过程中发挥的功能或贡献来决定各因素在新创造收入中的份额。在此需要强调的是，劳动力市场不同于一般均衡理论所假定的拍卖性完全竞争市场，而是有垄断力量作用其中的有管理的竞争市场，因此劳动力报酬通常并不取决于劳动力供求竞争的均衡点。现代企业和政府出于人性化管理的考虑，也往往对工资低限、激励性因素、福利性照顾等方面进行非市场的干预。因此，初次分配中形成的收入形式虽然是工资、利润、利息、地租，它们分别与劳动力、企业家创新或垄断因素、资本、土地或自然资源等生产要素挂钩，但是它们在平均意义上也不完全是由市场力量决定的。也就是说，在初次分配中已经加入非市场干预的力量。在创新性就业受到普遍重视的今天，现代企业的竞争力与人力资源管理和效率工资密切相关，因此在市场均衡点的意义上认识现代企业的工资已经没有现实意义。反过来，在发展中国家的就业实践中，企业和政府常常联合起来压低劳动力的报酬，使工资低于市场正常水平。中国要实现就业方式的转型，大力扩展创新性就业或核心就业，就需要调整国民收入的初次分配政策，在初次分配中规范企业或其他各种机构的创新环境，出台政策保护各种生产要素的合理产权，鼓励效率工资、团队生产和企业文化建设等组织创新实践。

其二，国民收入再分配。收入再分配通常是指政府通过征税和转移支付的财政手段，将企业之间、行业之间、区域之间、家庭之间等收入上的不平等状况进行调整，促使社会每个成员都能享受到经济增长的成果。所以，对于就业扩展的要求而言，收入再分配是一把双刃剑。如果政府利用其强制力量进行的国民收入再分配能够使得劳动力市场上过高或过低的工资都受到纠正，劳动力报酬或劳动力的最后收入能够反映劳动力的实际贡献，那么收入再分配就能够激发劳动者的积极性，企业能够持续发展，就业得到稳定扩展，可以称其为"良性再循环"。遗憾的是，由于种种原因中国的收入再分配"恶性再循环"现象十分普遍。因此，为了就业的顺利扩展，中国政府需要大力治理和改革再分配体制中的不合理方面，加强国民收入再分配政策中的"良性再分配"的取向。促进创新性就业的快速发展。

其三，国民收入的第三次分配或慈善性分配。收入的慈善性分配是与现代经济社会的文明建设密切相关的，并不是简单的慈善捐款形成的分配，而是整个社会自愿的收入转移活动所形成的一种分配机制。在现代市场经济中，人们除了活动于企业影响的生产或创收领域、政府影响的公共管理活动领域以外，还有一个处于二者之间的非政府和非营利的社会活动领域。在社会建设滞后于经济建设的情况下，具有非政府和非营利特征的民间组织和社区结构比较缺乏，人们往往习惯在具有层级特征的企业或政府内部寻找自己的社会地位以及安排自己的活动，自愿的慈善性活动和收入捐赠规模是微乎其微。但是随着经济和社会的现代化及社会文明程度的提高，一方面，企业盈利活动的效率和劳动生产率越来越高，实体经济中正式企业尤其是制造业企业的就业量明显下降，同时政府的活动和就业量也随着人们自律性和组织性增强而相对缩小；另一方面，人们之间的平等交往和自愿组织活动的需求也随着文化程度和富裕程度的普遍上升而变得越来越高。只要社会建设在此基础上达到一定水平，人们之间的自愿交往和互助合作就会达到相当大的规模，这样，社会的慈善精神及慈善活动就会成为几乎每一个家庭和个人日常生活的一部分。虽然慈善组织等民间机构不是营利企业，但是在普遍的慈善性分配的基础上，大量的慈善性活动可以获得一定水平的报酬，至少对于专业慈善工作人员而言，可以养活自己及其家庭，对于非专业慈善人员而言则没有温饱的后顾之忧。而劳动力获得有报酬的使用就是"就业"。由此可见，慈善性分配的发展的确能够促进这种与时俱进的慈善性"就业"形式，包括志愿者、义工、民间组织成员、慈善机构成员等，这无疑是对就业扩展的一个巨大推动。因此，国民收入的第三次分配政策需要因势利导并加大力度，以促进就业的现代化转型和发展。

此外，从纯粹的劳动力市场工资增长率的高低来看，也可以考虑收入分配政策的调节和引导作用。市场经济国家通常采用的一个衡量标准是，现行的工资增长率是否超过了劳动生产率和物价上涨率之和。如果工资增长率没有超过劳动生产率与物价增长率之和，企业就可能因为人工成本低而扩大就业。反之，则意味着劳动力成本上升，企业可能会减少当期就业。

有学者利用收入法 GDP 来分析中国的实际情况，认为我国的工资增长率没有超过劳动生产率与物价增长率之和，具体内容如下：第一，我国的劳动报酬增长速度低于劳动生产率的增长速度。1978~2007 年，我国劳动增长率增长 41 倍，人均劳动报酬则增长 32 倍，劳动生产率增长速度明显高于人均劳动报酬。但分阶段的情况又有所不同。1978~1994 年人均劳动报酬增长 7 倍，略高于劳动生产率的增长速度，即 6.8 倍。1995~2007 年和 2000~2007 年，人均劳动报酬分别增长了 2.3 倍和 1.1 倍，劳动生产率则分别增长了 3.2 倍和 1.6 倍，人均劳动报酬增长率与劳动生产率增长率相比明显滞后，二者差距明显扩大。第二，劳动报酬增长速度低于 GDP 增长速度，劳动报酬占 GDP 比重不断下降。1978~2007 年，我国劳动者报酬总额从 1 708 亿元增加到 109 532 亿元，增加了 64 倍；同期 GDP 则从 3 442 亿元增加到 275 625 亿元，增加了 80 倍。分时段来看，1978~1994 年工资总额与 GDP 都增长了 13 倍，二者增长速度相当；但 1995~2007 年工资增长 2.7 倍，明显低于 GDP 增长速度 3.8 倍；2000~2007 年 GDP 增长速度是工资增长速度的 140%。我国劳动者报酬占 GDP 比重不断降低，从 1980 年的 50%左右下降到 1995 年的 40%，尤其是最近几年下降态势更为明显。由于我国的 CPI 在这些年的大部分时间里都很低，因此不构成对工资增长的太大影响（张车伟和张士斌，2010）。

中国的宏观收入分配中，劳动报酬收入占比过低，也可以从国际比较中看到。一般而言，在市场经济国家的劳动者、企业、政府三者的分配关系中，尤其是在工业化、城镇化阶段，劳动收入份额要保持在一个比较稳定的水平上，如美国 1840~1920 年维持在 70%，英国 1800~1880 年维持在 60%左右，日本 1920~1980 年从 50%上升到 70%。加拿大的比率比较低，但在 1900~1980 年是从 45%上升到 55%。我国劳动报酬份额尽管绝对水平不是最低，但是变动方向是反向发展。在

1994~2006年劳动者所得比重出现9.5百分点的下降，由68.3%下降到57.8%。从当前来看，多数发达国家在国民可支配收入中，劳动者所得比重在65%~75%的水平。例如，1994~2004年，美国劳动者所得比重占75%左右，德国占70%，法国占66%，日本占66%左右。同时，发达国家政府收入占比高低不一。美国政府收入在国民可支配收入中占15%左右，日本占16%，德国占19%，法国占23%左右。而中国占比居中，为19%左右，在企业所得所占方面，美国企业所得占比为10%左右，德国为10%，法国为9%，日本由14.3%增加到20%左右。中国企业所得则由13%增加到23.3%（王诚，2012）。

根据以上分析，虽然分配制度在一定程度上促进了就业，但仍然存在较大问题，甚至还存在收入差距扩大发展的趋势，这业已成为影响中国体面劳动水平提升的关键环节。促进中国体面劳动水平进一步提升，不仅依赖于社会"财富蛋糕"的不断做大，更依赖于"财富蛋糕"的分割方式，劳动者若不能获得体面报酬，就不会有真正意义上的体面劳动。调整收入分配的政策含义是，需要政府以各种政策措施调解和引导工资性收入或劳动报酬尽快提高，以解决因为工资份额不断降低或工资水平相对下降而出现的"民工荒"及"用工荒"等中国劳动力就业和创业积极性受到压抑导致产生的劳动力供给不足问题。

第三节　国际经济环境

2008年金融危机以来，全球经济始终未能走出低谷，仍然在艰难复苏中挣扎。经济全球化的不断扩展导致在出现全球危机的时候，各国都不能独善其身，国际环境的变化对我国经济社会的发展及体面劳动的实现起着越来越重要的作用。金融危机后，世界经济面临深刻调整，世界经济格局和全球经济治理结构孕育着许多新变化，同时也给我国的发展及体面劳动水平的提升带来了机遇和挑战。同时，要不断总结国际劳工组织从危机中吸取的政策经验，通过刺激性措施创造就业，通过社会保护减缓危机，积极促进恢复就业，利用社会对话管理危机并促进恢复。"体面劳动"的框架，有利于综合政策的制定，有利实现更长远和更公平的全球化。

一、国际经济环境变化对中国经济的影响

近年来，国际经济环境出现了许多新变化，但和平与发展仍然是时代的主题，经济全球化仍将继续深入发展，科技进步还将推动新兴产业发展，世界经济将在

调整中走向复苏，发展中国家在世界经济中的地位将进一步提升。但是美国等发达国家在政治、经济、军事和科技等方面领先的优势地位不会发生根本改变，综合国力竞争更加激烈，世界经济发展仍存在诸多不稳定和不确定因素。我国经济发展既面临着发展机遇，也存在需妥善应对的挑战。

（一）国际经济环境变化为我国带来的主要机遇

首先，经济全球化继续深入仍是我国加快发展的重大机遇。经济全球化是我国发挥劳动力资源比较优势，参与国际竞争和国际分工，充分利用国外市场、资源、技术、人才和管理经验，加快经济发展的重大机遇。一是有利于我国利用国际市场规模扩大和进一步开放稳定出口，带动经济增长和就业增加；二是有利于我国继续引进国外先进技术、设备、人才和管理经验，推动国内技术进步和产业转型升级；三是有利于我国企业"走出去"开展国际能源资源合作开发，拓宽能源资源供应渠道，为小康社会建设提供能源资源供应保障。

其次，全球兴起的绿色产业为我国产业转型升级提供新契机。当前，主要发达国家争相发展新能源和节能环保等新兴绿色产业，积极培育未来新的经济增长点，预示着未来全球产业调整发展的方向，这为推进我国产业转型升级提供的新契机。其一，发展新能源和节能环保等新兴绿色产业，有利于保护环境、提高能源资源利用效率，促进人类社会可持续发展，也是我国转变经济发展方式和推动产业转型升级的结合点和突破口。其二，新能源和节能环保等绿色产业正在全球兴起，但还处于发展的起步阶段，我国正赶上新一轮全球产业调整发展的步伐，并且为抢占未来产业发展战略的制高点奠定基础，缩小与发达国家的差距，改变我国在全球分工格局中处于低端的不利地位，均提供了重要契机。其三，新能源和节能环保等绿色产业发展潜力巨大，市场前景广阔，为我国培育新的经济增长点和市场需求提供了重要机遇。发展这些绿色新兴产业也有利于利用节能环保技术改造提升传统产业、带动相关服务业发展及推动产业结构转型升级。

再次，美元国际地位的削弱为人民币国际化带来机遇。国际金融危机后，美元作为主要国际货币的地位进一步削弱，在长期有可能大幅贬值，这为中国进一步推进人民币国际化进程带来难得的历史性机遇。其一，美元国际地位的削弱将刺激国际储备货币进一步向多元化方向发展，为人民币成长为国际货币提供更大的空间。中国经济实力不断增强，国际收支持续"双顺差"，外汇储备规模庞大，具备加快推进资本项目开放和实现人民币可自由兑换的物质基础，人民币完全有可能最终成长为与美元、欧元等并驾齐驱的国际货币。其二，以美元为核心的国际货币体系面临巨大的改革压力，中国、俄罗斯、印度等新兴大国在推动建立更加均衡和公平公正的国际货币体系方面发挥日益重要的作用，话语权和影响力不断提高，这将有助于中国加快实施人民币国际化战略。其三，为寻找更加稳定的国际储备货币，降低对美元的过度依赖，许多国家和地区更加重视加强区域货币金融合作，为人民币首先实现区域化带来新机遇。我国也适时同更多国家和地区建立双边货币互换机制、开展人民币跨境贸易结算试点及发行境外人民币债券，为推进人民币区域化、国际化进程进行有益尝试。

最后，世界经济格局变化将进一步提升我国的国际影响力。国际金融危机催生世界经济格局发生新变化，发达国家与发展中国家力量此消彼长，主要新兴经济体在世界经济中的地位将进一步上升，这为我国提升国际影响力带来诸多机遇。一是发展中国家在世界经济中地位提升必然要求对国际货币基金组织和世界银行等国际机构进行改革，增加包括我国在内的广大发展中国家的投票权，这将增加我国在国际组织中的话语权和决策权，扩大我国在国际经济规则制定和宏观经济政策协调中的影响力。二是由主要发达国家和发展中国家组成的二十国集团正在取代仅由发达国家组成的八国集团，成为全球经济金融事务中最为重要的对话磋商协调机制，全球治理结构正在发生深刻变化，为我国广泛参与全球经济金融事务提供了更多的国际舞台。三是世界经济格局变化还将推动国际经济秩序朝着更加公正合理的方向转变，这有利于我国和发展中国家更好地维护自身利益，实现长远发展目标。

（二）国际经济环境变化为我国带来的主要挑战

第一，世界经济在调整中复苏加大了我国扩大内需的紧迫性。我国增加外贸出口将面临更多外部因素制约，难以继续依靠出口拉动经济平稳较快增长，扩大国内需求特别是居民消费需求紧迫性加大。一是世界经济在调整中复苏不利于全球需求恢复，外需减弱将制约我国出口快速增长；二是美国等发达国家将增加储蓄减少消费，由于这些国家是我国主要出口市场，其进口需求下降将对我国出口产生较大的不利影响；三是一些国家为刺激本国经济复苏和增加就业，有可能加强对国内市场的保护，针对我国出口产品的贸易保护主义限制措施势必增多；四是美国等发达国家很可能以应对气候变化和减少碳排放为借口，设置碳关税之类的绿色壁垒，严重影响我国相关产品的出口。

第二，应对气候变化对我国转变经济发展方式提出了更高要求。应对气候变化和实现可持续发展已成为全球共识。随着"后京都议定书"时代的到来，我国将面临更大的减排压力，不仅国内经济发展面临的资源环境硬约束增大，而且发达国家也会从各方面施压，要求我国承担减排责任，这对我国转变经济发展方式提出了更高要求。《联合国气候变化框架公约》为发达国家和发展中国家在应对气候变化方面确定的基本原则是"共同但有区别的责任"。作为发展中国家，我国不应承担强制性定量减排责任，但作为负责任的大国，我国既要维护自身的发展权益，也要变压力为动力，加快转变经济发展方式，实现经济社会的可持续发展，为保护全球气候做出新贡献。

第三，国际能源资源争夺加剧继续影响我国能源资源供应安全。国际金融危机爆发以来，国际能源资源供求紧张暂时有所缓解，但供求关系长期偏紧的局面没有根本改变。我国能源资源供应安全仍面临诸多挑战：一是受政治、经济、安全等因素影响，国际上围绕能源资源的争夺还会进一步加剧，有可能影响到我国的能源资源供应安全；二是出于地缘政治和意识形态等方面的考虑，一些国家对我国企业"走出去"参与海外能源资源合作开发设置种种障碍，有可能影响我国建立稳定的海外能源资源供应基地；三是国际能源资源价格仍有可能继续大幅上涨，能否以合理价格稳定地获取能源资源，始终是确保我国能源资源供应安全和降低工业化成本所必须面对的挑战。

第四，各种形式的保护主义措施可能干扰我国对外经济发展。各种形式的保护主义措施还会继续干扰我国对外经济发展。一是除了反倾销、反补贴等传统的贸易保护主义措施外，如碳关税之类新型保护主义措施还会层出不穷，加之我国与世界经济的联系日趋紧密，针对我国出口产品的各种贸易保护主义措施还会增多，并由此引发更加频繁的贸易摩擦；二是我国正在成为对外投资大国，会有更多的企业本着互利共赢原则"走出去"开展跨国经营，但也不可避免地与东道国发生利益纠葛，一些国家出于种种考虑，有可能采取各种形式的投资保护主义措施，防范和限制我国企业在海外的发展；三是我国银行、保险等金融机构正处在快速成长期，国际化步伐不断加快，将更多地进入国际金融市场参与国际竞争，为我国企业"走出去"提供便捷的金融服务，但由于金融行业的敏感性，一些金融业务会受到金融保护主义措施的限制而无法开展。

今后一个时期，应持冷静观察、沉着应对的态度，密切关注国际经济金融领域的重大变化，准确把握世界经济走势，未雨绸缪，趋利避害，做好防范各种风险挑战的准备。把握好宏观调控政策的力度和节奏，巩固经济平稳较快发展势头，防止经济出现大的波动。加强对跨境资本的有效监控，防范套利资金大进大出。及时采取措施应对外需萎缩可能产生的影响，稳定传统优势产品出口，大力扶持高科技、高附加值产品出口。多管齐下稳定市场预期，通过稳定市场物价、稳定居民收入、稳定股票市场来维护居民信心，防止市场预期逆转。要抢抓机遇，进一步提升我国在国际上的影响力，积极参与全球经济治理结构改革，高度重视 G20 机制建设，继续推动国际贸易、金融、货币体系朝着更加公平合理的方向发展。密切关注美债走势，通过战略与经济对话等渠道，保持与美国的沟通协调，敦促其采取切实措施保护我国债权人利益。利用多双边渠道向欧洲国家表达对欧元以及欧盟解决欧债危机的信心。加强区域合作，提升区域合作水平，扩大与周边国家的货币结算互换合作，强化区域金融协作。

二、国际金融危机对中国实现体面劳动的挑战

现阶段，国际金融危机的负面影响仍在持续蔓延，劳动就业权与"体面劳动"正在全球范围内遭受挑战。一方面，一些处于困境之中的企业，倾向于以裁员和减少劳动者福利的方式缓解压力；另一方面，就业竞争使很多劳动者降低要求，对"非体面"的劳动条件和待遇的容忍度大大增强。

（一）金融危机背景下中国体面劳动的实现困境

1. 国际金融危机对中国就业的影响①

国际金融危机对中国经济的影响主要表现为对实体经济的冲击，并首先表现为对出口的冲击。当前，从总需求的角度看中国经济结构，拉动经济增长的因素主要有最终消费、投资和净出口，2007 年三者对经济增长的贡献率分别为 39.7%、38.8% 和 21.5%，也就是说，在 2007 年 11.9% 的经济增长率中，净出口对经济增长的拉动率只有 2.6%。到 2008 年，净出口对经济增长的贡献率下降到 9.2%，对当年经济增长率的拉动只有 0.18 百分点（国家统计局，2009）。出口受阻，必然会反映在就业领域。为了全面把握中国就业遭受金融危机冲击的状况，可以从以下几方面进行考察。

（1）城镇登记失业率。从 2003 年开始，中国城镇登记失业率一直处于缓慢下降的趋势，但自 2008 年开始呈上升态势，即 2008 年城镇登记失业率从 2007 年的 4.0% 的上升至 4.2%，2009 年一季度进一步提高到 4.3%（蔡昉和王德文，2009）。也就是说在过去的几年里一直在改善的劳动力市场就业状况，从 2008 年开始出现恶化。

（2）城镇调查失业率。这个指标曾经因为 20 世纪 90 年代后期大规模的失业，在 2000 年达到了最高水平的 7.6%，但是从 2002 年开始这个指标一直在下降，2007 年降至 5% 左右，但是 2008 年这一指标上升了 1 百分点，达到 6% 左右（蔡昉和王德文，2009）。另据 2008 年 12 月 15 日中国社会科学院发布的 2009 年《社会蓝皮书 2009 年中国社会形势分析与预测》公布的数据，中国城镇调查失业率已经攀升到 9.4%，是国家统计局公布的截至 2008 年三季度末城镇登记失

---

① 燕晓飞，信卫平. 国际金融危机对中国劳动就业的影响与体面劳动的实现［J］. 中国劳动关系学院学报，2009，（5）：5-10.

业率 4.0% 的两倍多（汝信等，2009）。

（3）重点人群失业状况。遭受失业冲击最大的是青年群体，主要包括以农民工为代表的低技能劳动者和受教育程度较高的大学毕业生两类人群。中国农民工输出大省——河南省总工会和信阳市总工会联合做的《关于国际金融危机对河南省农民工就业和收入影响的调研报告》显示，农民工就业形势日趋严峻。就业岗位长期稳定、暂时稳定、下岗待业、即将返乡的人分别占 39.6%、40.3%、5% 和 15.2%，下岗待业和即将返乡的农民工所占比例达 20.2%。从务工企业性质看，以出口贸易为主的外资企业中返乡农民工所占比例最高为 47%，民营企业次之为 45%，国企的农民工返乡比例最低为 8%（河南省总工会和信阳市总工会，2009）。国际金融危机使得大学生就业更是雪上加霜，尽管中国政府出台了种种政策增加大学生就业，但总体来看，2009 年大学生的就业形势仍然不容乐观。根据《2009 届大学毕业生就业跟踪月度报告》，截至 2009 年 5 月底，全国大学本科毕业生的签约率仅为 38%，高职毕业生的签约率为 36%。

据国家发展和改革委员会中小企业司公布的数据，2008 年上半年，中国共有 6.7 万家规模以上的中小企业倒闭，其中仅纺织企业就有 2 000 万工人失业。而下半年的情形比上半年更差，以同样的失业速率推算，当年失业工人净增人数就在 4 000 万人以上，占全部劳动力的 5%（张爱权，2009）。

综上所述，可以看出国际金融危机确实给中国就业带来较大冲击，使中国的就业形势变得更为严峻。而保障劳动者享有充分就业的权利，是实现劳动者体面劳动最起码的要求。

2. 金融危机下劳动者收入权益面临挑战

在我国，劳动者收入权益保障问题一直是社会关注的焦点。长期以来，依靠出口和投资拉动经济增长的发展模式，加上我国工会组织在保障职工权益能力上的局限性等，导致我国部分职工处于低工资、低保障的弱势局面。而受到金融危机的影响，职工权益更容易受到侵害，主要表现如下：首先，职工工资待遇被进一步压低。一些企业处于停产或半停产状态，职工原本较低的工资收入被进一步缩减，有的企业更是以"困难时期"为借口拖欠、克扣、压低职工工资和福利。而在就业形势日益严峻的情况下，职工往往只能忍气吞声。其次，用人单位违法裁员情况增多。如果用人单位陷入困境，只要裁员方式不违反国家的法律法规就无可非议。然而，有些用人单位以经济危机为借口任意裁员，无视职工的合法权益，在没有为职工办理国家规定的相关保险等情况下，一纸辞退通知就解雇员工，严重侵害了职工的合法权益。此外，在金融危机背景下，有些用人单位为了节约成本，不惜以职工劳动条件、工作环境的恶化为代价，导致职工工作、生活质量急剧下降。

就业问题必然带来收入问题。金融危机下，与就业风险相伴而生的就是劳动者的收入风险，其形成机理包括三个方面：一是劳动者就业岗位丧失导致的劳动性收入丧失；二是在失业风险导致的劳动者保留工资下降情况下，用工单位降低劳动报酬和福利引起的收入下降；三是劳动收入没有按照正常增长机制调整，工资增长减缓或停止。劳动者收入分为劳动性收入和非劳动性收入两部分。

劳动收入是居民收入的主要组成部分，城镇居民可支配收入中的 3/4 是工薪收入，农村居民纯收入中的 90% 以上来源于工资性收入和家庭经营收入。因此，在遭遇劳动力市场冲击的情况下，对于劳动报酬占年家庭收入来源主体的普通劳动者来说，直接后果便是生活质量大打折扣甚至被摧毁。

全国在岗职工平均实际工资增幅呈下降趋势。根据国家统计局数据报告，随着危机的惯性蔓延，2009 年第一季度全国城镇单位在岗职工平均工资与 2008 年同期相比增幅回落 4.9 百分点。与 2008 年第一季度相比，各行业的平均工资增长幅度在 2009 年回落十分明显，其中居民服务业和其他服务业增长速度回落了 15.17 百分点；制造业增长速度回落了 10.6 百分点；金融业增长速度回落了 10.4 百分点（国家统计局，2009b）。

农民工收入在金融危机中大幅下降。对照 2008 年 11 月初国家统计局发布的全国职工前 10 个月平均工资数据，被调查农民工中有 85.2% 未达到全国职工平均工资标准，有 56.4% 未达到河南省职工平均工资标准。与 2007 年相比，84.1% 的农民工工资月人均收入出现下降，平均减少数额为 164.7 元，按照农民工月平均工资 1 200 元的标准，降幅达 13.7%（河南省总工会和信阳市总工会，2009）。随着企业的停产、倒闭，欠薪事件增多。据广东省总工会课题组的调查研究结果表明，2008 年 6 月至 9 月深圳出现了 30 起企业主要负责人或法人逃逸致工人欠薪事件，所欠工资总额为 1 200 万元。2008 年 10 月以来，深圳又出现了 6 起企业主要负责人或法人代表逃逸致欠薪事件。2008 年 6 月以来，深圳、东莞由政府欠薪保证基金垫付欠薪超过 4 000 万元（广东省总工会课题组，2009）。

总之，在国际金融危机背景下，我国"强资本弱劳工"的矛盾更为突出。在当前全球经济危机、企业生存环境恶化的情况下，这种矛盾变得更加尖锐，收入差距呈进一步扩大趋势。在这种状况下，体面劳动目标的实现就变得尤为必要。

（二）金融危机背景下实现体面劳动的特殊意义

第一，有利于维护社会的安定团结及和谐社会的构建。经济危机发生时期，通常也是社会矛盾多发期，而劳资矛盾是影响社会安定团结的重要原因之一。因此，保障职工体面劳动，有助于缓和劳资关系，化解社会矛盾，维护社会安定团结。构建社会主义和谐社会需要建立和谐稳定的新型劳动关系，建立新型劳动关系的前提之一就是让广大职工实现体面劳动，而让广大职工实现体面劳动又是促进劳动关系和谐的重要基础。因此，实现广大职工的体面劳动是构建社会主义和谐社会的必然要求。

第二，更能彰显党的"以人为本"的执政理念。"以人为本"不仅是党在新时期发展价值观上的转变与飞跃，也是党在执政理念上的继承与创新。"以人为本"是指以人为价值核心及社会本位，把人的生存与发展作为最高的价值目标，一切为了人，一切服务于人。在当代中国，"以人为本"就是要以工人、农民、知识分子等为主体，包括社会各阶层在内的最广大人民群众的根本利益为一切工作的出发点和根本点。保障职工体面劳动，就是要以广大职工的根本利益为立足点，保障职工的生命健康权、劳动报酬权、民主管理权等，尊重职工人格尊严，让职工共享发展成果。这既是党"以人为本"执政理念的体现，也是尊重和保障人权的重要内容。金融危机背景下，职工就业及劳动权益保障问题更加突出，是否能做到始终把职工根本利益放在第一位，保障职工体面劳动，是对党的"以人为本"执政理念的重大考验。

第三，有利于巩固职工的主人翁地位，提高其生产积极性，保证经济持续健康发展。在我国，劳动者是国家的主人，是社会财富的创造者。劳动者的主人翁地位事关劳动者切身利益和经济社会发展进程。当前，受金融危机的影响，能否保障职工体面劳动，能否实现好、维护好、发展好他们的根本利益，改善他们的劳动条件和劳动环境，提高他们的劳动报酬，不仅关系到职工生产积极性和创造性的发挥，也关系到职工主人翁地位的巩固与发展。在此关键时期，更要注意实现职工体面劳动的目标，使他们的合法权益得到切实保障，以增强其应对经济风险的能力，促进经济持续健康发展。

自改革开放中期以来，我国劳动者的体面劳动水平一直保持稳定提升的态势。但仍尚存差距，需要在体制完善和政策支持方面再有作为。第一，随着我国的劳动社会保障法制建设的不断完善，对劳动关系的法律规范虽然能够有效保障劳动者的权益，但同时也产生了一些负面效应，如失业增加、劳动力市场机制僵化和收入水平降低等。为此，应重视法律规范对提升体面劳动水平的代偿性，进一步完善法规体系，努力减少因法规间相互拮抗而产生的负效应。第二，我国宏观经济政策的不断完善有利于提高体面劳动水平，但分配制度存在较大问题，也已成为影响我国体面劳动水平提升的关键环节。促进我国体面劳动水平进一步提升，不仅依赖于社会"财富蛋糕"的不断做大，更依赖于"财富蛋糕"的分割方式，劳动者若不能获得体面报酬，就不会有真正意义上的体面劳动。因此，要加快分配制度改革进程，以稳定政策保障劳动者获得应得的社会财富份额。第三，经济全球化时代，各国在全球危机中难以独善其身，国际环境的变化对我国经济社会发展以及体面劳动的影响越来越大。我们应借鉴国际劳工组织从危机中吸取的政策经验，以刺激性措施创造就业，通过社会保护减缓危机，积极促进就业恢复，利用社会对话管控危机等。进而实现以经济的健康发展与社会的正义公平促进体面劳动水平的不断提升，以不断提升的体面劳动水平促进经济的健康发展与社会的和谐稳定。

第四节　关于体面劳动实现状况的实证分析

一、问卷设计与相关调研说明

（一）调研目的与方法

本次调研采取的是问卷调查的方式，目的是通过面对面的接触，获取第一手资料，真实了解或反映我国目前体面劳动的实现状况，为我国劳动者权益的保护及和谐劳动关系的构建提供可供参考的事实依据。

（二）问卷设计

关于问卷的设计分为三个部分，第一部分为被调查人的基本信息，反映的是被调查者人口学特征及社会学特征；第二部分为工作满意度调查及择业期望值比较，反映的是被调查者调查工作前后的心理落差；第三部分为体面劳动概况，反映被调查者的体面劳动实现的基本情况（具体见本章附录）。

通过调查和访谈，可以发现大多数人对体面劳动的概念都不甚理解，尽管我们已经附上相关解释，但是让他们在短时间内全面了解也是不可能的，所以经过试调研之后，我们重新调整了问卷，原则是不问一些被调查者难以理解的问题，涉及个人隐私或被调查者不愿意回答的问题，同样尽量避免。

（三）调查样本的选取

体面劳动的实现在我国各地区之间是有很大差异的，之所以会选择长春作为此次调查的样本，主要有以下几个原因：其一，长春是吉林省的省会城市，在全国范围来看是一个中等发达城市，具有一定的典型代表性；其二，笔者在长春生活、学习近二十年，对长春市的整体发展情况有一定了解，能有针对性地去看待体面劳动实现的一般性和特殊性。"麻雀虽小，五脏俱全"，长春市的体面劳动现状虽然无法替代中国的现状，但是可以在一定程度上说明一定问题。

此次问卷发放是以长春市的行政区域划分单位，即朝阳区、南关区、绿园区、二道区、经济技术开发区及高新开发区，选取各区代表性行业、企业、机关事业单位，以及随机抽取一部分人员进行调研，共发放问卷 800 份，回收问卷 768 份，有效问卷 754 份，有效率达到 94.25%。

二、我国体面劳动实现状况的调查结果分析

（一）被调查人员的基本状况

（1）此次共调查了 754 人，其中女性为 346 人，占 45.9%，男性为 408 人，占 55.1%；年龄分布——20 岁以下的 38 人，占 5%，20~30 岁 183 人，占 24.3%，30~40 岁 254 人，占 33.7%，40~50 岁 174 人，占 23%，50 岁以上 105 人，占 13.9%；户籍分布——城镇户籍为 546 人，占 72.4%，农村户籍为 208 人，占 27.6%。

（2）被调查人员的学历分布：小学及小学以下为 16 人，占 2.1%；初中至高中为 42 人，占 5.6%；大专为 204 人，占 27.1%；本科为 384 人，占 50.9%；硕士研究生为 95 人，占 12.6%；博士研究生为 13 人，占 1.7%，如图 5-1 所示。

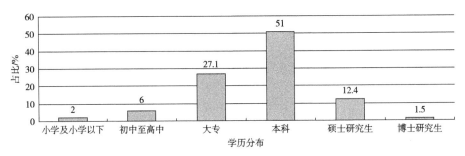

图 5-1　被调查者的学历分布状况

（3）被调查人员的职业分布：一线工作人员为 278 人，占 36.9%；初级技术人员为 134 人，占 17.8%；中低层管理人员为 162 人，占 21.5%；高层管理人员为 42 人，占 5.6%；其他为 132 人，占 18.2%，如图 5-2 所示。

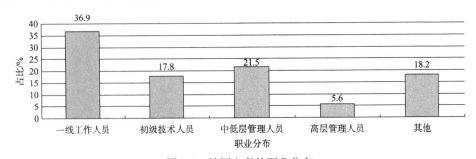

图 5-2　被调查者的职业分布

（4）被调查者的行业分布：劳动密集型制造业为 112 人，占 14.9%；住宿餐饮业为 279 人，占 37%；技术密集型制造业为 84 人，占 11.1%；批发和零售业

为 157 人，占 20.8%；房地产行业为 98 人，占 13%；居民服务业及其他为 24 人，占 3.2%，如图 5-3 所示。

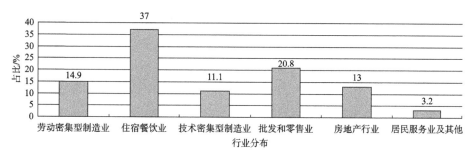

图 5-3 被调查者的行业分布

（5）被调查者所在单位性质：私营企业为 269 人，占 35.7%；国有企业为 86 人，占 11.4%；机关事业单位为 149 人，占 19.8%；灵活就业为 148 人，占 19.6%；其他为 102 人，占 13.5%，如图 5-4 所示。

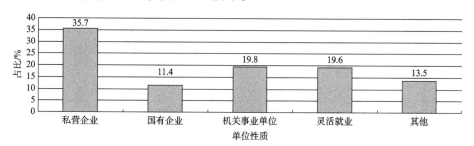

图 5-4 被调查者的所在单位性质

（6）被调查者的月收入及月支出情况：1 000 元及以下的，月收入 7 人，占 0.9%，月支出 82 人，占 10.9%；1 000~2 000 元的，月收入 237 人，占 31.4%，月支出 318 人，占 42.2%；2 000~3 000 元的，月收入 264 人，占 35%，月支出 200 人，占 26.5%；2 000~3 000 元的，月收入 264 人，占 35%，月支出 200 人，占 26.5%；3 000~4 000 元的，月收入 165 人，占 21.9%，月支出 132 人，占 17.5%；5 000 元及以上的，月收入 81 位，占 10.8%，月支出 22 位，占 2.9%，如图 5-5 所示。

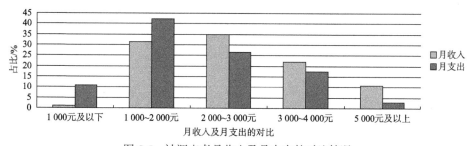

图 5-5 被调查者月收入及月支出的对比情况

（二）工作满意度及择业期望值比较的调查结果及分析

为了得到工作满意与择业期望值的差异，根据调查问卷中的数据进行初步统计，统计 754 个被调查对象对 26 个影响因素的具体评分。利用统计学算法——主成分分析方法将 26 个影响因素进行重新组合，得到 13 个新的主成分，具体如表 5-4 所示。

表 5-4　基于工作满意度及择业期望值比较结果的主成分分析

成分	初始特征值			提取平方和载入		
	合计	方差/%	累积/%	合计	方差/%	累积/%
1	1.429	5.495	5.495	1.429	5.495	5.495
2	1.360	5.231	10.726	1.360	5.231	10.726
3	1.337	5.140	15.866	1.337	5.140	15.866
4	1.215	4.672	20.538	1.215	4.672	20.538
5	1.209	4.650	25.188	1.209	4.650	25.188
6	1.178	4.531	29.718	1.178	4.531	29.718
7	1.131	4.351	34.070	1.131	4.351	34.070
8	1.104	4.248	38.318	1.104	4.248	38.318
9	1.087	4.180	42.497	1.087	4.180	42.497
10	1.050	4.038	46.535	1.050	4.038	46.535
11	1.037	3.987	50.522	1.037	3.987	50.522
12	1.027	3.952	54.474	1.027	3.952	54.474
13	1.010	3.885	58.359	1.010	3.885	58.359
14	0.960	3.691	62.050			
15	0.948	3.646	65.696			
16	0.926	3.562	69.258			
17	0.875	3.366	72.623			
18	0.868	3.338	75.961			
19	0.852	3.276	79.237			
20	0.842	3.240	82.477			
21	0.813	3.127	85.604			
22	0.792	3.047	88.652			
23	0.777	2.988	91.640			
24	0.743	2.856	94.496			
25	0.736	2.831	97.327			
26	0.695	2.673	100.000			

注：提取方法为主成分分析法

根据表 5-4，进一步通过 26×13 的成分矩阵得到 26 个影响因素对 13 个主成分的贡献率，并利用 26 个影响因素将 13 个主成分表达出来，得到一个多元线性方程，代入原统计结果，由于新的 13 个主成分可以默认为独立同分布的，因为每一个样本的最终差异可以由 13 个主成分的平均值来代表，即可得到 754 组差异值，取其平均值，即为最终差异，结果为−0.922 617，即在通常的情况下，择业期望值低于工作满意度。

（三）关于体面劳动实现概况的调查结果

（1）对"体面劳动"的了解程度：听说过的有 245 人，占 32.5%；似乎听过、不确定的有 184 人，占 24.4%；没听过的有 325 人，占 43.1%。被调查者中，认为自己的工作算是体面的有 65 人，占 8.6%；认为一般体面的有 257 人，占 34%；认为自己的工作不体面有 432 人，占 57.4%。

（2）工作中的"体面"主要来源：选择工资增长的有 691 人，占 91.6%；职位提升的有 723 人，占 95.9%；工作轻松、心情愉悦的有 456 人，占 60.5%；工作中能够发挥能力、解决问题的有 532 人，占 70.6%；工作是自己的兴趣的有 456 人，占 60.5%；得到上司或同事的赞美的有 579 人，占 76.8%，如图 5-6 所示。

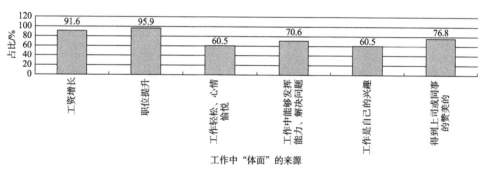

图 5-6　被调查者认为工作中"体面"的来源

（3）关于被调查者工作中"非体面"的来源：有 634 人选择工作时间长、经常开会或加班，占 84.1%；有 465 人选择人员精简，导致自己的工作强度增大，占 61.7%；有 354 人选择部门工作安排无序，个人职责权限不明，占 47%；选择生活消费支出增长（物价上涨）的有 398 人，占 52.8%；有 298 人选择单位吃住条件不好，影响工作，占 39.5%；有 367 人选择自身生活状态改变（如结婚、生小孩、孩子读书等），占 48.7%；有 298 人选择工作和生活之间难以平衡，甚至因此和家人产生矛盾，占 39.5%；有 437 人选择付出很多努力却未被表彰或提升，占 58%；有 264 人选择和领导关系不好，占 35%；有 361 人选择和同事关系不好，占 47.9%；有 485 人选择前途渺茫，无职业发展前景，占 64.3%，如图 5-7 所示。

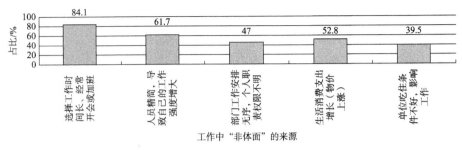

（a）被调查者工作中"非体面"的来源

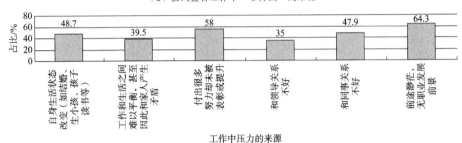

（b）被调查者工作中压力的来源

图 5-7　被调查者认为工作中"非体面"和压力的来源

（4）关于被调查者换工作的频率：选择 3~6 个月换工作的有 62 人，占 8.2%；选择 6 个月~1 年的有 116 人，占 15.4%；选择 1~2 年的有 272 人，占 36.1%，选择 2~5 年的有 126 人，占 16.7%；选择终身职业的有 178 人，占 23.6%，如图 5-8 所示。

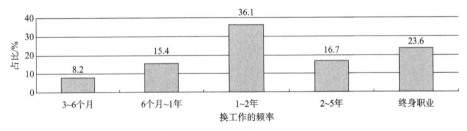

图 5-8　被调查者换工作的频率

（5）关于被调查者加班的调查：选择非常愿意加班的有 53 人，占 7%；选择可以接受加班的有 183 人，占 24.3%；选择视情况而定的有 158 人，占 21%；选择不太愿意加班的有 165 人，占 21.9%；选择非常不愿意加班的有 195 人，占 25.8%，如图 5-9 所示。关于加班的频率：选择经常加班 2 个小时以上的有 258 人，占 34.2%；选择经常加班 1 至 2 小时的有 254 人，占 33.7%；选择偶尔加班的有 186 人，占 24.7%；选择一般不加班的有 56 人，占 7.4%，如图 5-10 所示。

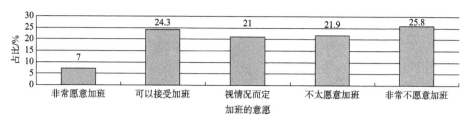

图 5-9 关于被调查者加班的意愿

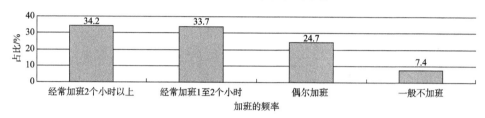

图 5-10 关于被调查者加班的频率

（6）关于被调查者所在单位工会的覆盖率：有 578 人所在单位有工会，占 76.7%；有 132 人所在单位没有工会，占 17.5%；有 44 人不清楚所在单位有没有工会，占 5.8%，如图 5-11 所示。关于对工会职能的了解程度：有 205 人不了解工会职能，占 27.2%；有 321 人了解一点，占 42.6%；有 228 人非常了解，占 30.2%，如图 5-12 所示。

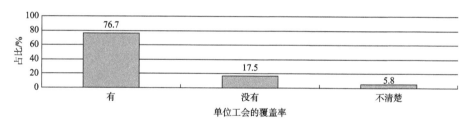

图 5-11 关于被调查者所在单位工会的覆盖率

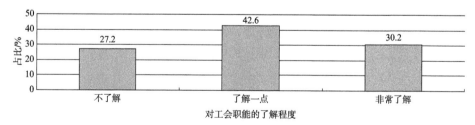

图 5-12 关于被调查者对工会职能的了解程度

（7）关于童工的使用情况：选择存在这种情况的有 113 人，占 15%；选择不存在的有 254 人，占 33.7%；选择不清楚的有 387 人，占 51.3%，如图 5-13 所示。

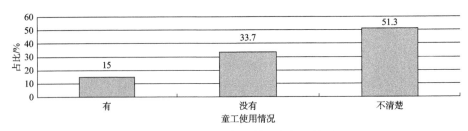

图 5-13　关于童工使用情况的调查结果

（8）关于工资增长速度是否能抵得上物价上涨的速度的调查：有 115 人选择能，占 15.3%；有 521 人选择不能，占 69.1%；有 118 人选择不清楚，占 15.6%，如图 5-14 所示。

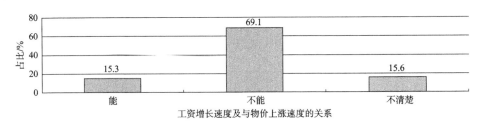

图 5-14　关于工资增长速度是否能抵得上物价上涨的速度的调查

（9）关于被调查者签订劳动合同情况：有 257 人选择签订正规劳动合同，占 34.1%；有 126 人选择签订中长期（1 年以上）劳动合同，占 16.7%；有 231 人选择签订短期（1 年以下）劳动合同，占 30.6%；有 89 人选择口头协议占 11.8%；有 51 人选择没有任何劳动合同，占 6.8%，如图 5-15 所示。

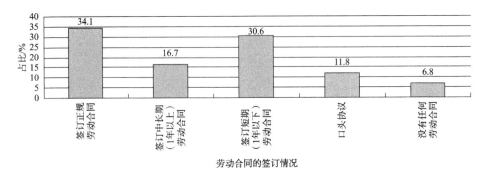

图 5-15　关于被调查者劳动合同的签订情况

（10）关于政府就业政策的情况：有 129 人选择知道政府的就业政策，占 17.1%；有 65 人选择不知道政府的就业政策，占 8.6%；有 560 人选择知道一些政府的就业政策，占 72.3%。有 487 人认为政府的就业政策对其实有利的，占 64.6%；有 196 人认为就业政策对其是没有利的，占 26%；有 71 人不清楚，占 9.4%。关于被调查者最希望得到的就业政策调查：有 354 人选择提供就业信息，占 47%；有 378 人选择提供就业培训，占 50%；有 297 人选择税费减免政策，占 39.4%；有 253 人选择小额贷款政策，占 33.6%，如图 5-16 所示。

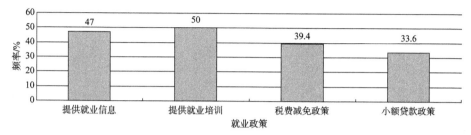

图 5-16　关于被调查者最希望得到的就业政策调查

（11）被调查者换工作的原因调查：选择收入低的有 562 人，占 74.5%；选择工作不稳定的有 321 人，占 42.6%；选择工作条件不好的有 243 人，占 32.2%；选择福利待遇和社会保障不好的有 278 人，占 36.7%；选择合同期满的有 354 人，占 47%；选择被单位辞退的有 93 人，占 12.3%；选择想自谋职业的有 78 人，占 10.3%，如图 5-17 所示。

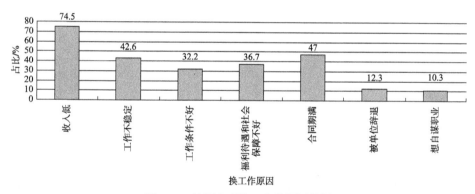

图 5-17　被调查者换工作的原因分析

（12）被调查者权益受侵害时的求助途径调查：有 132 人选择没有得到帮助，占 17.5%；有 341 人选择求助新闻媒体，占 45.2%；有 61 人选择向社区求助，占 8%；有 128 人选择向政府机构（法院）求助，占 17%；有 92 人选择求助律师，占 12.3%，如图 5-18 所示。

（13）被调查者对相关法律的了解情况：《中华人民共和国就业促进法》有 194 人选择不知道，占 25.7%；有 229 人选择只是知道，占 30.4%；有 277 人选择有所了解，占 36.7%；有 54 人选择非常了解，占 7.2%。《中华人民共和国社会保险法》有 96 人选择不知道，占 12.7%；有 215 人选择只是知道，占 28.5%；有 345

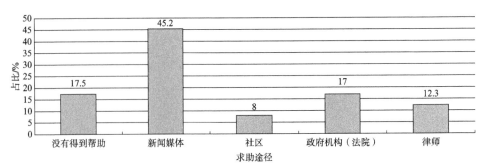

图 5-18 被调查者权益受侵害时的求助途径

人选择有所了解，占 45.8%；有 98 人选择非常了解，占 13%。《中华人民共和国劳动合同法》有 132 人选择不知道，占 18.2%；有 392 人选择只是知道，占 52%；有 173 人选择有所了解，占 23%；有 51 人选择非常了解，占 6.8%；《中华人民共和国劳动仲裁法》有 213 人选择不知道，占 28.2%；有 241 人选择只是知道，占 32%；有 279 人选择有所了解，占 37%；有 21 人选择非常了解，占 2.8%，如图 5-19 所示。

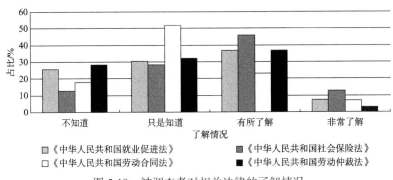

图 5-19 被调查者对相关法律的了解情况

（14）被调查者在工作中遭遇到的歧视类型：有 257 人选择性别歧视，占 34.1%；有 469 人选择相貌歧视，占 62.2%；有 431 人选择学历歧视，占 57.1%；有 210 人选择户籍歧视，占 27.9%；有 349 人选择残疾歧视，占 46.3%，如图 5-20 所示。

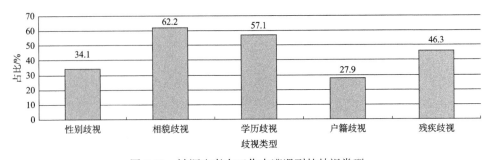

图 5-20 被调查者在工作中遭遇到的歧视类型

（15）被调查者享受的保险待遇类型：有医疗保险的有 679 人，占 90%；有养老保险的有 687 人，占 91%；有失业保险的有 279 人，占 37%；有工伤保险的有 470 人，占 62.3%；有生育保险的有 287 人，占 38%；有住房公积金的有 235 人，占 31.2%，如图 5-21 所示。

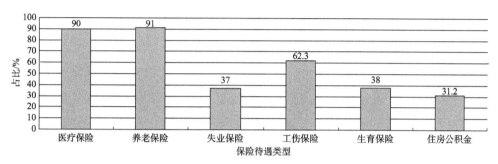

图 5-21　被调查者享受的保险待遇类型

本章附录　体面劳动实现状况的调查问卷

您好，我们试图通过此次调研了解中国体面劳动的实现状况，现对您进行问卷调查，希望得到您的支持和帮助，烦请您仔细阅读每一项叙述，根据自己的真是感受在适当的答案栏大"√"，十分感谢您的协助及对本研究的支持！本问卷各个问项答案并无对错之分，而您所填的答案仅供统计分析之用，我们会对您的资料进行保密，敬请放心填答。

关于体面劳动的解释：体面劳动旨在促进广大劳动者在"自由、公正、安全和具备人格尊严的条件下，获得体面的、生产性的工作机会"（生产性的工作机会即具有经济效益的就业岗位）。体面劳动的目标包括使得劳动者的权利获得保护、有稳定的收入、充分的社会保护和足够的工作岗位等。

第一部分：个人基本信息

1. 请问您的性别：

（1）男　　　　　　　　　　　　（2）女

2. 请问您的年龄：

（1）20 岁以下　　　　　　　　　（2）20~30 岁

（3）30~40 岁　　　　　　　　　（4）40~50 岁

（5）50 岁以上

3. 请问您的户籍是哪里？
（1）城镇　　　　　　　　　　（2）农村

4. 请问您的学历层次：
（1）小学及小学以下　　　　　（2）初中至高中
（3）大专　　　　　　　　　　（4）本科
（5）硕士研究生　　　　　　　（6）博士研究生

5. 请问您属于：
（1）一线工作人员　　（2）初级技术人员　　（3）中低层管理人员
（4）高层管理人员　　（5）其他

6. 请问您的行业类型：
（1）劳动密集型制造业　（2）住宿、餐饮业　　（3）技术密集型制造业
（4）批发和零售业　　　（5）房地产行业　　　（6）居民服务业和其他

7. 请问您所在单位的性质：
（1）私营企业　　　　（2）国有企业　　　　　（3）机关事业单位
（4）灵活就业　　　　（5）其他

8. 请问您的月收入是多少？
（1）1 000 元及以下　（2）1 000~2 000 元　　（3）2 000~3 000 元
（4）3 000~4 000 元　（5）5 000 元及以上

9. 请问您的月支出是多少？
（1）1 000 元及以下　（2）1 000~2 000 元　　（3）2 000~3 000 元
（4）3 000~4 000 元　（5）5 000 元及以上

第二部分：工作满意度调查及择业期望值比较

项目	工作满意度					择业期望值				
	非常满意	比较满意	一般	不太满意	很不满意	非常满意	比较满意	一般	不太满意	很不满意
月收入满足基本生活	5	4	3	2	1	5	4	3	2	1
工作量、工作时间在承受的范围内	5	4	3	2	1	5	4	3	2	1
工作内容与自身的知识、能力和性格一致	5	4	3	2	1	5	4	3	2	1
收入与工作量、工作时间、难易程度对等	5	4	3	2	1	5	4	3	2	1
单位提供的职业及技能培训	5	4	3	2	1	5	4	3	2	1
工作的稳定性	5	4	3	2	1	5	4	3	2	1
生活与工作能够平衡	5	4	3	2	1	5	4	3	2	1
工作环境和条件安全舒适	5	4	3	2	1	5	4	3	2	1
工作业绩得到及时表彰（精神激励）	5	4	3	2	1	5	4	3	2	1
和同事相处和睦	5	4	3	2	1	5	4	3	2	1

续表

项目	工作满意度					择业期望值				
	非常满意	比较满意	一般	不太满意	很不满意	非常满意	比较满意	一般	不太满意	很不满意
合理、公平、公开的激励机制	5	4	3	2	1	5	4	3	2	1
合理公平的晋升机制	5	4	3	2	1	5	4	3	2	1
基本的社会保障（劳保、医保等）	5	4	3	2	1	5	4	3	2	1
基本福利（交通/餐费补贴、体检、年假等）	5	4	3	2	1	5	4	3	2	1
解决户口或与当地户口同等待遇	5	4	3	2	1	5	4	3	2	1
单位有工会并能帮助协调和解决问题	5	4	3	2	1	5	4	3	2	1
同事间团结和谐	5	4	3	2	1	5	4	3	2	1
良好的上下级信息沟通渠道	5	4	3	2	1	5	4	3	2	1
管理层倾听员工诉求，关注员工满意度并及时反馈	5	4	3	2	1	5	4	3	2	1
单位对员工的尊重	5	4	3	2	1	5	4	3	2	1
单位有自己的企业文化（如举办新春晚会）	5	4	3	2	1	5	4	3	2	1
有参与单位决策的机会	5	4	3	2	1	5	4	3	2	1
有充分发挥自己能力的机会	5	4	3	2	1	5	4	3	2	1
能够从工作中获得成就感	5	4	3	2	1	5	4	3	2	1
对企业拥有归属感	5	4	3	2	1	5	4	3	2	1
个人发展前景良好	5	4	3	2	1	5	4	3	2	1

第三部分：体面劳动概况

1. 您以前听说过"体面劳动"吗？
　（1）听说过　　　　　（2）似乎听说过/不确定　　　（3）没听过
2. 根据字面意思，您认为自己的工作"体面"吗？
　（1）是　　　　　　　（2）一般　　　　　　　　　（3）不是
3. 您目前对自己的工作满意度的总体评价：
　（1）满意　　　　　　（2）一般满意　　　　　　　（3）不满意
4. 对您来说工作中"体面"最主要来自哪些方面？（可多选）
　（1）工资增长　　　　（2）职位提升　　　　　（3）工作轻松、心情愉悦
　（4）工作中能够发挥能力，解决问题　　　　　（5）工作是自己的兴趣
　（6）上司或同事的赞美　　　　　　　　　　　（7）其他
5. 对您来说工作中的"非体面"来源最主要的有哪些？（可多选）
　（1）工作时间长（经常开会或加班）
　（2）人员精简，导致自己的工作强度增大
　（3）部门工作安排无序，个人职责权限不明

（4）生活消费支出增长（物价上涨）

（5）单位吃住条件不好，影响工作

（6）自身生活状态改变（如结婚、生小孩、孩子读书等）

（7）工作和生活之间难以平衡，甚至因此和家人产生矛盾

（8）付出很多努力却未被表彰或提升

（9）和领导关系不好

（10）和同事关系不好

（11）前途渺茫，无职业发展前景

（12）其他

6. 对您来说稳定的工作至少要维持多久？

（1）3个月　　　　　（2）3~6个月　　　　　（3）6个月至1年

（4）1~2年　　　　　（5）2~5年

7. 您对加班的态度是

（1）非常愿意加班　　（2）可以接受加班　　（3）视情况而定

（4）不太愿意加班　　（5）非常不愿意加班

8. 您加班的频率是

（1）经常加班2个小时以上　　（2）经常加班1至2个小时

（3）偶尔加班　　　　　　　　（4）一般不加班

9. 您所在的单位有工会吗？

（1）有　　　　　　　（2）没有　　　　　　　（3）不清楚

10. 您对工会职能的了解程度

（1）不了解　　　　　（2）了解一点　　　　　（3）非常了解

11. 关于童工的使用情况

（1）有　　　　　　　（2）没有　　　　　　　（3）不清楚

12. 您觉得工资增长的速度可以抵得上物价上涨的水平吗？

（1）能　　　　　　　（2）不能　　　　　　　（3）不清楚

13. 签订劳动合同情况

（1）签订正规劳动合同

（2）签订中长期（一年以上）劳动合同

（3）签订短期（一年以下）劳动合同

（4）口头协议

（5）没有任何劳动合同

14. 您是否知道政府的就业政策

（1）知道　　　　　　（2）不知道　　　　　　（3）知道一些

15. 您认为政府的就业政策是否对您有利

（1）有利　　　　　　　　（2）没有利　　　　　　（3）不清楚

16. 您最希望得到的就业方面的政策包括

（1）提供就业信息　　（2）提供就业培训　　（3）税费减免政策

（4）小额贷款政策

17. 如果您想要换工作，原因是

（1）收入低　　　　　（2）工作不稳定　　　（3）工作条件不好

（4）福利待遇和社会保障不好　　　（5）合同期满　　（6）被单位辞退

（7）想自谋职业　　　（8）其他

18. 当您的权益受到侵害时，选择什么途径求助解决

（1）没有得到帮助　　（2）新闻媒体　　　　　（3）社区

（4）政府机构（法院）　　　　　（5）律师

19. 您对《中华人民共和国就业促进法》的了解程度？

（1）只是知道　　（2）有所了解　　（3）非常了解　　（4）不知道

20. 您对《中华人民共和国社会保险法》的了解程度？

（1）只是知道　　（2）有所了解　　（3）非常了解　　（4）不知道

21. 您对《中华人民共和国劳动合同法》的了解程度？

（1）只是知道　　（2）有所了解　　（3）非常了解　　（4）不知道

22. 您对《中华人民共和国劳动仲裁法》的了解程度？

（1）只是知道　　（2）有所了解　　（3）非常了解　　（4）不知道

23. 您在工作中遇到过什么类型的歧视？

（1）性别歧视　　（2）相貌歧视　　（3）学历歧视　　（4）户籍歧视

（5）残疾歧视

24. 您所在单位为您提供了哪类保险待遇？

（1）医疗保险　　　（2）养老保险　　　（3）失业保险

（4）工伤保险　　　（5）生育保险　　　（6）住房公积金

第六章 中国体面劳动水平的
影响因素分析

　　影响体面劳动水平的因素有很多，本章选取技术进步、劳动力市场分割、市场化程度、城镇化率及社会公平化程度五个因素，并尽量避免与衡量体面劳动水平的各个指标重合，利用 SPSS 统计软件进行中国体面劳动水平的影响因素分析。

第一节　技术进步对体面劳动水平的影响

　　随着知识经济时代的到来，技术进步已经成为与资本、劳动并列的、内生的生产要素，被称为"第一生产力"。技术进步对体面劳动水平变动的影响表现为技术进步在产业兴衰中的"摧毁"与"创新"作用，促进产业结构不断调整、升级，以及对劳动就业产生的复杂影响。

一、技术进步的内涵

　　有关"技术进步"的论述始于 20 世纪初，由著名的美籍奥地利经济学家熊彼特于 1912 年最早应用于经济学分析中，在其著名的《经济发展理论》一书中，熊彼特提出了"创新"的概念，将新产品、新技术、新市场、新的原材料供应来源、企业的新组织等作为经济增长及其周期的主要动因，并认为是一个"内在的因素"，将其定义为"企业家对生产要素的重新组合"。之后，又有许多学者曾经给技术进步下过定义，其中最具有影响力的是曼斯费尔德的定义，即所谓科技进步（也就是技术进步），是指给以同样的投入可以有更多的产出，或用较少的一种或多种投入量得到同样的产出，或者现有产品质量的改进，或者生产出全新的产品。

　　如今，技术进步泛指技术的进化及带来的结果，是技术本身的发展及其在经济中广泛应用并取得一定经济效益的一切技术活动。技术进步表现为生产要素质量的提高及其组合方式的改善。技术进步的过程，就是在基础研究、开发、应用的基础上，通过推广和发展不断地提高生产要素的质量和系统地完善生产力诸要素的组合过程。它决定着生产规模的扩大以及生产结构的优化、生产工具的革新换代、劳动者知识技能的提高、自然资源利用范围的扩大和优化、生产组织的完善、生产管理水平的提高等。

目前，对技术进步的理解分为狭义技术进步和广义技术进步。狭义技术进步主要是指硬技术应用后取得的进步，如更新改造生产设备，改进、引进新工艺、设计，产品换代或质量提高，运用新能源、新材料，降低原材料损耗等；广义的技术进步是一个经济学概念，从经济增长因素的角度考虑，它是指产出增长中扣除劳动力和资本要素投入增长的作用后，所有其他因素作用的总和，它不但包括狭义的技术进步，而且还包括经济发展过程中，劳动力知识、技能的提高和扩散，或者称之为人力资本的形成，政府、企业管理水平的提高，资源配置的效应，制定和实施政策、法律、法规的效果等。

二、技术进步水平的指标选取及测算结果

根据文献，本章选取研究与试验发展人员全时当量、研究与试验发展经费支出、科技成果登记数、国家技术发明奖、国家科学技术进步奖、专利申请授权数、发明专利申请授权数、高技术产品进出口额、技术市场成交额作为衡量我国技术进步水平的指标。

（1）技术进步指标统计的初始数据的整理，结果如表6-1所示。

表6-1　技术进步指标统计的初始数据

年份	研究与试验发展人员全时当量/（万人/年）	研究与试验发展经费支出/亿元	科技成果登记数/项	国家技术发明奖/项	国家科学技术进步奖/项
2000	92.21	895.66	32 858	23	250
2001	95.65	1 042.49	28 448	14	191
2002	103.51	1 287.64	26 697	21	218
2003	109.48	1 539.63	30 486	19	216
2004	115.26	1 966.33	31 720	28	244
2005	136.48	2 449.97	32 359	40	236
2006	150.25	3 003.10	33 644	56	241
2007	173.62	3 710.24	34 170	51	255
2008	196.54	4 616.02	35 971	55	254
2009	229.13	5 802.11	38 688	55	282
2010	255.4	7 062.58	42 108	46	273
2011	288.3	8 687.00	44 208	55	283

续表

年份	专利申请授权数/项	发明专利申请授权数/项	高技术产品进出口额/亿美元	技术市场成交额/亿元
2000	105 345	12 683	895.50	650.75
2001	114 251	16 296	1 105.59	782.75
2002	132 399	21 473	1 507.00	884.17
2003	182 226	37 154	2 296.00	1 084.67
2004	190 238	49 360	3 267.00	1 334.36
2005	214 003	53 305	4 159.70	1 551.37
2006	268 002	57 786	5 287.50	1 818.18
2007	351 782	67 948	6 348.00	2 226.53
2008	411 982	93 706	7 574.25	2 665.23
2009	581 992	128 489	6 867.84	3 039.00
2010	814 825	135 110	9 050.34	3 906.58
2011	960 513	172 113	10 120.00	4 763.56

资料来源:《中国统计年鉴》(2001~2012 年)

（2）技术进步统计指标原始数据的标准化处理（计算过程同上），结果如表 6-2 所示。

表 6-2　技术进步指标初始数据的标准化处理

年份	研究与试验发展人员全时当量/（万人/年）	研究与试验发展经费支出/亿元	科技成果登记数/项	国家技术发明奖/项	国家科学技术进步奖/项
2000	1.000	1.000	1.000	1.000	1.000
2001	1.037	1.164	0.866	0.609	0.764
2002	1.123	1.438	0.812	0.913	0.872
2003	1.187	1.719	0.928	0.826	0.864
2004	1.250	2.195	0.965	1.217	0.976
2005	1.480	2.735	0.985	1.739	0.944
2006	1.629	3.353	1.024	2.435	0.964
2007	1.883	4.142	1.040	2.217	1.020
2008	2.131	5.154	1.095	2.391	1.016
2009	2.485	6.478	1.177	2.391	1.128
2010	2.770	7.885	1.282	2.000	1.092
2011	3.127	9.699	1.345	2.391	1.132

年份	专利申请授权数/项	发明专利申请授权数/项	高技术产品进出口额/亿美元	技术市场成交额/亿元
2000	1.000	1.000	1.000	1.000
2001	1.085	1.285	1.235	1.203
2002	1.257	1.693	1.683	1.359
2003	1.730	2.929	2.564	1.667

续表

年份	专利申请授权数/项	发明专利申请授权数/项	高技术产品进出口额/亿美元	技术市场成交额/亿元
2004	1.806	3.892	3.648	2.050
2005	2.031	4.203	4.645	2.384
2006	2.544	4.556	5.905	2.794
2007	3.339	5.357	7.089	3.421
2008	3.911	7.388	8.458	4.096
2009	5.525	10.131	7.669	4.670
2010	7.735	10.653	10.106	6.003
2011	9.118	13.570	11.301	7.320

注：保留小数点后 3 位有效数字

（3）利用 SPSS 统计软件与因素分析法计算出技术进步各指标之间的 Pearson 相关系数，利用该相关系数计算出各指标的最终权重系数，结果如表 6-3 所示。

表 6-3　技术进步各指标的权重系数的计算

项目	研究与试验发展人员全时当量	研究与试验发展经费支出/亿元	科技成果登记数/项	国家技术发明奖/项	国家科学技术进步奖/项	专利申请授权数/项	发明专利申请授权数/项	高技术产品进出口额/亿美元	技术市场成交额/亿元	权重计算结果
研究与试验发展人员全时当量	0.000	0.997	0.950	0.796	0.838	0.981	0.990	0.969	0.994	0.116
研究与试验发展经费支出	0.997	0.000	0.954	0.769	0.831	0.990	0.992	0.962	0.998	0.116
科技成果登记数	0.950	0.954	0.000	0.747	0.893	0.953	0.947	0.915	0.952	0.113
国家技术发明奖	0.796	0.769	0.747	0.000	0.787	0.684	0.771	0.875	0.768	0.096
国家科学技术进步奖	0.838	0.831	0.893	0.787	0.000	0.804	0.842	0.818	0.820	0.102
专利申请授权数	0.981	0.990	0.953	0.684	0.804	0.000	0.977	0.925	0.989	0.113
发明专利申请授权数	0.990	0.992	0.947	0.771	0.842	0.977	0.000	0.954	0.988	0.115
高技术产品进出口额	0.969	0.962	0.915	0.875	0.818	0.925	0.954	0.000	0.968	0.114
技术市场成交额	0.994	0.998	0.952	0.768	0.820	0.989	0.988	0.968	0.000	0.115

注：保留小数点后 3 位有效数字

（4）根据各指标的权重系数，利用 Excel 软件计算技术进步最终值，结果如表 6-4 所示。

表 6-4　我国技术进步水平计算的最终值

年份	研究与试验发展经费支出/亿元	科技成果登记数/项	国家技术发明奖/项	国家科学技术进步奖/项	专利申请授权数/项
2000	1.000	1.000	1.000	1.000	1.000
2001	1.164	0.866	0.609	0.764	1.085
2002	1.438	0.812	0.913	0.872	1.257
2003	1.719	0.928	0.826	0.864	1.730
2004	2.195	0.965	1.217	0.976	1.806
2005	2.735	0.985	1.739	0.944	2.031
2006	3.353	1.024	2.435	0.964	2.544
2007	4.142	1.040	2.217	1.020	3.339
2008	5.154	1.095	2.391	1.016	3.911
2009	6.478	1.177	2.391	1.128	5.525
2010	7.885	1.282	2.000	1.092	7.735
2011	9.699	1.345	2.391	1.132	9.118

年份	发明专利申请授权数/项	高技术产品进出口额/亿美元	技术市场成交额/亿元	技术进步最终值/亿元
2000	1.000	1.000	1.000	1.000
2001	1.285	1.235	1.203	1.039
2002	1.693	1.683	1.359	1.250
2003	2.929	2.564	1.667	1.626
2004	3.892	3.648	2.050	2.029
2005	4.203	4.645	2.384	2.380
2006	4.556	5.905	2.794	2.831
2007	5.357	7.089	3.421	3.328
2008	7.388	8.458	4.096	4.029
2009	10.131	7.669	4.670	4.718
2010	10.653	10.106	6.003	5.626
2011	13.570	11.301	7.320	6.706

注：保留小数点后 3 位有效数字

如表 6-4 所示，我国技术进步的速度比较快，2000~2011 年，增长了 6 倍多。技术进步为我国的经济增长做出了巨大贡献，但是它对体面劳动水平的影响则需要具体问题具体分析。

三、技术进步对体面劳动水平的影响分析

（一）技术进步对体面劳动水平影响的模型构建

用 SPSS 软件做体面劳动水平与技术进步的相关性分析，Pearson 相关性值为 0.907，单尾检验的显著性概率较小，说明自变量技术进步与因变量体面劳动水平关系较密切。再做线性回归分析，从其 t 统计量对应的相伴概率为 0.243（大于 0.05），可判断二者之间不是简单的线性关系，为了进一步探讨二者之间的关系，利用非线性模型，根据技术进步水平与体面劳动水平的发展趋势，配合合适的非线性模型，来大致描述二者之间的关系。利用 SPSS 曲线估计，看运行结果中哪种模型拟合效果更好，结果如表 6-5 所示。

表 6-5　技术进步对体面劳动水平影响的模型汇总和参数估计值

因变量：体面劳动水平 Y

方程	模型汇总					参数估计值			
	R^2	F	df1	df2	Sig.	常数	$b1$	$b2$	$b3$
线性	0.847	55.480	1	10	0.000	0.923	0.186		
对数	0.868	65.918	1	10	0.000	0.986	0.541		
倒数	0.782	35.773	1	10	0.000	2.018	−1.110		
二次	0.870	30.216	2	9	0.000	0.744	0.322	−0.019	
三次	0.880	19.623	3	8	0.000	0.497	0.616	−0.111	0.008
复合	0.835	50.753	1	10	0.000	0.993	1.131		
幂	0.899	89.260	1	10	0.000	1.027	0.368		
S	0.849	56.239	1	10	0.000	0.737	−0.773		
增长	0.835	50.753	1	10	0.000	−0.007	0.123		
指数	0.835	50.753	1	10	0.000	0.993	0.123		
logistic	0.835	50.753	1	10	0.000	1.007	0.884		

注：自变量为技术进步 x_1；图中有灰底数字表示选取此数字计算

由表 6-5 可知，决定系数 R^2 看来，幂函数显著性最好，R^2 值最大，并且方差分析的显著性水平为 0，故选择幂函数为最恰当的拟合函数。

最终确定的模型为

$$Y = 1.027 x_1^{0.368}$$

其中，x_1 为技术进步水平；Y 为体面劳动水平。

（二）技术进步对体面劳动水平的影响分析

从理论上讲，技术进步对体面劳动水平的影响是复杂的，体现在对就业数量和就业质量的影响上。

（1）从就业数量的角度讲，技术进步像一把"双刃剑"，对就业岗位存在着"创造"和"摧毁"的双重作用，包括就业创造效应和就业破坏效应。

就业创造效应是指市场在技术进步促进生产率提高的过程中能够自动产生补偿机制抵消技术进步带来的就业损失，将生产率的提高转化为产出的增加和就业的增长。首先，技术进步会在社会经济领域各方面发生作用，使社会可以提供更多的就业岗位，进而带动就业率的提高，这叫做直接补偿机制。例如，产品的更新换代，技术进步会创造出更加高规格、高质量的新产品，使新产品具有更广阔的市场吸引力，技术进步在拓宽产品销路的同时也创造出不同的就业岗位，有些是传统行业的扩张与开拓，更深层意义上是新行业的出现与发展，特别是第三次科技革命以来，科学、技术与生产之间的相互关系发生了根本的变化，伴随着科学技术的迅猛发展、新技术推广与广泛应用，科技进步促进科学、教育、文化、娱乐、服务等第三产业的快速发展，新产业的行业细分更加纵向深化，就业机会多且包容性更强，能够容纳更多工人就业，缓解就业矛盾。其次，侧重于需求创造而引致的就业岗位增加。技术进步促进传统生产机器更新、生产技术升级、工艺改造，使工人大幅提高了劳动生产率，工人在单位时间内生产出的产品数量增加，产品的单位价值降低，产品在市场上的价值表现形式——价格会下降。在技术提高的大环境背景下，厂商会直接或间接地采用降价方式来扩展产品销路，这意味着购买者的消费成本降低，当富有弹性的商品降价或者说当产品的现实价格迎合了消费者的价格预期时，产品的需求就会增加。能够满足人们享受、娱乐、安全、发展提升所需要的商品和服务消费品也在基本生活必须品之外逐步走入消费者的需求范围。新消费需求的出现和消费结构的调整会促进产业的提升和转型，进而带动就业岗位的增加。综上所述，虽然技术进步在短期内对就业会产生一定的替代效应，但是从长期、从人类发展的历史来看，技术进步创造了更多的就业机会。

就业破坏效应是指技术进步使劳动生产率提高，单个工人在规定时间内可以生产出更多具有高质量的产品，在产品市场需求量一定的条件下，生产率的提高必然导致原生产岗位所需劳动力人数的减少，对就业产生挤出效应。先进机器的发明和使用很大程度上代替了部分劳动力，企业生产由传统的手工制造转变为机械化、自动化；企业通过科学的管理模式对职工数量进行压缩、精简；此外，资本对技术的发展发挥着至关重要的作用，新技术的应用要求大量资本投入，技术发展的越是突飞猛进，对资本和技术的依赖性越强，劳动力的投入随之降低，技术进步对就业的破坏作用在劳动密集型产业发生的更为明显。

总之，二者与之权衡，就业创造占主导，所以从就业数量的角度讲，技术进步有利于体面劳动水平的提高。

（2）从就业质量的角度讲，技术进步也有助于体面劳动水平的提升。首先，技术进步改变劳动手段，降低劳动强度。劳动手段是劳动者用以改变或影响劳动对象的一切物质资料和物质条件，其中最重要的是劳动工具。技术进步实现了生产的机械化、自动化和信息化，使劳动者从繁重的体力劳动中逐步解放出来，同时提高了劳动安全保护水平。一般来说，劳动工具的革新会成倍地提高劳动生产率，从而导致劳动力需求的减少。其次，技术进步使劳动者素质提高。经济的快速发展离不开高素质的劳动者，在技术进步条件下，劳动工具的改进、产品不断地更新、生产经营活动的日益复杂化，对劳动者的知识结构、技能水平、心理素质和合作能力等提出了更高的要求。社会生产要求劳动者必须掌握熟练、高超的技能，这种客观要求迫使劳动者接受更多的教育和培训，更加自觉地注重提高自己的能力和水平。只能从事简单劳动和技能单一的劳动者，其就业的选择余地越来越小，岗位和职业的转化也很困难。

综上所述可以看出，随着技术进步的加快，整体上对体面劳动水平的提升起到一定的推动作用，但是技术进步中的个别因素也会影响到体面劳动水平。从长远发展来看，技术进步是一个积极的因素。

第二节　劳动力市场分割对体面劳动水平的影响

劳动力市场分割是劳动力市场中存在的一个普遍现象，世界各国都存在着劳动力市场分割，但是由于各国在历史背景、经济环境等方面不同，每个国家在市场分割的特征和存在的状态方面也存在区别。不同于西方发达国家，制度性因素造成的市场分割在我国占主导地位，在城乡之间分割、行业间分割、区域间分割等方面比较突出。这一劳动力市场的特殊现象必然会对我国体面劳动水平产生影响。

一、劳动力市场分割概况

劳动力市场分割是指由于政治、经济等外在制度因素或者经济内生因素的制约，劳动力市场划分为两个或多个具有不同特征和不同运行规则的领域。不同领域在工资决定机制、工作稳定性、劳动者获得提升的机会等方面有明显区别，使劳动力市场出现分块的现象，而且劳动者很难在不同块的市场之间流动。在不同块的劳动力市场中，供求双方，尤其是劳动力供给方的选择自由度并不相同。我们把这种现象称为劳动力市场的分割（桑普斯福特和桑纳托斯，2000）。劳动力市场分割分为以下几个类型。

（一）城乡劳动力市场分割

过去我国实施的以二元户籍制度为基础的劳动用工制度、社会保障制度、消费品供应制度将我国城市与农村的劳动力市场完全分割开。劳动力无法在两个市场之间自由流动，逐渐形成两个泾渭分明的市场，农民向城市迁移受到严格限制；另一现实原因是，过去我国过于重视重工业而忽视轻工业以及第三产业的发展，国民经济的发展极不平衡。不仅人民生活水平长期低下，而且由于重工业吸纳劳动力的能力远低于轻工业和服务业，政府将超量的劳动力安排在公有制经济单位，造成隐性失业，同时为了防止农村劳动力流入城镇挤占就业机会，还实行严格的控制人口流动政策。城乡劳动力市场的分割主要表现为城乡劳动者在就业领域、经济权益及社会保障方面的差异。

（二）劳动力市场体制性分割

参照西方二元劳动力市场分割理论，我国劳动力市场的体制性分割是指我国城市劳动力市场被分割成了两大块，即一级劳动力市场和二级劳动力市场。城市两级市场分割是由于经济转轨时期，我国的就业体制就由原来的单一就业模式过渡到双轨制就业，体制内公有制企业的劳动者形成一级市场，具有良好的工作条件、稳定的工作环境、高额的工资薪水和优厚的福利待遇，该市场中的劳动者成为被羡慕的对象；而体制外非公有制企业形成二级市场，工作条件差、收入低，并随时可能失业，成为城镇新增劳动者、国有企业下岗失业人员、农村务工人员及其他就业弱势群体的无奈选择。

（三）劳动力市场行业分割

劳动力市场行业分割是指国民经济不同行业、产业间在劳动者录用标准方面的不同，导致形成分割状态，主要表现在劳动力在不同的行业就业的工资收入、社会保障等方面享受不同的待遇。行业间分割使得劳动力市场内的行业呈现多种的分割状态，不同性质的行业间的劳动力不能自由流动，劳动力有些可以从事那些社会地位和工资福利待遇比较高的工作，而另一些劳动力只能被限制在那些相对较差的行业中。

二、劳动力市场分割程度的指标选取及测算结果

（一）指标选取

劳动力市场分割指标选取整体上分为两个维度，城乡分割程度和体制分割程度，劳动力市场的行业分割由于数据的限制，我们暂不考虑。城乡分割程度又选取四个二维指标，即城乡居民消费水平差异率、城乡就业人数差异率、城乡居民人均可支配收入差异率、城乡居民家庭恩格尔系数差异率。体制分割程度选取两个二维指标——国有、集体、其他单位就业人数差异率和国有、集体、其他单位就业人数平均工资差异率。

农村、城镇居民消费水平及就业人数差异率计算公式如下：

$$Y = (x_1 - x_2) / x_1$$

其中，x_1 表示城镇居民消费水平、农村就业人员人数；x_2 表示农村居民消费水平、城镇就业人员人数；Y 表示差异率，计算结果如表 6-6 所示。

表 6-6　农村、城镇居民消费水平及就业人数差异率结果

年份	农村居民消费水平/元	城镇居民消费水平/元	差异率/%	城镇就业人员人数/万人	农村就业人员人数/万人	差异率/%
1999	1 766	6 405	0.568	22 412	48 982	0.372
2000	1 860	6 850	0.573	23 151	48 934	0.358
2001	1 969	7 161	0.569	24 123	48 674	0.337
2002	2 062	7 486	0.568	25 159	48 121	0.313
2003	2 103	8 060	0.586	26 230	47 506	0.289
2004	2 319	8 912	0.587	27 293	46 971	0.265
2005	2 657	9 593	0.566	28 389	46 258	0.239
2006	2 950	10 618	0.565	29 630	45 348	0.210
2007	3 347	12 130	0.567	30 953	44 368	0.178
2008	3 901	13 653	0.556	32 103	43 461	0.150
2009	4 163	14 904	0.563	33 322	42 506	0.121
2010	4 700	16 546	0.558	34 687	41 418	0.088
2011	5 870	19 108	0.530	35 914	40 506	0.060

资料来源：《中国统计年鉴》（2000~2012 年）；部分数据经计算所得

城镇、农村居民人均可支配收入与恩格尔系数差异率的计算公式如下：

$$Y = (x_1 - x_2) / x_1$$

其中，x_1 表示城镇居民家庭人均可支配收入、农村居民家庭恩格尔系数；x_2 表示农村居民家庭人均可支配收入、城镇居民家庭恩格尔系数；Y 表示差异率，结算

结果如表6-7所示。

表6-7　城镇、农村居民家庭人均可支配收入与恩格尔系数差异率的计算结果

年份	城镇居民家庭人均可支配收入/元	农村居民家庭人均可支配收入/元	差异率/%	城镇居民家庭恩格尔系数	农村居民家庭恩格尔系数	差异率/%
1999	5 854.0	2 210.3	0.452	42.1	52.6	0.111
2000	6 280.0	2 253.4	0.472	39.4	49.1	0.110
2001	6 859.6	2 366.4	0.487	38.2	47.7	0.111
2002	7 702.8	2 475.6	0.514	37.7	46.3	0.102
2003	8 472.2	2 622.2	0.527	37.1	45.6	0.103
2004	9 421.6	2 936.4	0.525	37.7	47.2	0.112
2005	10 493.0	3 254.9	0.526	36.7	45.5	0.107
2006	11 759.5	3 587.0	0.533	35.8	43.0	0.091
2007	13 785.8	4 140.4	0.538	36.3	43.1	0.086
2008	15 780.8	4 670.6	0.543	37.9	43.7	0.071
2009	17 174.7	5 153.2	0.538	36.5	41.0	0.058
2010	19 109.4	5 919.0	0.527	35.7	41.1	0.070
2011	21 809.8	6 977.3	0.515	36.3	40.4	0.053

资料来源:《中国统计年鉴》(2000~2012年);或经计算所得

　　体制分割指标差异率的计算公式如下:

$$Y = \left(\left| \frac{x_1 - x_2}{x_1 + x_2} \right| + \left| \frac{x_1 - x_3}{x_1 + x_3} \right| + \left| \frac{x_2 - x_3}{x_2 + x_3} \right| \right) \Big/ 3$$

其中, Y 表示差异率; x_1 表示国有单位城镇就业人员人数及平均工资; x_2 表示集体单位城镇就业人员人数及平均工资; x_3 表示其他单位就业人员人数及平均工资, 计算结果如表6-8所示。

表6-8　国有、集体、其他单位就业人数及平均工资差异率的计算结果

年份	国有单位城镇就业人员人数/万人	集体单位城镇就业人员人数/万人	其他单位就业人员人数/万人	差异率/%	国有单位城镇就业人员平均工资/元	集体单位城镇就业人员平均工资/元	其他单位就业人员平均工资/元	差异率/%
2000	8 102	1 499	13 550	0.579	9 441	6 241	11 238	0.169
2001	7 640	1 291	15 192	0.627	11 045	6 851	12 437	0.169
2002	7 163	1 122	16 874	0.669	12 701	7 636	13 486	0.158
2003	6 876	1 000	18 354	0.699	14 358	8 627	14 843	0.150
2004	6 710	897	19 691	0.722	16 445	9 723	16 519	0.145
2005	6 488	810	21 091	0.744	18 978	11 176	18 362	0.149
2006	6 430	764	22 526	0.759	21 706	12 866	21 004	0.147
2007	6 424	718	23 811	0.771	26 100	15 444	24 271	0.153

续表

年份	国有单位城镇就业人员人数/万人	集体单位城镇就业人员人数/万人	其他单位就业人员人数/万人	差异率/%	国有单位城镇就业人员平均工资/元	集体单位城镇就业人员平均工资/元	其他单位就业人员平均工资/元	差异率/%
2008	6 447	662	24 994	0.784	30 287	18 103	28 552	0.148
2009	6 420	618	26 284	0.795	34 130	20 607	31 350	0.149
2010	6 516	597	27 574	0.802	38 359	24 010	35 801	0.137
2011	6 704	603	28 607	0.804	43 483	28 791	41 323	0.120

资料来源:《中国统计年鉴》(2001~2012 年); 或经计算所得

(二)权重系数及最终结果

本章对劳动力市场分割程度的测算采取平均赋值的方法, 即城乡劳动力市场分割权重赋值 0.5; 体制劳动力市场分割权重赋值 0.5, 经 Excel 软件计算得出中国劳动力市场分割的最终值, 如表 6-9 所示。

表 6-9　中国劳动力市场分割的最终值

年份	城乡分割最终值	体制分割最终值	劳动力市场分割最终值
2000	0.349	0.374	0.361
2001	0.344	0.398	0.371
2002	0.339	0.414	0.376
2003	0.338	0.424	0.381
2004	0.333	0.434	0.383
2005	0.319	0.446	0.383
2006	0.306	0.453	0.380
2007	0.296	0.462	0.379
2008	0.282	0.466	0.374
2009	0.269	0.472	0.371
2010	0.260	0.470	0.365
2011	0.238	0.462	0.350

注: 保留小数点后 3 位有效数字

整体来看, 我国劳动力市场分割程度在统计内的 12 年间呈逐渐缩小的趋势, 但是非常有限, 曾一度还存在上升趋势。从劳动力市场的分割类型看, 城乡分割的趋势消除的比较明显, 而体制分割的现象则日趋加强。我国劳动力市场分割的因素非常复杂, 要消除劳动力市场的分割现象也非短期行为。

三、劳动力市场分割对体面劳动水平的影响分析

（一）劳动力市场分割对体面劳动水平影响的模型构建

根据多元线性分析，劳动力市场分割与体面劳动水平的相关系数值（Pearson）为–0.349，可知二者为负相关，利用 SPSS 软件无法进行简单的曲线拟合，利用Matlab 编写程序进行复杂曲线拟合，通过均方差值为 0.009 7、残差值为 0.001 13，可以看出利用该曲线拟合方法比较合理，具体编程过程见本章附录所示，通过该程序得到相关参数，从而得到的曲线模型为

$$Y = 1.016 + \frac{0.006}{x_2 - 1.627}$$

其中，Y 为体面劳动水平；x_2 为劳动力市场分割水平。

（二）劳动力市场分割对体面劳动水平影响的分析

城乡二元分割的户籍制度导致的劳动力市场分割是时代的产物，它曾对经济和社会的发展起了积极作用，但现阶段已阻碍了劳动力的正常流动，导致城乡分化和差距扩大，制约了农业劳动力的转移。它对农民的就业限制表现如下：第一，就业权利受限。城镇人口就业通过行政手段安排，一旦实现就业，终身保持不变，直至劳动者退休。这就排除了农民在城镇国有和集体单位就业的可能性。第二，迁徙权利受限。在特定时期，农民迁徙一度受国家计划控制，迁徙数量少，渠道狭窄，仅有升学、参军、婚嫁及大型工程建设移民等少量途径。第三，发展权利受限。改革前，极少有农民进城，并非农民不想而是不能进城就业，因为户籍制度限制了他们。二元就业结构与市场经济下的就业要求相背离。改革后，户籍政策有所松动，准许农民进城就业，但在很多大城市，户籍仍是一种制度屏障，使农民发展机遇受限，不能进入主要劳动力市场，工资低于市民，缺乏市民享有的城市福利等。第四，政策歧视农民。我国就业政策在一定程度上限制农民就业，保障城市劳动力充分就业。例如，劳动部曾发布《农村劳动力跨省流动就业管理暂行规定》，对跨省流动的农民实行就业限制。武汉曾采取清退农民工措施，以便安置城市失业者。北京将雇佣农民工的行业、工种予以缩减，并在部分工种中限制使用农民工（刘尔铎，2002），这导致了农民工职业选择性小，虽然农民进入城市就业的隔离被打破了，但农民与市民的身份隔离依然存在，难以实现真正的融合。农民工进城务工难以真正实现体面劳动。

体制性的劳动力市场分割对中国就业影响颇大。两级市场的主要分界线是劳动报酬的差别，即一级市场中工人具有高额的工资，其工资并不是由边际生产力决定，

而是与职位本身相关，工资的决定机制并非完全市场化，受到行政力量的影响；而二级市场最显著的特点是工资低，工资的决定机制基本市场化，即由劳动力的供求决定。由于一级市场和二级市场存在明显差异，同时受到制度政策和劳动者自身素质的制约，劳动力在一级与二级市场之间不能自由流动，一级市场的劳动力不愿意去二级市场，二级市场的劳动力也很难进入一级市场。这对劳动力的供需存在很大影响，即二级劳动力市场的供求关系和工资不受政府干预，劳动者享有就业权又承担失业风险，工资弹性较大，能真实地反映和调节劳动力供求，引导劳动力流动；二级劳动力市场容量大于一级劳动力市场，两种市场上的劳动力价格悬殊。中国经济是计划和市场共存的双轨制。劳动力市场并非完全的市场调节，故整个劳动力市场仍处于非均衡状态，两种市场的非均衡要通过价格和数量的双重调整。

劳动力市场的行业分割可以用不同行业的工资率来衡量，不同行业的工资水平差异使得就业量明显不同，这也是市场竞争的结果。如果劳动力市场是完全开放的，劳动力在各个行业、部门之间能够自由流动，工资率随市场供需的变化而变化，这样就有利于整体就业量提高。但是实际上行业之间、行业内部部门之间的劳动力市场是分割的，劳动力不能自由流动。例如，垄断性行业与竞争性行业，垄断性行业中的工资水平较高，且工资水平不受价格竞争机制的控制，基本上由垄断性企业自主决定，如石油业、银行业、电业等。而且国家严格控制这些垄断性企业的经营准入，一般就业者很难进入，垄断性行业吸收就业的能力极其有限；竞争性行业恰恰相反，工资待遇低下、工作不稳定，如制造业、餐饮业等，容易受到国家政策与经济环境的影响。劳动力市场的行业分割，会降低了整个行业的就业量。

综上所述，我国劳动力市场处于多元分割状态，这种分割使得我国劳动力市场信号失灵，对我国就业的质量与数量及体面劳动水平影响都很大，因此建立统一的劳动力市场是经济体制改革的大势所趋。

第三节　市场化程度对体面劳动水平的影响

市场化程度是用来衡量转型国家由计划经济体制向市场经济体制转变的进程，其实质是经济决策的权力从中央计划部门逐步转移到分散的经济主体手中的程度。它涉及经济体制改革的方方面面，与体面劳动水平也密切相关。

一、市场化含义及特征

所谓的市场化含义有两种，一是指建立国家调节的市场经济体制，并由此形成统一的市场运行机制和市场体系。二是指在短期内实现用市场经济体制取代双轨过渡体制的改革过程,是一项在开放的市场中,以市场需求为导向,竞争的优胜劣汰为手段,实现资源充分合理配制,效率最大化目标的机制。我国的市场化进程实际上包含了上述两方面的内容,而后者正是我国改革的主体,即计划机制不断削弱并逐步让位于市场机制。

市场化是利用市场作为解决社会、政治和经济问题等基础手段的一种状态,意味着政府对经济的放松管制。市场化的工具有好多种,比较低程度的市场化就是外包,比较高程度就是完全出售。也就是利用价格机制达到供需平衡的一种市场状态。具体而言,市场化是以建立市场型管理体制为重点,以市场经济的全面推进为标志,以社会经济生活全部转入市场轨道为基本特征的,即在所有的经济领域和环节大步推进各类市场的发展,形成完整的市场机制,让各类市场参数正常运转,通过市场运行中的各种经济组织和所有制改革,完善市场基础,通过法律重新确认财产所有权,形成真正的商品交易者。

市场化的特征主要如下:①经济主体行为的市场化,包括企业的生产和营销行为的市场导向性和独立性,作为生产者和消费者的个人在生产和消费中的自由选择,对个人劳动力的自由支配等。②产品价格的市场化,指生产资料和消费资料及服务产品的价格由市场供求关系决定,而不是由行政力量规定;要素价格的市场化,它包括两点:一是资本、土地、劳动、技术等要素的价格管制逐步取消,利率、地价、工人工资、股票价格、汇率、专利转让费等价格在统一的要素市场上自由形成;二是以上各种要素应自由流动。其中后者是前者的基本前提,因为只有实现了要素的自由流动,要素价格才能是市场化的而不是人为扭曲的价格;政府行为的标准化,是指政府行为要适应经济市场化的要求,政府的职能范围要限于宏观经济决策领域和促进市场法制、规范、秩序等的建设方面,要实现所有制多元化,尊重和维护经济主体的管理自主权,为它们提供良好的公共产品和服务以及在国内外市场公平竞争的机会(原雪梅,2006)。

二、市场化程度的指标选取及测算结果

本章将重点参考北京师范大学经济与资源管理研究院创立的市场化指数测度体系(李晓西等,2003,2005,2008)的基本思想和评分标准,并兼顾测度一个较长的纵向周期内市场化程度应该注意的问题,在保持指标"少而精"的基础上,力求更为全面地反映市场化的多个层面,建立一个既能反映市场化"量"的变迁,又能反映市场化"质"的提升这样一个综合的指标体系。指标体系将从市场经济下企业、政府、市场三个大的层面来构建,选择具有指代意义强的各相关指标(董

晓宇和郝灵艳，2010），具体如表 6-10 所示。

表 6-10　中国市场经济发展程度测度指标体系

一级指标	二级指标	三级指标
政府的合理规模和行为规范化	政府规模合理化	政府消费占 GDP 比重
		政府人员占从业人员比重
	政府经济资源配置规范化	财政收入占 GDP 比重
		预算外收入占 GDP 比重
	税负公平化	工业企业税收占 GDP 比重
		农业各项税收占 GDP 比重
企业的多元所有制和主体自由化	非国有经济的发展	城镇非国有单位从业人员占城镇就业人员比重
		非国有类型国有企业总产值所占比重
		外商投资企业出口额占总出口额比重
	所有制的多元化	外商直接投资相当于 GDP 的比重
		全社会固定资产投资来源中外资、自筹和其他资金所占比重
		外方注册资金占外商投资企业总注册资金的比重
市场的完备体系和交易公平化	国际贸易自由度	平均关税税率
		从国际贸易中获得的税额占进出口额的比重
	金融改革深化程度	三资、乡镇、个体私营企业短期贷款占金融机构全部短期贷款的比重
		广义货币（M2）与 GDP 的比值
	货币政策的效果	最近五年通货膨胀率的平均值
	定价自由度	社会消费品零售总额中市场定价的比重
		农副产品收购总额中市场定价的比重
		生产资料销售总额中市场定价的比重

资料来源：董晓宇和郝灵艳（2010）

经测算得出的中国市场化指数，结果如表 6-11 所示。

表 6-11　2000~2011 年中国市场化指数测算结果

年份	2000	2001	2002	2003	2004	2005	2006	2007	2008	2009	2010	2011
市场化程度	2.319	2.208	2.181	2.181	1.944	2.069	2.049	2.042	2.022	2.041	2.059	2.077

注：保留小数点后 3 位有效数字

三、市场化对体面劳动水平的影响分析

（一）市场化对体面劳动水平影响的模型构建

用 SPSS 软件做体面劳动水平与市场化的相关性分析，Pearson 相关性值为

0.892，单尾检验的显著性概率较小，说明自变量技术进步与因变量体面劳动水平关系较密切。再做线性回归分析，从其 t 统计量对应的相伴概率为 0.445（大于0.05），可判断二者之间不是简单的线性关系，为了进一步探讨二者之间的关系，利用非线性模型，根据市场化与体面劳动水平的发展趋势，配合合适的非线性模型，来大致描述二者之间的关系。利用 SPSS 曲线估计，看运行结果中哪种模型拟合效果更好，结果如表 6-12 所示。

表 6-12　市场化对体面劳动水平影响的模型汇总和参数估计值

因变量：体面劳动水平 Y

方程	模型汇总					参数估计值			
	R^2	F	df1	df2	Sig.	常数	$b1$	$b2$	$b3$
线性	0.765	32.504	1	10	0.000	-3.975	4.926		
对数	0.764	32.331	1	10	0.000	0.931	5.470		
倒数	0.761	31.909	1	10	0.000	6.960	-6.048		
二次	0.765	14.629	2	9	0.001	-3.438	3.960	0.433	
三次	0.765	14.630	2	9	0.001	-3.581	4.394	0.000	0.142
复合	0.787	37.009	1	10	0.000	0.036	28.233		
幂	0.791	37.821	1	10	0.000	0.989	3.720		
S	0.793	38.312	1	10	0.000	4.101	-4.126		
增长	0.787	37.009	1	10	0.000	-3.337	3.340		
指数	0.787	37.009	1	10	0.000	0.036	3.340		
logistic	0.787	37.009	1	10	0.000	28.125	0.035		

注：自变量为市场化程度 x_3

模型构建为

$$Y = \exp\left(4.101 - \frac{4.126}{x_3}\right)$$

其中，x_3 为市场化程度；Y 为体面劳动水平。

（二）市场化对体面劳动水平的影响分析

其实，体面劳动是国际劳工组织为应对全球化的危机而提出的战略目标，而全球化首先指的就是市场的全球化，所以市场化进程与体面劳动水平是密切相关的。通过构建模型可以发现，二者存在非线性关系。市场化对体面劳动水平的影响主要体现如下。

首先是市场化要求政府行为的规范化，政府对企业和市场干涉的减少，只在宏观决策和其他一些必要的领域里发挥作用。政府行为的规范化是指政府行为的合法化、合理化和自律化，政府行为要有确定的范围，明确哪些该做哪些不该做，哪些该管哪些不该管，必须严格按照法律规定的范围作为或不作为。政府行为一旦走向规范化，是有利于体面劳动水平提升的，有利于人们生活水平和生活质量的持续提高，有利于社会公正与平等以及建立政府与社会之间的良性互动关系。而实现政府行为规范化需要一个过程，尤其是我国处在转型期，旧的制度在逐渐摧毁，新的制度尚未完全建立和完善，而体面劳动水平的提升在一定程度上取决于政府作为，也就是计划经济时代依靠政府对劳动者就业权益的保护，一旦政府具有强制性行政命令被取消，单纯依靠市场和相关制度去约束企业，这种力度会大大减弱，因为企业对市场经济各项制度的自觉执行也需要一个过程，即建立适应社会主义市场经济体制各项制度不断完善和发展的过程。

其次是企业经营的独立化，企业对政府依赖性、依附性减弱，政府无权干涉企业相关事务的决定，体现为在市场经济下的自主性、独立性增强，选择行为方式、获利权力方式的扩大，也包括选择制度权力的扩大，这就是市场化程度不断深入的结果；企业拥有自主权，成为市场主体之后，会从自身利益最大化的角度出发，为提高经济效益，节约成本，而在社会制度约束力和自身约束力又有待提高的状况下，做出不利于劳动者权益的行为，如不与劳动者签订长期劳动合同、不给临时劳动者缴纳社会保险、拖欠工资、就业环境、条件恶劣等，相关就业群体的就业权益受到伤害。近些年，出现很多问题，典型的有"富士康跳楼"、"南海本田罢工"及"张海超开胸验肺"等极端事件。这在一定程度上不仅限制了我国体面劳动水平的提升，而且造成了负面的社会影响，给人们带来恐慌感，影响我国和谐社会的建设进程。

最后是所有制结构和实现形式的多元化，对于社会主义经济的市场化改革来说，必然要求所有制结构和实现形式发生相应的变动，建立公有制为主导、多种所有制经济并存发展的新格局，以适应市场经济的要求。这些特征也体现了市场化的理论含义。这种变化促进了私营企业、微小企业的产生及就业数量的增加，尤其是灵活就业的数量，包括大量的农村剩余劳动力转移就业，以及体制转轨中的下岗失业人员，在一定程度上缓解了我国严峻的就业形势，所以有利于体面劳动水平的提高，但是值得注意的是，这些新增的就业，可能存在着工资低、就业条件恶劣、基本权益无法得到保障的问题，这又在一定程度上影响了我国体面劳动水平的提升。

通过以上分析可见，市场化对体面劳动水平的影响是复杂的，一方面，通过市场化过程中制度的不断完善和发展，体面劳动水平呈不断提升的态势；另一方面，在其发展过程中的又存在些许负面影响，当然这也是各个国家市场化过程中所必然经历的现象，我们要正确面对。

如图6-1所示，A表示的是市场化进程初期，也就是刚刚经历了计划经济阶段，此时由于我国的特殊国情，体面劳动水平相对稳定在低水平位置；B表示的是转轨中期，体面劳动水平有一定幅度的提升，正如所分析的，市场化进程对体面劳动水平的影响是复杂的，既有正向影响，又存在负向影响，但正向影响占主导；C 表示的是市场化的后期，市场化的各种制度已经相对完善，整个经济生活步入正轨，这时，体面劳动水平将随着经济发展呈加速上升趋势，社会成员均能分享经济社会的发展成果。

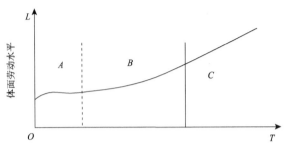

图 6-1　市场化进程各阶段体面劳动水平的大体趋势

第四节　城镇化率对体面劳动的影响

一、中国城镇化的发展进程

城镇化是一个包括从物到人全方位转换的历史进程，一方面表现在人的地理位置的转移和职业的改变，以及由此引起的生产方式与生活方式的演变；另一方面则表现为城镇人口和城市数量的增加、城镇规模的扩大及城镇经济社会现代化和集约化程度的提高。

城镇化的内涵体现为四个方面：一是人口城镇化，表现为农村人口向城市聚集，城市人口数量不断增加，比重逐步提高的过程；二是地域城镇化，指的是在地域空间上，农村地域逐渐转化为以人口高度聚集的城镇化地域的过程；三是经济活动城镇化，表现为经济关系、经济活动在地理上聚集和生产方式不断趋向城市经济特征的过程；四是生活方式城镇化，表现为随着社会身份、职业、角色的变化，人们的行为方式、思想观念、道德意识、社会交往、教育程度、生活习惯、综合素质等方面的不断进步和提高的过程。

根据经典的诺瑟姆（Northam，1979）城镇化 S 形曲线理论，将城镇化划分为三个阶段：城镇化水平较低且发展缓慢的初始阶段、城镇化水平急剧上升的加速阶段、城镇化水平较高且发展平缓的最终阶段。在第一阶段和第二阶段开始时城镇化水平低于 25%，城镇化水平发展到超过 60%~70%后进入第三阶段。第一阶段表现为在市场机制的作用下，企业逐渐向地理位置优越、经济环境有利的空间聚集。人口向城市的集中，村镇逐渐发展为小城镇，小城镇逐渐发展为小城市，大、中城市的规模进一步扩大；第二阶段表现为社会资源的分布明显偏向城市地区，生产要素加快流向城市地区。在此期间，大城市发展迅速，小城镇发展相对缓慢。第三阶段表现为人口仍向城市集中，但速度已放慢，人口由以流向大、中城市为主转变为流向大、中城市周边的小城镇为主。按照 Northam 城镇化三个阶段的划分，当前我国城镇化水平正处于第二阶段，即城镇化迅速发展时期。当然，我国现阶段的城镇化由于受政策、偏好等因素的影响，表现出大城市稳步发展，中小城市和城镇迅速发展的特点。

二、中国城镇化水平的测算

关于我国城镇化程度的测算，可以用如下公式计算：

城镇化率=城镇人口/总人口

计算结果如表 6-13 所示。

表 6-13 1991~2011 年我国城镇化率的计算结果

年份	总人口/万人	城镇人口/万人	城镇化率/%
1991	115 823	31 203	0.269
1992	117 171	32 175	0.275
1993	118 517	33 173	0.280
1994	119 850	34 169	0.285
1995	121 121	35 174	0.290
1996	122 389	37 304	0.305
1997	123 626	39 449	0.319
1998	124 761	41 608	0.334
1999	125 786	43 748	0.348
2000	126 743	45 906	0.362
2001	127 627	48 064	0.377
2002	128 453	50 212	0.391
2003	129 227	52 376	0.405
2004	129 988	54 283	0.418
2005	130 756	56 212	0.430
2006	131 448	58 288	0.443
2007	132 129	60 633	0.459
2008	132 802	62 403	0.470
2009	133 450	64 512	0.483
2010	134 091	66 978	0.499
2011	134 735	69 079	0.513

资料来源：《中国统计年鉴》（1992~2012 年）

根据以上计算结果可知，我国城镇化的速度处在上升期，1991~2011 年这 20 年的时间我国城镇化率上升接近1倍,而且有可能在未来的十几年内还会上升(图6-2)。

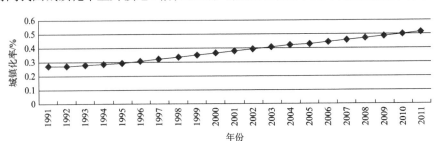

图 6-2　1991~2011 年我国城镇化率变化趋势图

三、城镇化对体面劳动水平的影响分析

(一)城镇化对体面劳动水平影响的模型构建

用 SPSS 软件做体面劳动水平与城镇化的相关性分析,Pearson 相关性值为 0.927,单尾检验的显著性概率较小。说明自变量技术进步与因变量体面劳动水平关系较密切。再做线性回归分析,可判断二者之间不是简单的线性关系,为了进一步探讨二者之间的关系,利用非线性模型,根据城镇化与体面劳动水平的发展趋势,配合合适的非线性模型,来大致描述二者之间的关系。利用 SPSS 曲线估计,看运行结果中哪种模型拟合效果更好,结果如表 6-14 所示。

表 6-14　城镇化对体面劳动水平影响的模型汇总和参数估计值

因变量:体面劳动水平 Y

方程	模型汇总					参数估计值			
	R^2	F	df1	df2	Sig.	常数	$b1$	$b2$	$b3$
线性	0.876	70.533	1	10	0.000	−1.695	2.634		
对数	0.868	65.803	1	10	0.000	0.911	3.144		
倒数	0.856	59.464	1	10	0.000	4.592	−3.708		
二次	0.879	32.824	2	9	0.000	0.380	−0.839	1.436	
三次	0.879	32.824	2	9	0.000	0.380	−0.839	1.436	0.000
复合	0.903	93.415	1	10	0.000	0.167	5.977		
幂	0.904	93.726	1	10	0.000	0.975	2.144		
S	0.899	89.341	1	10	0.000	2.495	−2.540		
增长	0.903	93.415	1	10	0.000	−1.793	1.788		
指数	0.903	93.415	1	10	0.000	0.167	1.788		
logistic	0.903	93.415	1	10	0.000	6.005	0.167		

注:自变量为城镇化率 x_3

模型构建为

$$Y = \exp\left(4.101 - \frac{4.126}{x_3}\right)$$

其中，x_3 为城镇化率；Y 为体面劳动水平。

（二）城镇化对体面劳动水平的影响分析

城镇化的实质是农村和城市的融合，涉及各方面的问题，对体面劳动水平也有一定的影响。

1. 城镇化对体面劳动的积极影响体现在促进经济增长、扩大就业容量

城镇化能够促进经济增长。在城镇化的过程中，生产要素不断向城镇集聚形成较高的资源配置效率，促使城镇经济规模扩张、经济结构优化、发展方式创新、社会结构合理、城镇文明进步，推动城镇经济社会不断前进和发展。推进城镇化，一方面，可以扩大内需，促进消费增长，加快第三产业发展，创造更多就业机会，为经济发展提供更为广阔的消费市场和劳动力资源；另一方面，有利于人口、企业和科研单位等向城镇集中，形成规模效应和集聚效应，使私人和公共投资的平均成本和边际成本大幅度降低，产生更大的市场和更高的利润。随着人口和经济活动向城镇的集中，市场需求将会迅速增长和多元化，这会促进专业化分工，从而进一步提高经济的效率。因此，城镇是现代经济中最具有活力的区域，城镇化是现代经济增长的重要推动力。

城镇化能够扩大就业容量。工业化是城镇化的最直接因素，而工业化又是经济发展的必由之路。世界各国的经济发展历程表明，城镇化水平与工业化水平是同向变动的。工业化水平越高，城镇化水平越高；反之亦然。纵观全球工业化的历程，有一个十分明显的经验，那就是工业和服务业在农村很难发展起来，只有在城镇才能获得迅速的发展。因为城市能够产生聚集经济效益，即由于集中而产生外在经济效益。聚集使得城镇规模扩大，一方面，规模经济导致资本有机构成提高，等量资本吸收就业的数量下降，但是随着城市经济的迅速推进，资本的增长速度要大大高于适龄劳动人口的增长速度，整体效应是指在工业化过程中城市能够创造更多的就业机会。另一方面，人口的集中使得基础设施的使用效率提高，并推动基础设施的建设，而城市建筑业的发展，将直接促进就业机会的增加。建筑业是现代中国经济的一个增长点，它对经济增长的贡献和对就业增长的贡献都是不容忽视的。

服务业与城镇化的发展水平密切相关。我国第三产业比重之所以这么低，与城镇化严重滞后有着必然的联系。研究发现，在工业化过程中，随着人均 GDP 的不断提高，服务业就业弹性系数远大于制造业，而且呈现出连续递增的发展趋

势。现阶段,服务业的就业弹性系数提高的最为迅速。因此,城镇化之所以能够创造更多的就业机会,不仅仅体现为工业发展对劳动力的需求,更主要体现在服务业崛起对劳动力的巨大需求。

2. 城镇化对体面劳动的消极影响体现在城镇化加速过程中存在风险

2011 年中国城镇化率已经达到 51.3%(国家统计局,2012)中国开始进入城市型社会,城镇化正在成为推动经济社会发展的重要引擎。中国仅用 30 年时间赶超了许多西方国家 200 年的城镇化历程。而从 20% 到 40% 的城镇化率,英国经历了 120 年、法国为 100 年、德国为 80 年、苏联为 30 年、日本为 30 年,而中国只用了 22 年,比发达国家的平均速度快了 1 倍多(李云新和杨磊,2014)。中国城镇化的速度超过了社会系统可以承受的干扰能力,各方面因素发展的不平衡产生了一系列复杂的社会问题,如城市财富积累速率与民生幸福要求的不同步、城市规模快速扩张与要素集约水平的不匹配、城市规模的适度控制与流动人口过分聚集的不协调、城市物质文明建设与生态文明建设的不同步、城镇化高速发展与现代城市管理水平的不适应等。这些社会问题没有充足的时间来解决,再加上资源要素加速流动和社会互动频繁,社会矛盾和冲突逐渐趋于显性化。例如,城镇扩张中由拆迁、征地引发的政府、开发商和城乡居民间的利益冲突,"被城镇化"群体失地、失业、无社会保障引发的社会冲突,农民工在城市中被边缘化引发的各种问题等,这些都在一定程度上影响了我国体面劳动水平的提升。

首先,超大规模人口在城乡间急剧、无序流动,社会网络剧烈变动,社会结构演化的不确定性大大增加,社会不安和恐惧情绪加剧,对整个社会系统的有效运行造成了巨大压力。同时,由于工作机会和公共服务资源的稀缺,城乡居民在就业、资源获取等各领域都产生了竞争和冲突。此外,农民工在生活方式、习俗惯例等方面与市民也有很大不同,引发了大量的城乡文化冲突现象。

其次,城区扩建、旧城改造是城镇化最外显化的内容,在征地和拆迁过程中,权力和资本的介入使得利益关系更加复杂,政府、开发商和居民之间存在着多方面的利益冲突。近年来,农地征用和房屋拆迁的信访案件迅速攀升,农民的利益常常被忽视,地方政府在处理"钉子户"等农民维权极端事件中,极易引起具有恶劣社会影响的群体性事件,给政府权威和信任造成极大的不良影响。

再次,随着城乡互动越来越频繁,大量的工商资本进入农业综合开发项目中,投资者与农民的利益冲突加剧,由于资本的介入,农业产业链的利益链条更为复杂,各主体对农业产业化风险的承担也存在着剧烈冲突,由土地流转和项目失败造成的纠纷和冲突事件层出不穷。

最后,各地在推进城镇化过程中,地方政府为了促进产业发展,不惜降低环境标准吸引企业入驻。企业环境污染对当地居民生产生活造成了恶劣影响,由环境污染引发的信访案件、群体性事件、公共卫生事件频频发生，地方政府、环保部门、环保组织、污染企业、居民群体和新闻媒体等主体在此过程中存在着多重交锋与博弈。

第五节　社会公平化程度对体面劳动水平的影响

一、中国社会公平化的发展现状

改革开放以来的三十多年，我国发生了翻天覆地的变化，经济发展超过了世界平均发展水平，综合国力显著增强，人民生活总体上达到了小康水平。同时我们还应当看到的是，我国社会处在转型中期，在从计划经济向市场经济转变的过程中，改革基本上是按照"帕累托原则"进行的，即绝大多数人在改革过程中受益。但随着改革的不断深入，市场化程度的逐渐提高，我国却出现了一系列影响社会发展和稳定的问题，社会内部的利益关系、经济结构直至社会生活出现分化，社会利益分配产生社会不公平因素，严重影响了整个社会的和谐局面。我国社会公平化程度低主要体现在以下几个方面。

（一）城乡收入差距不断扩大

反映城乡收入差距最直观的指标就是城乡居民收入比。改革开放以来，我国城乡居民收入差距经历了一个 U 形发展路径，1978 年城乡居民收入比为 2.57：1，2002 年以来该数值为 3.11：1，首次破 3.00，2007 年城乡居民收入差距扩大到改革开放以来的最高水平 3.33：1，2012 年我国城镇居民人均可支配收入 2.46 万元，农村居民纯收入 7 917 元，城乡居民收入比为 3.10：1，呈缓慢收缩趋势。如果城镇居民收入加上享受的各项福利，农村居民收入减去其农业生产资料支出，城镇居民收入则为农村居民的 5 倍到 6 倍，而世界上大多数国家城乡差距在 1.5 倍以下（王琳和华中，2014）。

（二）区域收入差距仍然较大

我国东部沿海地区和中西部偏远地区贫富差距非常明显。尽管西部大开发和中部崛起战略已实施多年，西部生产总值年均增幅为 12%，高于东部；西部生产总值占全国的比重由 2000 年的 17.1%提高到 2009 年的 18.5%，但东部、中部、西部地区贫富收入绝对差距仍在扩大。以农民人均纯收入为例，1978 年我国东部、中部、西部地区农民人均纯收入比为 1.45：1.13：1，2000 年扩大到 1.93：1.30：

1。随着西部大开发和中部崛起战略的实施,我国区域收入差距继续扩大的趋势基本遏制,但差距仍然较大。2012 年农民人均纯收入东部地区为 6 598 元,中部地区为 4 453 元,西部地区为 3 518 元,区域农民人均纯收入比为 1.88∶1.27∶1（王琳和华中,2014）。

（三）行业收入差距逐渐扩大

随着我国工业化和城市化的快速发展,各行业之间收入差距也在扩大。根据 2012 年国家统计局公布的数据,私营单位平均工资仅为非私营单位的 61.5%。从非私营单位职工平均工资看,年薪最高的是金融业 8.97 万元,是该类别全国平均水平的 1.92 倍;而最低的是农林牧渔业 2.27 万元,仅占全国平均工资水平的 49%。从私营单位职工平均工资看,最高的信息传输、软件和信息技术服务业 3.95 万元,是该类别全国平均水平的 1.37 倍;最低的农林牧渔业 2.2 万元,是全国平均水平的 76%,最高与最低行业平均工资之比是 3.96∶1。解决好行业间贫富差距扩大问题,已成为我国政府需要解决的重要现实问题。收入差距,特别是收入差距的长期累积性扩大,势必会造成贫富差距,影响社会稳定和国民经济长期健康发展。据民政部调查,我国 10%富裕家庭占城市居民财产的 45%,而最低收入 10%的家庭,其则富仅占全部居民财产的 1.4%,相差 32 倍。世界银行的研究报告指出,我国贫富收入差距达到 1∶13,1%的家庭掌握全国 41.4%的财富,而同期美国 5%的家庭掌握了 60%的财富,我国的财富集中度远远超过美国（王琳和华中,2014）。收入不平衡问题已经非常严重。因此,应该把收入分配制度改革放在更加突出重要的位置,切实采取有效政策措施,加快推动收入分配制度改革。

（四）部门收入差距扩大

部门的平均工资差别也在不断扩大,扩大主要来源于垄断部门和一般竞争部门之间差距的扩大,即垄断部门收入增长明显高于竞争部门。竞争部门,即一般把制造业工资作为一个标准工资,金融业、电力等垄断部门的相对工资要比制造业工资增长速度快得多,而人力资本只能解释垄断部门和竞争部门工资差别的 1/3,剩下的 2/3 来自部门特征,与部门的垄断利润有很大的相关性。所以,垄断部门高收入一部分是合理的,另一部分是不合理的（王元龙,2013）。

二、中国公平化程度的指标选取与测算结果

（1）指标选取。根据已有的文献资料,本章选取三个指标来衡量我国的公平化程度:其一是基尼系数;其二是国有、集体及其他单位工资差异率;其三是劳

动分配率，如表 6-15 所示。

表 6-15　我国公平化程度指标统计的初始数据

年份	基尼系数	国有、集体及其他单位工资差异率/%	劳动分配率/%
2000	0.400	0.169	58.17
2001	0.450	0.169	58.36
2002	0.454	0.158	57.69
2003	0.479	0.150	56.33
2004	0.473	0.145	50.52
2005	0.485	0.149	50.58
2006	0.487	0.147	49.89
2007	0.484	0.153	50.75
2008	0.491	0.148	50.50
2009	0.490	0.149	50.26
2010	0.481	0.137	50.01
2011	0.477	0.120	49.76

资料来源：《中国统计年鉴》（2001~2012 年）；《中国劳动统计年鉴》（2001~2012 年）；或经整理和计算所得

（2）对公平化指标初始数据标准化处理（过程同上），结果如表 6-16 所示。

表 6-16　社会公平化指标初始数据的标准化处理

年份	基尼系数	国有、集体及其他单位工资差异率/%	劳动分配率/%
2000	1.000	1.000	1.000
2001	1.125	1.000	1.003
2002	1.135	0.935	0.992
2003	1.198	0.888	0.968
2004	1.183	0.858	0.868
2005	1.213	0.882	0.870
2006	1.218	0.870	0.858
2007	1.210	0.905	0.872
2008	1.228	0.876	0.868
2009	1.225	0.882	0.864
2010	1.203	0.811	0.860
2011	1.193	0.710	0.855

注：保留小数点后 3 位有效数字

（3）利用 SPSS 统计软件及因素分析法计算出社会公平化各指标之间的 Pearson 相关系数，利用该相关系数计算出各指标的权重系数，结果如表 6-17 所示。

表 6-17　社会公正程度指标的权重系数的计算结果

指标	基尼系数	国有、集体及其他单位工资差异率/%	劳动分配率/%	最终权重
基尼系数	0.000	0.611	0.770	0.324
国有、集体及其他单位工资差异率	0.611	0.000	0.750	0.319
劳动分配率	0.770	0.750	0.000	0.357

注：保留小数点后 3 位有效数字

（4）根据以上计算结果，利用 Excel 计算出社会公正程度的最终值，结果如表 6-18 所示。

表 6-18　社会公正程度的最终值

年份	基尼系数	国有、集体及其他单位工资差异率/%	劳动分配率/%	最终值
2000	1.000	1.000	1.000	1.000
2001	1.125	1.000	1.003	1.042
2002	1.135	0.935	0.992	1.020
2003	1.198	0.888	0.968	1.017
2004	1.183	0.858	0.868	0.967
2005	1.213	0.882	0.870	0.985
2006	1.218	0.870	0.858	0.978
2007	1.210	0.905	0.872	0.992
2008	1.228	0.876	0.868	0.987
2009	1.225	0.882	0.864	0.987
2010	1.203	0.811	0.860	0.955
2011	1.193	0.710	0.855	0.918

注：保留小数点后 3 位有效数字

我国社会的公平化程度呈现的是下降趋势，这虽然不能说是社会的倒退，但是也是值得社会各界关注的重大问题之一。

三、中国社会公平化对体面劳动水平的影响分析

（一）社会公平化对体面劳动水平影响的模型构建

用 SPSS 软件做体面劳动水平与社会公平化程度的相关性分析，Pearson 相关性值为-0.801，单尾检验的显著性概率较小。说明自变量技术进步与因变量体面劳动水平关系较密切。再做线性回归分析，t 值为-0.410，可判断二者之间不是简单的线性关系，为了进一步探讨二者之间的关系，利用非线性模型，根据社会公平化程度与体面劳动水平的发展趋势，配合合适的非线性模型来大致描述二者之间的关系。利

用 SPSS 曲线估计，看运行结果中哪种模型拟合效果更好，结果如表 6-19 所示。

表 6-19　社会公平化程度对体面劳动水平影响的模型汇总和参数估计值

因变量：体面劳动水平 Y

方程	模型汇总					参数估计值			
	R^2	F	df1	df2	Sig.	常数	$b1$	$b2$	$b3$
线性	0.610	15.654	1	10	0.003	−6.415	7.651		
对数	0.606	15.399	1	10	0.003	1.241	7.795		
倒数	0.602	15.142	1	10	0.003	9.180	−7.935		
二次	0.646	8.215	2	9	0.009	65.707	−133.554	69.018	
三次	0.646	8.228	2	9	0.009	20.006	0.000	−60.985	42.152
复合	0.650	18.594	1	10	0.002	0.006	196.170		
幂	0.647	18.350	1	10	0.002	1.218	5.383		
S	0.644	18.096	1	10	0.002	5.685	−5.484		
增长	0.650	18.594	1	10	0.002	−5.085	5.279		
指数	0.650	18.594	1	10	0.002	0.006	5.279		
logistic	0.650	18.594	1	10	0.002	161.543	0.005		

注：自变量为社会公平程度 x_5

模型构建为

$$Y = 0.006\exp(5.279x_5)$$

其中，x_5 为社会公平程度；Y 为体面劳动水平。

（二）社会公平化对体面劳动水平的影响分析

通过以上测算结果可知，我国的社会公平化程度已经限制了体面劳动水平的提升。社会化公平程度的下降是从计划经济向市场经济转型的必经阶段，发达国家也都经历了此阶段。但是社会公平化也确实是我国政府目前面临的一个难题。一个社会如果缺乏公正，就是缺少了起码的准则，由此所带来的必然是负面影响。社会公平程度对体面劳动水平的影响主要体现如下。

首先，阻碍了经济和社会的可持续发展。社会不公正不仅会带来一系列社会问题，而且会对经济与社会的可持续发展造成负面影响。"不平等及其加剧的趋势成为对发展的限制与障碍的复合体。"（缪尔达尔，1991）一方面，社会不公正使处于不公正地位的群体产生被剥夺感，从而降低了劳动积极性和创造性，并产生对强势群体以及整个社会的怨恨情绪，对社会稳定以及经济社会可持续发展所需要的和谐环境构成了挑战。另一方面，社会不公正使生产和消费的不协调日渐显现出来，产品大量积压和普通社会民众的购买力不足从而导致生产相对过剩这种以前只有在资本主义经济危机时才会出现的局面，在当前的中国也是存在的。这种社会的不公正如果不能得以妥善矫正，促进经济和社会发展的包括扩大内需、拉动消费的一切政策都不可能真正奏效，生产和消费的体制性对立无法真正消除，经济发展和社会发展的不协调也无法解决，长此以往必将成为经济社会的可持续发展的严重阻碍。

其次，破坏了市场的基本规则。市场经济的基本规则是平等竞争。平等竞争的规则不仅可以使社会成员能有一个相对平等的起点，而且还可以使社会成员对于种种前景平等地怀有希望，从而激发自身活力。社会不公正现象的存在，必然会损害市场经济的基本规则。社会不公正的程度越高，对平等竞争规则的损害程度也就越高。中国现阶段的社会不公正现象严重地破坏了市场经济的基本规则。类似于某些精英群体，如权力精英群体和经济精英群体之间的利益结盟、公共权力不恰当的扩张、地方保护主义的盛行以及许多劳动者的基本权利得不到应有的保护等种种社会不公正现象，直接损害了市场经济平等竞争的规则，造成了市场主体的不平等、非市场因素的介入、信息不对称等负面效应，形成了行业垄断、区域分割等现象，使市场经济应有的平等竞争精神与规则被扭曲，并使参与市场经济活动的一方往往得不到应有的回报，而另一方却往往得到超额的并且是超出合理限度的回报。

此外，不利于人的全面发展目标的实现。人的全面发展是马克思和恩格斯所描述的未来理想社会的一个根本特征，他们在《共产党宣言》中明确提出："代替那存在着阶级和阶级对立的资产阶级旧社会的，将是这样一个联合体，在那里，每个人的自由发展是一切人的自由发展的条件"（马克思和恩格斯，1999）。这就是说，一方面，人的全面发展是理想社会的重要内容；另一方面，人的全面发展应该是所有人的全面发展，而不是少数人的全面发展，这会对整个社会的发展造成危害。因而建设社会主义和谐社会，必须将人的全面发展作为重要内容。然而社会公平化程度低，一方面遏制了人们积极性、主动性、创造性的发挥；另一方面又使人的全面发展所需要的各种条件无法得到满足，其结果就是人的全面发展的目标无法得到很好的实现。

总之，必须要重视社会不公正现象以及对体面劳动水平带来的严重影响，并争取寻找标本兼治方针和策略。而做出正确策略的关键在于对不公正现象产生的原因进行深入的分析，对症下药。

本章附录　劳动力市场分割对体面劳动水平影响的模型构建

——利用 matlab 编写程序进行复杂曲线拟合

```
1stopt
Title "Type your title here";
```

Parameters a，b，c，d，e；

Variable x，y；

Function（x-b）*（y-d）=a；

data；

1	1
1.059	1.027700831
1.122	1.041551247
1.243	1.055401662
1.386	1.060941828
1.303	1.060941828
1.401	1.052631579
1.794	1.049861496
1.958	1.03601108
1.554	1.027700831
1.910	1.011080332
2.131	0.969529086

迭代数：43

计算用时（时：分：秒：微秒）：00：00：00：639

优化算法：麦夸特法（Levenberg-Marquardt）+ 通用全局优化法

计算结束原因：达到收敛判断标准

均方差（RMSE）：0.00973257489990236

残差平方和（SSE）：0.00113667617018651

相关系数（R）：0.938969716832165

相关系数之平方（R^2）：0.881664129127877

决定系数（DC）：0.865781236383498

卡方系数（Chi-Square）：0.000560564628880717

F 统计（F-Statistic）：74.5052301242307

参数　　　最佳估算

----------　-------------

a　　　　　　-0.00597980400767738

b　　　　　　1.62782430403196

d　　　　　　1.01606941042225

====== 结果输出 =====

No　实测值 y 计算值 y

1　　1　　　　　　　1.0160686

2　　1.027700831　1.0270644

3　　1.041551247　1.0346417

4　　1.055401662　1.0462455

5　　1.060941828　1.0560704

6　　1.060941828　1.0523460

7　　1.052631579　1.0503182

8　　1.049861496　1.0614567

9　　1.03601108　　1.0485751

10　1.027700831　1.0328220

11　1.011080332　1.0156523

12　0.969529086　0.9520909

第七章　中国体面劳动实现的政策选择与思考

本章力图全方位、多层次构建体面劳动实现的政策框架，包括体面劳动相关政策的制定原则，我国体面劳动实现的理念支持、政策引导、制度规范及法律保障。

第一节　中国体面劳动相关政策的制定原则

由于体面劳动目标的特殊性及其在我国的发展历程，在制定体面劳动的相关政策时应遵循以下原则。

一、普遍原则与中国实际相结合，体现先进性的理念

国际社会对体面劳动有一般性的原则要求，但我国有自己的具体国情，不能照抄照搬，要结合我国社会主义初级阶段的基本国情以及现代化建设的需要加以中国化的阐释。由于我国是社会主义国家，对体面劳动的要求应该更自觉。社会主义中国推进体面劳动的根本目的是让每一个劳动者都成为自由而全面发展的人，这样做可以更好地体现社会主义本质、展现社会主义优越性。体面劳动应以国际劳工组织会员国自愿遵守协议的方式，根据自身的特点，坚持一定的原则立场。因为各个会员国在政治、经济、社会、历史和文化背景上均有所不同。在南北之间，贫穷国家和富裕国家之间、发达国家和发展中国家之间实施统一标准是不现实的。现阶段，在制定体面劳动的相关政策时，我国应该坚持发展中国家的立场，依据国家经济和社会全面发展的战略，有针对性地提高人们的生活水平和工作条件，切实保障劳动者的权益。过高的劳动标准在一定程度上可能会影响国家的竞争力和经济战略的实现程度。

二、国际合作与自主探索相结合，自力更生为主的理念

体面劳动概念是近些年才进入公众视野的，什么是体面劳动以及怎样实施体面劳动等问题还处在理论研究和试验阶段。因此，体面劳动战略在任何一个国家而言都处在摸索阶段，关于体面劳动的有益经验还不多，这就要求各国在决定实施体面劳动战略时应该互相学习和借鉴。就全世界范围而言，发达国家在体面劳动方面要相对好一些，它们的体面劳动范畴远远超出了发展中国家，可以借鉴发达国家这几十年来在保护劳动者权益等方面的有益经验是非常有意义的。此外，国际劳工组织有丰富的资料库、专家团、财力和实践经验，各会员国应该向国际劳工组织学习，并寻求技术支持，发展中国家更应如此。在国际合作中推进体面劳动是必要的，也是我们一直开展的工作。2001 年国际劳工组织与中国签署了有关体面劳动议程的备忘录。2007 年中国有关部门又与国际劳工组织北京局签署了《体面劳动与中国国别计划》。国际组织和其他国家的探索也可以为中国提供借鉴，但最主要的还是依靠自己的力量独立自主地探索，不断推进体面劳动。

三、全面推进与重点突破相结合，坚持可持续性的理念

在制定有关政策、规划时，要全面考察影响体面劳动的因素，系统地、全方位地推进体面劳动。同时，也应根据现代化进程某一阶段体面劳动所面临的突出问题，重点加以解决。全面推进中有重点，重点突破时又考虑全局，并保持政策的可持续性，以经济发展为基础，根据经济发展社会水平合理推进体面劳动，量力而行，循序渐进。等到中国进入中等发达国家行列时，就不能以坚持发展中国家的标准来设计体面劳动的战略步骤和衡量标准，而应该坚持以本国经济实力和社会发展条件来制定相应的体面劳动战略及相关标准。

第二节　中国体面劳动实现的理念支持

思想是行动的先导，人是有意识的高级动物，其行为受思想支配。一个单位、组织以至国家和社会也是这样，有什么的思想就有什么样的行为。尊重劳动是实现体面劳动的基础。党的十六大报告中就提出，必须尊重劳动，尊重知识，尊重人才，尊重创造，并作为党和国家的一项重大方针在全社会认真贯彻。这就要求树立社会主义新型的劳动观，因为只有劳动才能创造价值，只有劳动才能创造财

富。正如英国古典经济学家威廉·配第所说——劳动是财富之父。科学知识、先进技术、经营管理、信息等要素都要通过劳动者的劳动才能表现和发挥出来，土地必须依靠劳动才能开发和种植，资本也必须依靠劳动才能很好地经营和管理。只有尊重劳动才能使创造财富的一切源泉竞相并发，以便创造更多的社会财富。要在全社会实现体面劳动，就必须在全社会牢固地树立体面劳动的意识。本章的研究分别从政府、个人、企业角度来论述中国体面劳动实现的理念支持。

一、政府体面劳动理念的形成：从"计划"到"市场"再到"和谐"

就业理念在一定程度上决定着就业者的行为。新中国成立以来，人们的就业观经历了由"计划就业观"到"市场就业观"的演变，在构建"社会主义和谐社会"的过程中，努力实现由"市场就业观"向"和谐就业观"的演变，积极构建"和谐劳动关系"，在一系列就业观的演变中，形成了体面劳动理念，并有效实现了社会充分就业。

（一）"计划就业观"概况

1949 年 10 月至 1992 年，由于实行计划经济体制与计划就业体制，中国形成了"计划就业观"。在当时重工业化为导向的发展战略下，劳动力资源相对于其他资源显得过剩。现代工业部门与传统工业部门并存，劳动生产率极其低下。在这样沉重的包袱下，计划经济体制主导者选择了用计划配置劳动力的方式，这是一个必然的选择，也是唯一的选择。这种计划就业观根深蒂固，目前仍对部分人有重要影响。这个制度的核心是固定用工制度，俗称"铁饭碗"，其特征是不规定使用期限，人们到了一定的法定年龄就由政府安排就业，采取"统包统配"的方法，就业后政府可以根据需要在不同地区、部门和单位间调配职工，一律不允许辞退。在这种调配和流动过程中，企业无权选择职工，职工也无权选择企业。正是在这种就业体制下，形成了劳动者与就业缺乏自主权由政府安排就业的形式，导致了"计划就业观"的形成。"计划就业观"导致就业者对政府的过度依赖，劳动力市场几乎不能发挥任何作用（刘社建，2012）。

（二）"市场就业观"概况

随着 1992 年中国社会主义市场经济体制的确立，"市场就业观"逐步占据主导地位，但"计划就业观"的影响仍未消除。随着社会主义市场经济体制改革的逐步深入以及产业结构的调整，就业体制改革逐步开始与深入，计划就业所占的比重与范围越来越少，市场就业成为最重要的方式，"市场就业观"逐步取代"计划就业观"成为主要的就业观念。确立社会主义市场经济体制的改革目标后，随着国有企业改革的深入及内部隐性失业人员逐步释放，中国就业压力日益增大。同时农村剩余劳动力也逐步向非农产业和城镇转移，进一步加剧了城镇就业的压力。为增加就业岗位数量，缓解就业压力，政府制订了"鼓励兼并、规范破产、下岗分流、减员增效和实施再就业工程"的就业方针。随着该方针的实施，"劳动者自主择业、市场调节就业、政府促进就业"的就业机制基本形成，"市场就业观"逐步确立成为主要就业观念。随着中国就业体制改革的逐步深入，就业形势依旧不容乐观，政府出台了"积极就业"政策。在此过程中，政府发挥了扩大就业的作用，但市场在配置劳动力资源中的作用也越来越重要，市场就业范围与门路不断扩大，"市场就业观"不断得到强化，已深入人心并成为主导观点。

（三）从"市场就业观"向"和谐就业观"的转变——体面劳动理念的形成

实现社会的充分就业是构建"社会主义和谐社会"的目标之一，这就需要在以往"市场就业观"的基础上构建一种更加符合社会主义和谐社会与就业比较充分要求的就业观，这也有助于现阶段中国体面劳动理念的形成。

在构建社会主义和谐社会的过程中，鉴于中国严峻的就业形势，实现比较充分的社会就业是重要目标。而在只能实现社会就业较为充分而不是充分就业的情况下，单纯的"市场就业观"并不能完全符合"社会主义和谐社会"的需求，有必要在"市场就业观"的基础上更进一步，使政府、企业和劳动者共同构建符合社会主义和谐社会要求的"和谐就业观"。"和谐就业观"是以"市场就业观"为基础，彻底摒弃"计划就业观"，是以"积极扩大就业、发挥劳动力市场配置劳动力资源的基础性作用、构建和谐劳动关系以及劳动者自我就业"为主要内容的就业观。在社会主义和谐社会难以实现充分就业的情况下，只以简单的市场就业观来左右劳动者的就业观念，可能会对劳动者的心理产生负面影响，在只能实现社会就业较为充分而不能完全充分就业的情况下，有必要改变"市场就业观"为"和谐就业观"。这是一种政府、市场、企业与劳动者共同促进就业的就业观。

构建"和谐就业观"需要劳动者、国家与企业间的和谐。劳动者应有自主择业的意识，确立劳动力市场的主体地位，通过接受教育与职业培训不断提升自身的就业、创业与职业转换能力，不对工作过分挑剔、也不对劳动岗位有偏见，根据客观情况从事可以做的工作，而不是宁愿失业也不愿做不合心的工作。对于政府来讲，通过努力贯彻落实"科学发展观"转变经济增长方式，发挥经济发展创造就业岗位的重大作用；构建完善的劳动力市场，畅通信息体制，充分发挥劳动力市场资源的基础性作用；完善覆盖全体的社会保障体系，充分发挥社会保障体系的托底作用；加强对企业用工的监督，努力促使企业构建"和谐劳动关系"。企业必须遵守国家相关法律法规，明确自己的社会责任，有效确保劳动者的权益，为劳动者提供良好的培训机会，努力构建"和谐劳动关系"。

保障促进就业的公平、效率与和谐既是实现体面劳动也是维护中国社会稳定、构建社会主义"和谐社会"的必然要求与重要组成部分，通过政府、劳动力市场、劳动者与企业各司其职各负其责，更有效地形成促进就业的合力，努力实现促进就业公平与效率的良性结合，并尽快确立"和谐就业观"，最终促使体面劳动理念的形成。

二、企业体面劳动理念体现：建设"以人为本"的企业文化

企业文化是指在一定的历史条件下，企业及其员工在生产经营和变革的实践中逐渐形成的共同理想、作风、价值观念和行为准则，是一种具有企业个性的信念和行为方式。它包括价值观、行为规范、道德伦理、规章制度和精神风貌等，其中价值观处于核心地位。劳动者是企业财富的创造者，"以人为本"是现代企业管理思想的精髓和核心，社会主义企业文化的建设必须重视职工的主体地位。正确处理人与企业之间的关系，企业主要树立尊重职工、企业与职工之间的地位平等的理念，使职工对企业产生一种归属感和一体感，在职工中普遍树立以企业为家的观念。如果企业人心涣散，如一盘散沙，企业的生产和经营是难以为继的。只有正确处理好企业中人与人之间的关系，彼此信任、理解、尊重，在企业中形成平等民主团结的氛围，才能使企业之树常青。

企业文化的重要内容之一就是企业的社会责任，这也是实现体面劳动的要求。企业社会责任是指企业在社会经济生活中必须承担的社会责任，如依纳缴税、保护环境、保护劳动者的人身安全和合法权益、产品质量和安全、守法经营、支持社会公益事业等。完善企业文化建设是通过人性化的管理方式创新，为实现体面劳动提供和谐环境。实现员工的体面劳动是企业社会责任的重要内容，这种企业为员工谋福利、员工为企业作奉献的良性互动关系有利于企业持续健康发展，也有利于劳动者权益的保护与尊重，进而提升员工的幸福感。企业应通过人性化、科学性的管理方式创新，促使体面劳动的实现：一是建立工资增长机制。获得劳动报酬，是就业者的第一需要和基本权利，必须确保劳动创造的价值受到尊重，确保工资按时足额发放。在此基础上重视科学激励，提升绩效管理水平，在企业发展的同时，切实稳步提高劳动者的收入。二是优化工作环境，在相关制度设计上体现人文关怀。实现

体面劳动,必须把维护劳动者生命健康放在首位,企业必须高度重视安全生产工作,建立健全系统规范的安全生产、劳动保护制度。同时推广应用新装备、新技术、新工艺、新材料,推广机械化作业,改善生产条件,提高劳动效率,降低劳动强度,让员工更加安全、体面地劳动。三是重视情感激励,将劳动者幸福指数纳入企业管理中。现代社会劳动者具有较高的情感需求,他们盼望同事的帮助、倾听与关心,希望上级的鼓励、支持和关怀,渴望来自社会的认可、尊重与接纳,所以企业管理层应重视情感型激励因素的重要意义,深入了解他们的需求,不断提升他们的生活质量,从而实现体面劳动及有尊严的生活。

企业充分承担起自身社会责任、为实现体面劳动做出一份贡献的同时,也在为自身的发展开创广阔的未来。从可持续发展的角度看,体面劳动的实现能促进企业健康持续的发展,改善企业的生产环境及条件,使企业加强环境保护、安全生产管理,也使企业注重劳动者地位与权利的保护,为企业培养了一批忠诚于企业、主动为企业服务、主动为企业的发展献计献策、无私奉献的劳动者,使企业的生产经营活动在可持续发展的基础上健康地发展。

三、劳动者体面劳动理念提升：追求自身合法权益

如今,体面劳动已经成为全球范围内劳动者的共识,面对经济全球化和国内劳动力市场供大于求的现状,每一个劳动者都必须提高自身素质,增强维权自觉性,提升体面劳动意识。

首先,劳动者作为劳动力的所有者,要转变观念,自强不息、自觉自愿地投入提高自身素质的行动中,不要坐以待毙,不要抱怨生活,要主动适应社会、适应生活,主动提高自己的知识和技能,学会创新,适应新技术革命迅速发展的要求,提升自己的社会地位,增强自身的竞争能力。

其次,劳动者作为体面劳动的主体,必须充分认识到自身享有的权益,认识到实现体面劳动对其自身的重要意义,学会依法保护自己的各项权利,明确通过签订劳动合同等多种合法形式,改善自己在劳动就业、劳动保护、劳动报酬和社会保障等方面的条件。只有这样,在其权益受到侵害时,才会自觉地维护自身的合法权益,积极主动地与侵害其体面劳动权益的行为做斗争。

最后,劳动者要树立充分的自信心,树立劳动光荣的理念,肯定自我价值,自尊、自爱、自信地参与市场竞争,只有自己不放弃、不抛弃,才能实现劳动的体面。

综上所述,理念决定行动,政府、企业、个人只有共同树立正确理念,才能凝聚各方面的意志,在现代化进程中共同推进体面劳动的实现。

第三节　中国体面劳动实现的政策引导

现阶段，促进就业是宏观经济调控的优先目标，宏观调控政策要以就业为中心，把增加就业机会和提升就业质量作为政府调控的重要目标，引导和促进体面劳动目标的实现。无论是在确定经济增长方式和增长速度，还是对产业结构和产业布局进行重大调整时，都要考虑到相关政策对体面劳动实现的影响，以下具体探讨建立促进体面劳动实现的宏观调控政策。

一、财政政策

财政政策作为扩大就业政策的重要组成部分，在我国发挥了积极作用，尤其是随着社会主义市场经济体制改革与劳动就业体制改革的不断深入，财政政策在再就业工程、促进创业、扶持中小企业发展等方面发挥了重要作用。尤其是积极就业政策的出台，财政政策发挥了更加积极的作用，在提供就业和再就业资金、税收政策支持、帮助完善劳动力市场、发展职业培训、提供公共就业岗位、促进灵活就业等方面均发挥了重要作用。近年来，中共中央财政及地方政府用于促进就业的投入力度很大，为增加就业数量奠定了良好的财政基础。据估计，每年约有200多万个就业岗位直接依靠财政投入及税收优惠等政策创造出来，财政政策对扩大就业发挥了明显的作用。但是政策效用方面仍然存在一定偏差，有进一步改善的空间。

首先，在财政政策的公共支出方面。从总体上看，财政政策为了促进就业的增长，提升体面劳动水平，需要进一步构建完善的财政促进就业政策，更加充分地发挥财政政策的作用，以构筑良好的宏观就业环境，统筹城乡发展和区域发展中的劳动力市场体系，促进就业一体化和劳动力流动。具体而言，财政政策需要做到以下几个方面（王诚，2012）。

（1）财政政策有必要为扩大就业打造良好的宏观环境。注重发挥财政政策对于转变经济增长方式的重大作用，加大财政对教育尤其是职业教育的投入，确保与就业相关的教育优先发展，切实提升劳动者的人力资本水平，为促进经济发展奠定坚实的人力资本基础，努力实现经济发展与扩大就业的良性互动，确立就业优先的财政支出原则。

（2）构建促进就业的财政投入机制，确保各级政府用于就业支持财政支出的份额。在就业的财政支出得到保证的基础上，改进资金投入结构，提高资金使用效率，完善税收优惠政策，健全小额贷款担保与财政贴息措施。将投入重点放在扩大创业、扶持中小企业发展，支持青年就业项目，构建终身培训体系，帮助促进劳动密集型行业特别是服务业的发展及促进灵活就业等方面。同时，需要加大向农村就业与农村剩余劳动力转移的财政支出，发挥财政政策促进农村就业与农村剩余劳动力转移的作用。

（3）为了有效防止财政政策在促进就业上可能出现的偏差，不但要防止将资金简单用到由政府提供不适当或没有真实社会需求的就业岗位上，而且需要将重点放在提升劳动者的就业、创业与职业转换能力，健全劳动力市场，保护劳动者权益，规范劳动关系等方面。财政支出尤其是中央财政支出需要注意区分就业的市场需要和社会需要。就业的社会需要部分表现为市场需求，可以通过就业竞争力的提高和市场竞争就业得到满足。但是，有部分真实的社会就业需求是不能通过市场直接表现出来的，如基础科学研究、公共服务、基础性教育、志愿者服务等，它们需要通过适当的公共决策程序和政府财政支持的方式才能得到满足。

（4）为了切实发挥财政政策促进就业的作用，应同时加强对财政运行的监督。财政监督包括财政政策评估，财政实时监控，定期评估和调整，加强社会和舆论监督。通过财政监督，防止腐败与财政资金的低效运行，确保财政政策促进就业的公正和效率。

（5）在实施以财政政策促进就业的过程中，还需要注意完善财政支持社会保障体系建设的机制，发挥失业保险促进就业的积极作用。只有这样，才能做到各类劳动者能够在一体化的劳动力市场中竞争，拥有一个基本公平的社会保障基础，以增强劳动力的流动性、活跃劳动力市场。同时，也能够努力实现财政政策中就业与社会保障相互促进的效果。

其次，在财政政策的税收政策方面，为了有效发挥其促进就业的作用，需要做到对就业弱势群体实行税收扶持的政策，以多样化的征税方式适应多样化的就业方式，平衡二元经济结构下城乡就业者的税收负担悬殊的问题，做好促进就业相关的社会综合治税工作。具体而言，需要做好以下几个方面的工作（王诚，2012）。

（1）在税收政策扶持方式上，应该由针对特定就业人群的优惠政策适度向产业优惠政策转移，注重发展具有就业比较优势的劳动密集型行业和中小企业，减少不同就业群体间产生的税收待遇不公平的可能性，这样也利于产业调整和结构优化。

（2）在税收政策优惠幅度和时间上，需要扩大促进就业税收政策的适用范围，给予能够创造就业岗位的投资主体和企业以较大的税收优惠待遇。同时，延长就业再就业税收优惠政策的执行期限，改变目前促进各类人员就业的税收政策在执行期限上的相同，甚至未做期限规定的现状。经验表明，确定优惠政策的期限可以稳定人们的政策预期，促进劳动力市场上的积极反应。一方面，需要对就业再就业税收政策的执行期限做出适当延长；另一方面，需要对各种优惠措施予以清理和规范。涉及下岗失业人员、军队转业干部、城镇退役士兵、军队随军家属及其他持有相关就业证明人员就业的税收优惠政策，零散分布于各种相关法律和法规规定中，并且较为混乱，所以需要统一和规范。

（3）在征税方式上，需要尝试适应就业多样化发展的征税方式创新。当前，灵活多样的就业方式不断出现，其带动的就业比重在持续上升，促进就业的税收政策也应该随之积极调整，创新税收的征收和监管方式，以鼓励非全日制就业、短期就业、季节性就业、家庭就业、派遣就业、远程就业、自营就业、临时就业等多种就业形式的发展。

（4）以税收政策支持城乡就业结构的转型，破解二元结构带来的劳动力市场矛盾。一方面，税收政策扶持对象应由城镇失业人口向所有城乡劳动者扩大，为各类劳动者创造公平而不是偏向城市就业者的税收环境；另一方面，加大对城市服务业、中小企业、农村乡镇企业和县域经济等劳动密集型产业和地区的税收支持力度，促进城乡就业岗位的增加，扩大农村劳动力和进城务工农民工的就业机会。

（5）对促进就业的税收优惠和支出措施加强管理，以提高税收政策促进就业的有效性。一方面，需要加强对纳税人和受益人享受的促进就业税收优惠政策的审批工作，加强税务行政执法的内部监督，必要时引入公示制度，以利用各种社会力量对审批工作进行监督，避免纳税人和受益人滥用税收优惠政策。另一方面，需要加强参与就业管理工作的各个政府职能部门对信息的共享与利用，尝试建立以税务部门为核心，促进就业税收优惠政策统一管理的综合协调机构，加强相关部门的税务协助与协查，做好与促进就业相关的社会综合治税工作。

二、货币政策

货币政策对就业促进及体面劳动目标的实现，主要体现为在货币供给总量调整、优惠利率、贷款投向改变、贷款条件调整等方面对企业扩大就业和自主创业的支持。在货币供给总量和优惠利率方面，最为典型的事件莫过于2008年金融危机发生以来，为了刺激经济的增长，中国人民银行连续数次下调利率，重点是降低贷款利率水平，减轻企业利息负担和降低企业投资成本，同时增加流动性投放量，保持人民币币值对内、对外的稳定，为促进经济增长创造了一个比较宽松的环境，也为保持和增加就业量提供了必要的保证。可以说，前几年中国的货币政策在总量和利率两方面是有利于解决失业问题的。最近两年，随着美国的量化宽松货币政策的实施和对全球的影响，以及中国自身出现的成本上升和产业结构因素的影响，通货膨胀呈现高增长势头，因此货币政策向适度从紧的方向转变。从企业反映比较敏感的长三角地区和珠三角地区情况来看，紧缩的货币政策已经影响到中小企业的正常运营及其创造的就业量。

目前，货币政策对促进就业的针对性依然不足，具体表现如下：一是小额信贷对自主创业者的支持力度不够。额度和期限远远不能满足自主创业者的实际需要，在很大程度上限制了自主创业者的创业范围和规模。二是针对就业促进的信贷品种依然比较单一，中小企业的融资渠道不够畅通，融资条件的门槛较高，融资成本也相对较高，货币市场上专门针对中小企业融资的金融机构还没有建立起来。所以从宏观效果看，这一政策状况势必对中小企业的发展、就业状况的改善产生较大的负面影响。国家在宏观货币政策的实施上，还可以通过以下途径促进就业和实现体面劳动的目标（王诚，2012）。

第一，货币政策应更多地支持人力资源开发事业。在产业升级和技术进步的背景下，劳动力素质的提高将成为解决就业问题的关键因素。因此，信贷政策持续保持对基础教育、职业教育和劳动者的继续教育以及职业培训的信贷支持和投入至关重要。在人力资源开发的总投资中，除政府的投资外，民间投资占据相当大的比例。因此，在制定针对民间教育和培训机构优惠贷款利率政策的同时，应进一步推动贷款抵押担保方式创新，信贷产品创新，鼓励政策性银行和商业银行积极开展针对各类教育和培训机构的融资活动。

第二，货币政策应更多地支持劳动者自主创业和灵活就业。当前针对劳动者自主创业的信贷品种单一，覆盖范围有限，由财政贴息的小额信贷限额较小、期限较短，对劳动者自主创业的支持力度不够。应进一步丰富针对劳动者自主创业和灵活就业的信贷产品，同时进一步鼓励创业投资基金的有序发展，规范市场操作秩序，推动创业型资本市场的发展，扩大对劳动者自主创业和灵活就业的融资范围。鼓励那些专门针对中小型企业融资的金融机构也可对自主创业和灵活就业的劳动者开展融资业务。

第三，货币政策应更多地支持就业服务体系建设。社会就业服务体系是为劳动者提供就业信息、职业介绍、职业培训、职业指导和维权服务的综合体系，对促进就业发挥着极其重要的制度环境规范作用。就业服务体系由公共就业体系和民间就业服务体系构成。民间就业服务体系大部分采取服务公司、非营利机构或非政府组织的市场化和准市场化的方式运作，需要融资方面的支持。因此，可以在制定针对性优惠利率政策的同时，进一步推动贷款抵押担保方式、信贷产品等多种金融产品的创新，鼓励政策性银行和商业银行积极开展对符合条件的各类社会就业服务机构开展融资活动。

第四，在货币贷款投向上，需要考虑增加对农业和第三产业等就业密集部门的贷款支持。我国农村剩余劳动力在很大程度上是农村经济发展不足、农业产业化程度低的结果，政府可用优惠的信贷政策，进一步加大对农业的相关投资和贷款，可以有利于带动农业增长、农业产业化和增加农民收入。把能够广泛增加就业的具体项目、部门作为重点对象逐一扶持。通过发展农业经济，打造遍布全国的高端农产品创新和生产基地，增强农业部门自身吸纳劳动力的能力，缓解农村剩余劳动力释放对于城市就业市场的过大压力。具体来说，一是加大对农业基础设施建设的投资和贷款，吸纳农村剩余劳动力参与建设；二是发展优质高效、劳动力密集型农业，对雇佣农业劳动力达到一定数量的农场、种植园、养殖场发放优惠生产贷款，鼓励其扩大规模，多吸收农业劳动力；三是重点扶持农产品的初加工和深加工行业，增加相关贷款，使之能吸纳更多的农业劳动力。另外，对于那些剩余劳动力准备在农村发展第二产业、第三产业的，应提供一定的创业贷款，给予资金上的支持（王诚，2012）。

三、产业政策

在产业政策方面，关键是要寻找劳动密集型产业、资本密集型产业、技术密集型产业之间的最佳平衡点，以充分发挥经济在就业机会创造方面的比较优势和后发优势，促进就业量的增长和就业品质的提升，最终实现体面劳动。具体而言，中国当前以产业政策促进体面劳动的实现包括以下几个方面。

（一）以劳动密集型产业为重点，保持制造业吸纳就业的能力

首先，进一步推动高新技术产业发展，增强全社会创新能力，在拓展新的就业空间的基础上，用高新技术改造和提升传统制造业，增强其竞争力，特别是重新焕发老工业基地和传统化工业的活力，保持其就业岗位的增长和就业质量的提升。

其次，充分发挥我国人力资源的比较优势，在工业化进程中，把发展资金技术密集型产业和劳动密集型产业更好地结合起来。特别是发展劳动密集与技术密集兼备的行业，把电子通信及设备制造业、交通运输设备制造业、服装制造业、电气机械及器材制造业、普通机械制造业、专用设备制造业等高新技术基础上的劳动密集型制造业作为近期内发展的重点。

最后，充分利用中国区域经济发展的西部大开发、东北振兴、中部崛起的有利时机，推进加工工业从沿海地区向中西部的梯度转移，保持加工工业在中西部劳动力市场上的传统竞争力，不断扩大就业规模。

（二）促进建筑业就业的增长，完善其投资——就业机制

建筑业是连接资本与就业的重要纽带之一。我国建筑业市场尚未成熟，实现

建筑业就业的增长，需要在住房市场规范、建筑企业建设、土地市场一体化、建筑业管理体制等方面做出相应的改革与调整。规范建筑业的管理行为，按照国际惯例建立以工程咨询为核心的行业运作机制，增强建筑企业的竞争力。同时，要打破建筑市场的地方保护和行业保护倾向，引导建筑企业摆脱过度依赖政府特别是地方政府的状况，鼓励其开拓多元化市场，合理调整和优化地区的建筑市场结构，促进建筑业健康有序发展，扩大其就业量。此外，需要利用加入一系列国际间合作机制的有利时机，调整和简化对外工程承包的审核制度和程序，逐步向国际市场的自由经营过渡，以扩大建筑业在世界各国尤其是发达国家的市场份额，扩展建筑就业空间，在建筑业内部，需要完善基础设施建设和重大工程项目建设的管理体制，引入就业评估机制，充分发挥建筑业投资对就业的带动效应。

（三）全面扩大服务业的就业空间

服务业是所有市场经济国家和地区扩大就业的主渠道。为了充分发挥第三产业的就业吸纳能力，应进一步加大投资力度，引入竞争机制，在现代服务业和传统服务业中尽可能实现投资主体的多元化。同时，调整服务业内部结构：一方面，要促进餐饮旅游、商贸流通等传统服务业向品牌化、规模化方向发展和升级，保持其就业活力；另一方面，大力发展金融保险、房地产等新兴服务业，以社区服务业、旅游业和教育产业为突破口，优先扶持需求潜力大、带动性强、能够形成有效就业供给的行业。具体措施如下。

第一，整合社区服务资源，开发社区服务就业岗位。促进社区服务业的发展，需要从启动消费需求和推动服务供给两个方面入手。目前居民潜在的服务需求不能转化为现实购买力的主要原因，既有消费观念和消费能力问题，也有市场秩序混乱和服务质量标准不统一的问题，这些都是阻碍我国居民社区服务业需求形成的重要因素。从启动消费的角度，建议成立公共服务中介机构，为社区居民提供生活服务的中介代理，建立居民与社区服务企业之间的沟通桥梁，从扩大有效供给的角度，加大社区基础设施投入，建立社区服务产业孵化基地，鼓励居民从事社区服务经营，吸引服务机构进入社区，利用政府投入来整合社会资源。

第二，启动旅游消费市场，推动旅游业的就业。从增加消费需求的角度，需要注意研究闲暇时间、支付能力和旅游动机三个主要促进旅游业发展的决定要素之间的关系。在政策实施上，建议增加传统节日假期，推行规范的带薪休假法规等。同时，在国际旅游市场上树立国家整体旅游形象，以提高旅游产业的国际竞争力。从增加有效供给的角度看，一方面，需要合理开发旅游资源，提高旅游服务规模和水平；另一方面，需要树立旅游就业的发展理念，制定旅游就业规划，充分发挥旅游业的就业辐射功能，开发集交通、游览、休闲、住宿、饮食、购物、娱乐等于一体的综合性旅游服务体系。

第三，扩展教育产业的就业规模，提升劳动力就业能力。切实把教育放在优先发展的战略地位，在资源配置上，特别是财政支出上必须保证教育经费的优先权。需要调整政府教育投资结构，加大义务教育普及力度，尽快全面实现义务教育普及目标。在实现普及九年义务教育的地区，要积极推进普及高中阶段教育。以经济社会发展需要和劳动力市场需求为导向，重点推动职业教育的发展。加快高等教育改革，进一步开放非义务教育市场，增加社会化、民营化、国际化、多元化的教育投入，形成以政府办学为主、多种所有制办学共同发展的格局，进一步扩大毕业大学生和研究生的就业市场规模。

第四，大力促进现代服务业和生产性服务业的发展。我国工业化的快速推进，为生产性服务业的发展提供了广阔空间。在发达国家，生产性服务业占总体服务业结构的比重比较大，一般在50%以上。而我国生产性服务业比重比较小，仅占28%左右，所以要提高我国的生产性服务业比重，服务外包是一个重要方式。事实上，我国沿海发达地区的金融、信息、通信、物流等现代服务业已开始出现外包趋势。打破服务业领域的不合理行政性垄断，建立健全社会诚信体系，是促进现代服务业发展以及服务业就业规模扩大的当务之急。

（四）通过优化产业布局，推动产业的区域转移和就业增长

我国的产业结构在地区间存在较大差异。总体上看，沿海地区的工业和服务业所占比重比较高，而中西部地区的产业结构中传统农业和传统工业的比重相对较高。与此同时，我国劳动力成本也存在明显的地区差异，东部地区的劳动力成本绝对水平较高，且在动态上存在较强的产业升级和企业竞争的推动力；中部、西部地区劳动力成本的绝对水平较低，劳动力（特别是低端劳动力）的供给充足，成本提高的内在动力没有那么强。随着劳动力成本的提高，低端产业面临更大的成本压力，将促使其从沿海地区向中西部地区转移。东部地区凭借后发优势和区域竞争优势，将会加快高端产业发展。中部、西部地区的劳动力成本优势，吸引劳动密集型产业的转移、投资和发展。在劳动力成本不断上升的过程中，我国可以凭借大国优势，加强就业政策的引导和调节，在促进国家产业机构升级的同时，促进区域间协调发展，通过区域之间的产业承接，消除劳动力成本上升可能导致的就业机会减少和资本外流等不利因素，并伺机催生新的就业增长点和发展极，扩展就业增长空间。

四、人力政策

在促进体面劳动实现的宏观调控政策方面，除了上述提到的货币政策、财政

政策和产业政策外，在发达市场经济国家中，还曾经采用人力政策。人力政策一般是指政府为了纠正劳动力市场的失灵，改善劳动力供给和需求相脱节的状况，辅助实现宏观经济的充分就业目标，而采取的调节、干预劳动力市场及就业结构的一项宏观调控政策。人力政策主要从劳动力的供给调节方面采取政策措施。通常认为，人力政策在市场经济发展史上的出现并不是偶然的，而是综合反映了微观上人力资源在现代经济活动中的作用逐渐扩大，从而逐步具有决定性地位。同时，随着科技创新活动的增加，现代经济增长在就业问题上表现出越来越多的结构性失业，以及社会上贫富差距的日益扩大等现实状况。尽管人力政策涉及面很广，在某种程度上超出了宏观调控政策的充分就业目标，但是劳动力市场的均衡自动调节能力多有不足，即失业与空位并存，就业和空位信息不易普遍获得，劳动力价格具有调节刚性，劳动力流动比资金流动的成本高很多，劳动力的闲置，即失业可能意味着对生命的威胁等，这些劳动力市场失灵现象决定了人力政策在促进就业扩展上的必要性和特殊性。政府的人力政策在调节、干预劳动力市场及就业结构方面的措施主要包括以下内容。

（1）在克服劳动力市场信息不易获得和信息严重不对称方面，需要政府利用现代信息基础设施建设的力量，建立劳动力市场的计算机信息网络，实行向雇主和雇员双方低成本提供就业信息的获得渠道及手段，提供公共服务性质的职业介绍服务，克服雇主的就业岗位信息与雇员的工作需求信息之间的严重不对称。

（2）在就业设计与人生规划辅导方面，政府的人力政策部门需要聘请有经验或有资质的就业分析师和人生规划师，针对就业经验不足的求职者特别是年轻人，提供具有针对性的就业咨询服务，以及具有长远眼光和社会洞察力的人生规划性咨询服务。注意克服年轻人在社会适应力、工作选择力、挫折承受力、交往沟通力等非专业性基本能力方面的不足；同时更要告知年轻人注意职业选择中的"本我"和"超我"的关系，协调好人生中的"自我接纳"与"自我责任"之间的关系。

（3）在人力资源培训政策方面，需要加强职业培训，使人力资源能力建设水平与经济发展的要求相符合。确立以就业为导向的职业培训工作机制，积极探索职业培训与市场就业相结合的有效途径，解决好劳动者素质技能与岗位匹配问题，通过充分发挥就业与培训相互协调、相互促进的整体合力，进一步提高劳动力就业、职业转换和创业能力，切实提升劳动者的就业竞争力、就业成功率及就业稳定性，实现就业工作从量的扩大到质的飞越的转变。

（4）在完善劳动力市场方面，需要加强劳动力市场建设，建立与经济发展和城市化水平相适应的公共人力资源市场。进一步整合现有各类公共就业服务资源，全面消除劳动力市场上的城乡分割、区域分割、部门分割的体制性障碍，促进劳动力和各类人才的横向流动（迁移）或纵向流动（变位）。健全以大中城市人力资源市场为龙头，以基层公共就业服务平台为基础，以县级人力资源市场为补充的全国劳动力市场体系以及公共就业服务网体系，形成"统一开放、规范有序、平等高效、城乡统一"的劳动力市场，为促进就业增长的各种宏观调控政策有效实施，提供基本完善的劳动力市场的基础性平台。

值得注意的是，人力政策在近年来出现了新变化。由于市场经济国家"创新性国家"建设和国家级创新战略的实施，人力政策被赋予新的任务，需要完成三项目标：第一，减少失业。失业仍然是西方国家优先考虑解决的重要问题。人力政策通过立法、人力计划、增加对教育的投入及加强就业服务等措施来消除劳动力面临的就业障碍，为失业者提供更多的就业机会。第二，减少贫困。人力政策通过给贫困失业者提供必要的扶持和保障，提高其就业意愿、就业能力和就业所需的人力资本存量，增加获得收入的能力，以消除"富裕中的贫困"的问题。第三，按照经济发展对劳动力的需求或需要，调节和改善劳动力供给，进而改进劳动力市场在配置劳动力资源方面的功能，促进人力资源的合理开发和有效利用。

结合这些新目标的要求，为了提高人力政策促进体面劳动目标的实现，中国关于人力政策的一些基础性工作也需要展开。一是通过立法和相关政策建立起健全的面向全社会的多层次、全方位的人力政策体系，高度重视和发挥人力政策在开发人力资源、降低社会失业率、促进经济繁荣发展等方面不可替代的作用。二是作为人力政策的重要组成部分，从国家整体利益出发推进高等教育和其他各项教育的发展，把高等教育、中等教育、职业教育、基础教育等各类教育政策的立足点放在培养合格的社会建设者和高素质的人力资源上面。三是加大政府在高等教育领域的投资，以多种渠道直接资助高校和在校大学生，实现教育公平乃至整个社会的公平待遇。我国高等教育已经取得较好的发展，实现了从精英教育向大众化教育的转变。但是仍然需要在发展社会经济的同时加大对高等教育的资金投入，满足资金困难的高校建设发展和贫困生就学的需要，加速包括所有城乡人口在内的高等教育大众化体系的最终形成。四是在我国各类学校中，需要考虑正规高校与各类职业技术院校之间的良性互动关系，在人力资源的开发和利用中切实做到各尽所能、取长补短、合作共赢。面对近年来高校毕业生就业难而很多职业技术性就业岗位虚席以待的情况，高校和职业技术学院都有必要有计划地调整自身的发展规划和办学方向，以满足国民经济发展对不同层次人才产生的新需要。

五、政策之间的协调配合

宏观调控政策在促进体面劳动实现方面，面临着数量和质量双重改善的任务，为了通过人力资源的充分开发和利用，促进经济增长，将巨大的人口就业包袱变成人力资源财富和动力，需要避免出现非生产性无效就业即虚置就业或非核心就业不断扩大的倾向。为此，在对产业结构和产业布局进行重大调整以及确定经济增长方式和发展速度时，都必须考虑其对就业的影响和效应。由于我国地方差异比较大，各地资源禀赋和发展基础不同，因此中央的宏观调控政策在各地的执行情况及其影响也各不相同，需要通过行政和法律机制保证有效的宏观调控政策落实到基层。

从理论上看，在宏观调控政策体系中，将促进就业作为优先目标，可能意味着有更多的老百姓可以获得就业机会，增加收入，从而促进国内消费的增加，也意味着经济增长从依靠物质资源走向依靠人力资源这一良性发展方向，有利于中国经济发展方式的真正转型。所以，从宏观经济调控政策面对的各个调控目标来看，只要条件成熟，应该把促进就业或充分就业当做优先目标。促进体面劳动实现的宏观调控政策，应该注意各项具体政策之间的协调配合问题，需要做好以下几个方面的工作（王诚，2012）。

第一，在财政政策和产业政策的实施上必须注意选择有利于扩大就业的经济领域。对有利于增加就业含量和利用人力资源的产业与生产服务领域，要通过经济增长拉动更多就业增加，尽量避免出现"高增长、低就业"或"无就业增长"的状况。将扩大就业摆在更加突出的调控位置上，作为经济社会稳定和调整经济结构的重要目标，实现经济增长与扩大就业的良性互动。在产业总体布局上，注重发展有利于增加就业的经济方向、产业部门与服务领域。在要素投入上，在增加物质要素投入以推动生产力发展的同时，要更加注重通过人力资源的充分开发利用来促进经济增长；在目标导向上，切实把经济持续健康发展的过程变成促进就业持续扩大的过程，把城乡二元经济转换的过程变成统筹城乡就业的过程。

第二，将实施更加积极的就业政策与财政、货币金融、产业等宏观政策相协调，形成促进就业的综合性宏观调控政策体系。实行更加有利于促进就业的财政保障政策，财政公共投资向小微型企业和劳动密集型行业倾斜，财政支出逐步向结构性减税和民生倾斜，加大对就业困难群体的扶持力度；实行更加有利于促进就业的税收优惠政策，充分发挥税收优惠政策在鼓励劳动者创业和鼓励企业增加就业岗位中的作用；实行更加有利于促进就业的金融支持政策，积极鼓励与引导金融机构对劳动者创业和劳动者自发组织起来就业的小额担保贷款等金融服务。

第三，根据实现充分就业目标的要求确定经济发展速度，在进行其他目标的宏观调控时要注意防范失业风险。在确定经济增长方式和增长速度，以及对产业结构和产业布局进行重大调整时，要重点考虑对就业的影响，确保充分就业目标的实现。一是要建立就业和失业评估制度，在制定社会经济发展、宏观调控政策及改革经济制度等措施时，对预期的就业影响进行评估；二是建立失业预警制度，在国内外经济形势变化对就业直接产生较大影响时，及时调整经济发展政策，从源头控制失业；三是当全国或局部地区出现失业人群过多，过于集中时，要有应急的预案和过渡性的措施，以缓解就业压力，保持就业局势的基本稳定。

第四，持续加大对就业的资金投入，形成公共财政保障及社会多元化投入的机制。促进就业是政府宏观调控的重要职责，也是公共财政投入的重要方向。各级政府要实行有利于促进就业的财政政策，加大资金投入，在财政预算和支出中需要重点安排就业专项资金，用于促进就业工作，同时建立起政府财政投入的保障机制。要鼓励社会各方面对就业投入，形成公共财政保障、社会多元化投入的机制。税收优惠政策是促进就业政策中最有效的重要手段之一，要实行更加有利于促进就业的税收优惠政策。对符合法定条件的企业和人员依法给予税收优惠。鼓励企业增加就业岗位，扶持失业人员和残疾人就业，使税收优惠政策对促进就业发挥应有的作用。

第五，要把就业效应作为评价宏观调控政策成效的重要指标，作为考核政府解决民生问题的首要因素。并实行更加明确有效的目标责任制，落实就业促进工作任务，并使之真正成为政府经济工作的重要出发点和落脚点。按照《中华人民共和国就业促进法》的要求，政府在促进就业上有六个方面的重要职责：发展经济和调整产业机构以增加就业岗位、制定实施积极的就业政策、规范人力资源市场、完善就业服务、加强职业教育和职业培训，提供就业援助（莫荣，2011b）。同时，需要建立促进就业的目标责任制，建立对所属的有关部门和下一级人民政府进行考核和监督的机制和制度，以此来保证促进就业宏观调控政策的贯彻落实。

第四节　中国体面劳动实现的制度规范

只有实现体面劳动，才有体面生活，才谈得上全面发展。体面劳动的前提之一是广泛而充分的就业，使人民群众的劳动权利得到充分发挥，这既需要市场的调节，也需要政府的调控与引导。在有业可就、劳动权利得到发挥的基础上，还需要一系列制度的保障来实现体面劳动，包括收入分配制度、社会保障制度、劳动就业制度及三方协商制度，这些都需要政府发挥主导作用。

一、收入分配制度

要实现体面劳动，根本的途径应该是提高广大劳动者的收入水平，使其拥有足够的收入，同时要有充分的社会保护和足够的工作岗位。因此，体面劳动应该是改善收入分配的具体表现，收入分配制度在实现我国体面劳动的过程中就显得尤为重要，体面劳动的关键是体面工资。

（一）我国收入分配格局失衡原因

当前，我国国民收入分配格局不合理，不利于我国体面劳动目标的实现，尤其表现为劳动者劳动报酬增长缓慢，占国民总收入的比例呈下降趋势。国民收入可分为三部分，在初次分配中以企业收入、劳动者收入和政府收入的形式存在，政府则通过财政支出和转移支付进行二次分配。从当前来看，我国国民收入分配总体上是向企业和政府倾斜的，企业可支配收入比例不断上升、政府财政收入的比例也持续地增加，二者都在压缩着居民可支配收入所占的份额。1992~2011 年，居民可支配总收入占国民可支配总收入的比重由 69.2% 降至 57.5%。与此同时，企业可支配总收入占比则从 11.6% 上升到 18.4%，政府可支配收入占比则从 19.2% 上升到 24.1%（国家统计局，2012）。应当说造成居民收入分配比例偏低的原因非常复杂，既有个人禀赋差异和劳动分工的自然差别，也有现实的经济制度和政治制度中的体制弊病；既有历史遗留问题的惯性传递，也有发展中新问题的不断诱发，这些都使居民收入占比偏低和收入差距呈现扩大态势。

1. 初次分配体制不健全造成劳动报酬所占比例偏低

收入分配不公的核心问题在于初次分配体制中劳动报酬所占比例偏低。由于没有明确国家、企业、居民三者的合理分配比例，没有建立劳动报酬的正常增长机制，在初次分配中劳动报酬比例偏低，具体原因如下：一是城乡收入分配不公。改革开放以来，我国城乡居民收入差距总体上呈不断扩大的态势。值得注意的是，在城镇居民内部差距、农村居民内部差距、城乡居民之间差距中，城乡差距最大。二是劳资关系失衡。劳动主体在工资决定及增长过程中集体"失语"，具体表现在工资决定机制的单边导向、工资增长机制不健全、职工工资支付保障机制的不完善。大多数企业都没有建立职工工资随企业效益发展而同步提高的互动机制。三是农村联产承包责任制有待进一步完善，初次分配对农民不利。在市场经济下，农户规模小、分散经营的特点导致其在市场竞争中处于不利地位，在初次分配过程中处于弱势。四是国有企业利润上缴、资源占用税等制度不健全。垄断行业的超额利润并非个人或企业努力的结果，而是行业地位使然，其利润的一定比例应当上缴国家统一支配。

2. 再分配机制不合理造成收入差距进一步扩大

再分配机制的不完善具体表现如下：一是国家财政对社会保障、农村以及中西部地区转移支付制度不完善。尽管这些年国家加强了社会保障的投入力度，社保投入绝对额逐年大幅增加，但社保投入的比例却有所下降，目前仍不足 12%，其增速更是落后于财政收入。二是个人所得税等再分配制度有待理顺。工薪劳动者是我国所得税的纳税主体，而他们恰恰是中低收入群体，说明再分配调节收入差距机制基本失灵。三是社会保障制度仍存在着体系不健全、覆盖面有限等问题。城乡社会保障制度之间存在着巨大差异，农村社会保障制度虽已大为改观但仍需完善；城镇机关、事业单位与企业社会保障制度仍存在着较大差距；较之发达国家，甚至一些中等收入国家，我国社会保障支出在 GDP、财政收入中比重明显偏低。

3. 社会综合因素固化收入分配不平衡

社会综合因素主要包括：一是收入分配法律法规不健全，法令执行监管不到位。劳动法令执行不力使一些劳动者的合法权益得不到有效保护，很多工资拖欠问题、欠薪逃匿问题没有能够得到及时纠正。二是国内生产要素市场发展相对滞后，不少要素财富的分配并非通过市场竞争机制。社会财富的分配与劳动创造的多少无关，长此以往必然对给社会的和谐发展留下隐患。三是绩效管理制度缺乏统一标准，绩效薪酬的发放具有任意性。四是政府政策缺位，导致居民的收入分配差距越来越大。目前，国家还没有明确规定国家、企业和居民部门收入分配的大体比例，国家和企业在分配过程中处于强势地位，居民劳动收入在整个要素财富分配中的比重越来越低。

（二）完善我国收入分配制度的对策

党的十八大明确提出："要坚持社会主义基本经济制度和分配制度，调整国民收入分配格局，加大再分配调节力度，着力解决收入分配差距较大问题，使发展成果更多更公平惠及全体人民，朝着共同富裕方向稳步前进。"（人民网，2012）实现劳动者的体面劳动，就要随着经济社会的发展，不断增加劳动者的劳动报酬，并使之与国民收入增长的速度相适应。完善我国收入分配制度的对策如下。

1. 初次分配领域

第一，要着力提高劳动报酬比重。劳动报酬的提升与普通职工工资决定和增长密切相关，因此要努力健全职工工资决定机制、正常增长机制和支付保障机制；建立适应经济发展水平的最低工资标准增长机制，及时调整并合理提高最低工资标准；加大对企业执行最低工资规定的监督检查，切实解决部分企业滥用最低工资标准问题；完善工资宏观指导体系，进一步发挥工资指导线、劳动力市场工资指导价位和行业人工成本信息的调节作用；逐步在各类企业基本建立工资集体协商制度，积极推动开展区域性、行业性工资集体协商；加强对企业工资支付情况的监督检查，建立解决拖欠和克扣工资问题的有效机制，切实维护劳动者的合法权益，促进外出务工农民工资合理增长（陈新等，2014）。

第二，继续完善按生产要素贡献进行分配的初次分配参与机制。从按劳分配与生产要素按贡献分配相结合出发，在有效的监督制约机制下，推进国有企业产权制度改革；根据劳动者与生产要素的不同投入方式，从收入分配上将投资者、经营者、生产者分离开，实行投资者按资本分红，经营者按业绩、风险责任分配，企业职工按劳动贡献分配，形成多元化分配格局；积极推行技术入股参与收益分配，为管理、技术等生产要素按贡献参与分配创造良好的政策环境。

第三，拓宽投资渠道，增加居民财产性收入。资本市场的成熟与完善是居民增加财产性收入的重要基础，因此要采取大力发展和完善资本市场，鼓励上市公司分红、严厉打击内幕交易、推动养老金入市、健全新股发行制度等措施，营造良好的投资氛围，增加居民的财产性收入；对于农村居民来说，坚持增加资产与盘活资产并举，在促进农民收入持续快速增长的基础上，积极探索建立土地、房产、林权等资产要素市场化的机制，着力推进农村金融和土地管理制度的改革创新，增加农民的资产性收入（陈新等，2014）。

第四，设法增加农民的收入。应当扩大财政对农村水利、道路等基础设施建设的投入，不断改善农业生产条件；加大财政对农业科技的投入力度，积极鼓励农业科技人员和科研单位到农村创办科技示范基地，向农民推广农业科技；推进农业产业化经营，加快传统农业向现代农业转变的步伐，集中力量培育和扶持一批规模大、带动辐射能力较强的龙头企业，引导农民从分散的小规模生产转移到大规模的社会生产和经营；推动农民专业合作社的发展，利用合作社开展土地流转，实现农业规模经营；促进农村剩余劳动力转移是促进农民增收的主要途径，因此应加大对农村教育的扶持，尽快建立城乡统一的劳动力市场，积极为农民外出务工和创业提供技术、信息、法律保障，为农民外出务工提供有力的支持。

第五，通过打破行业的行政性垄断，规范行业间的收入分配。中国行业收入差距的 1/3 都是垄断因素造成的。目前的高收入行业除了软件服务业以外，主要都是金融、石油、化工、电信、电力等具有行政垄断性质的行业，它们凭借垄断地位和特权获取了巨额利润。下一阶段，政府应进一步放松行业的进入管制，允许某些领域向外资和民间资本放开，积极推进国有经济布局调整和国有企业改革，削弱和打破行政性垄断，建立公平竞争的市场环境，促进国有企业提高效率。

第六，理顺行政机关事业单位和国有企业内部的收入分配秩序。可以参照企业同类岗位的市场定价为公务员定薪，同时要继续大幅度削减行政机关自身或下属单位的行政性收费项目，推动预算公开，使公务员的工资和福利受到公众监督；事业单位工资改革的关键在于清理机构，裁撤冗员，将一部分事业单位推向市场，减少它们对财政支出的依赖；进行绩效工资改革，打破事业单位内部收入分配的平均主义，对提高事业单位工作人员专业素养和服务质量有较好的激励性；国有企业职工工资改革应该主要完善宏观调控机制，在调控方式上，要从控制工资过快增长转移到保障工资适度增长；在调控内容上，从调控工资分配转向调控所有的收入分配；在调控对象上，从调控工资总量转向调控工资水平，从调控单位转向调控个人，从调控企业转向调控市场（陈新等，2014）。

第七，严厉打击不合理收入。完善市场经济体制，弥补制度漏洞，减少寻租的空间，同时加大对各类非法寻租活动的打击力度和事后惩罚力度，对偷漏税、走私、行贿受贿等寻租性活动的经济主体必须实施严厉的惩罚；削减政府掌控的资源，减少政府对经济生活的直接干预，进一步改革审批制度，将项目审批制度变为项目备案制度，简化审批环节，堵住政府官员腐败的源头；建立完善的社会信用体系，建立起全国性的个人和企业的信用账户；充分发挥公众和新闻媒体的监督作用，增加政府工作的透明度；健全和完善法律制度建设，使之贯穿于立法、司法制度建设和守法观念提高的整个过程，这是保证市场机制高效而又有序运行，保证经济稳定而又持续发展的不可或缺的基本条件（陈新等，2014）。

2. 再分配领域

第一，进一步加大税收调节收入分配的力度。加大对个人所得税的征收力度，逐步开征物业税、遗产税等。通过提高个人所得税的扣除标准，降低中低收入群体的税收负担；适当扩大最高税率的覆盖范围，加大对高收入者的调节力度；出台鼓励就业创业的税收扶持政策，将大学生、农民工、城镇就业困难群体作为扶持的重点；通过征收物业税和遗产税，有效地防止财富差距在代际的传递。

第二，增加对社会保障的转移支付。在未来的三十年内，将社会保障支出占GDP 的比重从现在的 7% 逐渐提升到 20%，将社会保障投入占国家财政支出的比重从现在的 12% 逐步提高到 30% 以上（陈新等，2014）。尽快建立并完善城镇职工、城镇居民基本医疗和养老保险，为城镇低收入者提供最低生活保障；在农村建立新型合作医疗、养老保险制度、最低生活保障制度，使农村的社会保障工作依法有序进行，最终实现社会保障的全覆盖和城乡间、地区间的均等化。

二、社会保障制度

社会保障是体面劳动目标的关键组成部分，在全球化的背景下，国际劳工组织面临的挑战是"寻求增加保护和尊重社会保障基本原则的解决方案"。这些体面劳动议程优先事项，在 21 世纪初已成为国际劳工组织的行动方案，通过在第三世界扩大社会保障覆盖面，以弥补在全球经济中的社会保障赤字（吕茵，2013）。

伴随着体面劳动议程，国际劳工组织快速行动起来，并带头建设全球化的社会保障。2001 年国际劳工大会对社会保障问题进行一般性讨论，确定 21 世纪社会保障的前景问题。会议重申了国际劳工组织在促进和扩大全球社会保障中的主导作用，并强调指出，国际劳工组织在社会保障方面开展活动应基于费城宣言、体面劳动概念和国际劳工组织社会保障标准。2003 年国际劳工局在第 91 届国际劳工大会上向全世界发出开展"人人享有社会保障"运动的号召。2008 年 6 月 10 日，通过了《国际劳工组织关于争取公平全球化的社会正义宣言》。这是自 1919 年国际劳工组织章程问世以来国际劳工大会通过的第三个重要的原则和政策声明。它构筑在 1944 年《费城宣言》和 1998 年《工作中的基本原则和权利宣言》的基础上。该宣言表达了体面劳动议程的普遍性，即国际劳工组织的所有成员国必须采取符合"就业、社会保护、社会对话、工作中的权利"等战略目标的政策。与此同时，宣言强调了一种全面的、一体化的方式，承认这些目标是"小可分割的，相互关联并互相支持的"（国际劳工局，2008）。

对于人口中的大多数人来说，社会保障覆盖面的扩大可以使人们便于将来获得更高水平的保护，并且易于返回到正式劳动力市场。2012 年《社会保护底线建议书》（第 202 号）是一个全球性社会政策的突破，它要求各成员国在国家发展进程中，尽早实施社会保护底线，指导成员国制定符合、支持更广泛的国家社会、经济和就业政策战略的社会保障扩展战略。社会保护底线可以使人们有效获得基本商品和服务，促进生产性经济活动，并为促进就业、减少非正规性和危险性、创造体面劳动和刺激创业的做出贡献（吕茵，2013）。

（一）社会保障制度的发展目标

回顾我国社会保障制度近三十年来的改革与发展历程，尤其是近几年来在中央政府的高度重视下的社会保障，取得了巨大成就。首先，革新了传统的社会保障观念，即单纯依靠国家或单位（集体）的意识已被多方共同负责的观念所替代。其次，实现了新旧制度的整体转型。最后，普惠全民的目标基本实现。一个通过社会保障体系实现全民共享发展成果的时代已经到来。

然而，由于路径依赖和以往改革的历史局限性，现行社会保障制度还存在着缺陷，包括地区分割、城乡分割、部门分割、制度分割、资源分割，以及由此带来的制度结构不合理、责任分担不清晰、保障待遇差距大等问题，直接损害了制度的完整性与公平性，亦增加了制度可持续发展的不确定性，整个制度体系的正向功能尚未得到全面发挥。新时期深化社会保障制度改革的实质就是要通过全面优化现行制度安排，建立更加公平、可持续的社会保障制度。为此，需要完成以下三大目标。

一是增进制度的公平性。没有公平便没有现代社会保障，这一制度必须具有创造起点公平、维护过程公平、缩小结果不公平的功能。目前的社会保障虽已具有普惠性，但并不等于实现了公平性。从广受诟病的企业职工与机关事业单位职工养老金"双轨制"，到职工基本养老保险地区分割统筹情形下的缴费负担不公等问题均表明增进公平性客观上构成了深化社会保障改革的一项核心任务，而要完成这一任务，就必须整合并优化各项社会保障制度。

二是保障制度的可持续性。针对社会保障制度目前存在的责任失衡、利益失衡及其带来的制度运行风险、基金贬值风险与社会冲突风险，如何确保这一制度可持续发展是面临的重大挑战。为此，必须树立代际公平、持续发展的意识，既要积极促进人民福利不断增长，又要始终坚持各方责任合理分担，坚守权利与义务相结合，充分调动各方共同参与的积极性，同时统筹考虑与高效配置各种资源，避免短期福利政绩冲动，实现这一制度可持续发展。

三是促使制度实践步入法制化轨道。只有法制化的社会保障才是成熟、定型的制度安排，才能提供稳定的安全预期，而社会保障法制化必须做到有法可依、有法能依。因此，应当进一步修订、充实《中华人民共和国社会保险法》，尽快制定《中华人民共和国社会救助法》，再到相应的《中华人民共和国社会福利法》，以及制定其他专项社会保障立法（如《养老保险基金投资法》、《中华人民共和国慈善事业法》，建议出台《中华人民共和国社会福利法》等），只有社会保障法制走向健全完备，才能消除这一制度中的歧视现象和面临的发展障碍，才能为这一制度的良性运行与可持续发展提供保证（郑功成，2014）。

（二）社会保障制度存在的问题与关键任务

实现劳动者体面劳动，需要有广覆盖、多层次的社会保障机制，使劳动者能够有效应对来自各方面的不确定性，进而更加积极地从事劳动。我国的社会保障体制存在的问题还很多，还不能满足当前广大劳动者的要求：一是覆盖面比较窄。社会保障只有达到了一定的覆盖范围，才能充分发挥其经济发展稳定器的作用。近年来，我国社会保障的覆盖率大幅提升。但由于人口众多、各地区经济发展水平不平衡、城乡差距较大等因素，还远未达到广覆盖的要求，仍有很大的提升空间。二是多层次的社会保障体系初步形成，但不够深化。目前，我国已经形成了以社会保险、社会求助、社会福利为基础，以基本养老、基本医疗、最低生活保障为重点，以慈善事业、商业保险为补充的多层次的社会保障体系。但各个层次的社保项目，都存在覆盖面小、运作不规范等问题，且地区差距和城乡差距较大。三是社会保障资金来源渠道狭窄，压力较大。由于资金的历史积累有限、参保目标人数众多，我国社会保障资金缺口巨大。社会保障资金筹集的基本形式是企业、个人承担，国家予以补贴。收费率偏高，给一些企业带来了沉重负担，因此出现了企业拖欠社会保障基金的现象，导致社会保障基金收缴率较低。可见，我国社会保障体系还远不能达到实现劳动者体面劳动和体面生活的需要，未来仍应以"广覆盖、保基本、多层次、可持续"为基本方针，加快社会保障体系的建设与改革。

在全面优化现行制度时，需要完成的关键性任务如下。

一是尽快推进机关事业单位养老保险制度改革，让同一代人的养老权益走向相对公平，即按照企业职工养老保险模式建立公职人员社会养老保险制度，通过优化制度结构、强化个人责任分担、构建多层次保障并与工资收入分配改革挂钩等措施来实现改革目标，同时宜采取机关事业单位一体联动、政府支付改革初始成本、全国同步推进而不再局部试点的改革策略。

二是尽快推进职工基本养老保险基础养老金全国统筹，让其从地方性制度安排回归到国家统一的法定制度安排。通过强化中央政府的统筹职能，建立中央与地方合理分担责任的机制，守住缴费率标准全国统一、所有用人单位与个人负担公平的底线，通过统一制度与统一基金收支实现制度的公平性、互济性，并在充分满足劳动者自由流动要求的条件下实现可持续发展。

三是进一步明确各方主体的责任，建立合理的社会保障待遇正常调整机制，让有关各方的责任预期与收益预期从模糊、不确定变得清晰、稳定。一方面，宜明确政府对社会保障的财政责任及其在中央与地方之间的责任分担比例，减轻用人单位缴费负担，适度提高个人责任，让社会保障主体各方的责任分担相对均衡化，同时通过划转部分国有资本等充实社会保障基金来让制约社会保障顺利转型的历史成本问题得到化解，这是增强制度发展理性的必要举措。另一方面，以物价、收入与生活水平等因素变化为基本依据，尽快建立起各项社会保障待遇的正常调整机制，让全体人民有清晰、稳定的安全预期，这是化解不安与焦虑以及对制度不信任的必要举措。

四是切实推进城乡社会保障一体化发展，强化制度的激励、预防功能。包括养老保险、医疗保险、社会救助、社会福利等，均应基于城乡统筹、一体发展原则进行制度整合，这是让城乡居民享受公平的社会保障权益，并加快农村进城人口市民化进程的必要举措。同时，应当明确养老保险缴费与待遇之间的正相关关系，增强失业保险、工伤保险的预防功能，强化预防贫困和自觉应对灾害等生活风险的支持政策，让社会保障制度体系全面发挥积极的、正向的功能。

五是落实具体政策，让多层次社会保障体系建设真正成为现实。包括尽快制定实施免税、延期征税等优惠政策，加快发展企业年金、职业年金、商业保险步伐；加快建立巨灾保险制度，以促进救灾体制的改革；完善慈善救助减免税制度，实现捐赠税收减免普惠性、便捷性，并辅之以政府购买公共服务等措施，切实支持慈善公益事业的发展；完善投资开放政策，充分调动利用市场资源与社会资源，以加快建立社会养老服务体系和发展老年服务产业；建立完整的家庭支持政策，以便尽可能维系家庭保障传统得到延续。

六是深化社会保障行政体制改革与创新经办机制。包括进一步厘清行政部门职责，尽快整合医疗保险、社会救助与社会福利事业的管理体制，完善养老保险等管理体制，使社会保障行政监管制度更趋合理；通过严格社会保障预算管理，加快社会保障立法步伐，依法监察社会保障制度的运行，让立法机关、司法机关真正承担起宪法赋予的职责，即明确社会保险基金市场化、多元化投资运行，有序开放育幼、养老、医疗等社会服务业领域外资与民资准入限制，大力推进政府购买公共服务等，通过创新机制来调动各方力量（郑功成，2014）。

此外，还应当在综合考虑人均预期寿命延长、计划生育政策调整与老龄化进程、劳动力供求变化和促进性别平等、代际公平等因素的条件下，尽快明确延退方案，以便人们在预期清晰的条件下能够从容地安排好工作与退休生活。需要指出的是，这一重大公共政策应当强化利益激励机制，让劳动者逐渐愿意选择多工作一段时间。

总之，社会保障成熟、定型不仅会给全体人民稳定的安全预期，而且必定带来民生持续的改善，居民消费良性扩张、就业持续增长、社会安定和谐、经济社会协调发展的局面，最终实现体面劳动的目标，这也正是当今时代最需要的改革红利。

三、劳动就业制度

就业是民生之本，体面劳动最根本在于有业可就，所以就业制度与体面劳动目标的实现是密切相关的。劳动就业制度作为对人力资源如何配置和利用的一种制度安排，不仅关系到人力资源的使用效率，而且关系到社会的和谐与稳定。就业制度改革无论是从宏观层次上还是从微观层次上都会对经济社会产生重大而深远的影响。纵观我国劳动就业制度的发展变化历程，伴随着经济体制改革的推进，劳动就业制度也在不断变革、转型，已由统包统分的计划就业制度转变为市场导向的就业制度，基本形成了"劳动者自主择业、市场调节就业和政府促进就业"的就业机制和体制。在全面建成小康社会的历史新时期，我国经济社会进入了统筹发展的新阶段，需要进一步深化劳动就业制度改革，以推动经济社会的可持续发展，以及促使体面劳动水平的提升。

（一）就业制度基本原则的确立

在以往世界经济发展战略中，有两种不同的发展思路：一是增长优先论，即以经济增长为中心的发展思路；二是就业优先轮，即以就业增长为中心的发展思路。从西方经济增长理论演变的过程看，都经历了一条由"物"到"人"，由外生增长到内生增长的演进道路。当下，几乎所有的市场经济发达国家都选择了就业优先论的发展模式。

就业优先的基本含义是，在经济社会发展战略中，必须真正把劳动者基本生活保障放在优先位置，其具体标志如下：一是人力资源市场发育要优先于其他要素市场的发育；二是劳动者利益要适度优先于资本利益；三是降低失业率的调控政策要优先于反通货膨胀政策；四是有利于促进就业和完善社会保障制度的政策要优先于其他财政支出给予安排；五是在经济社会发展中，就业岗位增加要优于社会收入水平提高。

改革开放以来，中国经济增长模式一直属于增长优先的类型。中国经济增长发展战略的主要缺陷之一，就是在经济转型过程中，注重的是如何把"物"的要素从原有体制的束缚下解脱出来，而人的要素摆脱原有机制的束缚则严重滞后，以致形成了以"下岗失业"现象为标志的劳动力供求矛盾。这些年来，随着科学发展观和"以人为本"的提出和贯彻落实，以及《中华人民共和国就业促进法》明确规定"国家把扩大就业放在经济社会发展的突出位置"，"把扩大就业作为经济社会发展的重要目标，纳入国民经济和社会发展规划"等，中国必将在经济发展战略中确立就业优先的原则。因此建议在制定或者修改相关法律时，明确将就业优先作为中国的一项基本国策（郜风涛，2009）。

（二）建立以创业带动就业的制度

以创业带动就业，是指劳动者通过自主创办生产服务项目、企业或者从事个体经营，在实现其自身就业的同时，吸纳或者带动更多劳动者就业，促进社会就业的增加。中国在当前和今后的一个时期，就业形势依然严峻，促进以创业带动就业，有利于发挥创业的就业倍增效应，对缓解就业压力具有重要的意义和作用。

以创业带动就业，是扩大就业的一个有效途径。国外诸多市场经济发达国家都纷纷鼓励劳动者以创业带动就业，如在美国，创业者扮演着重要角色。有资料显示，在过去的几年中，美国平均每年新创企业60万个，提供1 000多万个新的工作岗位，并且67%的新发明来自新创企业。另据统计，在美国，2/3的就业岗位是由小企业创造的，在10个主要就业行业中有7个行业是小企业占主导地位（河南省邓小平理论和"三个代表"重要思想研究中心，2008）。由此可知，以创业带动就业具有乘数效应。

现阶段，争取短时期内实现劳动者创业人数和通过创业带动就业人数的大幅度增加，基本形成促进以创业带动就业的政策体系。从制度建设层面考虑，提出以下建议：一是放宽对创业的市场准入条件。要加快清理和消除阻碍创业的制度障碍，凡是法律、法规未禁止的行业或领域，都要向各类主体开放；国家有限制条件和标准的行业或领域，要平等对待各类创业主体；在法律、法规许可的范围内，允许初创业者将家庭住所、租借房、临时商用房等作为创业经营场所；要制定促进小企业发展的政府采购优惠政策，适当放宽大学毕业生、失业人员及返乡农民工创业的市场准入条件。二是清理和规范设计创业的行政审批事项，简化立项、审批和办理手续，公布各项行政审批、核准、备案事项和办事指南，依照《行政许可法》的规定推行联合审批、一站式服务等，开辟创业"绿色通道"。三是完善各类扶持政策。要落实并完善有利于劳动者创业和小企业发展的税收优惠、小额担保贷款、资金补贴、场地安排等扶持政策。四是建立和完善鼓励非正规就业发展的制度。发展非正规就业，有利于创造就业岗位，缓解城镇就业压力，有利于增加弱势群体收入，减轻社会负担；有利于满足多样化的社会劳务需求，促进市场就业机制的形成；有利于增加就业机会，吸纳失业人员和新增劳动力就业。总之，发展非正规就业符合中国经济社会发展的状况要在政策、资金政策等方面为非正规就业提供支持。

（三）积极就业政策的反思

随着中国经济体制改革的不断深入与就业形势的持续严峻，政府出台了积极就业政策，这个政策经历了一个不断发展完善的过程，实践证明它在促进就业与维护社会稳定方面发挥了积极作用。在政府主导确立的市场经济体制改革进程中，中国各地在原有体制下形成的国有企业冗员问题日益突出，下岗人员再就业问题不断恶化，同时农村劳动力涌入城镇以及每年新进入劳动力市场的人员，造成劳动力供给不断增加。与此同时，城镇就业困难群体持续扩大，如不能有效扶持就业困难人员就业，不但有违社会公平而且也将影响社会稳定。积极就业政策的实施有其必然性。

政府于 2002 年提出了扩大就业的积极就业政策，在此框架内不断完善政府促进就业的责任体系，从财政投入、税收优惠等多方面促进就业，以提升劳动者就业能力，优化创业环境，健全"就业托底机制"。2003 年《中共中央关于完善社会主义市场经济体制若干问题的决定》第一次将实施"积极的就业政策"写进执政党的文件中，提出把扩大就业放在经济和社会发展更加突出的位置上。2006 年政府发布的《中华人民共和国国民经济和社会发展第十一个五年规划纲要》进一步完善了积极就业政策，强调劳动力市场配置的作用，特别重视劳动密集型产业与服务型产业以及中小企业扩大就业的作用。2006 年《中共中央关于构建社会主义和谐社会若干重大问题的决定》进一步丰富了中共领导下政府推行的"积极就业政策"内容。该决定特别强调实现经济发展与扩大就业良性互动，大力发展广就业产业、行业与企业多渠道多方式增加就业岗位。2007年党的十七大报告强调，以创业促就业，进一步实施积极就业政策，加强政府引导与完善市场机制，从扩大就业规模与完善就业结构着手努力扩大就业，强调使劳动者成为创业者，健全、完善、支持自主创业与自谋职业政策。

积极就业政策的完善具有清晰的发展轨迹与重点转变，从注重政府作用到政府与市场并重，从只关注"再就业"人员到所有就业人员，从较少的促进就业手段发展到"多渠道、多方式"促进就业手段，从对经济增长作用重视不足到向强调实现经济发展与扩大就业良性互动，从政府促进就业到充分发挥劳动密集型产业、服务业与中小企业的作用，从"自谋职业"向鼓励"自主创业"与"灵活就业"，尤其同时强调发挥财税金融促进就业的作用，也对"零就业"家庭与大学毕业生就业等特殊就业群体，以及构建和谐劳动关系予以了特别关注。积极就业政策的发展在一定程度上显现了政府促进就业理念的改进，从较早偏重发挥政府的作用到向发挥政府提供公共就业服务职能，以及多渠道、多方式、多层次促进就业方式的转变，强调发挥市场配置劳动力资源，以及提升劳动者就业技能等方面的作用。实践证明"积极就业政策"在扩大就业、构建"拖底机制"、促进经济发展与维护社会稳定等方面发挥了应有作用。但是受到经济发展阶段、经济体制改革进程、就业形式不断发展变化等多种因素的影响，"积极就业政策"也存在一定缺陷，有待进一步完善。

与市场化的经济体制改革相适应，中国的就业制度改革应该是逐步发挥劳动力市场配置劳动力资源基础性作用的过程，就业制度改革基本遵循了发挥劳动力资源基础性作用的市场化改革目标。在就业制度的改革过程中，各级政府发挥了较大作用，但是同时也在一定程度上影响劳动力市场作用的发挥，而且政府扩大就业着重促进就业本身，而对通过经济发展创造就业岗位以及有效提升劳动者的人力资本水平，确立劳动者在劳动力市场上的主体地位的重视不够。作为理想化的就业制度改革，一方面以不断提升劳动力的综合素质为前提，通过推进经济发展方式转变有效发挥经济发展扩大就业岗位的根本性作用；另一方面应通过不断完善劳动力市场，更加充分有效地发挥劳动力市场配置资源的基础性作用，同时政府不宜干预劳动力市场的运行。在这两个方面的基础上，政府对弱势群体也要发挥"就业托底"作用，不过这种政府"就业托底"作用不应也不能成为主流和重点。

总之，政府不得不耗费大量的人力物力实施"积极就业政策"的重要原因在于，不能通过促进经济发展创造足够的就业岗位。这种以扶持弱势就业群体，尤其是失业人员再就业的政策，既不利于发挥劳动力市场的作用，也不利于社会公正与公平。通过对下岗失业人员的扶持既影响到政府促进就业作用效率的发挥，也影响到对其他就业群体的公平与公正，在一定程度上影响到促进就业效率的提升。

（四）就业制度存在问题及建议①

就业是民生之本，不仅是每一位劳动者生存的经济基础和基本保障，也是其融入社会、共享社会经济发展成果的基本条件；就业是安国之策，促进就业关系到亿万劳动者及其家庭的切身利益，是社会和谐发展、长治久安的重要基础。就业问题历来是各国经济和社会发展的核心问题之一。随着我国市场化改革的深入，就业制度已不适应我国发展现状，现行劳动就业制度存在不足，主要表现如下。

其一，市场化就业机制亟待完善。一是城乡二元劳动力市场的存在。劳动力市场被人为地分割为两个不同等级的一级市场和二级市场，城市劳动力和农村转移劳动力不能在同一个市场上实现就业公平竞争。农村转移劳动力的就业主要集中在制造业、个体工商业和商业服务业。农村转移劳动力职业的变动并没有带来社会地位的变迁，他们的职业发展空间狭小，难以向上发展。二是就业信息不充分。在农村转移劳动力大量向城市流动过程中，信息的不对称导致劳动力市场无法有效配置劳动力资源，招工难与就业难的矛盾依然存在。同时，劳动力供给和需求之间的失衡，降低了经济发展效率。三是劳动力市场需求萎缩。中小企业占主体地位的民营企业受国际金融危机冲击，国外需求萎缩，国内大量中小企业倒闭。国家对民营企业信贷、税收等方面支持较弱，对劳动力密集型企业的政策更少，企业难以实现创业和扩大生产规模，造成市场对劳动力需求的下降。同时，高校毕业生群体更愿意去考公务员或者去大型企业，不愿意去中小民营企业，造成了大量的"选择性"失业。

其二，对重点就业人群的政策扶持力度不足。一直以来，我国就业工作的重心在城市，农村劳动力难以享受到城镇劳动力在就业服务、劳动保障、社会福利等方面平等的待遇，导致外出务工的农民不能在城市定居下来，成为不断迁徙的"候鸟"，农村劳动力转移就业处于无序状态。针对该群体的管理机构和服务部门发展滞后，缺乏足够的引导和资金支持。虽然 1995 年《中华人民共和国劳动法》就明确规定，企业实行劳动合同制，但目前仍有不少农村劳动力在城市就业没有签订就业合同，导致拖欠农民工工资的事件时有发生，农村劳动者的合法权益得不到保障。高校毕业生就业难的问题突出，大学教育与社会需要的脱节，就业预期与现实的差距，严重影响了高校毕业生的就业质量（邓玲和刘安凤，2014）。

新形势下，我国劳动就业制度的创新主要如下。

一是完善城乡劳动力就业失业登记制度。党的十八届三中全会提出了完善就业失业监测统计制度，为就业制度的改革提供了方向。目前，就业制度针对城镇失业人口进行失业登记，而农村转移劳动力还未纳入该登记制度范畴。有必要充

---

① 邓玲，刘安凤. 经济增速放缓背景下就业制度创新思考［J］. 宏观经济管理，2014，（1）: 62-63.

分利用现有信息技术条件，通过对城乡失业劳动人口进行登记，以及企业招聘信息的收集，建立和完善区域劳动力市场供求平台，减少信息不对称所造成的摩擦性失业，促进劳动力的流动和优化配置，以推进劳动力就业市场机制的完善，促进全国就业信息网络的建立。

二是建立劳动力培训和服务机制。完善覆盖城乡的公共就业服务体系，建立面向全体劳动者的职业培训制度，开展以企业为主体的岗前培训、在岗培训、订单式定向培训等多种形式的职业培训，增强培训的针对性和有效性。建立合理的产业结构，解决产业结构调整带来的失业问题。

三是建立剩余劳动力就业市场机制。为解决结构性失业问题，消化农村剩余劳动力转移和城镇人口失业率提高所累积的就业压力，应因地制宜适当发展劳动密集型企业。我国资本积累方式应是资本密集型经济与劳动密集型经济并重，按比例、协调地发展。要有计划地选择适合区域实际的技术创新类型，因地制宜地发展不同资本密集程度的农业、轻工业和重工业，充分利用区域丰富的劳动力资源。加强对民营企业信贷等方面的支持，鼓励中小企业发展劳动密集型产业，为结构性失业人员提供就业空间。同时，通过发展小城镇来提高对农村转移劳动力的吸纳能力，实现人口的就近城镇化。

四是完善城乡一体化就业保障制度。进一步落实合同工制度，保障劳动者的合法权益。要将农村转移劳动力纳入城市社会保障体系，消除城乡、行业、身份、性别等一切影响平等就业的制度障碍和就业歧视。健全劳动标准体系和劳动关系协调机制，增强对劳动者权益的保护和侵害劳动者权益行为的制裁，构建和谐、公平的就业环境。

五是完善扶持创业的优惠政策。重点完善失业人员、高校大学生、农民工、复员转业军人等在多领域的创业创新支持政策，降低创业准入，搭建创业融资平台，并以创业培训等方式提高政府创业服务水平，打造系统性创业配套制度环境。鼓励创业企业和小微企业吸纳就业，培育和扶持就业新的增长点，从源头上缓解就业压力（邓玲和刘安凤，2014）。

四、三方协商制度[①]

为切实保障劳动者的合法权益，实现体面劳动的目标，我国政府于 2008 年 1 月 1 日实施了适应社会主义市场经济体制的新《中华人民共和国劳动合同法》，并在 2009 年 4 月发布的《国家人权行动计划（2009—2010 年）》中强调，要通过《中华人民共和国就业促进法》、《中华人民共和国劳动合同法》、《中华人民共和国安全

---

① 赵小仕. 转型期中国劳动关系调节机制研究［M］. 北京：经济科学出版社，2009.

生产法》和《中华人民共和国劳动争议调解仲裁法》等来保障劳动者的合法权益。从目前的情况来看，新《中华人民共和国劳动法》对于保护劳动者的合法权益、重建公平合理的劳动关系格局起到了积极作用。但保护劳动者的合法权益是一项系统工程，不单单是立法的问题，还牵扯到经济社会的各个方面，重建劳动关系格局也不可能一蹴而就。未来应在持续改善实现劳动者体面劳动的经济社会环境的同时，以科学发展观为指导，进一步理顺劳动关系的协调机制和劳动者权益的保护机制。

（一）健全三方协商制度的法律基础

三方协商制度的重要作用之一就是在法律法规的框架内促使双方妥协，实现劳动关系双方利益的相对均衡，其中法律法规是三方主体协商中确定彼此间权利义务的重要依据，也是三方主体进行利益协商的空间范围。因此，劳动标准及其相关的劳动法律条款是三方制度发挥重要作用的基础，而劳动法律法规的不健全必然使三方主体的行为失去相应的约束，达不到制度安排的效果。

健全的法律法规也是政府职能转变过程中个体劳动者寻求自身权益保护的有效工具。与发达国家相比，我国劳动领域的立法步骤迟缓，不论是立法数量还是立法层次都不能满足当前调节劳动关系的需要。解决我国劳动关系所面临的问题，必须完善劳动关系的法律制度建设，通过法律的积极介入，来改变双方不平等的地位，给劳动者更多的法律支持，同时规范劳动立法行为，提高立法的层次，增强法律的权威性和可操作性，将劳动者权益的保障和调整纳入国家法律体制，促进劳动关系在法制的基础上规范有序运行。其中，主要是进一步完善已有的基本劳动法律法规，并加快与之相关的配套法律法规的制定。否则，劳动执法部门和工会缺乏完备的法律支持，雇主缺乏法律的约束，从而无法建立有效的劳动关系三方调节制度（赵小仕，2009）。

尽快出台《中华人民共和国企业劳动争议处理法》，实现对现行劳动争议处理制度的进一步完善。应建立企业内部工会和管理方经过协商来解决争议的机制，通过增强工会的实力和独立性，提高协商解决争议的有效性。同时，对当前调节制度进行改革，强化仲裁前的调解机制，并赋予给付内容调解协议的强制执行力，由政府担任具有公信力的第三方主持调解，并建立乡镇、街道调解组织，实现调节方式的行政化、区域化、权威化，弥补企业内调节组织难以自主公平开展工作的劣势，将调节作为化解劳动争议的主要机制。另外，当前我国劳动争议处理实行"一裁两审"的强制仲裁制，仲裁与诉讼的严重脱节导致了劳动争议处理存在严重诉讼化倾向，影响了劳动争议的及时解决。为此，需强调仲裁的法律权威性，由政府、企业组织和工会三方向仲裁机构派出代表，以保证它的专业性和公正性，在此基础上将现行的强制仲裁制改为"或裁或审，各自终局"的"裁审分离"体制。另外，在仲裁与诉讼化解，尊重强调结果及其调解依据，保证劳动争议处理结果的相对一致性，以免造成新的脱节现象。

保证新《中华人民共和国劳动合同法》切实履行。2008 年 1 月 1 日正式实施的新《中华人民共和国劳动合同法》为我国当前劳动关系的调节提供了一个新的框架，标志着一个新的时代的到来，法律对劳动关系的规范将走出以往有法难依的局面。其作用就在于通过劳动法律的矫正功能追求一种相对平等的关系，基本手段是通过公共权力的介入，适度限制雇主的权利以保障劳动者的权利，个别劳动关系可以实现相对的平等或平衡。因此，应结合各地劳动关系法律调节的实践，加快新《中华人民共和国劳动合同法》相关实施细则的出台，使新《中华人民共和国劳动合同法》对劳动用工所做的各项具体规定，真正成为新时期建立和规范劳动关系的基本制度（赵小仕，2009）。

（二）增强工会与雇主组织代表性

目前我国工会组织机构相对完善，会员人数众多，但实际上内部分化严重，一方面，表现为工会组织与会员更多地集中在国有企业之中，而在劳资冲突最为严重的私营、三资等企业中，工会组织及会员都很少，且缺乏凝聚力，无法团结起来与资方就劳动权益问题讨价还价；另一方面，现实中工会活动经费大部分来自于企业的利润，而工会领导人多是企业的管理人员，因此在经费与个人利益的影响下，工会维权活动无法正常开展。与工会力量薄弱相比，我国雇主方的力量就显得过于强大，这也正是导致三方主体调节制度中雇主组织缺失的原因。雇主组织的建立一直是在政府的倡导下，缺乏自身建立组织的内在积极性，当前的雇主代表也只是在参加立法讨论和政策制定方面进行协调劳动关系的活动，还没有直接进入劳资集体谈判的领域。因此，虽然很多地方建立了三方制度，但由于其代表性不强，工作机制不完善，职责任务需要进一步理清。

三方制度中，工会的基本职能是代表劳动者的利益，维护劳动者的合法权益，但是转型期的我国工会又很难完全作为一种纯粹的维权组织而存在。工会的特殊处境决定了其被赋予了两种角色：一是充当原有的"传送带"，负责政府和劳动者中间的信息沟通；二是充当协调人，负责工人和管理方的联络工作，或者作为两者之间矛盾的"缓冲器"，然而在法律规定中，工会所能用来保护工人利益的手段并不充分。因此，随着市场经济体制的建立，工会必须将自己的立足点转移到劳动关系中的劳动者方来，把自己的工作重点转移到劳动关系领域，将维护劳动者的权益作为自己的基本职责，成为三方制度中劳动者利益的真正代表。

工会是资方力量的抗衡者，主要与资方在劳动法律框架内就劳动者的权益进行集体协商和谈判。工会增强其代表性的重要途径是参与立法，并在此过程中真实充分反映劳动者的意愿，推动有利于劳动者权益保护的相关法律的尽快出台，使劳动者权益的保护有法可依。同时，工会可以将劳动关系中所产生的重大争议问题向政府提交建议和议案，敦促和监督政府履行相应的职能，为维护劳动者权益提供政策保障、机制保障和权力保障。另外，工会在集体谈判过程中，在坚持劳资两利的原则下，善于利用已有的法律条款促使资方妥协并达成一致意见。为此，要增强工会的相对独立性，突出其群众性组织的基本属性。在接受党的路线、方针、政策领导的前提下，群众的要求与意志应体现在工会的运作模式中。工会只有具备了独立性，才能建立健全与劳动关系密切相关的职工生产生活状况调查分析机制、劳动关系矛盾预警机制、劳动关系三方协商制度，以工资协商为重点的平等协商集体合同制度、劳动争议调节和仲裁制度等，协调企业与职工的利益矛盾，维护职工的合法权益（赵小仕，2009）。

另外，要增强雇主组织参与三方制度的内在动力，促使其有效参与解决劳资争议的集体谈判，提高劳动争议处理结果的执行力和影响层面。在当前"强资本、弱劳工"的格局下，资方由于没有真正抗衡力量的存在，其既得利益和既有的用工方式不会受到冲击，并无内在动力和外在压力建立真正雇主组织主动参与三方制度。因而，劳动关系的立法进程和工会组织的建设状况实际上与雇主组织的有效形成密切相关。

（三）完善政府职能

政府的职能转变应逐步推进，在劳动关系领域，政府在确立劳动关系的市场机制的同时，必须以宏观调节者的身份创造条件，支持市场机制充分发挥作用，并解决劳动关系领域的一系列问题。虽然政府不再直接介入劳动关系，是由劳资双方按法律自主达成协议，但政府负有劳动关系立法、劳资协商框架和劳动保护机制构建等职责，具体如下。

首先，推动和谐劳动关系的法制建设，政府既要积极参与劳动立法的准备和提出建议，又要针对劳动关系失衡状况，颁布有关劳动行政法规，以规范劳动关系，使劳资双方的各项劳动事务都有法可依。并尽快出台劳动法单行法律，形成较完善的劳动法律体系，扩大劳动法的适用范围，明确和强化法律责任。当前，政府要全面推行以劳动合同和平等协商集体合同制度为主要内容的职工劳动权益保护制度，通过建立和完善劳动关系三方协调制度，构建新型的以劳动争议调节为重点的联合维权机制。

其次，强化劳动执法和监督力度。加快《中华人民共和国企业劳动监察法》的立法进程，提高劳动执法的法律地位，赋予劳动监察机构在劳动执法中的调查、审核等诸项权利，尤其是要强化对违法行为的处罚权力。同时，要完善劳动保障法律监督检查网络，通过定期对企业进行劳动合同、社会保险、安全生产等方面的监督和监察，在发现企业有违反劳动法律法规的情况时，促使企业及时改正，并通过加大处罚力度使其能够自觉执行劳动法律法规。另外，政府要通过支持建立强有力的工会组织，培育一种监督和制约力量，使其能够对企业的劳动用工行为和政府的劳动监察执法行为发挥有效的监督作用，确保公平执法，避免"权力寻租"现象的发生。

再次，加强劳动力市场的调节。劳动力市场供求的严重失衡是导致劳动关系失范的重要原因。因此，政府在劳动力市场宏观调控方面，应通过运用税收政策和货币政策等手段，促进经济持续健康发展；通过实施积极的就业与再就业政策，增加劳动力市场的有效需求；通过人力资源政策，包括进行教育制度改革、职业规划、职业培训和再培训等，提高劳动者的自身就业能力，降低劳动力的参与率；通过鼓励劳动者自主创业，制定扶持农业发展的优惠政策，鼓励农民工向农村和农地的回归，减少农村剩余劳动力的供给等措施，力求实现充分就业条件下劳动力市场的均衡目标。同时，注重劳动力市场运行的调节，通过调节工资价格变动的工资政策、就业服务政策、社会保险制度以及保证公平就业和公平报酬的反歧视政策和劳动保护等，保证劳动者的经济利益、就业权利和就业条件，实现体面劳动的目标，从而保证劳动力市场的正常协调运行。通过三方协商制度，对工资等问题规定最低标准和增长指导线，以避免不同行业、企业之间的差距悬殊，影响劳动关系的稳定。

最后，探索建立"企业调查员制度"。根据我国实际，可在各级人民代表大会下设立"企业调查委员会"，由这个委员会聘请有职业道德的、有专业知识的、有独立精神的人士担任调查员。人民代表大会授权每一个调查员，担负一定区域内企业劳资关系的独立调查，并定期写出固定格式的调查报告，直接呈送人民代表大会。每个调查员应当有相当的独立调查权限，并享有某种豁免权。同时，如果知情不报，将轻则遭责，重则追究其责任。这一制度的现实作用在于建立一个独立的对企业进行监督的网络，以保证信息及时、准确地传递到管理部门，为政府劳动关系政策的制定提供支持（赵小仕，2009）。

（四）导入企业社会责任体系

在经济全球化的作用下，世界各国尤其是发展中国家把低廉的劳动力作为自身参与国际竞争的主要优势，导致国家间劳动条件和劳工保护标准的恶性竞争，并由此引发了劳资关系的持续紧张。20世纪70年代末和80年代初，西方社会开始了工业民主运动，提供企业雇佣的员工可以分享企业事业成功的成果。与此同时，非政府组织、大众媒体和社会公众等对劳资问题紧追不放。在这些因素的推动下，社会责任国际咨询委员会（Social Accounrability International，SAI）于1997年发起并联合欧美跨国公司和其他国际组织，制定了社会责任国际标准（Social Accountability 8000 International Standard，SA8000）。该标准是一种基于国际劳工组织宪章、联合国儿童权利公约、世界人权宣言而制定的，以保护劳动环境和条件、劳工权利等为主要内容的社会责任标准认证体系。修订后的 SA8000 具体包括 9 个方面的详细规定：①工人的最低工作年龄，即禁止使用童工。②禁止对工人进行强制性劳动。③关注工人的健康和安全。④工人有组织工会的自由和进行集体谈判的权利。⑤消除人种、民族、宗教、性别等的歧视性待遇。⑥禁止对工人采取惩罚性措施。⑦工人工作时间的规定。⑧制定工人工资的最低标准。⑨企业要实施针对以上规定的管理体系，包括承诺、监督、控制等。自从 SA8000 诞生以来，经过短时期的适应和推广之后，发展极为迅速。1998 年年底仅有 8 家组织获得认证，截至 2004 年 5 月 20 日，全世界共有 40 个国家或地区的 400 家企业组织获得了 SA8000 的认证（黎友焕，2004）。近年来，随着媒体有关 SA8000 报道的相继增加，使 "SA8000" 更是成为公众关注的焦点。

对于中国企业而言，自觉导入 SA8000，改善内部劳动关系，不仅有助于其树立良好的社会形象，而且对其长远发展也十分重要。在市场经济条件下，企业的行为已不再是纯粹的个体行为，会对社会经济、生活等各个领域产生深刻的影响，企业已成为社会必不可少的重要组成部分。如果企业不履行相应的社会责任，经济发展和社会进步必然会受到阻碍，并会由此形成社会不稳定因素。而在劳动领域，企业若只为股东利益最大化负责，不仅会带来劳动关系的不稳定，而且还会抑制员工的创造性和积极性的发挥，制约企业进一步的发展，并最终影响企业利益和体面劳动目标的实现。而 SA8000 标准的执行，虽然短期内会增加企业成本，但从长期看，不仅能够规范企业的道德行为，使企业员工获益，同时也会给企业带来很多的附加效益。关心员工福利，对员工承担责任，可以提高员工的工作满意度和归属感，企业的生产效益也会随之提高，并可能带来利润的大幅上升。同时在社会责任方面可获得公众的信赖和行业的认同，增加投资者信心、提高企业社会形象，劳动关系的日益恶化使得 SA8000 的导入显得十分必要（李宁，2007）。因此，对于被称为 "世界制造中心" 的中国来说，SA8000 的作用可被视为对现行劳动法律法规的有力补充。

第五节　中国体面劳动实现的法律保障

一、《中华人民共和国反歧视法》

我国目前还没有反歧视的专门法律。根据国外反歧视立法的经验，反就业歧视法是小的独立体系，除了宪法规定有关的平等保护条款以外，有三个层次的立法：一是需要有一个反歧视的基本法，如荷兰的《平等待遇法》，美国则是《民权法》（第七章）。反歧视基本法主要对歧视的概念和适用范围做出规定。很多国家还规定了平等待遇委员会的设立、组成、地位与职权等。二是有专门针对就业以及社会生活其他领域歧视现象的特别法律，如《雇用年龄歧视法》及《平等工时待遇法》等。三是在普通法律中，如劳动法、民法典、刑法典与公务员法中会涉及歧视问题的条款，如民法中规定反歧视诉讼中的民事赔偿责任。

欧美反歧视立法的内容包括界定雇佣关系的认定、什么是歧视、什么不是歧视、构成歧视的条件、歧视受害者如何救济、司法诉讼中的举证责任等。而中国目前反歧视当务之急还是歧视范围的宽窄，由于缺少具体的法律救济措施，反歧视的法律条款成了权利宣言的口号，没有实施机构，没有申诉救济程序，没有处理纠纷的规则和法律责任。目前几乎没有法律禁止的歧视规定是明确可以通过诉讼或其他有效途径解决的。所以，完善中国的反歧视立法最重要的不是宣告平等的权利，而是具体界定歧视，特别是规定法院受理诉讼的程序、举证责任和救济补偿办法。

（一）中国现行反歧视法律制度的缺陷

首先，如果仅从反歧视的领域看，现行法律中禁止就业歧视的范围太窄，以致很多歧视可以大行其道。在政治领域里，宪法规定政治权利平等的保护范围是很广泛的，如公民不分民族、种族、性别、职业、家庭出身，宗教信仰、教育程度、财产状况、居住期限，都享有平等的权利。但是，劳动就业歧视的范围规定的较窄，劳动法只规定了"民族、种族、性别、宗教信仰"四种领域的歧视。在劳动法以外的其他一些专门法律法规中扩大了保护领域，如残疾人歧视，艾滋病等健康方面的歧视也被专门性法律和法规加以禁止。而中国现实中有一些相当严重的就业歧视现象没有法律明确禁止，如身份歧视包括户口和地域歧视、健康歧视包括乙肝病毒携带者、身体特征包括身高长相等歧视，这些歧视都需要立法明确列出。

其次，中国的反就业歧视并非完全没有法律，主要缺乏的是实施机制。反就业歧视制度根本没有建立，如法律在女性平等权利和残疾人平等权利的宣告保护方面相当全面。但就是这两种就业歧视仍然存在，这表明现有的反歧视法律是无效的，原因在于缺少有效的申诉救济机制，如歧视女性是宪法、劳动法、妇女权益保障法都严加禁止的。但当一个国家机关明目张胆地拒绝雇佣女性时，受害者除了向有关妇联机构投诉外，并无其他办法，没有途径能保护和救济公民的权利。平等权在法律上是一项不可诉的权利，也就是当前反歧视法律制度的最大问题。

最后，中国的法律本身存在大量歧视，造成制度性歧视的持续存在，这些歧视涉及公务员报考、录用和提拔，涉及户口和身份歧视，涉及不合理地设立健康标准，城市工作准入条件等，用法律化制度性地排除了很多人的就业平等机会，形成不公平的劳动力市场。法律化的歧视，从而造成公民就业平等权的普遍严重的损害。在我国反就业歧视首先要从消除现有的法律歧视开始（蔡定剑，2007）。

（二）完善反歧视法律制度的对策

1. 制定反歧视基本法

反歧视基本法，如《中华人民共和国反歧视法》或《中华人民共和国就业机会平等法》，根据国外专门反歧视法律的立法经验，反歧视法律是一套制度，应由一系列的法律组成。专门的反歧视立法作为这一领域的基本法，主要解决以下三个问题。

一是明确歧视的概念和反歧视的适用范围。把什么是歧视、什么不是歧视界定清楚。并规定禁止歧视的范围，在就业歧视方面根据我国的情况，应禁止基于种族、宗教信仰、性别、身份（包括户口、出身、地域等）、年龄、残疾人、健康和身体特征等方面的歧视，同时明确什么是"就业"。就业过程包括刊登招聘广告、进行工作安置、终止雇佣关系、公务员的人名和解聘、雇佣期限和雇佣条件、雇佣期间接受教育或培训、升迁及工作条件等。这样规定能使反歧视的对象和范围十分清楚明确。如果作为反歧视基本法，就不仅包括就业歧视，还包括其他方面的歧视。如果考虑从就业领域开始，那就先制定《中华人民共和国就业机会平等法》，把反歧视限制在就业领域。

二是反歧视法要解决反歧视专门机构的问题，也就是谁来实施反歧视的各种法律。国外的经验是设立平等机会委员会这样的机构。所以要明确规定平等机会委员会的设立、组成、地位与职权等。专门机构怎么执行法律，拥有什么权力，怎么受理和按什么程序来处理公民的歧视投诉。

三是规定出现纠纷的处理机制。我国现行法律的一个重要缺陷就是公民受歧视无法投诉和得到保护。所以要规定有关公民的投诉程序和举证责任。这是反歧视法不可缺少的内容，没有这方面的规定，受害当事人的权利就不能得到保障（蔡定剑，2007）。

2. 完善现有的平等就业或反歧视的单行法

反歧视基本法并不能解决所有反歧视的法律问题，还需要有其他配套法律。国外反歧视的单行法律除了有就业或平等雇佣法律外，还有性别、种族、残疾人、同工同酬、年龄和根据国情的专门立法。我国现有的《中华人民共和国妇女权益保障法》、《中华人民共和国残疾人保障法》和《中华人民共和国劳动法》等法律，一方面应进一步完善、修改这些法律，明确禁止歧视的范围领域，把现行法律中的权利宣告性规定变成禁止性规定，以解决规范的有效性问题；另一方面还应考虑制定《中华人民共和国禁止身份歧视法》及《中华人民共和国禁止年龄歧视法》等单行法律。这些法律需也要与专门的反歧视法结合起来才能发挥作用。

3. 修改行政诉讼法和民事诉讼法，把反歧视纳入诉讼范围

必须通过修改或解释行政诉讼法、民事诉讼法等法律，把政府机关的歧视行为纳入行政诉讼的范围，把私营机构的歧视行为纳入民事诉讼的渠道（以侵权赔偿提起诉讼）。没有把反歧视诉讼纳入诉讼程序中，仅在有关专门法律中规定可以行政诉讼是无效的。

4. 消除现有法律中的歧视规定

这也是反歧视立法的重要环节。我国过去制定的一些法律、法规，特别是一些规章存在歧视性规定是相当普遍的，即使全国人大制定的法律也存在涉嫌歧视的规定。在地方性法律中，涉嫌歧视的规定更是难以胜数。可见，当前反歧视的一个重要任务是消除现行法律法规中的歧视规定。它需要加强就业平等意识的宣传，增强国家机关，特别是有关立法和行政人员的意识，让他们自觉清理现行法规和文件中的歧视性规定。在某种程度上，消除现行法律法规中的歧视规定，比制定反歧视法还重要，因为它为我国很多制度性歧视提供了法律依据。这些法规不取消，就业歧视的严重状况就不可能从根本上解决。

5. 设立就业机会平等机构

许多国家都设立了反就业歧视的专门机构，有的称为平等委员会也有的称为就业机会平等委员会，如荷兰设立的平等待遇委员会，其职责是专门受理个人或组织对歧视问题的投诉。平等待遇委员会与法院系统就像并驾齐驱的"两驾马车"，在各自的权限范围内为解决就业以及其他歧视纠纷发挥着富有成效的作用。根据国外的经验，建议我国设立就业机会平等委员会，由法律赋予它独立职权，可以定位它为法律机构。委员会由政府任命的官员和社会知名人士组成，其中委员会主任或副主任必须由法律专家或法官担任。委员会的职权主要如下。

第一，受理关于就业歧视问题及其他歧视问题的投诉，针对歧视问题展开调查，举行听证并对有关投诉做出裁决。

第二，有权将本委员会的工作结果和调查情况向社会和政府有关部门公布，就有关反歧视法律的问题向政府、法院以及社会组织提供咨询、意见。

第三，有权独立地向法院提起反歧视诉讼，为此可以取证调查。当歧视一方严重违法，造成群体性的人群受歧视时，委员会可以为受害者提起诉讼（蔡定剑，

2007）。

　　总之，反就业歧视在中国将是一项长期的制度建设，需要提高政府官员和企业的平等雇佣意识，完善反歧视的相关立法，建立反歧视专门机构和启动司法程序，公民自身也需要不断提高此方面的意识，才能促进中国的反歧视及就业平等，最终实现体面劳动的目标。

二、《中华人民共和国就业促进法》

　　制度建设的一个重要成果标志，就是将经过实践检验证明是行之有效的政策措施通过法律形式固定下来。中国第十届全国人大常委会第二十九次会议于2007年8月30日通过、自2008年1月1日开始施行的《中华人民共和国就业促进法》，是新中国成立以来第一步专门规范就业促进的重要法律。它的公布实施，标志着中国就业促进工作的法制化进程迈向了一个新的台阶，是中国就业制度转型的最新立法成果，在中国促进就业工作中具有里程碑意义。

　　立法是世界各国促进就业最普遍、最重要的手段。从国外就业促进立法的情况看，主要有三个特点：一是立法层级高，大都是由最高立法机关立法，政府只是在授权或者为实施法律的情况下才制定相应的法规，这体现了法治国家的要求。二是立法模式多为单项立法，如德国有《就业促进法》、西班牙有《基本就业法案》、秘鲁有《就业促进法》、俄罗斯有《俄罗斯联邦居民就业法》、波兰有《就业与失业法》等。三是法律体系完整，法律规范严密，法律责任明确，法律可操作性强等。国外就业促进立法的特点和做法，为中国制定《中华人民共和国就业促进法》提供了可借鉴的经验（郜风涛，2009）。

（一）《中华人民共和国就业促进法》的原则及主要内容

　　《中华人民共和国就业促进法》的立法原则是建立中国就业促进制度的基础性原则，也是立法必须遵循的指导思想。这些原则不仅要在《中华人民共和国就业促进法》的总则中加以体现，而且还要贯穿于《中华人民共和国就业促进法》的始终，在此法制定的过程中坚持了以下几个原则，即促进经济发展与扩大就业相协调的原则、平等就业原则、市场导向就业原则、城乡统筹就业原则、扶持特殊群体就业原则。

　　《中华人民共和国就业促进法》的实施，以法律的形式确立了促进就业制度要达到的目标和实现的效果，其基本着眼点是为了促进就业，改善民生，促进经济发展与扩大就业相协调，促进社会和谐稳定；其内容涵盖了政府责任和工作机制、政策支持、公平就业、就业服务于管理、职业教育和培训、就业援助、监督检查、法律责任等。这是一部集中体现深入贯彻落实科学发展观，构建和谐社会本质要求的保障性法律。我国近年来体面劳动水平的不断提升部分可归功于此。

这部法律的主要内容及特点包括：确立就业工作在经济社会发展中的优先地位，并将政府促进就业职责法定化；树立"公平就业"这面旗帜，包括明确政府维护公平就业的责任，用人单位和职业中介机构不得实施就业歧视及保障特殊群体的平等就业权；培育市场导向的就业机制，第一次用法律的形式将"人力资源市场"这一概念法定化，是对原来的劳动力市场、人才市场、大学毕业生就业市场进行整合之后的一个总概括；建立一系列面向全体劳动者的促进就业制度，形成较为完整的就业促进工作体系，包括建立健全公共就业服务体系、职业培训体系及就业援助体系。

（二）《中华人民共和国就业促进法》的实施成效及建议

《中华人民共和国就业促进法》自 2008 年 1 月 1 日起施行以来，已经初见成效，同时也存在一些问题，亟待解决。《中华人民共和国就业促进法》实施取得的明显成效，主要表现如下：一是在国际金融危机的冲击下，2008 年全国的就业局势基本稳定，全年累计实现城镇新增就业人员为 1 113 万人，下岗失业人员再就业为 500 万人，就业困难人员就业人员为 143 万人。二是市场导向的就业机制进一步形成。依照《中华人民共和国就业促进法》规定，培育和完善统一放开、竞争有序的人力资源市场的客观环境明显改善，劳动者自主就业、市场调节就业、政府促进就业的新机制基本形成。三是就业服务体系进一步完善，以政府公共就业服务体系为基础、覆盖城乡就业服务体系基本形成。目前，全国城市和大部分县都建立了以公共职业介绍机构为窗口的综合性服务场所，基本实现了免费职业介绍服务，并正在发展成为职业介绍、职业培训、职业指导和劳动保障事务代理等多项内容一体的"一条龙"服务。四是政府依法行政、用人单位和劳动者依法维权的意识和自觉性进一步增强（郜风涛，2009）。总之，《中华人民共和国就业促进法》确立的各项制度在实践中正在得到逐步落实。

《中华人民共和国就业促进法》实施中存在的突出问题如下：一是对《中华人民共和国就业促进法》的宣传还不到位，这部事关劳动者切身利益的法律还没有深入人心。二是劳动执法监察还不到位，对一些违法行为还没有及时进行查处。三是就业歧视的问题还比较严重，需要完善法律制度对实施就业歧视的行为规定相应的法律责任。为此，建议加大对《中华人民共和国就业促进法》的宣传力度，让人们知法、懂法、守法；加大劳动执法监察力度，建立行政执法责任追究制度；加快制度创新，完善相关的配套法规，为全面贯彻实施《中华人民共和国就业促进法》创造良好的环境（郜风涛，2009）。

三、《中华人民共和国社会保险法》

《中华人民共和国社会保险法》是我国社会保障体系的一部基本法律，也是事关全体劳动者与城乡居民社会保险权益以及体面劳动目标最终实现的基本法律。在经历 16 年的立法历程和两届全国人大常委会的四次审议后，《中华人民共和国社会保险法》终于在 2010 年 10 月 28 日通过。《中华人民共和国社会保险法》的出台，标志着我国社会保险制度开始由改革试验阶段步入定型、稳定发展阶段，各项社会保险工作的开展从此有了高层次的法律依据，劳动者与城乡居民的社会保险权益从此有了可靠的法律保障，是我国社会保障制度建设史上具有里程碑意义的事件。

（一）《中华人民共和国社会保险法》的内容和特点

《中华人民共和国社会保险法》是以规范社会保险关系、维护公民参加社会保险和享受社会保险待遇的合法权益、使公民共享发展成果为宗旨，对社会保险制度及其运行做出了明确的规范。其基本内容可以概括为以下几个方面：①明确了国家建立社会保险制度与公民享有的社会保险权益，规范了政府、用人单位等在这一制度中的具体责任和义务；②明确了社会保险制度由基本养老保险、基本医疗保险、工伤保险、失业保险、生育保险组成，规范了上述五个保险项目的适用范围及基本模式，以及参保人的具体权益；③明确了社会保险制度的管理与运行机制，规范了政府主管部门、业务经办机构、社会保险费征收机构的职责及运行方式；④明确了社会保险基金的组成及管理方式，严格了基金管理；⑤明确了社会保险的监督机构，包括立法机关监督、行政部门监督、社会保险监督委员会监督、工会及其他组织或个人监督等；⑥明确了这一制度在实践中主体各方的法律责任（谢琼，2011）。

《中华人民共和国社会保险法》的特点主要表现在以下几个方面：一是综合立法。与许多国家根据不同社会保险项目分别立法的做法不同，《中华人民共和国社会保险法》是一部社会保险综合法，涵盖了整个社会保险制度及其运行。二是突出公民权，尤其是劳动者的福利权。其他国家的社会保险制度适用一般劳动者，《中华人民共和国社会保险法》在养老保险、医疗保险方面实质上是将全体城乡居民普遍纳入进来。在具体条文中，包括对达到法定退休年龄时累计缴费不足十五年的"可以缴费至满十五年，按月领取基本养老金"和"视同缴费年限应当缴纳的基本养老保险费由政府负担"等规定，均体现了对劳动者社会保险权益的特别保护。三是兼顾现实。法律一般规范的是长久性制度安排，但我国社会保险制度还需要深化改革,对社会保险制度还无法做到完全具体规范,因此《中华人民共和国社会保险法》兼顾到了这一点,如对公务人员的养老保险、基本养老保险关系转移与统筹层次问题、社会保险费征收机构等授权由国务院规定,这实际上是一种立法的变通。四是发展性。我国的《中华人民共和国社会保险法》虽然经过立法机关四次审议,但一些需要做出法律明确规范的事项还未能明确规范,如城镇居民基本医疗保险与农村居民合作医疗如何根据城乡统筹原则进行整合,基本养老保险全国统筹何时实现,社会保险基金与社会保险经办机构的性质如何确定等问题,法律均没有做出明确规范。这些问题受制于社会保险制度改革实践,只能在未来不断完善。可见《中华人民共和国社会保险法》中尚有缺憾(谢琼,2011)。

(二)《中华人民共和国社会保险法》的实施效果及后续立法方向

《中华人民共和国社会保险法》的颁布实施取得了一定的效果,从宏观层面看,使我国社会保险制度发展全面进入法制化轨道。《中华人民共和国社会保险法》规范了社会保险关系,规定了用人单位和劳动者的权利与义务,强化了政府责任,明确了社会保险行政部门和社会保险经办机构的职责,确定了社会保险相关各方的法律责任;《中华人民共和国社会保险法》确立了广覆盖、可转移、可衔接的社会保障,从法律上破除了阻碍各类人才自由流动、劳动者在地区之间和城乡之间流动就业的制度性障碍,有利于形成和发展统一规范的人力资源市场;《中华人民共和国社会保险法》进一步规范明确了劳动者和用人单位的社会保险权利义务关系,有利于促进劳动关系的稳定与和谐;从微观层面看,《中华人民共和国社会保险法》的实施成效体现在以下几个方面:一是有力地促进了社会保险制度的改革和发展,加速推进城乡居民养老、城乡居民医疗保险制度的建设,在很短的时间内实现了制度全覆盖。二是短时间内使全国的参保人数迅速增加,2012年城镇职工养老保险参保人数比2010年增加了4 700多万人,城镇医疗保险,包括城镇居民医疗保险参保人数增加了1亿人,其他"三险"参保人数也大幅增加。三是短时间内五项社会保险基金收、支、结余都大幅地增长,年增幅均超过50%。四是通过多种渠道解决历史遗留问题,将过去遗留下来的数以百万计的国有企业、集体企业等各类企业职工纳入养老、医疗、工伤保险统筹范围,保障了他们的基本生活,促进了社会公平和稳定。五是广大企业和职工的社会保险法律意识明显提高,企业和职工依法参保意识明显增强。六是各地社保经办机构管理能力得到提高,据调查统计,有84.1%的人对社保经办机构的服务表示满意(蔡树峰,2014)。

由于中国的社会保险改革还在进行中,各地区发展的不平衡与社会保险制度建设的步伐不一，决定了中国的社会保险立法还不可能一步到位地走向完善。虽然《中华人民共和国社会保险法》已经正式出台，但是社会保险的立法任务远未完成。未来相当长一段时间内立法背后的博弈仍将继续。对于社会保险法后续立法，应当从以下几个方面着手（李志明，2011）。

第一，尽快出台《社会保险法实施细则》，对社会保险法具体适用进行权威的解读，明确法条具体实施办法，弥补《中华人民共和国社会保险法》可操作性不足的缺憾，并以《中华人民共和国社会保险法》及其实施细则为核心，构建中国社会保险法律体系。

第二，尽快制定相应的社会保险法规，为《中华人民共和国社会保险法》的全面实施提供更具操作性的法律依据。现行法文中有多处都提到"由国务院规定"或省级政府决定，少数条文的规定也显得过于原则。实施中迫切需要更具体细化的规范来指导。因此，国务院应及时制定相应的社会保险法规，如《社会养老保险条例》、《医疗保险条例》、《社会保险费征缴条例》及《社会保险经办机构条例》等，以便使制度运行真正有"法"可依。这是《中华人民共和国社会保险法》能够顺利实施的保证。

第三，根据《中华人民共和国社会保险法》体现出来的立法精神，修改和完善现有的行政法规，使它们的相关规定协调、一致。

第四，为了强化社会保险制度的刚性约束，还应完善与之相匹配的刑事立法，如在《中华人民共和国刑法》中增设严重危害社会保险制度的一些新罪名和罚则，或对现有罪罚做适当的扩充性解释。

总之，《中华人民共和国社会保险法》的通过并不意味着我国完成了社会保险制度的立法任务，更不能等同于社会保险制度由此走上了法制化轨道。应明确认识到，《中华人民共和国社会保险法》还应继续完善，应该强化普法宣传，让每一个劳动者和相关的利益主体尽知自己的权利与义务，并懂得怎样去履行义务和维护并享受权利。建议相关部门采用通俗易懂和人们喜闻乐见的形式，通过各种途径将这一事关城乡居民尤其是广大劳动者切身利益的法律宣传到每个单位、每个社区、农村和每个劳动者。这是《中华人民共和国社会保险法》能顺利实施的基础性步骤。此外，还要严格执法。法律的效果最终取决于是否得到严格执行。要想其效用得到充分发挥，就必须严格执法，切实维护它的严肃性与权威性，确保这一制度运行在规范的法制轨道上。这就需要行政主管部门承担起日常的监管责任，社会保险监督委员会承担起专门的监督责任，立法机关承担起监督法律实施的责任，司法机关承担起惩处社会保险制度运行中的违法犯罪现象的责任，工会及社会各界也要承担起相应的监督责任。只有让社会保险制度依法运行在阳光透明的状态下，才能维护这一制度的健康运行。只有如此，《中华人民共和国社会保险法》立法宗旨才能得到贯彻，立法初衷才能真正落到实处。

四、《中华人民共和国劳动合同法》

《中华人民共和国劳动合同法》由第十届全国人民代表大会常务委员会第二十八次会议于 2007 年 6 月 29 日通过，自 2008 年 1 月 1 日起施行。为了贯彻实施此法，2008 年 9 月 3 日国务院第 25 次常务会议通过《中华人民共和国劳动合同法实施条例》。

《中华人民共和国劳动合同法》针对以往劳动合同签约率低、合同短期化严重、滥用"试用期"和劳务派遣等问题，在劳动保障和劳动者权益保护方面做了全新规定，对现行《中华人民共和国劳动法》以及地方劳动立法的很多方面进行了重大调整。该法的实施不仅对企业人力资源管理甚至经营管理带来巨大的影响，也对劳动争议案件的处理提出新的挑战。该法是构建和发展和谐稳定劳动关系以及体面劳动目标实现的法律基石。

（一）《中华人民共和国劳动合同法》的积极作用[①]

（1）因势利导，扩大了劳动合同的适用范围。《中华人民共和国劳动合同法》根据社会的发展和客观情况的变化，对劳动合同制度进行相应的改革。一是在适用范围内增加了民办非企业单位、基金会、合作或合伙律师事务所等新的单位类型。对这类单位与其劳动者之间的权利义务关系如何规范，现行《中华人民共和国劳动法》没有规定，《中华人民共和国劳动合同法》的规定有利于维护这类单位的劳动者权益。二是《中华人民共和国劳动合同法》明确规定事业单位与实行聘用制的工作人员之间也应订立劳动合同，但考虑到事业单位实行的聘用制度与一般劳动合同制度在劳动关系双方的权利和义务方面、管理体制方面存在一定的差别，因此允许其优先适用特别规定，这既为事业单位体制改革确定了方向又留有余地。

（2）加重企业违法成本，积极引导劳资双方订立书面劳动合同。《中华人民共和国劳动合同法》明确规定，建立劳动关系应当订立书面劳动合同。为了方便用人单位与劳动者订立劳动合同，又督促用人单位必须与劳动者订立劳动合同，《中华人民共和国劳动合同法》规定了三项措施：一是规定已建立劳动关系，未同时订立书面劳动合同的，如果在自用工之日起一个月内订立了书面劳动合同，其行为即不违法。二是规定用人单位未在自用工之日起一个月内订立书面劳动合

---

① 马俊军. 2007 年中国劳动立法评述——兼评《就业促进法》、《劳动合同法》、《劳动争议调解仲裁法》［J］. 岭南学刊，2008，（4）：60-63.

同，但在自用工之日起一年内订立书面劳动合同的，应当在此期间向劳动者每月支付双倍的工资。三是规定用人单位自用工之日起满一年仍然未与劳动者订立书面劳动合同的，除在不足一年的违法期间向劳动者每月支付双倍的工资外，还应当视为用人单位与劳动者已订立无固定期限劳动合同。后两项措施是对企业不订立书面劳动合同的严厉处罚，必将促使企业积极订立书面劳动合同，更好的保护劳动者（马俊军，2008）。

（3）积极引导劳资双方订立长期或者无固定期限劳动合同，遏制劳动合同短期化现象。自推行劳动合同制度以来，一些用人单位为规避法定义务，不愿与劳动者签订长期合同，而利用短期合同使用劳动者，离职时不支付经济补偿金，既影响了劳动关系的和谐，也对企业的长期发展、社会的稳定产生不利影响。为了更好地维护劳动者的就业稳定权，并与国际劳工保护标准接轨，《中华人民共和国劳动合同法》在用人单位与劳动者订立无固定期限劳动合同方面提出了更高的要求。规定在法定情形下，如果劳动者提出或者同意续订、订立劳动合同，除劳动者提出订立固定期限劳动合同外，应当订立无固定期限劳动合同。特别是明确了法律责任：用人单位违反本法规定不与劳动者订立无固定期限劳动合同的，自应当订立无固定期限劳动合同之日起向劳动者每月支付双倍的工资。但对用人单位解除无固定期限劳动合同与解除有固定期限劳动合同同样做了规定，所以无固定期限劳动合同并非是不可解除的劳动合同，不是计划经济时代的铁饭碗。

（4）加大试用期劳动者权益保护的力度，杜绝试用期变成"白用期"及"廉价期"。按现行法律规定，职工在试用期内达不到录用条件，用人单位可以随时解除劳动合同，并且不用支付经济补偿金。同时，由于试用期间职工的工资待遇没有规定最低限度，待遇相对较低，有的用人单位特别是生产经营季节性强的中小型企业，在生产旺季大量招用员工，规定较长的试用期，较低的工资，在试用期结束前，以劳动者达不到录用条件为由解除劳动合同，变相盘剥劳动者。针对上述情况，《中华人民共和国劳动合同法》做出了一些与《中华人民共和国劳动法》不同的新规定：一是缩短试用期限。规定劳动合同期限三个月以上不满一年的，试用期不得超过一个月；劳动合同期限一年以上不满三年的，试用期不得超过二个月；三年以上固定期限和无固定期限的劳动合同，试用期不得超过六个月；以完成一定工作任务为期限的劳动合同或劳动合同期限不满三个月的，不得约定试用期。二是规定了试用工的工资标准。劳动者在试用期的工资不得低于本单位同岗位工资的低档工资或者劳动合同约定工资的80%，并重申同时不得低于用人单位所在地的最低工资标准。三是规定试用期不得随意解除劳动合同。在试用期中，除劳动者有本法规定的情形外，用人单位不得解除劳动合同。在试用期解除劳动合同的，应当向劳动者说明理由，违法解除要支付赔偿金（马俊军，2008）。

（5）保护劳动者的自主择业权，明确规定用人单位可约定由劳动者承担违约金的情形。根据《中华人民共和国劳动法》规定，用人单位与劳动者可以在不违法的前提下自由约定违约责任。一些用人单位借此与劳动者约定在劳动者单方解除劳动合同时必须支付明显过高的违约金，从而实际上剥夺了劳动者依法解除劳动合同权、自主择业权。《中华人民共和国劳动合同法》对劳动者承担违约金的情形做了明确规定：一是在培训服务期约定中约定违约金。用人单位为劳动者提供专项培训费用，对其进行专业技术培训的，可以与该劳动者订立协议约定服务期。劳动者违反服务期约定的，应当按照约定向用人单位支付违约金。二是在竞业限制约定中约定违约金。用人单位可以在劳动合同或者保密协议中与劳动者约定竞业限制条款，并约定在解除或者终止劳动合同后，在竞业限制期限内按月给予劳动者经济补偿。劳动者违反竞业限制约定的，应当按照约定向用人单位支付违约金。除以上两种情形外，用人单位不得与劳动者约定由劳动者承担的违约金，或者以赔偿金、违约赔偿金、违约责任金等其他名义约定由劳动者承担违约责任。

（6）据实际需要增加维护用人单位合法权益的内容。一是《中华人民共和国劳动合同法》除延续《中华人民共和国劳动法》有关规定外，增加了两种用人单位可以裁减人员的情形：①企业转产、重大技术革新或者经营方式调整，经变更劳动合同后，仍需裁减人员的；②其他因劳动合同订立时所依据的客观经济情况发生重大变化，致使劳动合同无法履行的。二是增加规定了向高收入劳动者支付经济补偿的限额，即劳动者月工资高于用人单位所在直辖市、设区的市级人民政府公布的上年度职工月平均工资三倍的，向其支付经济补偿的标准按职工月平均工资三倍的数额支付，向其支付经济补偿的年限最高不超过十二年。这一规定的目的是避免过于加重用人单位的人工成本，同时合理调节高收入劳动者的收入水平（马俊军，2008）。

（二）《中华人民共和国劳动合同法》存在的问题及建议

由于《中华人民共和国劳动合同法》实施时间不长，宣传力度不够，各项配套制度和措施还不尽完善，在执行中就不可避免地存在这样或那样的问题。

第一，《中华人民共和国劳动合同法》法律执行力相对薄弱。《中华人民共和国劳动合同法》施行后，用人单位规避或违反新法的现象还普遍存在。例如，《中华人民共和国劳动合同法》对我国近些年来发展势头迅猛的劳务派遣采取了从严规制的措施，避免了一些用人单位滥用劳务派遣规避劳动法责任，但是许多用人单位特别是企业出于降低用工成本的动机，开始调整人力资源管理策略，外包用工成为一些用人单位替代劳务派遣规避劳动法责任的首要形式，而对于劳动者而言，显然其在外包用工中的权益保障弱于在直接用工中的权益保障。

在此形势下，对执法部门的执法能力是严峻的考验。目前，在新法执行中还存在主观和客观两方面的问题，造成法律执行力不足。一方面，在客观上，地方上普遍存在劳动保障执法、劳动争议仲裁人员不足的情况，执法部门没有足够的力量应对。另一方面，在主观上，新法实施恰遇经济滑坡、企业经营困难之时，不仅许多企业有抵触情绪，一些地方政府也存在顾虑，采取消极应付的态度。另外，执法监督和约束机制的不完善，也影响法律的执行力。

第二，社会保障制度不配套，阻碍法定权益真正实现。目前，"分灶吃饭"的财政体制，使得不同地区社会保障标准各异，因而还无法实现"账户随人走"，社保账号在异地无法自由流转，出现相当一部分员工，尤其是农民工不愿购买社会保险、甚至排队退保的现象。根据调查，外来民工参保率较低，大部分外来民工不愿参保，而退保手续的办理要一周时间。用人单位在员工社保缴纳问题上也是进退两难。社保问题成为目前《中华人民共和国劳动合同法》实施中的一大障碍，阻碍新法的真正落实，也是劳资双方及执法部门都深感困惑的问题。

第三，部分历史遗留问题促使矛盾加剧。在一些历史遗留问题尚未清理的情况下，新法的实施无疑会"火上浇油"。据广州市工会调查，汕头、韶关、湛江等市已关闭多年的国有困难企业，目前还有下岗职工 4.8 万人，大量在册职工尚未与企业脱离关系，每月只领取低额生活费，处于无劳动合同、无社保、无补偿的"三无"状况。例如，按《中华人民共和国劳动合同法》规定，企业必须与这批职工签订劳动合同，并按合同支付工资，否则需支付两倍工资。这对已丧失生存能力的企业来说是力所不及的，而下岗职工则要求企业执行新法，并提出法律诉讼。这一问题在各地都会存在，如不能妥善处理，极易引发群体性事件，不利于社会稳定。

第四，对无固定期限合同仍存在误解。由于缺乏对无固定期限劳动合同制度的正确认识，不少人认为无固定期限劳动合同是"铁饭碗"和"终身制"，一经签订就不能解除。很多劳动者把无固定期限劳动合同视为"护身符"，千方百计与用人单位签订无固定期限劳动合同；用人单位则将无固定期限合同看成了"终身包袱"，想方设法逃避签订无固定期限劳动合同的法律义务。调研中还发现，也有部分劳动者不愿意签订书面合同，尤其是外来务工人员更不愿意签订合同，认为签订合同不利于自己更换工作。无固定期合同对于他们来说更是"画中馅饼"，毫无实际意义。但也有些劳动者不签固定期合同，是为了主张无固定期合同和经济补偿等，令企业无可奈何。

《中华人民共和国劳动合同法》的出台，无疑是在我国劳动立法进程上迈出了具有重要意义的一步。但是，在当前的经济社会形势下，《中华人民共和国劳动合同法》的实施，还需要注意解决好几个方面的问题（马俊军，2008）。

第一，处理好落实《中华人民共和国劳动合同法》和缓解企业现实困难的关系。面对当前宏观经济和企业经营状况的实际情况，我们建议，在《中华人民共和国劳动合同法》执行中，可分阶段、分重点地缓步推进。当前，可将执法重点放在与所签劳动合同相对应的工资支付的法律保证上。与此同时，对企业消除追溯期，在执法仲裁中统一明确新法实施之日为法律的生效期；短期内适度调低社保缴费率和最低工资标准。这样，一方面维护了劳动者最基本、最紧迫的生存需求，另一方面也为企业适当免除过重的历史欠债，给企业更多的喘息机会。

第二，统筹城乡社会保障制度建设，消除《中华人民共和国劳动合同法》实施的制度瓶颈。应尽快出台有关农民工养老保险的实施办法，本着既有利于农民工流动和养老金转续、携带，又有利于最终对接城镇职工养老保险或农村养老保险的原则，在短期内可实行过渡性的农民工养老保险办法，探索农民工个人账户方式，使社会养老保险尽快惠及这一特殊人群。尽快建立农村新型养老保障制度，对建立城乡对接的社会保障制度、促进农村劳动力转移、加快实现城乡统筹发展具有重要的现实意义。按照世界银行和联合国开发计划署公布的数字，按可比价格和实际购买力来看，我国目前的人均收入和财政能力均已超过当年建立农村社会保险时的英美等国家。因此，加快农村社会保障制度建设尤其是农村社会养老保险制度建设的时机已经成熟。应尽快出台农村养老保险试点指导意见，制订全国统一方案，明确政府出资责任和比例，完善管理机构和管理手段，在长三角等有成功经验的地区先行试点、总结经验、逐步推开。

第三，地方实施条例应充分考虑本地实际情况，提高可操作性和适宜性。各地政府在制定和执行本地的《中华人民共和国劳动合同法》实施条例时，应根据当地产业发展、企业经营及劳动者就业的特点，在不违反新法的前提下，制定出既有利于落实新法，又有利于促进当地人员就业、经济发展和劳资和谐的具体细则，提高新法的可操作性和适宜性。

第四，建立对政府执法部门执法行为的监督机制。首先要在制度上建立执法部门的行为守则，在行为规范中戒除不合理的摊派和变相收费行为。在明确规则的基础上，与行政诉讼制度相结合，建立社会监督机制。在执法中提升政府的公信度。

五、《中华人民共和国劳动争议调解仲裁法》

《中华人民共和国劳动争议调解仲裁法》已由第十届全国人民代表大会常务委员会第三十一次会议于 2007 年 12 月 29 日通过，自 2008 年 5 月 1 日起施行。这对于公正及时地解决劳动争议、保护劳动争议当事人特别是劳动者的合法权益、促进劳动关系和谐稳定、构建社会主义和谐社会以及体面劳动目标的实现都具有十分重要的意义。

（一）《中华人民共和国劳动争议调解仲裁法》的意义

针对现行劳动争议处理制度存在的问题，《中华人民共和国劳动争议调解仲裁法》运用国家公权均衡双方力量，做出有利于劳动者的规定。

1. 减轻了当事人经济负担

《中华人民共和国劳动争议调解仲裁法》规定劳动争议仲裁不收费，劳动争议仲裁委员会经费由财政予以保障。即使进入诉讼程序，根据 2007 年 4 月 1 日实施的《诉讼费用缴纳办法》劳动争议案件也只需缴纳 10 元的诉讼费，这对劳动者来说显然降低了维权的门槛，必然带来劳动争议案件数量井喷式的激增，对劳动仲裁队伍建设在量和质上都提出了更高的要求。

2. 突出了劳动争议调解程序

为尽量把争议解决在基层，最大限度地减少社会成本，《中华人民共和国劳动争议调解仲裁法》将调解单列一章。特别是规定对因支付拖欠劳动报酬、工伤医疗费、经济补偿或赔偿金事项达成调解协议，用人单位在协议约定期限内不履行的，劳动者可持调解协议书依法向人民法院申请支付令，人民法院应当依法发出支付令。这是劳动者向人民法院申请追回工资报酬等经济待遇的一条快捷途径。

3. 更加合理地分配举证责任

《中华人民共和国劳动争议调解仲裁法》规定，当事人对自己提出的主张，有责任提供证据。考虑到用人单位掌握和管理着劳动者的档案等材料，劳动者明显处于不利的地位，又特别规定，与争议事项有关的证据属用人单位掌握管理的，用人单位应当提供，不提供的应承担不利后果。今后对于因辞退、降职、欠薪、减薪、劳动保护、社保费缴纳等发生争议的劳动纠纷案件基本均由用人单位举证，对用人单位的管理水平提出了更高要求，也对劳动者维权提供了有力的司法救济。

4. 延长了申请劳动争议仲裁时效期间

按现行规定，应当自劳动争议发生之日起六十日内向劳动争议仲裁委员会提出书面申请。在实践中，一些劳动者因为超过时效期间丧失了获得法律救济的机会。为更好地保护劳动关系当事人、特别是劳动者合法权益，《中华人民共和国劳动争议调解仲裁法》将申请仲裁的时效期间延长为一年。

5. 缩短了劳动争议仲裁审理期限

根据现行规定，仲裁裁决一般应在收到仲裁申请的六十日内做出。若案情复杂确需延期的，经法定程序批准可适当延期，但延期不得超过三十日。为提高效率，《中华人民共和国劳动争议调解仲裁法》缩短了仲裁审理时限，规定应当自受理仲裁申请之日起四十五日内结束；案情复杂需要延期的，经劳动争议仲裁委员会主任批准，可延期并书面通知当事人，但延期不得超过十五日。

6. 规定部分案件实行有条件的"一裁终局"

为防止一些用人单位恶意诉讼以拖延时间、加大劳动者维权成本，《中华人民共和国劳动争议调解仲裁法》在仲裁环节规定部分案件实行有条件的"一裁终局"，即对因追索劳动报酬、工伤医疗费、经济补偿或赔偿金，不超过当地月最低工资标准十二个月金额的争议，以及因执行国家劳动标准在工作时间、休息休假、社会保险等方面发生的争议等案件的裁决，在劳动者法定期限内不向法院提起诉讼、用人单位向法院提起撤销仲裁裁决的申请被驳回的情况下，仲裁裁决为终局裁决，裁决书自做出之日起发生法律效力。

（二）《中华人民共和国劳动争议调解仲裁法》存在的问题及建议

《中华人民共和国劳动争议调解仲裁法》自实施以来，已发挥了积极作用，我们应当进一步发挥其积极效用，通过克服仲裁调解的障碍，解决仲裁调解的难题，使劳动争议处理机制更加完善。建议对目前的调解机制从以下方面进行完善。

第一，进一步扩大裁终局的范围。在劳动争议调解中，仲裁员居于主导地位，决定着案件能否调解成功，而仲裁员调解的成功率与其权威紧密相连。在劳动争议案件的处理中，仲裁员的权威来自其对案件的决定权。对于一次性裁决事项，仲裁员的调解意见往往比较受到重视。原因就是用人单位受到仲裁员一次性裁决权力的威慑，难以在仲裁调解中过度地利用其优势地位，过分压低劳动者的相关利益。因此，还应当进一步扩大裁终局的范围，这样会有利于促进调解和维护劳动者的合法权益（李坤刚等，2013）。

第二，应对解决社会保险费拖欠问题做专门研究。据了解，将社会保险费拖欠纳入调解范畴，是我国普遍存在的现象。可以认为，缴纳社会保险费是用人单位的法定义务，我国社会保险机制的顺利运行，依赖于用人单位按时履行缴纳社会保险费的义务。劳动争议调解实践中，将保险费的拖欠作为调解事项，并且往往由用人单位给予劳动者一定的费用补偿了事，且这笔费用会大大地低于用人单位应当缴纳的社会保险费。从结果上看，似乎用人单位和劳动者均满意，但是这种做法会不利于我国的社会保险制度的发展。尽管拖欠社会保险费争议调解的原因复杂，在社会保险费补缴的问题上，也常遇到劳动者难以承担自己补缴部分费用的困难，但考虑到社会保险制度的长久的、可持续发展，应杜绝对社会保险费拖欠的调解。为此，应对社会保险费拖欠问题的处理进行专门的研究，制定出解决目前普遍存在的不缴纳社会保险费或者拖欠社会保险费状况的办法（李坤刚等，2013）。

第三，确定较高的不执行滞纳金。争议双方之中，用人单位仍处于优势地位，对于优势地位的滥用，会阻碍调解的顺利进行，并对劳动者的权益带来不利影响。而只有在其他劳动争议解决方式的经济成本、社会成本大于收益的时候，用人单位才会注重并主动选择协商方式来解决劳动争议。为此，应当加重用人单位履行劳动争议生效文书义务的责任。目前，民事诉讼法中关于执行的规定，是基于平等的民事主体之间的关系而设计的，并不能很好地适用于劳动关系这种强弱之间的关系，劳动争议处理制度要考虑劳动关系的特征、劳动纠纷的特点以及劳资双方地位的相对不平衡（谢增毅，2008）。建议确立较高的、不及时执行劳动争议案件调解结果的滞纳金，以促进用人单位履行义务，保护处于弱势地位的劳动者。

第六节 本 章 小 结

法律的生命在于实施，有法不依，其恶甚于无法，这几部法律涉及千千万万的劳动者和企业。《中华人民共和国反就业歧视法》及《中华人民共和国就业促进法》将促使人们更好地找到工作，《中华人民共和国劳动合同法》及《中华人民共和国社会保险法》将保障人们更好地工作，《中华人民共和国劳动争议调解仲裁法》是在工作中发生纠纷时，使人们有一个法律救济的途径。这几部法律联系在一起，前后呼应、互相衔接，目的都是建立和谐稳定的劳动关系，是国家落实科学发展观、坚持以人为本、构建社会主义和谐社会以及体面劳动目标的最终实现的重大战略举措。因此，全国人大要按照惯例对这三部法律进行专项执法检查，各级政府及其劳动保障部门和人民法院要不折不扣执行好这几部法律。只有维护好法律的严肃性，企业和劳动者的合法权益才能得到切实的保障。

现任国家主席习近平同志提出的"中国梦"之一就是实现劳动者的体面劳动。体面劳动不仅事关劳动者生活的方方面面，更是涉及社会发展的综合领域，包括政治、经济、文化、道德等。在过去的十几年中，我国劳动者在整体就业率、就业机会平等、劳动法律保障、总体收入水平、劳动安全环境、公平对话权利等方面都得到了改善提升。体面劳动水平提升与经济社会发展之间具有互为因果、互促共进的紧密关系。因此，不仅要在维护社会稳定和促进经济发展的大局中不断提升我国体面劳动水平，而且也要注重以体面劳动水平的不断提升来促进经济的快速发展和维护社会的和谐稳定。

本书以探索构建促进体面劳动实现的政策体系为核心，在体面劳动理论与实践的基础上，探讨了我国弱势群体的劳动力市场排斥与体面劳动状况，采用国际劳工组织颁布的新的体面劳动衡量指标，测量我国体面劳动水平，探讨其形成原因和变动趋势，并从技术进步、劳动力市场分割、市场化、城镇化、社会公正五个方面，做体面劳动水平的影响因素分析。

从目前对体面劳动领域的研究来看，无论是在实践上还是理论上都需要做进一步的探讨。从实践上看，我国目前处于转型中期，各项制度处于过度转变的关键时期，劳动者的各项权益有待提高，而体面劳动的实现与之密切相关。从理论上看，体面劳动自身尚有许多问题亟须解决，如符合国情的体面劳动的动态衡量指标及评价体系等。我国政府虽然在努力践行体面劳动的相关理念，但是由于相关的条件限制，实施效果仍然有待提高。

体面劳动问题是一个意义深远研究领域，也是在经济自由化、全球化背景下的发展趋势和未来走向。虽然笔者博士后在站研究阶段已经告一段落，但是笔者在导师的指引下在这一领域内继续探索，深入开展研究。本书研究的不足之处是，由于时间和精力的限制，实证研究的范围过窄，并未能全面地说明问题。接下来，研究的拓展方向为分行业、分地区、分职业体面劳动水平的比较研究，以及全国范围内体面劳动的实证调研。

参 考 文 献

白斌. 2010. 弘扬中国工人伟大品格与推进职工体面劳动 [J]. 工会理论研究 (上海工会管理职业学院学报), (3): 19-21.

白凤森. 2000. 对拉美失业问题的再认识 [J]. 拉丁美洲研究, (5): 30.

白兴时, 李晖. 2011-06-21. 实现体面劳动的基本途径和对策建议 [N]. 工人日报, (006).

包雪英, 包文才. 2011. 建立和谐劳动关系实现体面劳动 [J]. 中国城市经济, (3): 249.

蔡定剑. 2007. 中国就业歧视现状及反歧视对策 [M]. 北京: 中国社会科学出版社.

蔡昉, 王德文. 2009-02-18. 化解金融危机对中国就业的冲击 [N]. 中国信息报, (006).

蔡树峰. 2014. 社会保险法实施过程中存在的问题及对策建议 [J]. 经济师, (1): 92-94.

曹凤月. 2008. 体面劳动与工作环境人性化 [J]. 中国劳动关系学院学报, (6): 48-51.

曹兆文. 2011a. GDP 对体面劳动生产性的影响——基于中国数据的实证分析 [J]. 财经问题研究, (11): 86-90.

曹兆文. 2011b. 国际劳工组织体面劳动衡量指标探要 [J]. 人口与经济, (6): 57-61.

曹兆文. 2011c. 体面劳动的生产性: 概念与实现途径 [J]. 广州大学学报 (社会科学版), (9): 53-56.

曹兆文. 2012a. 体面劳动基本理念与衡量指标的关系 [J]. 重庆理工大学学报 (社会科学版), (1): 32-38, 46.

曹兆文. 2012b. 体面劳动基本理念与衡量指标的关系 [J]. 重庆理工大学学报 (社会科学版), (1): 32-38.

长路. 2014-02-13. 低学历女性更渴望体面劳动 [N]. 中国妇女报, (A01).

常红玮. 2012. 构建和谐劳动关系是实现职工体面劳动的重要基础 [J]. 工会论坛 (山东省工会管理干部学院学报), (4): 20-21.

常凯. 2004a. 劳动权: 当代中国劳动关系的法律调整研究 [M]. 北京: 中国劳动社会保障出版社.

常凯. 2004b. 论政府在劳动法律关系中的主体地位和作用 [J]. 中国劳动, (12): 4-7.

常凯. 2005. 工会何为? [J]. 南风窗, (23): 48-49.

常凯. 2009. 中国劳动关系报告——当代中国劳动关系的特点和趋向 [M]. 北京: 中国劳动社会保障出版社.

车玉明. 2008-10-22. 强化和谐劳动关系实现体面劳动 [N]. 新华每日电讯, (001).

陈海秋. 2009. 论农民工就业质量的提高与"体面劳动" [J]. 北京农业职业学院学报, (4): 57-61.

陈昊. 2013-05-04. 体面劳动, 快乐假日 [N]. 中国经济导报, (A02).

陈晖涛, 卢红飚. 2013. 基于体面劳动的新生代农民工劳动权益保护 [J]. 大海事大学学报 (社会科学版), (3): 72-75.

陈家兴. 2010. 体面劳动不能止于"加薪" [J]. 劳动保障世界, (9): 13.

陈晋峰. 2012. 大学生就业难的原因探究及对策分析 [D]. 山西财经大学硕士学位论文.

陈静. 2014a. 城镇非正规就业群体的体面劳动衡量指标体系构建研究 [J]. 经济学家, (4):

102-104.

陈静.2014b. 体面劳动视角下城镇非正规就业群体的劳动权益保障研究［D］. 西南财经大学博士学位论文.

陈静，金淑彬，杨眉.2013. 中国城镇农民工群体非正规就业的体面劳动实证研究［J］. 改革与战略，（5）：39-43.

陈静媛.2010. 我国体面劳动的现状及完善措施［J］. 青海社会科学，（5）：182-186.

陈美，刘友磊.2011. 浅析精神层面体面劳动的实现——基于与《Incoterms 2000》的比较［J］. 经济视角，（7）：1-2.

陈荣书.2010-03-22. 坚持就业优先战略促进实现体面劳动［N］. 人民日报，（016）.

陈树德.2011-08-22. 给予劳动群众体面劳动的尊严［N］. 人民政协报，（A01）.

陈通明，李霞，赫凤起.2008. 经济转轨过程中宁夏残疾人劳动就业路径选择［J］. 宁夏社会科学，（2）：71-76.

陈新，沈扬扬.2014. 新时期中国农村贫困状况与政府反贫困政策效果评估——以天津市农村为案例分析［J］. 南开经济研究，（3）：23-38.

陈新，周云波，陈岑.2014. 中国收入分配中的主要问题及收入分配的制度改革［J］. 学习与探索，（3）：89-94.

陈英凤.2011-04-30. 走出低薪怪圈才可能"体面劳动"［N］. 中国经济导报，（A03）.

陈宥任.2012. 体面劳动对企业员工工作绩效影响的实证研究［D］. 湖南大学硕士学位论文.

陈芸，谢登科，陈芳，等.2010-06-07. 让劳动者体面劳动有尊严地生活［N］. 新华每日电讯，（001）.

陈正良.2003. 二零零三年台湾劳动基本权利调查报告［R］.

成露.2008-02-22. 《劳动合同法》：让劳动者"体面劳动"［N］. 中国国门时报，（003）.

成露.2010-05-09. 体面劳动就该消除同工不同酬［N］. 工人日报，（002）.

代利凤.2010. 国内体面劳动研究进展和述评［J］. 辽宁行政学院学报，（6）：62-63.

代利凤，张丽.2010. 浅析体面劳动视域下的女性就业弱势［J］. 经济研究导刊，（2）：59-60.

邓玲，刘安凤.2014. 经济增速放缓背景下就业制度创新思考［J］. 宏观经济管理，（1）：62-63.

邓圩.2010. 新生代农民工生存状况调查——追求体面劳动［J］. 就业与保障，（10）：38.

迪奥普.2010-03-22. 体面劳动成为通向合作的桥梁［N］. 人民日报，（016）.

丁军杰.2009-02-16. 体面劳动，一个重要而紧迫的话题［N］. 工人日报，（001）.

丁开杰.2012a. 社会排斥与体面劳动问题研究［M］. 北京：中国社会出版社.

丁开杰.2012b. 中国的体面劳动赤字及其政策建议——基于包容性视角的分析［J］. 天津行政学院学报，（4）：99-106.

丁越兰，周莉.2013a. 中国企业员工体面劳动感知的结构研究［J］. 统计与信息论坛，（10）：107-112.

丁越兰，周莉.2013b. 中国情境下多层面体面劳动测量指标体系研究［J］. 经济与管理，（10）：18-22.

丁越兰，周莉.2014. 我国省域体面劳动水平测量与比较研究［J］. 安徽大学学报（哲学社会科学版），（1）：128-137.

丁越兰，周莉，郭婧.2013. 国外体面劳动研究进展及趋势［J］. 中国劳动关系学院学报，（2）：87-90.

董传民.2012. 体面劳动价值论［D］. 山东师范大学硕士学位论文.

董海军，周强.2013. 农业生产者体面劳动水平及其影响因素——基于株洲石羊塘镇的567份调

查问卷 [J]. 湖南农业大学学报（社会科学版），（5）：14-23.

董晓宇，郝灵艳. 2010. 中国市场化进程的定量研究：改革开放 30 年市场化指数的测度 [J]. 当代经济管理，（6）：8.

董寅华. 2013. 体面劳动与尊严生活 [J]. 现代企业，（1）：45-46.

杜家傲. 2011-01-15. 为职工体面劳动为职工尊严生活 [N]. 东北电力报，（007）.

范安华. 2013. "劳动光荣" 需要体面劳动落地 [J]. 中国工运，（5）：55.

冯华. 2010-05-18. 东胜电子让职工 "体面劳动" [N]. 本溪日报，（002）.

付晓豫. 2011-01-27. 寻找实现体面劳动的新路径 [N]. 中国安全生产报，（005）.

傅麟. 2003. 社会对话：协调劳动关系的重要机制 [J]. 中国党政干部论坛，（7）：25-26.

高初建. 2008-01-09. 实现体面劳动　体现时代精神 [N]. 中华工商时报，（001）.

高明青，赵夫鑫. 2010. 科学发展观视野中的体面劳动 [J]. 党史文苑，（16）：43-44.

高树成. 2011. 体面劳动——员工的最大福利——肥城矿区劳动者体面劳动实施状况调研报告 [J]. 工会论坛（山东省工会管理干部学院学报），（5）：24-26.

高树成. 2012. 体面劳动　员工的最大福利——山东肥城矿区体面劳动实施状况的调查 [J]. 中国工运，（1）：35-37.

高文海. 2011. 工会与职工的体面劳动 [J]. 工会理论研究（上海工会管理职业学院学报），（6）：38-40.

高友端. 2010. 发挥政府作用实现 "体面劳动" [J]. 工会论坛（山东省工会管理干部学院学报），（4）：25-26.

郜风涛. 2009. 中国经济转型期就业制度研究 [M]. 北京：人民出版社.

顾祥胜. 2008. 体面劳动要从劳动者最关心、最直接、最现实的环节入手 [N]. 工人日报，（005）.

广东省总工会课题组. 2009. 当前严峻经济形势对广东经济和职工权益的影响及工会的对策研究 [J]. 工运研究，（2）：21-28.

郭菊君. 2009. 残疾人就业的个性化指导策略 [J]. 中国残疾人，（1）：56-57.

郭振清，单恒伟. 2008a. 体面劳动看永煤 [J]. 中国职工教育，（8）：32-33.

郭振清，单恒伟. 2008-06-25b. 体面劳动看永煤 [N]. 工人日报，（001）.

国际劳工局. 1976. 三方协议促进实施国际劳工标准公约 [R].

国际劳工局. 1999. 国际劳工大会第 87 届会议报告. 体面的劳动 [R].

国际劳工局. 2001a. 国际劳工大会第 89 届会议报告. 减少体面劳动方面的缺陷：全球性的挑战 [R].

国际劳工局. 2001b. 理事会第 282 次会议：第十三届亚洲区域会议的报告和结论 [R].

国际劳工局. 2002a. 国际劳工大会第 90 届会议报告六. 体面劳动与非正规经济 [R].

国际劳工局. 2002b. 理事会就业和社会政策委员会第 285 届会议：执行全球就业议程 [R].

国际劳工局. 2003. 国际劳工大会第 91 届会议报告 I（B）：工作中平等的时代 [R].

国际劳工局. 2004a. 国际劳工大会第 92 届会议报告：有关全球经济中移民工人公正待遇的决议 [R].

国际劳工局. 2004b. 国际劳工大会第 92 届会议报告 I（B）：组织起来争取社会正义 [R].

国际劳工局. 2004c. 全球化社会影响世界委员会：一个公平的全球化：为所有的人创造机会 [R].

国际劳工局. 2005a. 国际劳工大会第 93 届会议报告 I（B）：反强迫劳动全球联盟 [R].

国际劳工局. 2005b. 理事会第 292 次会议：国际劳工局长关于 2006—2007 两年期计划和预算建议 [R].

国际劳工局. 2006a. 第 14 届亚太区域会议局长报告. 在亚洲实现体面劳动——亚洲的体面劳动对 2001—2005 年结果的报告 [R].

国际劳工局. 2006b. 国际劳工大会第 95 届会议报告 I（B）：童工劳动的终结：可望可即［R］.

国际劳工局. 2006c. 国际劳工大会第 95 届会议报告 I（C）：劳动世界格局的改变［R］.

国际劳工局. 2006d. 国际劳工大会第 99 届局长会议报告 I（C）：拥有体面劳动的复苏和增长［R］.

国际劳工局. 2006e. 理事会第 295 次会议：技术合作与体面劳动国别计划［R］.

国际劳工局. 2006f. 理事会就业和社会政策委员会第 297 届会议：实施体面劳动国别计划：社会保护政策领域的清单［R］.

国际劳工局. 2007. 国际劳工大会第 96 届会议报告 I（B）：工作中的平等：应对挑战［R］.

国际劳工局. 2008a. 国际劳工大会第 97 届会议报告 I（B）：结社自由的实践：若干经验教训［R］.

国际劳工局. 2008b. 理事会就业和社会政策委员会第 303 届会议：执行全球就业议程：最新情况［R］.

国际劳工局. 2008c. 消除童工劳动计划：国际消除童工劳动计划反对童工劳动的行动：进展和未来优先目标，2006—2007 年［R］.

国际劳工局. 2009a. 国际劳工大会第 98 届会议报告：实施公约与建议书专家委员会报告［R］.

国际劳工局. 2009b. 国际劳工大会第 98 届会议报告 I（B）：强迫带来的成本［R］.

国际劳工局. 2009c. 理事会计划、财务和行政委员会第 304 届会议：2010—2015 年战略政策框架使体面劳动成为现实［R］.

国际劳工局. 2010a. 国际劳工大会第 100 届会议：关于社会保障的结论［R］.

国际劳工局. 2010b. 国际劳工大会第 99 届会议报告：实施公约与建议书专家委员会报告——报告三（第 1A 部分）［R］.

国际劳工局. 2010c. 国际劳工大会第 99 届会议报告 I（B）：加速反童工劳动的行动［R］.

国际劳工局. 2010d. 国际劳工大会第 99 届会议报告六：有利于社会正义和公平全球化的社会保障［R］.

国际劳工局. 2010e. 国际劳工组织：2010|2011 的世界社会保障报告：在危机时期及以后提供保护［R］.

国际劳工局. 2010f. 国际劳工组织：国际劳务移民：以权利为基础的方法［R］.

国际劳工局. 2010g. 国际劳工组织：将社会保障扩展到所有人——渡过挑战和选择的指南［R］. 日内瓦.

国际劳工局. 2010h. 国际劳务移民：以权利为基础的方法［M］.

国际劳工局. 2011a. 第 15 届亚太区域会议局长报告. 在亚太地区建设一个享有体面劳动的可持续未来［R］.

国际劳工局. 2011b. 国际劳工大会第 100 届会议报告 I（B）：工作中的平等：不断地挑战［R］.

国际劳工组织，国际劳工组织北京局. 1999. 体面的劳动［R］. 国际劳工大会第 87 届会议报告. 日内瓦.

国家计委宏观经济研究所课题组. 1999. 21 世纪初期我国经济社会发展基本思路研究（中）［J］. 四川政报，（23）：3-15.

国家统计局. 1999~2013. 劳动和社会保障统计公报数据［EB/OL］. http://www.stats.gov.cn/tjsj/tjgb/ndtjgb/.

国家统计局. 1999~2012. 中国统计年鉴［G］. 北京：中国统计出版社.

国家统计局人口与就业统计司，劳动社会保障部规划财务司编. 1999~2012. 中国劳动统计年鉴［G］. 北京：中国统计出版社.

寒风.2011.担当起先觉者责任大力促进体面劳动 [J].中国职工教育,（4）：57-58.

韩长赋.2010.解决农民工问题的基本思路 [J].行政管理改革,（10）：14-19.

韩方明.2009."体面劳动"应在中国普及 [J].中国新时代,（7）：23.

韩方明.2010-04-30.让劳动者体面劳动有多难？[N].南方日报,（F02）.

韩方明.2013.实现"中国梦"从实现"体面劳动"开始 [J].农村工作通讯,（10）：24.

何飞英.2013.体面劳动理念与大学生就业质量衡量指标的关系 [J].韶关学院学报,（5）：
    144-147.

何光伟.2013.新生代农民工："体面劳动"，尊严生 [J].时代风采,（12）：24-25.

河南省邓小平理论和"三个代表"重要思想研究中心.2008-07-30.努力做好就业再就业工作
    [N].（013）.

河南省总工会,信阳市总工会.2009.以科学发展观为统领 推动新时期工会工作创新发展[J].
    中国工运,（2）：6-9.

贺天平,刘欣,李华君.2012.体面劳动：新生代农民工面临的问题及对策 [J].山西大学学报
    （哲学社会科学版）,（2）：55-59.

胡开浩.2008.体面劳动的意义和实现途径 [J].湖北经济学院学报（人文社会科学版）,（12）：
    11-12.

胡铁祥,黄强.2010-05-15.体面劳动：奏响劳动光荣的时代强音 [N].工人日报,（006）.

胡珍剑.2008.加强职业培训促进体面劳动 [J].四川劳动保障,（6）：26.

华井波,王瑞根.2010.保障职工权益实现体面劳动 [J].中国工运,（10）：36-37.

黄海涛.2006.大学生就业中社会歧视现象的表现及危害分析[J].黑龙江高教研究,（4）：64-66.

黄巧燕.2005.劳动法的宗旨与劳动法的修改 [A]//石美遐,Stearns L.全球化背景下的国际劳
    工标准与劳动法研究 [M].北京：中国劳动社会保障出版社.

黄庆贵.2008.论体面劳动对我国经济的挑战与对策 [J].中国集体经济,（Z1）：18-19.

黄维德,柯迪.2011.各国体面劳动水平测量研究 [J].上海经济研究,（11）：40-48.

济时报.2010-06-03.新生代农民工实现尊严和体面劳动还很困难 [N].人民代表报,（008）.

贾鲁峰.2011.工会保障协议女工实现体面劳动的思考[J].工会论坛（山东省工会管理干部学
    院学报）,（3）：8-9.

贾万刚.2005.大学专业设置与大学生就业相协调的国际经验及启示[J].理工高教研究,（4）：
    85-86.

江迪.2011-01-24.尊严生活 体面劳动 [N].人民政协报,（A01）.

蒋立山.1997.中国法制改革和法治化过程研究 [J].中外法律学,（6）：39-46.

蒋文莉.2009.就业促进型经济增长模式研究 [M].湖北：人民出版社.

蒋阳飞,杨晓虎.2010.体面劳动的伦理内涵和道德诉求 [J].伦理学研究,（6）：114-116.

焦艳,陈朝兵.2012.体面劳动理论研究回顾与展望 [J].商业时代,（24）：115-116.

金喜在.2010.当代中国市场经济理论与实践 [M].北京：科学出版社.

金喜在,吕红.2008.灵活就业与体面劳动的实现 [J].中央党校学报,（8）：39-41.

靳文欣,陈思思,蔺丰奇.2011.我国体面劳动的缺失及其实现路径[J].中国就业,（1）：53-54.

荆暄.2013.就业弱势群体保障及政府责任研究 [J].学习与探索,（12）：41-44.

景国成.2008.大学生就业困境分析与应对策略 [J].萍乡高等专科学校学报,（1）：65-67.

康劲,于宛尼,孙喜保.2013-03-10.法治力量助推实现体面劳动 [N].工人日报,（001）.

柯迪.2012.上海知识员工体面劳动状况调查及相关影响因素研究 [D].华东理工大学硕士学

位论文.

柯羽. 2007. 高校毕业生就业质量评价指标体系的构建 [J]. 中国高教研究, (7): 82-93.

赖睿. 2010-06-11. 上调工资标准推进 "体面劳动" [N]. 人民日报海外版, (004).

赖志凯, 庞慧敏, 陈华, 等. 2008. 体面劳动反映职工心声今后工作方向更加明确 [N]. 工人日报, (001).

乐云. 2010. 如何让 "体面劳动" 真正落到实处 [J]. 学习月刊, (16): 19-20.

雷钟哲. 2010-06-03. 体面劳动是劳动者的基本诉求 [N]. 经济参考报, (008).

黎建飞, 王逸吟. 2010-07-22. 加快高温立法　让劳动者体面劳动 [N]. 光明日报, (009).

黎友焕. 2004. SA8000 与中国企业社会责任建设 [M]. 北京: 中国经济出版社.

黎友焕, 黎少容. 2008. 社会责任标准 SA800 对完善我国劳动者权益保障的启示 [J]. 中国行政管理, (16):

李朝阳. 2011. 体面劳动与女农民工劳动权益保护 [J]. 理论探索, (1): 88-91.

李承锦, 肖树臣. 2010-07-02. 为了让 212 万农民工体面劳动 [N]. 工人日报, (002).

李春霞, 李晓. 2010-06-08. 职业安全健康, 任重而道远 [N]. 中华合作时报, (C01).

李刚殷, 凌向武. 2010-06-08. 工资集体协商: 以体面报酬实现体面劳动 [N]. 工人日报, (006).

李国, 邓康胜. 2010-03-22. 重庆市总 5 项措施确保农民工体面劳动 [N]. 工人日报, 03-22(002).

李欢乐. 2010-03-23. 合力助推大学生 "体面劳动" [N]. 中国劳动保障报, (005).

李慧英. 2002. 社会性别与公共政策 [M]. 北京: 当代中国出版社.

李杰, 徐向平. 2011. 强化职业技术教育实现 "体面劳动" 的有效政策分 [J]. 现代商业, (17): 278-279.

李金林, 应伟清, 吴巨慧. 2005. 构建高校就业质量科学评价体系的探索 [J]. 现代教育科学, (3): 60-62.

李炯, 肖飞. 2008. 就业弱势群体就业困境与促进政策研究综述 [J]. 当代社科视野.

李军燕. 2010. 突出工会的维护职能实现劳动者体面劳动 [J]. 中国党政干部论坛, (12): 34-35.

李军燕. 2011-02-01. 通过实现劳动者体面劳动推进创先争优 [N]. 工人日报, (006).

李坤刚, 张蒙蒙, 金瑾, 等. 2013. 我国劳动争议仲裁调解的状况与制度完善——合肥市劳动争议调解状况调研报告 [R]. 中国劳动, (8): 13-16.

李磊. 2013. 联合国 2015 年后发展新议题——全球公民的体面劳动和社会保障目标 [J]. 工会博览, (5): 51-52.

李梅. 2011. 从体面劳动的视角看同工不同酬现象 [J]. 工会理论研究 (上海工会管理职业学院学报), (6): 36-38.

李宁. 2007. SA8000 的推广对我国企业劳动关系的影响极其对策研究 [J]. 湖北经济学院学报 (人文社会科学版), 27 (1): 54-56.

李强强. 2011. 我国农民工 "体面劳动" 实现状况的实证调研与评析——以 L 地区为例 [D]. 西南财经大学硕士学位论文.

李文棋, 李军. 2009. 人人都希望 "体面劳动" [J]. 就业与保障, (5): 40.

李小波. 2010. 我国体面劳动指标分析 [J]. 前沿, 2010 (3): 164-166.

李晓西. 2003-09-05. 如何建成完善的社会主义市场经济体制 [N]. 发展导报, (003).

李晓西. 2005-01-21. 关于国有经济战略性改组的十点看法 [N]. 开封报, (A02).

李晓西. 2008. 中国市场化改革的意义 [J]. 理论导报, (6): 14-15.

李晓溪. 2003. 北京师范大学经济与资源管理研究院. 2003 中国市场经济报告 [M]. 北京: 中

国对外经济贸易出版社.

李晓溪. 2005. 北京师范大学经济与资源管理研究院. 2005 中国市场经济报告 [M]. 北京: 中国对外经济贸易出版社.

李晓溪. 2008. 北京师范大学经济与资源管理研究院. 2008 中国市场经济报告 [M]. 北京: 中国对外经济贸易出版社.

李秀梅. 2005. 经济全球化与"体面劳动"[J]. 北京行政学院学报,(4): 56-59.

李云强, 侯召溪. 2014. 35 项成果获得国家专利 [N]. 烟台日报,(002).

李云新, 杨磊. 2014-05-10. 快速城镇化进程中的社会风险及其成因探析 [J]. 华中农业大学学报(社会科学版),(3): 6-11.

李志明. 2009-02-17. 实现体面劳动创建和谐企业路径探析 [N]. 工人日报,(006).

李志明. 2011. 《社会保险法》: 亮点、缺憾及后续立法方向 [J]. 河南科技学院学报,(1): 8-11.

梁高峰. 2007. 对雇佣劳动的再认识——从现代科技革命到社会发展, 从雇佣劳动到体面劳动 [J]. 社科纵横,(5): 31-32.

林爱珍. 2010. 浅谈女大学生就业难及其成因与对策 [J]. 发展研究,(9): 114-116.

林红. 2012. 浅谈工会为员工实现体面劳动与尊严生活创造条件 [J]. 东方企业文化,(24): 136.

林静, 宁丙文. 2010. 安全健康是"体面劳动"的前提 [J]. 劳动保护,(4): 10-12.

林燕玲. 2007. 国际劳工标准 [M]. 北京: 中国劳动社会保障出版社.

林燕玲. 2009. 促进劳动者实现体面劳动 [J]. 红旗文稿,(21): 33-35.

林燕玲. 2010-07-12. 给人以体面劳动 [N]. 人民日报,(021).

林燕玲. 2011. 体面劳动在中国的阐释和实践 [J]. 北京市工会干部学院学报,(1): 4-9.

林燕玲. 2012. 体面劳动——世界与中国 [M]. 北京: 中国工人出版社.

林燕玲, 钱俊月. 2009. 30 年中国劳动社会保障法制建设演进与前瞻 [J]. 现代交际,(2): 53-63.

林燕玲, 任意. 2010. 家政工人与体面劳动 [J]. 中国工人,(9): 12-14.

刘尔铎. 2002. 改革我国户籍制度实现城乡统一劳动力市场 [J]. 劳动经济与劳动关系,(5): 47-48.

刘怀廉. 2005. 中国农民工问题 [M]. 北京: 人民出版社.

刘金祥, 戴国印. 2013. 论劳动者体面劳动实现途径 [J]. 工会理论研究(上海工会管理职业学院学报),(4): 4-9.

刘晶瑶. 2010-05-07. 让劳动者体面劳动需改变用工双轨制 [N]. 新华每日电讯,(003).

刘立虎. 2012. 农民工体面劳动的现状及障碍分析——以奉贤区杨王村工业园为例 [D]. 华东理工大学硕士学位论文.

刘明辉. 2012. 家庭工人体面劳动公约对中国立法的影响 [J]. 妇女研究论丛,(3): 40-45, 54.

刘社建. 2012. 中国促进就业研究 [M]. 北京: 中国社会科学出版社.

刘素华. 2005. 就业质量: 内涵及其与就业数量的关系 [J]. 内蒙古社会科学(汉文版),(5): 125-128.

刘文元. 2008. 从理念到行动——让"体面劳动"不再遥远 [J]. 时代风采,(4): 5-6.

刘翔英, 董海军. 2009. 浅析体面劳动与职业福利 [J]. 学习与实践,(11): 140-143.

刘旭. 2003. 国际劳工标准概述 [M]. 北京: 中国劳动社会保障出版社.

刘颖琦, 宋晓雪. 2014. 东北地区新生代农民体面劳动问题研究 [J]. 现代商业,(3): 275-276.

刘元文, 郭振清. 2008-10-24. 从理念到行动: 体面劳动的生动诠释 [N]. 工人日报,(003).

柳建辉. 2008-10-15. 从永煤实践看体面劳动的现实意义和时代要求 [N]. 工人日报,(005).

卢福财，黄彬云. 2007. 促进就业增长的国际经验与教训 [J]. 改革与战略，(5)：39-42.

卢琼. 2011. "体面劳动"视角下我国劳动者罢工权问题的法律思考 [D]. 中国政法大学硕士学位论文.

卢维伟. 2011-12-27. 强化和谐理念让职工体面劳动 [N]. 厦门日报，(018).

鲁英. 2008. 实现农民的体面劳动：社会主义新农村建设的伦理诉求 [J]. 安徽农业科学，(30)：71-72.

陆婷. 2013. 体面劳动与人的自由发展 [J]. 理论界，(8)：4-6.

罗尔斯 J. 1988. 正义论. 何怀宏译. 北京：中国社会科学出版社.

吕红，高莹莹. 2011. 中国灵活就业规模及其影响因素分析 [J]. 中国延安管理干部学院学报，(3)：118-123.

吕红，金喜在. 2008a. 灵活就业与实现"体面劳动" [J]. 中国发展观察，(8)：39-41.

吕红，金喜在. 2008b. 转型期中国灵活就业及其制度创新问题研究 [M]. 长春：吉林人民出版社.

吕红，金喜在. 2010. 实现"体面劳动"的意义及制度性障碍 [J]. 东北师大学报（哲学社会科学版），(3)：33-37.

吕杰. 2011. 体面劳动与人的发展 [J]. 江汉大学学报（社会科学版），(4)：47-50.

吕茵. 2013. 国际劳工组织社会保障标准立法理念探析 [J]. 理论界，(1)：75-77.

罗传银. 2009. 中国充分就业 [M]. 北京：中国经济出版社.

罗丹. 2012. 体面劳动视角下大学生就业意愿研究 [J]. 出国与就业（就业版），(6)：6-7.

罗时. 2010. 怎样实现体面劳动 [J]. 劳动保护，(6)：68-69.

罗燕. 2013. 体面劳动实现影响因素的实证研究——来自广州、深圳、中山三地企业微观数据的发现 [J]. 学术研究，(2)：76-81，159-160.

罗燕，宋小川. 2012. 体面劳动背景下我国集体谈判制度的构建 [J]. 汉江论坛，(2)：26-35.

马桂萍，卜红双. 2009. 体面劳动视域中的工会工作 [J]. 中国劳动关系学院学报，(6)：47-50.

马俊军. 2008. 2007 年中国劳动立法评述——兼评《就业促进法》、《劳动合同法》、《劳动争议调解仲裁法》[J]. 岭南学刊，(4)：60-63.

马克思 K，恩格斯 F. 1997. 共产党宣言 [M]. 中共中央马克思恩格斯列宁斯大林著作编译局译. 北京：人民出版社.

马吐克. 2008-02-01. 让所有人享有体面劳动 [N]. 人民日报，(011).

马学礼. 2010-02-11. 宁夏专项合同助女职工实现体面劳动 [N]. 工人日报，(002).

马艳玲，李大泽. 2010. 构建和谐劳动关系实现海员"体面劳动"——全国海上劳动关系三方协调机制正式启动 [J]. 中国海事，(2)：23-24.

马用浩. 2010. "让广大劳动群众实现体面劳动"的理论和现实意义——以农民工为主要分析对象 [J]. 学习与实践，(9)：84-90.

孟令军. 2011. 体面劳动与劳动文化学的构建 [J]. 中国劳动关系学院学报，(1)：21-24.

缪尔达尔 G. 1991. 世界贫困的挑战：世界反贫困大纲 [M]. 顾朝阳等译. 北京：北京经济学院出版社.

莫荣. 2011-12-13a. 坚持就业优先目标　实施就业优先战略 [N]. 经济日报，(007).

莫荣. 2011b. 就业优先："十二五"期间的战略选择 [J]. 中国劳动，(2)：6-11.

钮友宁. 2010-09-21a. "两个普遍"是实现体面劳动的制度前提 [N]. 工人日报，(006).

钮友宁. 2010b. 实现体面劳动是中国工会维护职工权益的光荣旗帜 [J]. 人权，(6)：52-54.

钮友宁. 2013-06-04a. 试论我国保障和实现体面劳动的基本路径 [N]. 工人日报，(006).

钮友宁. 2013b. 在推动保障和实现体面劳动中彰显工会组织新作为［J］. 工会信息,（23）: 26.

潘真. 2013-05-03. "五一"节说"体面劳动"［N］. 联合时报,（004）.

潘跃. 2010-02-10. 近两年劳动合同签订率明显上升,大型国企达 100%［EB/OL］. http://news. xinhuanet.com/politics/2010-02/10/content_12962584_1.html.

庞博. 2011. 我国"体面劳动"议程的发展［D］. 东北师范大学硕士学位论文.

彭现美. 2012. 农民工实现体面劳动的主要障碍与政策选择［J］. 赤峰学院学报（汉文哲学社会科学版）,（3）: 73-75.

钱培坚. 2010-07-09. 中华全国总工会和国际劳工组织联合举办"加强职工教育、促进性别平等、实现体面劳动"研讨会［N］. 工人日报,（001）.

乔传秀. 2010-04-30a. 实现体面劳动　共享发展成果［N］. 人民日报,（015）.

乔传秀. 2010b. 实现体面劳动　共享发展成果——学习胡锦涛总书记重要讲话的体会［J］. 中国工运,（6）: 10-11.

乔健. 2013. 体面劳动［J］. 工会博览,（11）: 1.

秦建国. 2007. 大学生就业质量评价体系探究［J］. 中国青年研究,（3）: 71-74.

秦建国. 2008-04-21a. 弘扬"体面劳动"建设和谐社会［N］. 中国改革报,（005）.

秦建国. 2008b. 应对"体面劳动"趋势的工会职能转变［J］. 北京市工会干部学院学报,（2）: 8-11.

秦一星. 2010-08-11. 如何让职工体面劳动的几点体会［N］. 中国企业报,（011）.

卿涛, 闫燕. 2008. 国外体面劳动研究评述与展望［J］. 外国经济与管理, 30（9）: 40-47.

邱依, 邱炜煌. 2010. "体面劳动"呼唤发展运用劳动价值论［J］. 求实,（11）: 33-35.

全国残疾人抽样调查办公室. 2008. 第二次全国残疾人抽样调查数据分析报告［R］.

人民网. http://paper.people.com.cn/rmrb/html/2012-11/14/nw.D110000renmrb.

任宝宣. 2008-06-12. 加强国际合作　消除贫困　实现体面劳动［N］. 中国劳动保障报,（001）.

任宝宣. 2010. 胡锦涛: 增加报酬让劳动者实现体面劳动［J］. 劳动保障世界,（6）: 3.

任社宣. 2010-12-15. 实现充分就业和体面劳动［N］. 中国人事报,（001）.

任雪萍, 李月跃. 2010. 企业管理学视野下的"体面劳动"阐释及存在问题与对策研究［J］. 合肥工业大学学报（社会科学版）,（3）: 10-15.

荣四才. 2013. 国际劳工组织: 体面劳动［J］. 中国劳动,（1）: 34-35.

汝信等. 2009. 2009 年中国社会形势分析与预测［M］. 北京: 社会科学文献出版社.

赛尔斯 S. 2008. 马克思《1844 年经济学-哲学手稿》中的"异化劳动"概念［J］. 当代国外马克思主义评论,（12）: 372-415.

桑普斯福特 D, 桑纳托斯 Z. 2000. 劳动经济学前沿问题［M］. 卢昌崇, 王询译. 北京: 中国税务出版社.

森 A, 王燕燕. 2005. 论社会排斥［J］. 经济社会体制改革,（3）: 1-7.

山冲. 2013. 体面劳动中国化的必要性与可行性研究［J］. 生产力研究,（3）: 91-92, 139.

邵云华. 2009. 关于落实科学发展观促进实现体面劳动的实践与思考［J］. 中国工运,（6）: 46-47.

邵云华. 2010. 关于实现体面劳动的几点思考［J］. 天津市工会管理干部学院学报,（1）: 10-12.

佘云霞. 2008a. 实现体面劳动是工会的重要使命［J］. 中国职工教育,（2）: 58-59.

佘云霞. 2008-01-15b. 实现体面劳动是工会的重要使命［N］. 工人日报,（005）.

佘云霞. 2008c. 实现体面劳动是时代赋予工会的重要使命［J］. 中国劳动关系学院学报,（2）: 7-9.

佘云霞, 傅麟. 2002. "体面的劳动"［J］. 中国劳动关系学院学报,（4）: 40-43.

佘云霞，刘晴. 2008. 推行体面劳动的全球趋势［J］. 江汉论坛，（10）：26-29.

佘云霞，刘元文，刘晴. 2009. "体面劳动"与企业社会责任的同步实现——当前金融危机形式下劳动者基本权益的保护［J］. 中国党政干部论坛，（3）：33-34, 18.

申晓梅，凌玲. 2010. 体面劳动的多层面测评指标体系建设探析［J］. 中国劳动，（11）：23-25.

沈永昌. 2011-04-01. 让农民工体面劳动［N］. 中国劳动保障报，（005）.

沈志义. 2011. 国际劳工组织"体面劳动"之思考［J］. 中国流通经济，（11）：50-54.

石美遐. 2007. 非正规就业劳动关系研究［M］. 北京：中国劳动社会保障出版社.

史力. 2014-05-28. "体面劳动"重在制度保障［N］. 安徽日报，（009）.

宋鸿，刘伟，毛冠凤. 2013. 体面劳动问题研究的新进展与未来研究展望［J］. 经济与管理，（11）：18-23.

苏健. 2013. 我国农民工体面劳动的现状及实施路径研究——以吉林省为例［D］. 东北师范大学硕士学位论文.

苏映红. 2010. 用有效社会保护实现体面劳动［J］. 现代职业安全，（6）：96-97.

宿采正. 2010. 对金融危机背景下保障职工体面劳动的思考［J］. 黑河学刊，（6）：60-62.

孙国生. 2011. 所有制、体面劳动与收入分配改革［J］. 当代经济研究，（12）：85-87.

孙磊. 2009. "体面劳动"在资源型地区面临的挑战与对策［J］. 理论探索，（3）：104-105.

孙骁骁. 2009. 我国服装业体面劳动现状与激励机制研究［D］. 东华大学硕士学位论文.

孙瑞灼. 2010. "体面劳动"需要制度安排［J］. 人才资源开发，（8）：58.

孙奕，崔静. 2010-09-08. 我国基本建立省市级社会对话机制［N］. 人民日报，（011）.

唐镳. 2013. 体面劳动的薪酬基础：效率、公平与劳资双赢［J］. 中国劳动关系学院，（1）：5-9.

童爱农. 2010. 实现体面劳动必须促进劳动者全面发展［J］. 北京市工会干部学院学报，（4）：14-16.

汪丽萍，郭玉岭. 2014. "体面劳动"视角下女性农民工就业质量满意度分析——以河北省为例［J］. 经济管理者，（12）：130-131.

汪丽萍，张慧娟. 2014. 基于体面劳动的女性农民工就业质量现状与改善研究——以保定市为例［J］. 经济管理者，（13）：8-9.

汪丽萍，赵卫红，任文妍. 2014. 女性农民工"体面劳动"实现状况的调研和障碍因素分析——基于河北省的实证分析［J］. 企业改革与管理，（8）：80-82.

王蓓. 2008. 城市弱势群体"体面劳动"相关问题的探析［J］. 工会理论研究（上海工会管理职业学院学报），（5）：21-23.

王诚. 2012. 促进就业为取向的宏观调控政策体系研究［M］. 北京：中国社会科学出版社.

王道勇. 2012. 新生代农民工体面劳动问题研究［J］. 城市观察，（5）：173-180.

王佳佳，牛忠江. 2011. "体面劳动"的实现路径：企业政府工会三位一体推进［J］. 工会信息，（4）：7-8.

王佳佳，牛忠江. 2011-01-30. "体面劳动"的实现路径［N］. 光明日报，（007）.

王娇萍. 2010-06-02a. 共同努力推动实现体面劳动［N］. 工人日报，（003）.

王娇萍. 2010-05-30b. 维护职工合法权益关心职工生产生活使广大职工实现体面劳动［N］. 工人日报，（001）.

王娇萍. 2011-03-09. 让劳动者在体面劳动中获得幸福［N］. 工人日报，（001）.

王克群. 2010a. 让广大劳动群众实现体面劳动［J］. 前进，（6）：36-39.

王克群. 2010-06-22b. 让广大劳动群众体面劳动［N］. 光明日报，（009）.

王克群. 2010c. 试论让劳动者实现体面劳动——学习胡锦涛在 2010 年全国劳模大会上的讲话 [J]. 北京市工会干部学院学报,（3）: 3-6.

王兰芳, 徐光华. 2008. 体面劳动离我们有多远? [J]. 安徽大学学报（哲学社会科学版）,（4）: 142-146.

王琳, 华中. 2014. 改革收入分配制度夯实共同富裕基础 [J]. 宏观经济管理,（1）: 68-69.

王敏, 陈梦阳. 2010-07-06. 在集体协商中实现体面劳动 [N]. 中国建设报,（002）.

王勤, 陈婵, 楼成礼. 2013. 体面劳动与高校知识型劳动者的诉求 [J]. 学校党建与思想教育,（24）: 83-85.

王如华. 2008. 工会在实现体面劳动中的新使命 [J]. 中国劳动关系学院学报,（5）: 1-5.

王如华. 2010. 对劳动者实现体面劳动的再认识 [J]. 中国劳动关系学院学报,（5）: 8-14.

王涛, 张成科. 2005. 高等教育大众化背景下大学生就业与学科建设探索 [J]. 广东工业大学学报（社会科学版）,（1）: 9-13.

王文珍. 2004. 什么样的行为构成就业歧视 [J]. 劳动保障通讯,（1）: 28.

王希. 2010. 论以体面劳动为目标的劳动者权利保护 [J]. 商业时代,（28）: 14-15, 31.

王希. 2011. 论我国体面劳动法律保障机制的构建 [J]. 前沿,（10）: 76-79.

王杏飞, 2012. 大学生就业歧视问题探究 [J]. 理论探索,（6）: 18-22.

王雪. 2008-10-28. 中国女性就业人口已达 45.4%, 女干部比例达 39% [EB/OL]. http://news.sohu.com/20081028/n260288722.shtml.

王阳. 2011 转型期中国劳动力市场灵活安全性研究 [M]. 北京: 首都经济贸易大学出版社.

王冶英. 2009. 女大学生就业歧视的现状、成因及法律对策 [J]. 《中国海洋大学学报》（社会科学版）.（4）: 90-93.

王业斐. 2011-01-11. 工作环境差使农民工成职业病高发人群 [N]. 劳动报,（005）.

王永芳. 2011. 以人为本: 实现农民工体面劳动的价值取向 [J]. 中国劳动关系学院学报,（1）: 89-93.

王元龙. 2013. 中国收入分配制度的症结与改革举措 [J]. 武汉金融,（4）: 4-8.

卫兴华, 武靖州. 2011. 实现劳动者"体面劳动"的三重机制 [J]. 华南理工大学学报（社会科学版）,（1）: 1-4.

吴殿朝, 王秀梅. 2006. 论国际贸易中的劳工标准问题 [J]. 河南司法警官职业学院学报,（9）: 73.

吴忠民. 2002. 论公正的社会调剂原则 [J]. 社会研究,（6）: 108-118.

夏亦然. 2010. 怎样让农民工实现"体面劳动" [J]. 就业与保障,（6）: 40-41.

肖莎莎. 2014-05-07. 让员工体面劳动助力城市加速发展 [N]. 西江日报,（A01）.

肖巍, 钱箭星. 2010. "体面劳动"及其实现进路 [J]. 复旦学报（社会科学版）,（6）: 107-113.

谢传会, 程业炳. 2012. "用工荒"凸显新生代农民工体面劳动的新诉求 [J]. 西昌学院学报（自然科学版）,（4）: 96-98.

谢琼. 2011. 社会保险法: 中国社会保障发展史上的里程碑 [J]. 河南科技学院学报,（1）: 11-12.

谢增毅. 2008. 我国劳动争议处理的理念制度与挑战 [J]. 法学研究,（5）: 97-108.

邢春宁. 2013. 深入学习贯彻近平总书记重要讲话精神更好地保障和实现体面劳动 [J]. 中国工运,（8）: 7-8.

邢磊. 2011. 让员工体面劳动、幸福生活 [J]. 江汉大学学报（社会科学版）,（3）: 50-53.

熊鸿军, 戴昌钧. 2013. 生产率增长与体面劳动的关系解析 [J]. 前沿,（7）: 13-15, 72.

熊越. 2011. 我国妇女体面劳动法律保障问题研究 [D]. 华东交通大学硕士学位论文.

徐丹.2010-05-22. 和谐劳动：实现体面劳动的关键［N］. 工人日报,（006）.

徐清.2012. 工资"拉力"与城市劳动力流入峰值——基于"推拉"理论的中国经济实证［J］. 财经科学,（10）：37-45.

徐松,齐中熙,刘羊旸.2008-01-08. 胡锦涛：让劳动者实现体面劳动［N］. 新华每日电讯,（001）.

徐玉竹.2014. 新生代农民工诉求体面劳动的曲折与解决途径［J］. 法制与社会,（11）：247-249.

徐振寰.2008-06-12. 坚持发展为了人民推动实现体面劳动［N］. 工人日报,（001）.

徐忠言,丁大汀.2008. 工会应为实现劳动者体面劳动发挥好四大作用［J］. 中国工运,（4）：52.

许小玲,马贵侠.2013. 体面劳动视阈下新生代农民工劳动权益优化研究［J］. 广东工业大学学报（社会科学版）,（3）：35-40, 92.

严辉文.2011. 体面劳动的关键是体面工资［J］. 中国工人,（1）：52-53.

严新明.2010. 公平与安全——从劳动的社会和自然层面看"体面劳动"的实质［J］. 中共天津市委党校学报,（6）：37-42.

燕晓飞,信卫平.2009. 国际金融危机对中国劳动就业的影响与体面劳动的实现［J］. 中国劳动关系学院学报,（5）：5-10.

阳万雄.2008. 体面劳动时代精神新注解［J］. 时代风采,（4）：10-11.

杨澄,杨以雄,杞文楠,等.2011. 我国服装加工企业体面劳动现状与认同度探析［J］. 东华大学学报（自然科学版）,（6）：784-788.

杨京德,王昭.2011-06-14. 以体面劳动实现包容性增长［N］. 人民日报,（003）.

杨胜昔.2009. 对金融危机下促进职工体面劳动的思考［J］. 企业经济,（10）：63-65.

杨淑霞.2008. 劳动就业歧视的构成分析［J］. 广州大学学报（社会科学版）,（8）：33-34.

杨文学.2008. 体面劳动与工会工作［J］. 中国工运,（12）：40-41.

杨孝富,张建.2009. 加强社会保障法制建设维护劳动者体面劳动［J］. 滁州学院学报,（4）：28-30.

杨燕绥.2004. 谈"体面劳动"与"非正规就业"［J］. 劳动保障通讯,（6）：37.

杨依林.2012. 发挥工会组织维权职能助力体面劳动与和谐发展［J］. 办公室业务,（11）：178-179.

杨宜勇.2010-12-29. 积极就业政策引领良好发展态势［N］. 中国劳动保障报,（003）.

杨以雄.2013. 体面劳动评价与激励机制［M］. 上海：东华大学出版社.

叶毅.2010. 快乐工作是实现体面劳动、衡量社会文明进步的重要标尺［J］. 工会理论研究（上海工会管理职业学院学报）,（5）：31-32.

易艳刚.2010. "体面劳动"是劳动者的尊严底线［J］. 学习月刊,（19）：49.

易忠.2007. 对大学生就业问题的几点思考［J］. 中国高教研究,（11）：89-90.

尹卫国.2013-03-12. 劳动关系和谐才能实现体面劳动［N］. 中国财经报,（007）.

尹蔚民.2011. 国际劳工大会上的"中国声音"以体面劳动推动实现包容性增长［J］. 中国职工教育,（8）：5.

尹蔚民.2011-06-15. 以体面劳动推动实现包容性增长［N］. 中国劳动保障报,（001）.

于春晖.2010-05-28. 努力实现体面劳动［N］. 人民日报,（007）.

于景宁.2010. 实现"体面劳动"贵在雷厉风行［J］. 人才资源开发,（7）：52-53.

于楠.2010. 关于我国就业性别歧视的法律思考［J］. 西安社会科学,（8）.

于宛尼.2010-03-02. 体面劳动,可持续发展的必然要求［N］. 工人日报,（001）.

余功雄.2011. 体面劳动视野中的高校非事业编制职工权益保护［J］. 法制与经济,（11）：162-163.

余佳.2010-06-04. "体面劳动"须破除劳动力市场的二元分化［N］. 中国工商报,（001）.

原雪梅. 2006. 关于提高我国经济市场化程度的思考［J］. 山东经济战略研究，（7）：41-42.

袁伯清. 2008. 实现体面劳动是工会组织义不容辞的责任［J］. 北京市工会干部学院学报，（3）：21-22.

袁金生，黄强. 2010-05-29. 劳动保障：实现体面劳动的必须［N］. 工人日报，（006）.

袁凌，施思. 2011. 基于博弈论的企业员工体面劳动保障机制研究［J］. 财经理论与实践，（6）：105-108.

袁志刚，陆铭. 1998. 关于隐性就业的理论分析［J］. 浙江社会科学，（11）：11-16.

岳志强，张雷峰，凌蓬，等. 2010-06-08. 工资集体协商让劳动者"体面劳动"［N］. 张家口日报，（002）.

曾群，魏雁滨. 2004. 事业与社会排斥：一个分析框架［J］. 社会学研究，（5）：11-20.

曾湘泉. 2006. 面向市场的中国就业与失业测量研究［M］. 北京：中国人民大学出版社.

曾业辉. 2010-06-10. 提高收入是实现体面劳动的先决条件［N］. 中国经济时报，（001）.

曾煜. 2011. 让农民工享有社会保障、体面劳动和有尊严的生活［J］. 福建论坛（人文社会科学版），（2）：147-152.

张爱权. 2009. 金融危机背景下保障体面劳动新思考［J］. 理论探索，（1）：95-97，102.

张车伟，张士斌. 2010. 中国初次收入分配格局的变动与问题——以劳动报酬占 GDP 份额为视角［J］. 中国人民科学，（5）：24-35.

张耿. 2013-05-17. 让外来务工人员体面劳动［N］. 中国劳动保障报，（005）.

张桂宁. 2007. 基于就业质量的职业意识教育探析［J］. 广西民族大学学报（哲学社会科学版），（5）：138-140.

张国庆. 2003. 国际劳工局关于体面工作的概念及其量化指标［J］. 中国劳动保障报，（9）：9-2.

张红霞，方冠群. 2012. 转型期就业弱势群体就业困境探讨［J］. 特区经济，（1）：25.

张华. 2009. 发挥政府作用实现非正规就业群体的体面劳动［J］. 学理论，（23）：57-59.

张辉. 2011. 体面劳动和纺织服装企业转型升级［D］. 东华大学硕士学位论文.

张建伟，胡隽. 2008. 我国残疾人就业的成就、问题与促进措施［J］. 人口学刊，（2）：49-52.

张金麟. 2006. 论我国大学生公平就业环境的构建［J］. 经济问题探索，（1）：75-78.

张丽. 2010. 在促进实现体面劳动中发挥工会作用［J］. 北京市工会干部学院学报，（4）：11-13.

张路. 2010-08-09. "五看五谈"助职工实现体面劳动［N］. 工人日报，（002）.

张路. 2013-05-27. 促进体面劳动 打造幸福生活［N］. 工人日报，（002）.

张鸣起. 2008a. 贯彻落实《劳动合同法》实现劳动者体面劳动［J］. 中国工运，（4）：11-12.

张鸣起. 2008-03-09b. 认真贯彻实施劳动合同法实现广大劳动者体面劳动［N］. 工人日报，（001）.

张绍荣，陶小江. 2003. 新时期农村基层共青团工作的现状与思考［J］. 青年探索，（12）：15.

张曙光. 2010. "体面劳动"助推企业腾飞［J］. 中国个体防护装备，（2）：49.

张维迎. 1995. 企业的企业家——契约理论［J］. 上海：上海人民出版社.

张文敬. 2010. 保障健康安全实现体面劳动［J］. 中国就业，（12）：53-54.

张欣. 2011. 工会社会化维权对实现农民工"体面劳动"的初步探索［J］. 科教导刊，（7）：183-185.

张欣. 2012. 农民工体面劳动问题研究［D］. 天津理工大学硕士学位论文.

张彦. 2010. 非正规就业：概念辨析及价值考量［J］. 南京社会科学，（4）：62-68.

张勇为. 2010-08-03. 央企应率先实现职工的体面劳动［N］. 工人日报，（006）.

张左已. 2001. 关于完善社会保障制度情况的报告——2001 年 10 月 26 日在第九届全国人民代表大会常务委员会第二十四次会议上［R］. 中华人民共和国全国人民代表大会常务委员会

公报，（7）：646-651.

章璐璐，张林方.2012. 改善民生与实现"体面劳动"［J］.人民论坛，（26）：166-167.

赵健杰.2010. 实现体面劳动促进公平正义——学习胡锦涛同志重要讲话心得［J］.工会理论研究（上海工会管理职业学院学报），（5）：5-7.

赵小仕.2009. 转轨期中国劳动关系调节机制研究［M］.北京：经济科学出版社.

赵雅轩.2010. 体面劳动何以可能？——由富士康跳楼事件反思单向度的劳工福利［J］.长春理工大学学报（社会科学版），（6）：37-39.

赵燕平.2010. 残疾人就业的模式创新探索——以长春市有劳动能力的残疾人为例［J］.东北师大学报（哲学社会科学版），（1）：50-52.

赵宇航，张桂林.2013-02-23. 期盼"体面劳动"，不愿进工厂［N］.新华每日电讯，（001）.

赵志忠，王啸雷.2014-02-19. 多措并举　实现职工体面劳动［N］.山西经济日报，（005）.

郑春燕，胡继东.2013. 新生代农民工体面劳动诉求及其法律路径探索［J］. 长治学院学报，（1）：1-4.

郑东亮.2013. 回顾与展望：《劳动争议调解仲裁法》颁布五周年［J］.中国劳动，（1）：26-33.

郑功成.2014-01-31. 公平、可持续：社会保障制度发展目标［N］.光明日报，（003）.

郑功成，郑宇硕.2002. 全球化下的劳工与社会保障［M］.北京：中国劳动社会保障出版社.

郑娟.2011. 体面劳动的意义和实现措施选择［J］.理论界，（3）：34-36.

郑莉.2008-03-10. 让劳动者在"保护伞"下体面劳动［N］.工人日报，（006）.

郑莉.2009-03-09. 贯彻劳动合同法实现体面劳动［N］.工人日报，（002）.

郑莉，张锐.2013-03-04. 委员呼吁："体面劳动"需要全面给力［N］.工人日报，（002）.

郑权.2010-04-29. 体面劳动尊严生活是社会和谐的坚实基础［N］.光明日报，（005）.

郑延涛，孙磊.2011. 资源型地区体面劳动：成就、问题与对策——以山西省为例［J］.理论探索，（3）：77-79，128.

支玲琳.2010-05-15. 职业教育，让"体面劳动"成为现实［N］.解放日报，（005）.

中国残疾人就业问题研究课题组.2003. 残疾人就业现状与对策［J］.经济研究参考，（51）：34-41.

中国劳动关系学院课题组.2008. 经济社会的可持续发展体面劳动和工会的作用［J］.中国劳动关系学院学报，（4）：1-4.

中国劳动关系学院课题组，李德齐.2008. 经济社会的可持续发展体面劳动和工会的作用［J］.中国劳动关系学院学报，（4）：1-4.

中国人民银行金融研究所"货币政策有效性研究"课题组.1997. 战后西方国家货币政策目标比较［J］.金融研究，（6）：65-69.

钟越.1994. 残疾人就业问题研究［J］.社会工作研究，（2）：6-11.

周格.2013a. 国外体面劳动最新研究［J］.中国劳动，（2）：26-28.

周格.2013b. 我国体面劳动研究的最新发展［J］.人口与经济，（3）：84-89.

周洪宇，蔡定剑，关信平.2006. 就业歧视排斥了谁［J］.人民论坛，（4）：37.

周奎君.2006. 从农民工生存现状看社会排斥及后果［J］.社会科学家，（5）：90.

周丽娟.2008. 马斯洛需要层次理论视野下的企业职工体面劳动研究［D］.南京师范大学硕士学位论文.

周林刚，胡杨玲.2007. 歧视理论视野下的残疾人就业［J］.中国残疾人，（6）：40-41.

周平.2005. 注重提高就业质量［J］.就业与保障，（5）.

周起秀. 2009. 和谐社会视角下中国社会不公正现象的成因及对策研［D］. 湖南大学硕士学位论文.

周强. 2011. 农业生产者体面劳动水平研究［D］. 中南大学硕士学位论文.

周青云. 2011-09-09. 浅谈如何发挥工会在实现体面劳动中的作用［N］. 安徽经济报,（002）.

周文, 姚建. 2010-08-02. 实现体面劳动　收获幸福生活［N］. 中国妇女报,（A01）.

周章明. 2010. 新时期大学生就业的困境及出路［J］. 教育探索,（8）: 122.

周正言. 2008. 德国工会如何推动企业履行社会责任和保障职工体面劳动［J］. 工会理论研究（上海工会管理职业学院学报）,（6）: 11-12.

朱昌俊. 2013-05-02. 有体面劳动才会有体面社会［N］. 新华每日电讯,（003）.

朱常有. 2013. 促进实现体面劳动［J］. 劳动保护,（8）: 59.

朱国敏. 2011. 体面劳动视野下企业对员工的社会责任［J］. 黎明职业大学学报,（2）: 85-88.

朱坤. 2012. 体面劳动展示形象构建和谐营造文化——试论全面推进企业及工程协作队伍"三线"建设［J］. 商业文化（下半月）,（5）: 381-382.

朱廷珺. 2004. 体面劳动、道德贸易与劳工标准［J］. 广东社会科学,（4）: 27-32.

朱忠孝, 郭华茹. 2011. 体面劳动: 劳动的精神价值与民生关切的深层内涵［J］. 云南社会科学,（3）: 24-27.

Aaheim H A. 2005. Social exclusion and unemployment in the European Union current and future trends［R］.

Anker R, Chernyshev I, Egger P, et al. 2002. Measuring decent work with statistical indicators［R］. ILO Policy Integration Department, Statistical Development and Analysis Unit, Working Paper No. 2, Geneva.

Anker R, Chernyshev I, Egger P, et al. 2003. Measuring decent work with statistical indicators［J］. International Labor Review, 142（2）: 147-177.

Bescond D, Chataignier A, Mehran F. 2003. Seven indicators to measure decent work: an international comparison［J］. International Labor Review, 142（2）: 179-211.

Bonnet F, Figueiredo B, Standing G. 2003. A family of decent work indexes［J］. International Labor Review, 142（2）: 213-238.

Egger P. 2002. Perspectives: towards a policy framework for decent work［J］. International Labor Review, 141（1~2）: 161-174.

Egger P, Sengenberger W. 2003. Decent work in denmark: employment, social efficiency and economic security［R］. International Labor Office, Geneva, Switz.

Ghai D. 2003a. Decent work: concept and indicator［J］. International Labor Review, 142（2）: 113-146.

Ghai D. 2003b. Social security: learning from global experience to reach the poor［J］. Journal of Human Development, 4（1）: 125-140.

Gil P, Lawrence R J, Flückiger Y, et al. 2007. Decent work in santo andré: results of a multi-method case study［J］. Habitat International, 32（2）: 172-179.

Hepple B. 2001. Equality and empowerment for decent work［J］. International Labor Review, 140（1）: 5-18.

Herntz J, Jeannette Wicks-Lim, Pollin. 2005. Decent work in American: the state-work environment index［R］. Political Enconomy Research Insitute University of Massachuestts Amberst.

International Labor Office. 1999. The ILO What it is what it does [R] .

International Labour Organization. 2003. A review of the ILO decent work pilot programme, committee on employment and social policy [R] .

International Labour Organization. 2006. From pilot to decent work country programme-lessons from the decent work pilot programme, national policy integration department [R] .

International Labour Organization. 2008a. Decent work indicators for Asia and the Pacific: a guidebook for Asia and the Pacific [R] .

International Labour Organization. 2008b. Measurement of decent work [R] . Disscussion paper for the Tripartite Meeting of Experts on the Measurementi of Decent work.

James H J, Polling W I. 2005. Decent work in America: the state by state work in environment index [R] .

Jean-Michel Servais. 2004. Globalization and decent work policy: Reflections upon a new legal approach [J] . International Labor Review, 143 (1~2): 185-207.

Lee S, McCann D, Messenger J C. 2007. Working Time Around the World: Trends in Working Hours [M] . London, New York: Routledge.

Lei X K, Du Z M. 2008. Social exclusion and employment among UK and Germany [J] . Journal of US-China Public Administration, 5 (6): 47-51.

Messenger J C. 2004. Working Time and Workers Preferences in Industrialized Countries: Finding the Balance [M] . London, New York: Routledge.

Northam R M. 1979. Urban Geography [M] . New York: John Wiley & Sons.

Papadakis K. 2006. Civil society, participatory governance and decent work objectives: the case of South Africa [R] . International Institute for Labor Studies, Research Series, No. 112, Switzerland.

Servais J M. 2004. Globalization and decent work policy: reflections upon a new legal approach [J] . International Labor Review, 143 (1~2): 185-207.

Twena M, Aaheim H A. 2005. Social exclusion and unemployment in the European Union Current and furture Treands [R] .

后　记

本书是以笔者的博士后出站报告为基础，在合作导师金喜在教授的悉心指导下与导师共同完成的，也是多年来笔者在此领域研究的心得与体会。在本书将要公开出版的同时，回首过去，感慨颇多。

跟导师相识十年有余，这是笔者人生的关键阶段，导师是笔者的人生指引者。导师是我国德高望重的经济学家，从报告的选题、资料收集整理、成稿、修改完善及多篇学术论文的发表无不凝结着导师的心血，导师不仅学识渊博、治学严谨，而且宽厚待人，为人师表，在传道授业的同时，更为我树立了人生的榜样，我对导师表示深深的敬意和谢意。

笔者还要感谢现在的工作单位长春工业大学人文学院的各位领导及同事对笔者的支持和帮助，尤其是韩明友院长，百忙之余给了笔者很多有益的指导与启示，使本书的理论水平得到了一定程度的升华。

此外，还要感谢笔者的父母、爱人对笔者工作和学习的理解和支持，没有他们，就没有今天笔者所取得的一点成绩。还有就是在站期间一个新生命的诞生，笔者的儿子王英祺，给了笔者从来没有的体验与愉悦，儿子的成长伴随着笔者书稿的完成，在这里笔者祝愿他一生健康、平安、快乐！

最后，还要特别鸣谢笔者的外甥女，盛丹姝，现就读于吉林大学数学学院，攻读统计专业博士学位，在本书的数据统计，模型构建及最终结果的计算等方面均给予很多的帮助和建议，表示谢意之外也祝她在国外的学习生活顺利愉快！

在书稿的形成过程中，笔者阅读了参考了大量的文献资料，受益匪浅，在这里向书中所列的参考书目和期刊文章的作者表示衷心的感谢！凡引他人观点尽量做到标明出处，但是难免有不足之处，敬请学者见谅。

本书是受国家社会科学基金"中国农民工市民化的路径选择与对策研究"（项目号 11BJY039）的资助，是其主要成果之一。

体面劳动领域的问题事关我国今后的发展，很有研究的价值与意义，由于资料和笔者的学识有限，书中难免出现不妥之处，敬请学者赐教，并随时欢迎对相关问题进行讨论。在本书即将出版之际，笔者向所有给予支持和帮助的人，表示最诚挚的谢意！真理是无穷尽的，因此理论探索也是无止境的，笔者将在今后探索真理的道路上继续努力。

吕　红

2016 年 7 月于长春